예수에게 도를 묻다

이현주 목사의 마르코 복음서 읽기

예수에게 도를 묻다

이현주 목사의 마르코 복음서 읽기

2005년 5월 23일 초판 1쇄 발행
2021년 10월 20일 초판 5쇄 발행

펴낸곳 (주)도서출판 삼인

지은이 이현주
펴낸이 신길순

등록 1996.9.16. 제 25100-2012-000046호
주소 03716 서울시 서대문구 성산로 312, 1층(연희동, 북산빌딩)
전화 (02) 322-1845
팩스 (02) 322-1846
전자우편 saminbooks@naver.com

표지디자인 (주)끄레어소시에이츠
표지 글씨·그림 이철수
제판 문형사
인쇄 수이북스
제본 은정제책

© 이현주, 2005

ISBN 89-91097-23-5 03200

값 22,000원

예수에게 도를 묻다

이현주 목사의 마르코 복음서 읽기

이현주 지음

삼인

추천하는 글

복음서는 예수님의 행적과 교훈을 기록한 책이다. 누구나 쉽게 읽을 수 있는 글이다. 그러나 읽었다고 해서 그 안에 들어 있는 뜻을 다 알아듣는 것은 아니다. 그뿐 아니라 성서 안에는 의외로 알아듣기 힘든 말이나 문장들이 많이 들어있다. 그러기에 성서를 연구한 학자들이 주석서를 써서 독자들의 이해를 돕고 있다.

복음서의 내용을 가장 잘 해명해 줄 수 있는 분이 있다면 그는 예수님 자신일 것이다. 복음서는 예수님에 대한 기록이기 때문이다. 그러나 우리는 그를 만나 그의 설명을 들을 수가 없다.

그런데 예수님을 직접 만나서 그에게 질문하고 그의 해답을 듣는 등 대화를 나눈 사람이 있다. 이 책의 저자 이현주 목사가 바로 그 사람이다.

이 책은 마르코 복음서를 놓고 예수님과 이 목사가 마주 앉아서 질의응답을 한 대화록이다. 그렇다고 이것이 그의 어떤 신비체험을 기록한 책이라는 말은 아니다. 저자가 말했듯이 자기와 자기 속에 있는 나와의 대화라고 보는 것이 옳을 것 같다. 그러나 그의 속에 있는 자아의 뒤에는 살아 계신 그리스도가 계셨다.

주석책을 재미로 읽는 사람은 없을 것이다. 주석서는 성서를 이해하기 위해 힘들여 공부하는 이들의 참고서일 뿐이다. 그러나 소설은 재미로 읽는다. 그렇기 때문에 앉은 자리에서 몇 시간이고 읽어 내려갈 수가 있다.

이 책은 소설로 쓴 주석서이다. 재미를 느끼며 읽어 내려갈 수 있는 문학책이다.

우리는 이 책에서 예수님과 유대인들만을 만나지 않는다. 이 대화 속에는 동양의 성현들이 자주 등장한다. 석가여래나 공자님의 말씀들은 예수님을 이해하는 데 많은 도움을 주고 있다. 동양의 고전들은 성서를 이해하기 위한 좋은 참고서요 주석서이기도 하다.

우리는 이 한 권의 책에서 예수님과 대화를 나눌 수 있을 뿐만 아니라 동양의 성현들과도 대화를 나누는 즐거움을 갖게 된다.

이현주 목사에게 놀라운 지혜를 주신 하나님께 감사드린다.

―유동식(전 연세대 교수, 신학)

읽는 분에게 드리는 말씀

마르코 복음을 가운데 놓고서 우주의 중심에 계신 선생님을 만나 뵙고자 했더니, 상상(imagination)의 도움을 받아 이런 모양으로 소원이 이루어졌습니다.

대화라는 꼴을 갖추긴 했습니다만, 이것은 어디까지나 한 인간의 내면에서 자연 발생한 혼잣말에 지나지 않습니다. 글 속의 '선생님'을 성서의 예수나 여러분이 알고 계신 예수님과 같은 분으로 혼동하지 마시기를 바랍니다. 그렇지 않겠기 때문입니다.

당장에는 그런 줄 모르고 자기가 무엇을 한다고 생각하지만, 지나놓고 돌아보면 모두가 그분이 하신 일이요 저는 아무 한 일이 없음을 알게 됩니다. 그렇다고 해서 일에 대한 책임을, '없이 계시는' 그분께 모두 넘겨드릴 수는 없겠지요.

스스로 거짓을 꾸며 말하지는 않았습니다만, 어디까지나 어리석은 한 인간의 모자라는 생각들을 모아놓은 것일 뿐입니다.

그래도, 새벽마다 본문을 읽고 이어지는 생각들을 적어 내려가다 보면 뭐라고 설명하기 어려운 기쁨이라 할까 평안이라 할까 그런 부드럽고 따스한 기운이 머리보다 먼저 가슴을 감싸주곤 했습니다. 혹시 그 기쁨과 평안을 여러분과 나눌 수 있을까 해서, 망설이다가 책으로 펴냅니다.

이 책이, 그분께로 가까이 다가가는 여러분에게 도움은 못 드릴망정 걸림돌만큼은 되지 않기를 진심으로 기원합니다.

떠오르는 아침해보다, 지저귀는 새들의 노래보다, 훨씬 더 분명하게 살아 계시는 우리 모두의 주인님께 무릎 꿇어 절을 올립니다.

2005년 3월 20일
이현주

차례

추천하는 글 5
읽는 분에게 드리는 말씀 7

1장 11
2장 83
3장 123
4장 151
5장 189
6장 223
7장 257
8장 275
9장 305

10장 343
11장 383
12장 403
13장 431
14장 451
15장 499
16장 523

일러두기

* 이 책에서 인용된 성경 구절들은 『공동번역성서』를 기준으로 했습니다.

1장

¹하느님의 아들 예수 그리스도에 관한 복음의 시작.

"어째서 선생님이 하느님의 아들이십니까?"

"하느님한테서 나왔으나 하느님한테서 떨어지지 않았다. 하느님과 한 몸이면서 하느님과 한 몸이 아니다. 하느님 안에 내가 있고 내 안에 하느님이 있다. 어버이와 자식의 관계가 그러하지 않느냐?"

"정말 선생님이 하느님의 아들이십니까?"

"너는 하느님의 아들 아니냐? 세상에, 하느님한테서 나오지 않은 물건이 있느냐?

하느님한테서 떨어져 있는 물건이 있느냐? 세상에, 전체에 속하지 않은 부분이 있느냐? 전체 바깥으로 떨어져 나간 부분이 있느냐? 그런 것은 없다. 따라서 하느님의 아들딸 아닌 인간은 없는 것이다. 이 사실을 깨우쳐 주려고 내가 세상에 왔다."

"그것이 복음입니까?"

"그렇다. 그보다 복된 소식이 어디 있겠느냐?"

"그런데 왜 마르코는 '예수 그리스도의 복음'이라 하지 않고 '예수 그리스도에 관한 복음'이라고 했습니까?"

"사람이 참말을 하면 그 사람이 곧 참말이다. 세상에 복음을 전하는 내가 세상의 복음인 것이다. 내가 전한 복음이 없었다면 나에 관한 복음도 없었을 것이고 나에 관한 복음이 없었다면 내가 전한 복음 또한 없는 것이다. 내가 마르코를 있게 하였고 마르코가 나를 있게 하였다. 알겠느냐? 내가 너를 있게 하고 네가 나를 있게 한다."

²예언자 이사야의 글에,
"이제 내가 일꾼을 너보다 먼저 보내니
그가 네 갈 길을 미리 닦아 놓으리라." 하였고,
³또 "광야에서 외치는 이의 소리가 들린다.
 '너희는 주의 길을 닦고
그의 길을 고르게 하여라'"
고 기록되어 있는 대로
⁴세례자 요한이 광야에 나타나 "회개하고 세례를 받아라. 그러면 죄를 용서받을 것이다." 하고 선포하였다.

"선생님에 관한 복음인데 이사야나 요한이 왜 등장합니까?"

"왜 등장하면 안 되느냐?"

"안 될 것은 없겠습니다만, 다른 사람도 아니고 그들이 등장하는 데는 그럴 만한 까닭이 있을 것 아닙니까?"

"그게 누구냐가 무슨 상관이냐? 이사야나 요한이 중요한 게 아니라 그 이름으로 행세한 주인공이 중요한 것이다."

"이사야와 이사야 이름으로 행세한 주인공이 서로 다릅니까?"

"너와 네 이름으로 행세하는 주인공이 서로 같은 존재냐?"

"서로 떨어질 수 없지만 같은 존재는 아니지요. 금과 금반지처럼……."

"그러니, 그들의 이름이 이사야든 요셉이든 그게 중요한 게 아니라는 얘기다. 중요한 것은 하느님의 아들이 사람들 살아가는 삶의 현장에 나타난 사실이다. 요한은 내가 딛고 선 발판이었다."

"그때 요한 말고도 많은 사람이 있었을 텐데요."

"내가 요한을 선택했다."

"왜 요한이었습니까? 혹시 그의 명성에서 덕 좀 보자는 것이었나요?"

"그러면 안 될 이유라도 있느냐?"

"선생님 스스로 선생님 길을 개척하실 수는 없었습니까?"

"내가 남의 길을 걸었다고 보느냐?"

"그건 아닙니다만."

"나는 내 길을 걸었다. 너도 네 길을 걷고 있다. 누구도 자기 길 아닌 남의 길을 걸을 수 없다."

"선생님께서 요한을 선택하신 진짜 이유는 무엇입니까?"

"내가 너를 선택한 이유는 무엇이라고 보느냐?"

"모르겠습니다."

"내가 너를 선택한 데는 이유가 없다. 굳이 말하자면, 네가 너기 때문이다."

"그건 제가 소중하기 때문이라는 말씀인가요?"

"물론 너는 내게 소중한 존재다. 그러나 남보다 더 소중한 존재는 결코 아니다! 내가 요한을 선택한 것도 그가 남보다 더 위대하거나 소중했기 때문이 아니었다. 굳이 이유를 대란다면 역시, 요한이 요한이었기 때문이다."

"그러나 선생님께서는 요한을 두고 여자가 낳은 사람 가운데 가장 큰 사람이라고 하시지 않았습니까?"

"땅의 말법으로는 그렇게 말할 수 있다."

"그 말씀이 무슨 뜻이었습니까?"

"그의 품이 그만큼 크고 깨끗했다는 뜻이다."

"어째서 그의 품이 크고 깨끗했습니까?"

"아무것도 자기 것으로 소유하지 않았기 때문이다."

"그런데 또 이르시기를, 하늘에서는 가장 작은 자도 요한보다 크다고 하시지 않았습니까?"

"땅에는 경계가 있지만 하늘에는 경계가 없다. 경계 없는 사람과 경계 있는 사람을 견주려면, 달리 어떻게 말할 수 있겠느냐?"

"선생님은 하늘에 속하신 분입니까?"

"나는 하늘과 땅에 함께 산다. 절대와 상대, 무(無)와 유(有), 공(空)과 색(色), 얼나와 몸나가 내 안에서 하나를 이룬다. 네가 번역한 틱낫한의 말대로, 나는 물을 떠나지도 않고 물에 빠지지도 않는 배와 같다."

"잠깐! 죄송합니다만, 그건 누구나 다 그렇지 않습니까?"

"잘 말했다. 네 말이 옳다. 그러나 누구나 다 그렇게 살고 있는 건 아니다. 오히려 대부분의 사람이 납덩이처럼 세속의 깊은 바다에 가라앉아 있지 않느냐? 그들은 멀고 먼 하늘을 쳐다볼 줄만 알지, 자기가 바로 그 하늘임을 모르고 있다. 나는 사람들을 다른 무슨 존재로 만들어 주기 위해서 오지 않았고 저 자신으로 깨어나게 하기 위해서 왔다. 사람들로 하여금 자기 진면목을 찾게 하기 위해서 왔단 말이다."

"그러면 결국 사람들이 선생님과 똑같은 존재로 되는 것 아닙니까?"

"바로 그것이다! 사람들이 나와 똑같은 존재로 되게 하는 것, 그것은 곧 저마다 참된 자아(眞我)로 되게 하는 것이다.

바울로 선생은 내 이 뜻을 알았고 그래서 스스로 같은 뜻을 품었던 사람이다."

"세례자 요한이 사람들에게 회개하여 용서받으라고 외쳤는데, 그것이 어째서 '주님의 길을 닦고 고르게 하는' 것이었나요?"

"그는 막이 오르면서 울리는 징소리 같은 존재였다. 징소리는 관객들에게, 이제 연극이 시작되니 무대를 바라보라고 말한다. 요한은 흩어져 있는 사람들 마음을 모아 장차 들려올 하늘 음성에 귀를 세우도록 도와주었다. 그가 전한 회개와 용서는 내가 전할 복음의 머리말이기도 했다."

"내용이 같은 메시지라면 요한이 계속 전했어도 되지 않습니까?"

"막이 오르면 징소리는 그치게 되어 있다. 그는 그의 길을 가고 나는 내 길을 간다. 그렇게 해서 우리 모두 한 분이신 아버지, 그분의 뜻을 이루는 것이다."

⁵그때 온 유다 지방과 예루살렘에 사는 모든 사람이 그에게 와

서 죄를 고백하며 요르단 강에서 세례를 받았다.

"무엇이 그 많은 사람을 요르단 강으로 모여들게 했을까요?"
"전통이었다. 유다인들은 광야에 익숙한 사람들이었고 그래서 '광야의 소리'를 들을 수 있는 사람들이었다. 그런데 요한이 등장할 때까지 오랫동안 광야의 소리를 듣지 못했다. 그들 가슴이 '광야의 소리'에 목말라 있을 때 거친 바람 같은 야인(野人)이 요르단에 모습을 나타냈다. 어찌 모여들지 않을 수 있었겠느냐?"
"또 다른 이유는 없었습니까?"
"한 가지 사건은 여러 가지 조건들이 어우러져서 발생하는 것이다. 요한의 메시지가 그들 가슴을 울리지 않았다면 사람들은 모여들지 않았을 것이다. 게다가 그들은 두려워하고 있었다. 그 두려움이 그들의 발걸음을 광야로 재촉했다."
"무엇을 두려워하고 있었습니까?"
"하느님의 징계를 두려워하고 있었다. 그들이 역사 현장에서 겪어야 했던 수난들을(예—바빌론의 침략) '하느님의 채찍'으로 해석한 것은 예언자들의 공헌이었다. 그런 해석에 힘입어 유다인들은 어려운 고비를 만날 때마다 절망하지 않고 슬기롭게 극복할 수 있었다. 그러나, 그러다보니 어느새 하느님을 인간의 잘못에 노여워하시는 분, 진노하시는 분, 엄하게 벌주시는 분으로만 생각하게 되었던 것이다. 요한은 세례라는 의식을 통해 그들의 두려움을 씻어 주려고 했다. 그리고 그 계획이 들어맞아 사람들이 두려움에서 해방되는 것처럼 보였다."
"해방된 게 아니라 된 것처럼 보였습니까?"

"요한이 광야에서 사람들에게 해 준 일은, 길바닥 작은 웅덩이에서 헐떡이는 물고기에게 물 한 바가지 부어 준 것과 같다."

"그러면, 선생님께서 그 물고기를 다시 연못으로 돌아가게 하신 겁니까?"

"연못으로 돌아가는 길을 보여 주었을 뿐이다."

"왜 그들을 번쩍 들어서 연못에 넣어 주지 않으셨나요?"

"내가 어찌 아버지의 뜻을 이루고자 세상에 왔으면서 아버지의 뜻을 거스르겠느냐?"

"연못 밖으로 나온 물고기를 다시 연못에 넣어 주는 것이 아버지의 뜻을 거스르는 겁니까?"

"우리 아버지는 집 떠난 아들이 굶어 죽는데도 가서 그를 집으로 데려오지 않으신다. 아무개 사전에는 '절망'이란 단어가 없다지만 우리 아버지 사전에는 '억지'라는 단어가 없다. 자연스럽지 않은 것은 아버지의 길이 아니다."

"연못 밖으로 나온 물고기를 집어서 연못에 넣어 주는 것이야말로 '자연스런 일' 아닙니까?"

"우리가 지금 붕어나 미꾸라지 얘길 하고 있는 거냐?"

"죄송합니다."

"사람이 두려움의 씨앗을 제 속에 품고 있는 한, 두려움에서 완전히 해방될 수는 없는 일이다."

"무엇이 두려움의 씨앗입니까?"

"악몽을 꾸어 본 적 있느냐?"

"예."

"사람이 겁에 질려 있는 것은 악몽에서 아직 깨어나지 못했기 때문이다. 꿈에서 깨어나 실상(實相)을 본 사람은 그 무엇도 두려워하지 않는다. 하느님을 뵈었기 때문이다."

"그런데 말입니다, 선생님. 과연 하느님의 연못 밖으로 나간 물고기가 있습니까?"
"없다."
"그런데 왜 길바닥 웅덩이에서 헐떡거리고 있는 겁니까?"
"방금 얘기하지 않았느냐? 꿈을 꾸고 있는 것이다."
"그러니까 그 꿈에서 깨어나는 게 곧 하느님 연못으로 돌아가는 것이군요?"
"이제 좀 알아듣겠느냐? 내가 세상에 온 것은 보지 못하는 자들을 보게 하기 위해서, 그들의 감긴 눈을 열어 주기 위해서였다."
"그래도 그 눈을 억지로는 열어 주시지 않겠지요?"
"물론! 그랬다가는 그들의 눈을 영원히 멀게 할 것이다."
"그런데요, 선생님. 사람들이 왜 꿈을 꾸는 걸까요?"
"그 이야기는 나중에 하자."

6 요한은 낙타 털옷을 입고 허리에 가죽띠를 두르고 메뚜기와 들꿀을 먹으며 살았다.

"왜 그렇게 살았습니까?"
"무슨 뜻이냐?"
"좀 특별하잖습니까? 왜 그는 보통 사람들처럼 보통 마을에서 보통 옷을 입고 보통 음식을 먹으면서 살지 않았을까요?"

"보통 사람이 아니었기 때문이겠지."

"그는 특별한 사람이었나요?"

"네가 그렇게 말하지 않았느냐?"

"정말 그는 보통 사람이 아니었습니까?"

"모두가 네 판단에 지나지 않는다. 보통 사람으로 보면 보통 사람이고 특별한 사람으로 보면 특별한 사람이다."

"선생님께서 보시기엔 어떤 사람입니까? 아무래도 그가 입은 옷이나 먹은 음식이 보통 사람들하고 다르지 않습니까?"

"어떤 사람이 다른 사람들하고 다른 것은 당연한 일이다. 그는 요한이었고 요한답게 살았다. 그뿐이다. 그의 옷이나 음식이 너무 거칠어서, 그가 일부러 그렇게 살지 않았나, 그런 생각을 시방 하고 있는 거냐?"

"사람이 그렇게 사는 게 쉬운 일은 아니지요."

"요한에게는 안락한 집에서 호사스런 옷을 입고 사는 것보다 오히려 그렇게 사는 것이 더 쉬운 일이었다. 사람은 누구나 자기에게 더 쉬운 쪽을 선택하게 되어 있다. 물이 언제나 더 낮은 곳으로 흐르듯이."

"아닙니다. 일부러 더 어려운 길을 선택하는 사람들도 많이 있습니다."

"예를 들어보아라."

"출세가 보장돼 있는데도 신의(信義)를 위해 그것을 포기한 사람들이 있잖습니까?"

"더 쉬운 길을 선택한 것은 그들도 마찬가지다. 신의를 저버리면서 출세하는 게 신의를 지키고자 출세를 포기하는 것보다 어려웠을 것이다."

"그러면, 선생님의 '십자가'도 더 쉬운 쪽을 택하신 것이었습니까?"

"그렇다. 내 뜻을 비우고 아버지 뜻을 따르기보다 아버지 뜻을 무시하고 내 뜻을 살리는 게 나로서는 더 어려운 일이었다."

"그러니 요한도 결국 더 쉽게 사느라고 그런 옷을 입고 그런 음식을 먹은 것이군요?"

"그렇다."

"그래도, 요한이 그런 옷을 입고 그런 음식을 먹은 것은 따로 기록해 둘 만한 가치가 있는 일이었기에, 마르코가 일부러 그것을 여기 적은 것 아닙니까? 그의 옷과 음식이 지닌 가치란 무엇입니까?"

"단순한 삶―이다. 아무것도 지니지 않는 삶, 아무것도 남기지 않는 삶. 그것이 요한의 옷과 음식에 담긴 고귀한 가치다. 그가 전한 '광야의 소리'가 온 유다 땅을 흔든 것은 '아무 가진 것 없는 삶'에서 나오는 힘 때문이었다. 피리가 맑은 소리를 낼 수 있음은 그 속이 텅 비어 있어서다."

"그가 그렇게 입고 먹은 것은 가난했기 때문입니까?"

"먹을 것 입을 것이 없어서 하는 수 없이 그렇게 먹고 입는다면 그건 비참한 궁상(窮狀)일 뿐이다. 요한은 가난했기 때문에 그렇게 먹고 입은 것이 아니라 그렇게 먹고 입었기 때문에 가난했던 사람이다."

"그 둘을, 그러니까 말씀하신 '궁상'과 '가난'을, 어떻게 분별할 수 있겠습니까?"

"가난도 궁상도 물질에 있지 않고 사람한테 있는 것이다. 그 사람이 그것을 싫어한다면 그것은 궁상이고, 그 사람이 그것을 좋아한다면 그것이 내가 말하는 복된 가난이다."

"저도 요한처럼 살 수 있을까요?"

"얼마든지!"

"그런데, 왜 그게 안 되는 겁니까?"

"안 되는 거냐? 안 하는 거냐?"

"……"

"그러나 염려 말아라. 너도 잘 살고 있다."

"……"

"눈에 보이는 것으로만 살지 마라. 네가 애서서 요한처럼 먹고 요한처럼 입는다 해도 네 마음이 거기에서 자유롭지 못하다면, 결국 자신과 세상을 속이는 것일 뿐이다. 요한이 무엇을 먹고 무엇을 입었나에 눈길을 머물지 말고, 그가 그렇게 해서 누렸던 자유를 보고 그것을 배우도록 하여라."

[7]그는 사람들에게 이렇게 외쳤다. "나보다 더 훌륭한 분이 내 뒤에 오신다. 나는 몸을 굽혀 그의 신발끈을 풀어 드릴 만한 자격조차 없는 사람이다.

[8]나는 너희에게 물로 세례를 베풀었지만 그분은 성령으로 세례를 베푸실 것이다."

"요한이 정말 이런 말을 했습니까?"

"했다."

"그가 왜 이렇게 말했을까요?"

"요한은 자기가 누군지를 안 사람이다. 자기가 누군지를 알면 자기가 해야 할 일이 무엇인지를 저절로 안다. 그는 자기가 세상에서 해야 할 일이 무엇이며 그 일이 어디에서 비롯되어 어디에서 끝나는지를 알았다. 사람이란 저마다 자기 소임(所任)이 있다. 그것을 알아서 충실히 이루되 모자라지도 넘치지도 않게 하는 사람은 흔치 않다. 요한이 그런 사람이었다. 그런 사람은 몸을 사리어 엄살을 피우지도 않고 어깨를 흔들어 과욕을 부리지도 않는다. 자기 분수를 알고 그대로 살면 몸에 욕됨이 없다(安分身無辱)고 하지 않더냐? 세례자 요한은 자기가 얼마나 작은 존재인지를 알았다. 과연 큰 사람이었다."

"그가 '나보다 더 훌륭한 분이 내 뒤에 오신다'고 했을 때, 그 '훌륭한 분'이 선생님이십니까?"

"나는 요한뿐만 아니라 모든 사람에게 그보다 더 훌륭한 존재다. 그것이 나다. 너에게도 나는 너보다 더 훌륭한 분이다. 안 그러냐? 어느 부분보다도 전체는 '더 훌륭한' 것이다. 요한은 그것을 알았고 그것을 말했다."

"요한이, 나는 그의 신발끈을 풀어 드릴 자격조차 없는 사람이라고 말한 것은 겸손입니까?"

"아니다. 자기가 알고 있는 진실을 말한 것일 뿐이다. 자신이 누구인지를 참으로 아는 자는 겸손하지 않다. 겸손해 할 까닭이 없다. 겸손하지 않을 도리가 없기 때문이다. 참된 겸손은 겸손하지 않다."

"물로 베푸는 세례와 성령으로 베푸는 세례는 어떻게 다릅니까?"

"그냥 다르기만 한 게 아니라, 같으면서 다르다. 이 점을 늘 유념해라. 서로 다른 것은 그것들이 서로 같은 것이기 때문이다. 참나무와 대나무가 다른 것은 그것들이 같은 나무이기 때문이요, 뱀과 원숭이가 다른 것은 그것들이 같은 동물이기 때문이요, 산과 구름이 다른 것은 그것들이 같은 자연현상이기 때문이다. 같음에서 다름이 나오고 다름에서 같음이 나온다. 네 몸의 지체들이 서로 어떻게 다르며 어떻게 같은지를 살펴보아라.

물세례와 성령세례는 사람을 깨끗하게 한다는 점에서 같은 세례지만, 물은 거죽을 깨끗하게 하고 성령은 속을 깨끗하게 한다. 둘 다 반드시 있어야 할 것이나, 먼저는 속이요 거죽은 나중이다."

"그러면 순서가 바뀌지 않았습니까? 성령세례가 먼저 있고 뒤에 물세례가 따라와야 하는 것 아닙니까?"

"물이 먼저요 그릇이 나중이지만, 그릇이 있어야 물을 마신다. 안 보이는 것이 먼저요 보이는 것이 나중이지만, 보이는 것을 통하지 않고서 안 보이는 것에 닿을 수는 없다. 아들을 거치지 않고서 아버지에게 갈 수 없는 법이다. 육신의 부모를 업신여기면서 하늘 아버지를 받든다는 건 거짓말이다. 무릎이 저리도록 제단 앞에 꿇어본 자만이 '사는 게 기도'라는 말을 입에 담을 수 있는 것이다. 속이 먼저요 거죽이 나중이지만 거죽을 통하지 않고서 속으로 들어갈 수 없듯이, 물세례를 받지 않고서 성령세례를 받을 수는 없다."

"그러나 선생님께서는, 어느 바리사이에게, 속을 깨끗이 해야 겉이 깨끗해진다고 말씀하시지 않으셨습니까?"

"내가 음식 먹기 전 손 씻는 의식(儀式)을 행하지 않자 그가 깜짝 놀랐지. 나는 그에게, 당신은 그릇을 깨끗이 닦아 놓았지만 그 안에 담아 놓은 것은 더러운 착취와 사악(邪惡)이라고 말했다. 그는 그릇을 깨끗하게 할 줄만 알았지 거기에 깨끗한 음식을 담을 줄은 몰랐다. 그가 거죽을 깨끗이 한 것에 대하여 나무란 게 아니라 거기에 머물러, 또는 거기에 갇혀서 속을 살피지 않은 것에 대하여 나무랐던 것이다. 물세례(손 씻기)가 성령세례(깨끗하게 살기)로 이어지기는커녕 오히려 가로막고 있어서, 그래서 한 말이었다.

요한이 내게로 통하는 문이라면 그 문은 늘 열려 있어야 한다. 그 문이 만일 닫혀 있다면 그의 물세례는 내 성령세례를 가로막는 장벽일 따름이다. 요한은 그것을 알았고 그래서 지금, 있으면서 없고 없으면서 있는 저 사찰(寺刹)의 일주문(一柱門)처럼, 자기를 텅 비우고 있는 것이다."

"어떤 사람들은 요한의 이 말이, 진짜 요한의 말이 아니라 나중에 형성된 교회의 신앙고백이라고 하던데요?"

"알고 있다."

"어떻게 생각하십니까?"

"그들의 생각이다. 그 생각을 무시해도 안 되겠지만 그 생각에 붙잡혀 있을 것도 없다."

"아니, 그들의 말을 인정하시느냐고 여쭙는 것입니다."

"시방 인정하지 않았느냐? 그들의 생각이라고."

"……?"

"생각은 생각일 뿐이다."

"그러면 여태껏 말씀하신 것도 모두 선생님 생각일 뿐입니까?"

"그렇다. 내 생각일 뿐이다. 내 말을 무시해도 안 되지만, 내 말에 붙잡혀 있을 것도 없다."

⁹그 무렵에 예수께서는 갈릴래아 나자렛에서 요르단 강으로 요한을 찾아와 세례를 받으셨다.

"선생님께서도 죄를 회개하고 용서받기 위해 요한을 찾아가 세례를 받으셨습니까?"

"그렇다."

"제가 교회에서 배운 바로는 그렇지 않던데요?"

"어떻게 배웠느냐?"

"선생님은 아무 죄 없으신 분으로 배웠습니다."

"너는 죄가 있느냐?"

"물론이지요. 세상에 죄인 아닌 사람이 어디 있습니까?"

"네가 죄인인데 내가 어찌 죄인 아닐 수 있느냐? 병원에 가서 보아라. 한쪽 무릎이 병들었어도 그 사람은 병자요 손가락 하나 곪았어도 역시 병자다. 하물며 머리끝에서 발끝까지 온 몸의 마디마디가 병들었다면 그런 병자가 어디 있겠느냐? 나는 나무요 너희는 가지다. 가지가 병들었다면 나무가 병든 것이다. 유마(維摩)가 왜 병석에 누웠더냐? 중생이 병들었기 때문이었다. 네가 병들었으니 내가 병자요 네가 죄인이니 나 또한 죄인인 것이 마땅한 일 아니냐?"

"이치가 그렇긴 합니다만, 그래도 선생님께서 죄인이시란 말씀은 듣기에 거북합니다."

"습관 탓이다. 생각도 습관이 되면 굳어지게 마련이다."

"그래서, 선생님은 죄를 회개하고 용서받으셨습니까?"

"받았다."

"그렇다면, 나무가 깨끗해진 것 아닙니까? 그런데 그 나무의 가지인 저는 왜 아직 깨끗해지지 못했습니까?"

"누가 그러더냐? 네가 아직 깨끗해지지 못했다고?"

"제가 보기에 그렇습니다."

"잘못 보았다. 너는 깨끗하다!"

"잘못 본 것도 본 것 아닙니까? 제가 그렇게 보는 한, 저는 아직 깨끗하지 못한 것 아닙니까?"

"그렇다. 너는 이미 용서받아 깨끗해진 사람이다. 그러나 네가 그 사실을 받아들이지 않고, '나는 아직 깨끗해지지 못했다'고 생각한다면 바로 그 생각에 의하여 너는 깨끗하지 못한 사람으로 살 수밖에 없다. 깨달으면 부처요 깨닫지 못하면 중생이라 하거니와, 무엇을 깨닫는단 말이냐? 자기가 부처임을 깨닫는 것이다. 네가 깨끗한 사람임을 깨닫고 받아들이면 너는 깨끗한 사람이요 그것을 아직 깨닫지 못하여 받아들이지 않으면 너는 아직 깨끗한 사람이 아니다. '믿음이란, 자기가 하느님께 용납되었음을 용납하는 것'이라는 폴 틸리히의 말이 바로 그 말이다. 그래서 의인(義人)은 믿음으로 산다고 했다. 의인이란 의로운 짓을 해서 의로워진 사람이 아니라 자기가 의로운 사람임을 깨닫고 그 사실을 받아들인 사람이다."

"어떻게 하면 '이미 깨끗해진 사람'으로 살 수 있습니까? 자신이 깨끗한 사람이라는 사실을 받아들이기가 왜 이다지도 어렵습니까?"

"성령으로 세례를 받아야 그럴 수 있다."

"물세례만으로는 안 됩니까?"

"거죽만 깨끗해서야 어찌 '깨끗한 그릇'이라고 할 수 있겠느냐?"

"어떻게 하면 제가 성령의 세례를 받을 수 있습니까?"

"이미 받았다. 내가 받았는데 어찌 네가 받지 않을 수 있었겠느냐?"

"······?"

"네가 물세례와 함께 성령세례를 받지 않았다면, 지금 이렇게 나와 만날 수 있겠느냐?"

"……"

"내가 이미 다 이루었다. 그러니, 나의 몸인 너도 더 이룰 것이 없는 존재다. 네가 죄인이라는 생각을 버려라. 어려서부터 너는 죄인이라는 말을 너무 많이 들어 왔다. 그러나 네가 그런 생각을 하면 할수록 나한테서 거리가 멀어질 뿐이다."

"그렇지만 선생님께서도, 나는 의인을 부르러 오지 않았고 죄인을 위해서 왔다고 하시지 않았습니까?"

"그건 그렇다. 의사는 자기가 병들었음을 알고 그것을 고치겠다는 마음을 먹은 병자라야 고쳐 줄 수 있다. 자기가 병들지 않았다고 생각하고 그 생각을 고집하는 병자는 어느 의사도 고쳐 줄 수 없는 것이다.

내가 '사람의 아들'로 태어나 물세례와 함께 성령세례를 받음으로써 모든 사람의 아들딸이 죄를 용서받고 깨끗해졌다. 그러니 내 말은, 더 이상 자기가 죄인이라는 옛 생각에 갇혀 있지 말라는 얘기다. 바로 그 '낡은 생각'이 너와 나 사이를 멀어지게 하는 것이다."

"그래도, 홀가분하지 않습니다."

"네 '낡은 생각'이 아직 남아 있어서 그렇다. 그러나 염려 말아라. 이 땅에서 '몸'을 입고 살아가는 한 '몸무게'를 떨쳐 버릴 수는 없는 일이다. 때가 되면 너도 몸을 벗게 될 것이다. 그때까지는 참고 견디어라. 나도 '몸'을 벗기 전날 밤, 게쎄마니에서 땀을 쏟으며 번민하지 않았더냐?"

"……"

"내가 요한에게 세례를 받은 데는 목적이 또 하나 있었다."

"……?"

"많은 사람이 '물세례'를 받고 그로써 다 되었다는 착각에 빠져들어가, 더 이상 그들의 '종교'가 맑고 깨끗한 삶으로 그들을 이끌어 주지 못하고 있다. 그 '착각'에서 벗어나도록 도와주는 것이 내가 요한의 세례를 받은 또 하나의 목적이었다. 물세례는 성령세례로 통하는 문(門)인데, 그 문이 닫혀 있으면, 사람을 자유인으로 되게 하는 종교가 아니라 노예로 만드는 종교로 굳어지는 것이다. 그릇을 깨끗이 닦았으면, 깨끗한 음식을 그 안에 담아야 하지 않겠느냐?"

¹⁰그리고 물에서 올라오실 때 하늘이 갈라지며 성령이 비둘기 모양으로 당신에게 내려오시는 것을 보셨다.
¹¹그때 하늘에서 "너는 내 사랑하는 아들, 내 마음에 드는 아들이다." 하는 소리가 들려왔다.

"이 구절을 읽을 때마다 궁금한 게 있었습니다. 여기 보면, 하늘이 갈라지고 비둘기 모양으로 성령이 내려오고 하늘에서 음성이 들리고 하는데, 그 모든 것을 경험한 사람은 선생님 한 분이십니다. 그것을 마르코가 어떻게 여기에 기록해 놓았을까, 그게 늘 궁금했어요."
"정말로 궁금한 게 그것이었느냐? 하늘이 갈라지고 성령이 비둘기 모양으로 내려오고 하늘에서 음성이 들렸다는데 과연 그랬는지, 그게 궁금한 건 아니고?"
"그것도 궁금하지요."
"첫 번째 궁금증에 대해서는 이렇게 추측해 보자. 내가 그날 보고 들은 바를 누군가에게 말해 주었고, 그 내용이 말로든 글로든 마르코에게 전해졌던 것이라고. 이 '추측'에 무슨 억지가 느껴지느냐?"

"아닙니다. 얼마든지 그럴 수 있지요."

"그럼, 두 번째 궁금증으로 넘어가 보자."

"정말로 그날 보고 들으신 내용을 누군가에게 말씀해 주신 겁니까?"

"내가 그랬다고 한들, 그것을 너에게 증명해 보일 방법이 없다. 그러지 않았다고 해도 마찬가지다. 너는 지금·여기에 있고 일은 그때·거기에서 벌어졌으니 남은 것은 '이야기'가 있을 뿐이다. 지금·여기에서 그때·거기로 갈 수 없는 너로서는 그 '이야기'를 받아들이느냐 거절하느냐, 둘 중에 하나를 선택하는 길밖에 없다. 어느 쪽을 선택하겠느냐? 내가 보고 들은 바를 누군가에게 말해 주었다는 '이야기'를 받아들이겠느냐? 아니면 거절하겠느냐?"

"받아들이겠습니다. 그러나 만일 제가 거절한다면 어떻게 될까요?"

"그러면 뒤에 이어지는 이야기가 모두 나 아닌 누군가의 만든 이야기로 되겠지."

"그래도 되는 겁니까?"

"안 될 것 없다."

"그러면 일이 어떻게 되는 겁니까?"

"궁금증이 새끼를 치는구나? 멈추어라. 내가 듣고 본 바를 누군가에게 말해 주었다는 이야기를 받아들였으면 그것으로 다 되었다. 네가 지금 가고 있지 않은 길을 더듬어 보는 건 어리석은 짓이다. 불가능한 일을 시도하고 있기 때문이다."

"……"

"이제, 두 번째 궁금증으로 넘어가도 되겠지?"

"예."

"너는 내가 있지도 않은 일을 꾸며서 이야기하고 다니는 그런 사람이었다고 생각하느냐?"

"아닙니다. 선생님께서는 진실 아닌 것은 입에 담지 않으신 분입니다."

"네가 그걸 어떻게 아느냐?"

"……"

"네가 나보다 큰 존재냐?"

"그건 물론 그렇지 않지요."

"사람이 저보다 큰 존재에 대하여, 그는 어떤 분이라고 단언(斷言)할 수 있는 일이냐?"

"……"

"내가 진실 아닌 것을 입에 담았는지 안 담았는지, 내가 말한 것이 과연 진실인지 아닌지, 그걸 네가 어찌 안단 말이냐?"

"……"

"네가 할 수 있는 일은 다만 내 말을 믿고 받아들이느냐, 믿지 않고 거절하느냐, 아니면 이도저도 아닌 채로 있느냐를 결정하는 것이다. 어떻게 하겠느냐? 내가 듣고 본 바가 그대로 사실이었음을, 다시 말하면 내가 사실을 그대로 누군가에게 말해 주었음을 믿고 받아들이겠느냐? 아니면 거절하겠느냐?"

"그것을 제가 결정해도 됩니까?"

"그럼 누가 한단 말이냐? 이건 네 문제요, 네가 읽는 『마르코 복음』이다. 신사는 자기 짐을 남의 어깨에 지우지 않는다 했다."

"선생님께서 사실을 그대로 누군가에게 말씀해 주셨다고 믿겠습니다."

"믿겠다는 거냐? 믿는다는 거냐?"

"한번 다시 말씀해 주십시오. 그날 선생님께서 물에서 올라오실 때, 하늘이 갈라지고 성령이 비둘기 모양으로 내려오시는 것을 정말 보셨습니까? 그리고 하늘 음성을 정말 들으셨습니까?"

"그렇다."

"믿습니다."

"그럼, 궁금증이 다 풀린 셈이다."

"예."

"……"

"그래도 궁금한 게 또 있습니다. 왜 성령께서는 하필 비둘기 모양으로 내려오셨을까요? 천둥번개나 사자처럼 내려오시지 않고 말입니다."

"비둘기가 무엇을 상징하느냐?"

"사람들은 평화를 말할 때 비둘기를 연상하지요."

"로마를 상징한 새는 무엇이냐?"

"독수리 아닙니까?"

"독수리와 비둘기가 한 장소에서 만났다. 누가 누구를 잡아먹겠느냐?"

"그야 독수리가 비둘기를 먹지요. 누가 누구를 먹는다면 말입니다."

"그러면 결국 독수리는 비둘기를 죽였고 비둘기는 독수리를 살린 셈이다. 안 그러냐?"

"그렇군요."

"나는, 내가 살기 위해서는 네가 죽어야 한다는 독수리의 법을, 내가 살기 위해서 너를 살린다는 비둘기의 법으로 바꾸기 위해 세상에 왔다. 이제 성령께서 왜 비둘기 모양으로 독수리 땅에 내려오셨는지 알겠느냐?"

"그런데 그 로마의 독수리가 선생님의 비둘기를 잡아먹지 않았습니까?"

"그건, 로마가 나를 죽인 것이기도 하지만 그보다 먼저, 남에게서 바라는 대로 해주라는 내 법을 내가 실현한 것이다. 내가 나를 내어주지 않았다면 로마가 어떻게 나를 죽였겠느냐? 나는 로마를 살렸으므로 결국 살았고 로마는 나를 죽였으므로 결국 죽었다. 죽임은 죽음을 낳고 살림은 삶을 낳는다. 남에게서 바라는 바를 남에게 해줄 때, 그 바라는 바가 이루어진다. 이 법은 머리카락만큼도 어긋남이 없으니 명심하여라."

"하늘에서 들려온 음성은 무슨 뜻입니까?"

"말 그대로다. 나는 하느님이 사랑하시는 아들이요 그분 마음에 드는 아들이다."

"……"

"내가 무엇을 이루었기에 나를 사랑하고 내가 당신 마음에 든다고 말씀하신 게 아니다. 아들이니까 사랑하고 아들이니까 마음에 드는 것이다. 너도 마찬가지다. 너도 하느님이 사랑하시고 그분 마음에 드는 아들/딸이다. 네가 이 '비밀'을 깨달아 알기 바란다."

^{12}그 뒤에 곧 성령이 예수를 광야로 내보내셨다.

"역시 궁금합니다. 성령께서 선생님을 광야로 내보내셨다는 사실을 마르코가 어떻게 알았을까요? 이것도 선생님께서 몸소 누군가에게 말씀해 주셨습니까?"

"그렇지 않다면 마르코가 어찌 알았겠느냐?"

"모두가 선생님과 한 몸이라고 하시지 않았습니까? 마르코도 선생님과 '한 몸'이니 스스로 알 수 있지 않겠어요?"

"너는 두뇌가 일러 주지 않는데도 손이 스스로 글을 쓴다고 생각하느냐? 물론 마르코가 스스로 알 수도 있지만, 그 말은 나 아닌 다른 사람 말을 듣지 않고서 알 수 있다는 말이지, 내 말도 듣지 않고서 알 수 있다는 말은 아니다. 그가 스스로 알았다면 내가 그에게 일러 주었기 때문에 안 것이다. 만일 내가 그 말을 누군가에게 해 주지 않았다면(이심전심으로 옮겨지는 것 또한 '말'이다), 성령이 나를 광야로 내보내신 사실은 세상에 없는 것이다. 말이 존재의 집이라고 누가 그러잖았느냐?"

"마르틴 하이데거로 알고 있습니다."

"누구라도 상관치 않는다. 성서에도 있잖느냐? 하느님이 말씀으로 천지만물을 지으셨다고. 말이란 그런 것이다. 말에 얽매여도 안 되지만 말을 무시해도 안 된다. 말〔言語〕이라는 말〔馬〕을 타지 않고서는 말〔言語〕의 주인에게 가서 닿을 수 없기 때문이다."

"선가(禪家)에서 말하는 불립문자(不立文字)는 무엇입니까?"

"그것은 말 아니냐? 말도 아주 좋은 말이다."

"선생님께서 '말씀'을 들려주시지 않았다면 제가 지금 읽고 있는 성경도 세상에 없는 물건이겠지요."

"그렇지."

"그러면, 성령께서 선생님을 광야로 내보내셨음을 선생님은 어떻게 아셨습니까? 성령께서 그렇다고 말씀해 주셨나요?"

"너는 네가 어떻게 해서 어디로 가고 있는지를, 누가 너에게 말해 주어야만 아느냐? 사람의 '앎'에는 두 가지가 있다. 남한테 배워서 아는 '앎'이 있고 스스로 아는 '앎'이 있다. 스스로 아는 앎을 공자(孔子)는 생이지지(生而知之)라 했거니와, 성인(聖人)만 생이지지를 하는 게 아니다. 도둑도 도둑질이 좋지 않다는 것쯤 누가 가르쳐 주지 않아도 알지 않느냐?"

"그렇지만, 그렇게 아는 것도 제가 저한테 일러 주었기 때문에 아는 것 아닙니까? 두뇌가 손에게 일러 주듯이요."

"그렇다."

"그러니까, 성령께서 선생님께 말씀해 주셨다고 해도 되는 것 아닙니까?"

"그렇다."

"아까는 아니라고 하시잖았습니까?"

"아까 네가 물었을 때도, 성령과 나를 두뇌와 손으로 생각하고, 그렇게 물었던 것이냐?"

"……"

"말의 덫에 스스로 걸려들지 마라. 내가 너에게 꿈속에서 일러 주지 않았더냐? 곧장 들어가라고. 말에 얽매이지 말라고. 좌우를 둘러볼 것도 없이, 네 모습이 세상에 어떻게 비치는가에도 눈길 주지 말고, 곧장 들어가거라. 곧장! 지금 우리가 무슨 얘길 하고 있는 거냐?

마르코가 어떻게 '사실'을 알게 되었는지가 그토록 궁금하고 그토록 중요한 문제더냐? 그것이 너에게는 '사실' 자체보다 더 궁금하고 더 중요한 문제더란 말이냐?"

"죄송합니다."

"죄송할 것까지는 없다. 이것도 공부다."

"그럼, 말씀하신 '사실'로 들어가겠습니다. 왜 광야로 나가셨습니까?"

"내가 스스로 나간 게 아니라 내보내진 것이다."

"누가 억지로 선생님을 끌고 간 것입니까?"

"아니, 내 발로 걸었다."

"말씀이 앞뒤가 맞지 않습니다."

"할 수 없다. 내가 스스로 한 행동이지만 내가 스스로 한 행동이 아니라는 걸 아울러 얘기하자면, 한 마디 하고서 그 말을 뒤집는 수밖에 없지 않느냐? 아버지와 내가 둘도 아니요 하나도 아닌 불이비일(不二非一)의 관계로 존재하는 한, 내 모든 행위가 옹근 자유면서 옹근 복종이 아닐 수 없는 것이다. 어디에도 얽매이지 않으면서 모든 것에 얽매이는 바울로의 자유가 바로 그것이다."

"알겠습니다. 그럼, 왜 광야로 내보내지셨습니까?"

"내가 광야로 간 까닭은, 거기서 내가 무엇을 했는지를 보면 알 수 있지 않겠느냐?"

"그렇겠군요. 그럼 다음 구절로 넘어가야 할 텐데, 그 전에 하나만 더 여쭙겠습니다. 선생님께 '광야'는 어떤 곳입니까?"

"사람마다 '광야'라고 하면 떠오르는 생각들이 다르겠지만, 내게는 아버지를 더 가까이 만나 뵐 수 있는 '안마당' 같은 곳이었다. 광야는 사람들이 모여 살지 않는 곳이다. '마을'이 세상의 이쪽 끝이면 저쪽 끝이 '광야'다. 네가 지금 살고 있는 계룡산 자락도 한때엔 광야였다. 광야에도 사람이 있긴 하지만 특별한 목적을 가지고 마을을 떠난 자들이 있을 뿐이다."

"그 특별한 목적이 무엇입니까?"

"그것도 사람마다 다를 터이나, 내게는 금방 말했듯이 아버지를 가까이 만나 뵙는 것이었다."

"모세는 산꼭대기로 올라갔는데요."

"산꼭대기도 광야다."

"선생님은 늘 말씀하시잖았습니까? 아버지가 내 안에, 내가 아버지 안에 있다고요. 그런데 새삼 아버지를 가까이 만나 뵙기 위하여 광야로 나가신 까닭이 무엇입니까?"

"너는 언제나 너와 가까이 지내느냐?"

"아닙니다. 어떨 때는 저 자신을 아주 미워하기도 합니다."

"네가 아침저녁으로 '앉아 있기'를 하는 건 무엇 때문이냐?"

"그렇게 하면 선생님과 좀더 가까워지는 것 같아서요."

"언제는 내가 너를 멀리했더냐?"

"제가 선생님을 멀리할 때가 많지요."

"그래서 '앉아 있기'를 한단 말이냐?"

"예."

"잘했다. 그렇게 해서 네가 나와 가까워지는 것은 곧 네가 너와 가까워지는 것이다."

"……"

"내가 광야로 나간 것도 마찬가지 이유였다."

"그러면, 선생님께서 '먼동이 트기 전에 일어나 외딴 곳으로 가시어 기도하셨다'는 기록이 있던데, 그때도 '광야'로 나가셨던 것입니까?"

"잘 보았다. 가파르나움으로 가든, 예루살렘으로 가든, 나는 언제나 내 '광야'와 함께 다녔다. 네가 아침저녁 '앉아 있기'를 할 때, 이 방이 너의 '광야'가 되게 하여라."

"알겠습니다. 그런데 광야에는 마을이 없는 대신 짐승들이 있고 또 마귀도 있잖습니까?"

"그래서 거기가 하느님을 가까이 만나 뵙는 '안마당'인 것이다."

"......?"

"짐승들과 마귀를 두려워 마라. 인간들보다 훨씬 솔직하고 나약한, 하느님의 시종(侍從)들이다."

"......?"

"다음 얘기로 넘어가자."

¹³예수께서는 사십 일 동안 그곳에 계시면서 사탄에게 유혹을 받으셨다. 그동안 예수께서는 들짐승들과 함께 지내셨는데 천사들이 그분의 시중을 들었다.

"왜 '사십 일 동안'이었는지는 여쭙지 않겠습니다. 그게 반드시 날짜로 '40일'을 말하는 건 아니겠지요?"

"그러면 어떻고 안 그러면 어떠냐? 시간과 공간이라는 '관념' 속에서 살자면 무슨 일이든 시작이 있고 마침이 있는 것이다. 그것은 마치 대나무 마디〔節〕와 같다. 그래서 '시절'(時節)이다. 그 시작이 사실은 '처음'이 아니요 마침도 '끝'이 아니지만, 마디와 마디 또한 거기 그렇게 분명하지 않느냐? 대나무 모든 마디가 서로 연결되어 하늘과 땅을 잇듯이, 너에게도 모든 '시절'들이 이어져 하늘과 땅에 닿아 있는 것이다. 보아라, 너의 그것들이 (어린 시절, 청년 시절, 장년 시절) 어떻게 서로 이어져 있으면서 나뉘어져 있는지를. 내 '광야 사십 일'은 그렇게 앞뒤로 이어지면서 나누어진 '시절'이었다."

"그러면 왜 하필 '4'라는 숫자와 연결이 됩니까? 성경에 보면 넉 달, 사십 일, 사십 년 등 '4'에 연관된 숫자가 많이 나오는데요."

"묻지 않겠다 해놓고 묻는구나? '넷' 하면 우선 머리에 떠오르는 게 무엇이냐?"

"동서남북―입니다."

"동서남북은 사람을 둘러싸고 있다. 그래서 빙 둘러싸인 상태를 사람들은 사방으로 둘러싸였다고 한다. 동서남북은 네모난 방을 연상케 한다. 어디를 가든 사람은 그 방에서 벗어나지 못한다. 동쪽으로 아무리 가도 해는 계속 앞에서 뜨고 서쪽으로 아무리 가도 해는 계속 앞에서 진다. 그러나, 그래도, 방(房)은 밖으로 나갈 수 있어서 방인 것이다. 네가 대나무 마디 속에 있다고 생각해 보아라. 그 마디 하나는 위로 하늘에 아래로 땅에 이어져 있다. 그렇게, 대나무 마디처럼, 독립된 방이면서 끝없이 이어진 방들을 '4'라는 숫자로 암시한 것이다. 그러니, 무엇을 준비하는 데 필요한, 무엇을 실현하는 데 필요한, 무엇을 마무리 짓는 데 필요한 일정 기간을 '4'라는 숫자로 나타냈다고 보거라."

"알겠습니다. 그러면 저도 결국 수많은 '4'로 연결된 '4'를 시방 살고 있는 것이군요?"

"잘 보았다."

"여기, 마르코의 기록에는 '사십 일 동안 그곳에 계시면서 사탄에게 유혹을 받으셨다'고 되어 있습니다. 아까 말씀하시기를, 하느님을 가까이 만나 뵙고자 광야로 가셨다고 하셨지요. 그런데 하느님은 보이지 않고 엉뚱한 사탄이 나타나서 유혹을 하고 있으니, 어찌된 일입니까?"

"얼마 전에 네가 번역한 틱낫한의 글이 생각나는구나. 프랑스 사람이 아프리카 밀림에서 길을 잃었다. '하느님, 살려 주십시오.' 하고 기도했더니 웬 니그로가 나타나서 그를 구해 주었지. 나중에 그가 말하기를, '하느님께 살려 달라고 기도했더니 니그로가 나타나서 살려 주었다'고 했다는 것 아니냐? 그 프랑스인은 하느님이 니그로의 모습으로 나타나신 걸 몰랐다고 틱낫한이 그렇게 썼던데, 네 생각은 어떠냐?"

"그럼, 하느님께서 사탄의 모습으로 선생님께 나타나신 겁니까?"

"부처 눈에는, 부처 아닌 게 없다."

"선생님 눈에는 모든 것이 '하느님'으로 보인다는 말씀입니까? 그렇다면 '하느님한테 유혹을 받으셨다'로 기록됐어야 하는 것 아닙니까?"

"부처 눈에는, 나무는 나무고 바위는 바위다."

"무슨 말씀인지, 잘 모르겠습니다."

"하느님이 니그로의 모습으로 나타나셨어도 니그로는 니그로고 하느님은 하느님이다. 내가 너에게 심부름을 시켰다면 너는 나를 대신해서 그 일을 한 것이다. 일은 네가 했지만, 사실인즉슨 내가 한 것이다. 만일 그 일이 잘못되어 손해가 났다면 네가 아니라 내가 물어야 한다. 사탄은 사탄이고 하느님은 하느님이다. 그러나 하느님이 보내시지 않았다면 사탄은 내 앞에 나타날 수 없다. 사탄뿐 아니라 존재하는 모든 것이 그러하다. 사탄이 내게 한 일은 하느님이 하신 것이다. 산에 자라는 나무 한 그루, 들에 피어나는 꽃 한 송이, 모두가 하느님을 나타내고 있다. 알겠느냐? '하느님'이라는 단어가 부담스러우면 노자(老子)나 아브라함 요수아 헤셀처럼 '하나'(One)라는 말로 대신해도 좋다."

"선생님께서는 사탄을 대하실 때 그가 두렵지 않으셨습니까?"

"아버지께서 그를 보내셨는데, 내가 아버지를 대하듯이 대해야 할 것 아니냐? 두려움이란, 상대를 못 알아보고 나를 모르는 데서 오는 것이다."

"아니지요. 제가 뱀을 뱀으로 아니까 겁나는 것 아닙니까?"

"뱀을 뱀으로 아는 게 바로 뱀을 모르는 것이다. 밧줄을 뱀으로 보는 것과 같다."

"뱀이 어째서 밧줄입니까?"

"잘 보아라. 깊게 보아라. 대충, 얼핏 보니까 그런 '착각'이 생겨나는 것이다. 여섯 살 배기 계집아이가 독사와 놀고 있는 사진을 보잖았느냐? 그 아이는 뱀이 무엇인지를 제대로 알았기 때문에 그럴 수 있었다. 두려움은 무지(無知)의 소산이다. 깨달은 사람은 아무 것도 두려워하지 않는다."

"방금, '아버지께서 그를 보내셨으니 아버지를 대하듯이 대해야 할 것 아니냐'고 하셨는데요, 그러면 그가 하라는 대로 하셨어야 하는 것 아닌가요?"

"말귀를 못 알아들은 거냐? 아니면, 그냥 한번 말꼬리를 잡아 보자는 거냐?"

"말꼬리를 잡자는 건 아닙니다."

"네가 어렸을 적에 어머니한테서 들은 말 가운데 '나가, 나가 죽어!' 라는 끔찍한 말이 있었다. 기억나느냐?"

"예. 가끔 그러셨지요."

"그래서 너는 나가 죽을 생각을 했느냐?"

"아닙니다."

"설명이 더 필요하겠느냐? 너도 예방주사 맞아 보았겠지?"

"아시잖습니까?"

"내가 너에 대하여 무엇을 몰라서 묻는 줄 아느냐?"

"……"

"예방주사가 그게 무엇이냐? 독감이 유행할 때, 미리 독감 바이러스를 몸에 넣어서 면역성을 길러 두자는 것 아니냐? 아버지께서 사탄을 시켜 나를 유혹케 하신 것은, 내가 조심하고 경계해야 할 것에 대처하는 연습을 시키신 것이다."

"방금 '연습' 이라고 하셨습니까?"

"그래. 연습이다. 네 인생도 한 차례 연습이다."

"선생님의 생애도 연습이었습니까?"

"그렇다."

"그러면, 광야에서 유혹을 받으신 것은 결국 연습을 위한 연습이 되는 셈 아닙니까?"

"그렇다."

"……?"

"인생이란, 누구의 것이든, 연습을 위한 연습을 위한…… 연습이다. 그래서들 인생을 곧 수행(修行)이라고 말하는 것 아니겠느냐?"

"……?"

"연습이니까 대충 해도 된다고 생각하지 마라. 연습이기에 더욱 충실하고 진지해야 한다. '연습은 실전처럼, 실전은 연습처럼' 이라는 말도 있지 않느냐? 혼신의 힘을 다 쏟는 데 연습의 묘미가 있다. 내가 그러했듯이, 너도 네 몸과 마음과 뜻과 정성을 다하여 순간순간을 살아야 한다. 물론 너는 네 생애를 대충대충 빈둥빈둥 허송세월로 보낼 수도 있다. 그러나 그 열매는 네가 거두어야 한다."

"대충대충 빈둥빈둥 살았는데, 열매는 무슨 열매입니까?"

"쭉정이도 열매다."

"사십 일 동안 들짐승들과 함께 지내셨다고 했는데요, 어떻게 된 겁니까?"

"무슨 말인지 모르느냐? 광야에는 들짐승들이 살고 있다. 거기엔 인간의 문명이라는 게 없어. 자연 그대로다. 내가 자연에 묻혀 지냈다는 뜻으로 새겨 두어라."

"그런데 천사들은 왜 나타납니까?"

"내가 하느님의 아들인데 천사의 시중을 받는 것이 뭐가 잘못되었느냐? 너에게도 너를 시중드는 천사가 있다. 알고 있느냐?"

"그러려니 짐작은 합니다. 돔 헬더 까마라 대주교는 자기를 지켜주는 천사 이름까지 안다고 했습니다만, 저는 아직 그 정도는 못 됐습니다."

"네 눈이 아직 그 사람만큼 맑지 못해서 그렇다. 그러나 괘념치 말아라. 너도 눈이 있으니 때가 되면 보일 것이다. 네가 보든 못 보든, 너를 시중드는 천사들은 언제나 네 곁에 있다."

"어떻게 하면 저도 천사들을 볼 수 있을까요?"

"말했잖느냐? 눈이 맑으면 보인다고. 날개 달린 벌거숭이 아기 모습이 '천사'라는 이름표를 달고 네 눈을 시방 가로막고 있어서, 그래서 천사가 보이지 않는 것이다. 모든 선입견과 모든 지식과 모든 견해를 치워라. 그러면 너를 시중들고 있는 천사들에 둘러싸인 너를 보게 될 것이다."

^{14}요한이 잡힌 뒤에 예수께서 갈릴래아에 오셔서 하느님의 복음을 전파하시며

^{15}"때가 다 되어 하느님의 나라가 다가왔다. 회개하고 이 복음을 믿어라." 하셨다.

"선생님께서 갈릴래아에 몸을 나타내실 때, 요한이 감옥에 갇힌 것을 알고 계셨습니까?"

"알고 있었다."

"요한의 투옥으로 그의 활동은 마감된 것입니까?"

"사람은 무슨 일에나 자기 몫이 있다. 요한은 자기 몫을 다했다."

"자기 몫을 다하지 못하는 사람도 있습니까?"

"그런 사람은 없다."

"그렇다면 굳이 애쓰고 노력하고 그럴 필요가 없잖습니까? 저마다 자기 몫이 정해져 있고 그리고 어떻게 살든 그 몫을 다하게 되어

있다면 말입니다."

"요한의 생애를 어떻게 보느냐? 그가 굳이 애쓰고 노력하고 그러면서 살았다고 보느냐?"

"그런 것 같지는 않습니다. 선생님께서 말씀하셨듯이, 그로서는 광야에서 메뚜기와 들꿀을 먹고 사는 게 가장 편하고 자연스러운 삶의 방식이었을 테니까요."

"그렇다고 해서 그가 대충대충 빈둥빈둥 살았다고 보느냐?"

"아닙니다. 오히려 그렇게 살라고 누가 강요했다면 미쳤겠지요."

"인생은 연습이라고 했다. 충실하고 진지하게, 그러면서 얽매이지 않고 자유스럽게, 그렇게 살아가는 데 인생의 묘미가 있다. 연습이란 그렇게 하는 것이다."

"요한이 자기 몫을 마쳤기에 선생님께서 그 뒤를 이어, 말하자면 역사 무대에 등장하신 것입니까?"

"마디(節) 하나가 끝나는 데서 다음 마디가 비롯되는 것 아니냐?"

"그렇다면, 요한의 생애와 선생님의 생애가 동질(同質)의 것이라는 말씀인가요? 대나무 마디와 마디가 그러하듯이 말입니다."

"그렇다. 네 생애도 내 생애와 동질의 것이다. 모두 같은 하느님의 꽃이라고 하지 않았느냐? 모양과 크기는 저마다 달라도 꽃은 꽃이다. 네 생애도, 요한이나 빌라도의 생애처럼, 우주보다 값진 생명의 흔적이다."

"그렇다면, 요한이 하던 일을 선생님이 계속하신 것이라고 봐도 됩니까?"

"그렇게 볼 수도 있고 그렇지 않게 볼 수도 있다. 한 드라마에 여러 등장인물이 있어 배역이 서로 다르지만 결국 같은 드라마를 엮어

가듯이, 우리 모두 같은 일을 다르게 하고 있는 것이다. 춘향이만 있어가지고는 춘향전을 무대에 올릴 수 없지 않느냐?"

"말머리를 돌리겠습니다. 왜 하필 갈릴래아였습니까? 다른 데도 많이 있잖습니까? 요한의 활동 무대였던 요르단 건너편도 있고 아니면 곧장 예루살렘으로 올라가실 수도 있었을 텐데요."

"왜 갈릴래아면 안 되느냐?"

"그럴 이유는 없지요."

"누구든지 시간과 공간이라는 틀 안에서 움직이려면 어차피 한 지점과 한 시점을 택해야 한다. 나는 요한이 투옥된 때를 택했고 갈릴래아를 택했다. 그뿐이다."

"글쎄, 그러니까 왜 갈릴래아를 택하셨는지, 그 까닭을 여쭙는 겁니다."

"거기는 변방(邊方)이다. 사람들 눈길이 잘 미치지 않는 곳, 사람들 발길도 여간해서 닿지 않는 곳, 그런 곳이 혁명의 씨를 싹 틔우는 데 가장 알맞은 땅이다."

"지금, 혁명이라고 하셨습니까?"

"그렇다. 군사혁명은 대개 수도를 장악하는 것으로 시작하지만 하늘 혁명은 언제나 변두리에서 아무도 모르게 비롯된다. 겨자씨처럼, 처음에는 잘 보이지도 않게 싹을 틔우는 것이 하늘나라다."

"마르코는 첫머리에 '예수 그리스도에 관한 복음'이라 했고 여기서는 예수님께서 '하느님의 복음'을 전파했다고 기록합니다. 두 복음이 서로 다른 것입니까? 같은 것입니까?"

"종소리와 종은 둘이냐, 하나냐?"

"둘도 되고 하나도 되지요."

"예수 그리스도에 관한 복음과 하느님의 복음이 그와 같다."

"종과 종소리와 그것을 듣는 자가 하나냐, 셋이냐?"

"하나도 되고 셋도 되지요."

"하느님과 나와 갈릴래아 사람들이 그와 같다."

"종과 종을 울리는 자와 종을 울리는 자가 딛고 선 땅과 종소리를 옮기는 공기와 종소리를 듣는 귀…… 그것들이 모두 하나냐, 여럿이냐?"

"하나면서 여럿이지요."

"하느님과 만물이 그와 같다."

"선생님께서는 '때가 다 되었다'고 말씀하셨는데요. 그 말이 무슨 뜻입니까?"

"말 그대로, 때가 다 되었다는 뜻이다. 기차 떠날 시간이 되면 안내 방송을 하지 않느냐? '두 시 십 분 발 부산행 무궁화 열차가 곧 출발하니 손님들은 어서 차에 오르십시오.' 왜 그런 방송을 하겠느냐? 기차 시간이 되었는데도 딴 짓을 하느라고 미처 차에 타지 못한 사람들을 일깨워 주기 위해서다. 기차가 플랫폼에 와 있는 줄도 모르던 승객이 방송을 듣고 달려가 기차를 탔다면 그 방송이 그에게 '좋은 소식' 아니겠느냐? 그래서 '복음'이라고 한 것이다. 하느님 나라가 눈앞에 다가왔는데 사람들이 다른 데 정신이 팔려서 엉뚱한 짓만 하고 있다. 모두들 애가 타도록 그 나라에 들어가고 싶어 하면서 말이다. 너라면 어떻게 하겠느냐?"

"저라도 때가 되었다고 외치겠습니다. 그러나 그러려면 제가 '때'를 알아야 할 텐데요. 말씀하신 그 '때'가 언제입니까?"

"바로 지금!—이다."

"하느님 나라는 어디에 있습니까?"

"바로 여기!—다."

"그걸 사람들이 몰랐던 겁니까?"

"그렇다. '바로 지금, 바로 여기'에 있는 하느님 나라를 그들은 엉뚱한 데서 찾고 있었다. 내가 말하는 '엉뚱한 데'란, 지금·여기가 아닌 다른 모든 곳, 다른 모든 때를 뜻한다. 하느님 나라는 태곳적 과거도 아니고 먼 미래도 아니고, 예루살렘도 아니고 사마리아도 아니고, 지금 너 있는 곳, 바로 여기에 있는, 그런 나라다. 사람들이 저마다 행복하게 살기를 바라면서 행복하게 못 사는 것은, 행복을 있는 데서 찾지 않고 없는 데서 찾기 때문이다. 명심해라. 너에게 있는 것은 지금·여기밖에 없다. 어제도 없는 것이요 내일도 없는 것이요 저기도 없는 것이요 거기도 없는 것이다. 사실은 그 모든 것이 '없는' 게 아니라 지금·여기에 들어와 '있다.' 이 비밀 아닌 비밀을 밝힌 것이 내가 세상에 전한 '첫 마디'였다. 하느님 나라가 지금·여기에 있는 까닭은 하느님이 지금·여기에 계시기 때문이다. '지금'에 아브라함 이전과 이후가 모두 들어 있고 '여기'에 하늘 위와 땅 아래가 모두 들어 있다. 거북이 털끝에 삼천대천세계가 들어 있다는 말도 있잖더냐? 네 선생 무위당(无爲堂)의 말대로, 나락 한 알에 우주가 들어 있다."

"말씀을 듣자니 루미(Rumi)의 시 한 줄이 생각납니다."

"읊어 보아라."

광기(狂氣)의 입술에 매달려 살아왔다.
까닭을 알고 싶어서
문을 두드렸다. 문이 열리자
나는 안에서 두드리고 있었다.

"그럴 듯하다. 루미 그 친구가 눈이 맑았다."

"'회개하고 복음을 믿어라.' 이것이 말하자면 선생님 메시지의 전부라고 할 수 있을까요?"

"'회개하라'는 말은, 하느님 나라를 엉뚱한 데서 찾지 말고 지금·여기 있는 하느님 나라를 눈 떠서 보라는 말이다. 멀리 다른 데가 있는 마음을 돌려 네 안을 살피라는 말이다. 그래서 하느님 나라가 네 안에 있음을 깨달으라는 말이다. '회개'는 자기 밖으로 나가 있던 자기가 돌이켜 자기 안으로 돌아오는 것이요, 문제와 해답을 '남' 한테서 찾던 내가 돌이켜 그것을 '나' 한테서 찾는 것이다."

"'복음을 믿어라'라고 말씀하신 것은 무슨 뜻입니까?"

"복음의 내용이 무엇이냐? 그동안 목마르게 찾아다닌 '하느님 나라'가 바로 지금·여기, 네 안에 있다는 것 아니냐? 어디 멀고 먼 곳에 있는 줄 알았던 보물이, 그래서 그것을 찾기 위해 멀고 험한 길을 가야 한다고 생각했던 그 보물이, 바로 지금 여기에 있다는 말을 들었을 때, 그것이 틀림없는 복음이라 해도, 그 말이 쉽게 믿어지겠느냐? 진리란 까다로워서 알기 힘든 것이 아니라 너무 단순해서 알기 힘든 것이다. 복음의 내용이 어렵고 힘들어서 받아들이기 어려운 게 아니라 너무 쉽고 편해서, 그래서 받아들이기 어려운 것이다. 하느님 나라 백성으로 사는 게 실제로 힘들어서 힘든 게 아니라 오히려 너무 쉬워서 힘들게 여겨진다는 얘기다. 노자(老子)도 말하지 않았느냐? '내 말은 너무나도 알기 쉽고 하기도 쉽다. 그래서 사람들이 잘 알지 못하고 하지 못한다.' 그래서 믿으라고, 믿기 어려워도 믿으라고 말했다."

^{16}예수께서 갈릴래아 호숫가를 지나가시다가 호수에서 그물을 던지고 있는 어부 시몬과 그의 동생 안드레아를 보시고
^{17}"나를 따라오라. 내가 너희를 사람 낚는 어부가 되게 하겠다." 하고 말씀하셨다.
^{18}그들은 곧 그물을 버리고 예수를 따라갔다.
^{19}예수께서 조금 더 가시다가 제베대오의 아들 야고보와 그의 동생 요한이 배에서 그물을 손질하고 있는 것을 보시고
^{20}부르시자 그들은 아버지 제베대오와 삯꾼들을 배에 남겨 둔 채 예수를 따라 나섰다.

"시몬과 안드레아를 그날 처음 보시고 바로 부르셨습니까? 아니면 전부터 안면이 있던 사이였습니까?"
"처음 보고 바로 불렀다."
"그런데 어떻게 '한 마디'에 그물을 버리고 선생님을 따라 나섰을까요? 그물을 버린다는 건 생계를 버린다는 건데요."
"독화살 한 촉이면 건강한 사람을 죽이고 감로(甘露) 한 방울이면 죽은 사람도 살린다. 사람의 생애를 바꾸는 데 '한 마디'면 족하다. 안 그러냐?"

"그렇군요."

"그들은 '한 마디'에 목말라하고 있었다."

"그것을 어떻게 아셨습니까?"

"네가 아는 것은 내가 아는 것이다. 그들이 아는 것은 내가 아는 것이다. 나뭇잎이 목마른 것을 나무가 모르겠느냐?"

"그것을 타심지통(他心智通)이라고 하는 건가요?"

"대강 말하면 그렇다고 할 수 있다. 그러나 정확하게 말하면, 내가 너를 아는 것은 타심지통이 아니다. 네가 내게 타(他)가 아니기 때문이다. 내 손이 시린 것을 내가 아는데 거기 무슨 자타(自他)가 있겠느냐?"

"아, 그렇군요. 그런데 보통은 제자가 스승을 찾아 나서는 것 아닙니까? 그런데 여기서는 선생님이 그들을 부르셨습니다."

"너는 어떻게 생각하느냐? 네가 나를 만났느냐? 내가 너를 만났느냐?"

"둘이 서로 만난 것 아닙니까?"

"어느 쪽이 먼저냐?"

"제가 선생님을 만나 뵙기 전에 선생님이 저를 만나셨습니다."

"네 생일이, 그날이 네가 태어난 날이냐? 네 어머니가 너를 낳은 날이냐?"

"둘 다지요."

"어느 쪽이 먼저냐?"

"어머니가 저를 낳으셨기에 제가 태어난 겁니다."

"스승과 제자 관계가 그렇다. 사람들이 깊게 보지 못해서 제 생일을 제가 태어난 날로 보듯이 제자가 스승을 찾아다니는 것으로 보지만, 스승이 그를 먼저 부르지 않는 한 제자가 그를 찾아다닐 수는 없는 것이다."

"선생님께서는 그들을 부르시며, '내가 너희를 사람 낚는 어부로 되게 하겠다'고 약속하셨습니다. 그 말이 무슨 뜻이었나요?"
"그들이 지금은 고기를 낚고 있지 않느냐? 그러나 나를 만난 뒤로는 고기 대신 사람을 낚게 될 것이라는 얘기다."
"고기와 사람이 어떻게 다릅니까?"
"사람이 천하를 얻고 제 목숨을 잃으면 무슨 소용이 있겠느냐? 고기와 사람은 나란히 놓고 견주어 볼 상대가 아니다."
"그렇지만, 고기 낚는 어부도 있어야 하지 않습니까?"
"물론. 그래야 사람들이 먹고 살아가지."
"그렇다면, 고기 낚는 어부를 사람 낚는 어부로 되게 하신다는 게 무슨 말씀입니까? 사람이 선생님을 따르려면 자기 생업을 버리거나 바꾸어야 한다는 겁니까?"
"고기를 낚는데 사람을 위해서가 아니라 고기를 위해서 낚는 사람이 있다."
"무슨 말씀인가요?"
"돈을 벌기 위해서 돈벌이에 몰두하는 사람을 보지 못했더냐? 그들은 '돈'을 벌기 위해 목숨까지도 내던지고 있다."
"……"
"그렇게 살아가던 사람이 나를 따르면 더 이상 고기를 위해 고기를 잡지 않게 된다는 얘기다. 돈을 위해 돈을 벌고 명예를 위해 명예를 지키고 권력을 위해 권력을 좇는 사람이 내가 말한 '고기 낚는 어부' 다. 그러다가 그가 사람을 위해 돈을 벌고 사람을 위해 명예와 권력을 좇으면 그 사람이 내가 말한 '사람 낚는 어부' 다. 생업을 버리거나 바꾸라는 얘기가 아니라 생업에 대한 이제까지의 자세와 목적을 바꾸라는 얘기다."

"우리가 선생님을 따르면 저절로 그렇게 된다는 겁니까? 아니면 선생님이 그렇게 만드신다는 겁니까?"

"펄펄 끓는 물에 네가 손을 넣었다. 네가 네 손을 덴 거냐? 물이 네 손을 덴 거냐? 너와 나의 관계에는 자타(自他)가 없다. 언제까지 말장난을 하겠다는 거냐?"

"죄송합니다."

"죄송할 것 없다. 이것도 공부다."

"야고보와 요한을 부르신 것도, 마찬가지 얘기겠지요?"

"같은 얘기다."

"왜 하필 그들이었습니까?"

"넌 왜 하필 너냐?"

"아니, 왜 어부들을 부르셨느냐 말씀입니다."

"갈릴래아는 바다처럼 넓은 호수다. 어부들이 많이 살고 있는 지역이다. 남산에서 돌을 던지면 김가(金哥) 아니면 이가(李哥)가 맞는다고 하지 않느냐? 내가 그들을 부른 것도 그들이 어부였기 때문이 아니라, 그들한테 자신의 인생과 세상에 근본적인 변혁이 있기를 바라는 간절한 마음이 있었기 때문이다. 간디가 말했듯이, 아무도 돌멩이에 불을 붙이지는 못한다. 그들 가슴 속에는 내 가슴의 불씨가 옮겨 붙기에 알맞은 불쏘시개가 있었다. 인생과 세상의 변혁에 대한 갈망이 그것이었다."

"알겠습니다. 이제 왜 그들이 아버지와 삯꾼들을 배에 남겨 둔 채 선생님을 따라나섰는지 감(感)이 옵니다. 그런데, 선생님께서 이렇게 제자들을 부르신 것은 무엇 때문입니까? 선생님도 일을 혼자서는 하실 수 없으셨나요? 그들의 협조가 필요했습니까?"

"나무가 싹을 틔울 때는 외줄기지만 그 줄기가 자라면서 가지를 뻗게 돼 있다. 그것이 생명의 법칙이다. 내가 열두 제자를 부른 것은 내가 나를 열두 가지로 뻗은 것과 같다. 하나는 여럿이 됨으로써 하나요 여럿은 하나인 까닭에 여럿이다. 명심하여라. 내가 없으면 너희도 없고 너희가 없으면 나도 없다. 내가 있어서 너희가 있고 너희가 있어서 내가 있다. 나와 내 제자들 사이는 나무와 나뭇가지들 사이다. 누가 누구의 협조를 새삼 필요로 하겠느냐? 그리고, 누가 누구의 협조를 필요로 하지 않겠느냐?"

[21]예수의 일행은 가파르나움으로 갔다. 안식일에 예수께서는 회당에 들어가 가르치셨는데

[22]사람들은 그 가르치심을 듣고 놀랐다. 그 가르치시는 것이 율법학자들과는 달리 권위가 있었기 때문이다.

"선생님께서 제자들을 부르시는 대목에 이어서 곧바로 '예수의 일행'이 등장하는군요? '예수의 일행'은 어떻게 이루어진 것입니까?"

"벌써 다섯이나 되지 않느냐? 그만하면 훌륭한 일행이지. 일행(一行)이라는 말이 재미있다. '행'(行)이 왼발 오른발 엇갈려 디디며 어

디를 간다는 뜻이요 '일'(一)이 하나라는 뜻이니, 일행(一行)은 하나가 되어서 간다. 또는 함께 간다는 말이 되겠지?"

"예. 일행은 함께 가야 일행이지요."

"만일 누가 뒤처진다거나 더 이상 걷지 못하게 되면?"

"그가 따라올 때까지 기다리든지 아니면 누가 그를 부축하거나 업고 가야겠지요."

"그래, 그것이 일행이다. 일행은, 날개 가진 자가 땅을 밟고, 오토바이를 탄 사람이 두 발로 걸어야 비로소 이루어질 수 있는 물건이야. 내가 물 위를 걸을 수 있는 몸으로 배를 탄 것도 우리가 '일행'이기 때문이었다. 나는 배를 탈 수 있지만 그들은 물 위를 걷지 못한다. 내가 그들과 함께 가려면 그 길밖에 없지 않으냐? '예수의 일행'은 그렇게 이루어진 것이다."

"그러나 선생님께서는 물 위를 걷기도 하셨잖아요?"

"나 혼자였을 때 걸었다. 그것도 상황이 그럴 수밖에 없을 때에. 사람들에게 내가 물 위를 걷는 모습을 보여 주려고 걸은 적은 없다. 너는 숨쉬는 걸 남에게 보여 주려고 쉬느냐?"

"여럿이 함께 가는데 왜 '예수의 일행'이라고 불렀을까요? '시몬 일행' 또는 '야고보 일행'이라고 할 수도 있지 않습니까?"

"지금 마르코가 기록하고 있는 게 '예수에 관한 복음' 아니냐? 베드로를 주인공으로 삼아 기록했다면 '베드로 일행'이라는 말을 썼을 것이다."

"안식일에 회당에서 사람들을 가르치셨다고 했는데요?"

"랍비가 안식일에 성경을 풀이하는 것은 유다인들의 관습이었다."

"사람들이 선생님을 랍비로 모셨던 겁니까?"

"그렇지 않다면, 내가 회당에서 그들을 가르칠 수 있었겠느냐? 선생은 선생이 만드는 게 아니라 학생이 만드는 것이다."

"선생님께서 아무 일 안하고 가만히 계셨는데 그들이 선생님을 랍비로 알아 모신 것입니까?"

"사람이 어떻게 아무 일 안하고 가만히 있느냐?"

"선생님은 무슨 일을 하셨습니까? 무슨 일을 하셨기에, 사람들이 선생님을 랍비로 모셨느냔 말씀입니다."

"언제나 내가 한 일은 '하나' 밖에 없다. 나를 보내신 아버지의 뜻을 이루는 것이 그 '하나'였다."

"그러니까 제 질문은 그 '하나'를 어떻게 하셨느냐는 질문이 되겠습니다."

"너는 하루하루 살면서 무슨 일을 하느냐?"

"밥도 먹고 잠도 자고 걷기도 하고 책도 보고 사람들하고 말도 하고 똥도 누고 그러다가 글도 쓰고…… 그러지요."

"나도 마찬가지다. 나도 밥 먹고 잠자고 걷고 책 읽고 말하고 똥 누고 글도 썼다. 글쓰기는 거의 안 했지만, 그래도 써야 할 때는 썼지."

"그거야 사람마다 하는 것 아닙니까? 사람들이 선생님의 그런 모습을 보고 랍비로 모셨던 걸까요? 납득이 잘 안 됩니다."

"같은 밥을 먹어도 같은 밥을 먹는 게 아니다. 사람들은 대개 자기 뜻을 이루고자 밥을 먹지만 내게는 밥 먹는 것이 아버지 뜻을 이루는 것이었다. 무슨 말이냐 하면, 밥 먹고 잠자고 걷고 책 읽고 말하고 똥 눌 때마다 밥에서, 잠에서, 길에서, 책에서, 말에서, 똥에서 다만 나를 보내신 아버지만을 보았다는 얘기다. 그게 나였다."

"그러나 그런 건 사람들 눈에 잘 들어오지 않습니다. 사람들이 그걸 어떻게 알아보고 선생님을 랍비로 모셨겠어요?"

"공자가어(孔子家語)에 지란생어심림(芝蘭生於深林)이나 불이무인불방(不以無人不芳)이라, 영지버섯과 난초는 깊은 숲에 살지만 사람이 없다 해서 향기를 아니 뿜지 않는다고 했다. 꽃은 향기를 풍기게 되어 있고 벌 나비는 모여들게 되어 있다."

"혹시 선생님께서 이루신 몇 가지 기적을 보고 사람들이 랍비로 모신 건 아닐까요?"

"그것 역시 나한테서 풍긴 향기들 가운데 하나였다. 너도 밥 먹고 잠자고 걷고 책 읽고 말하고 똥 누고 글 쓸 때마다 거기서 아버지만 보고 아버지의 뜻만 생각해 보아라. 그런 기적쯤 너한테서도 얼마든지 일어날 것이다."

"알겠습니다. 같은 밥을 먹어도 같은 밥을 먹는 게 아니라는 말씀, 가슴에 새기겠습니다. 결국 '예수 일행'이란, 예수처럼 밥 먹고 예수처럼 자고 예수처럼 걷고 예수처럼 책 읽고 예수처럼 말하고 예수처럼 똥 누고 예수처럼 글 쓰다가 마침내 예수가 되려는 뜻을 품고 예수와 함께 한 길을 가는, 그런 사람들을 가리키는 말이 되겠군요?"

"그럴 듯하다."

"율법학자들의 가르침과 달리, 선생님 가르침에 권위가 있어서 사람들이 놀랐다고 했는데요, 그렇다면 율법학자들 가르침엔 권위가 없었다는 말이 되는데, 어째서 그런 겁니까?"

"네가 나를 아는 것과 나에 대해서 아는 것은 크게 다르다. 나와 통하지 않으면, 그래서 나와 한 몸으로 되지 않으면 누구도 나를 안다고 할 수 없거니와, 나에 대해서는 나와 통하지 않고도 얼마든지 알 수 있다. 아니, 나와 일정한 '거리'를 두지 않고서는 나에 '대해서' 알 수가 없는 것이다. 그들은 하느님의 법에 대하여 말했고 나는 하느님의 법이 되어 말했다. 그들은 떡을 그려 보였고 나는 떡을 만들어 먹였다. 말의 권위란 말에서 나오는 게 아니라 말하는 사람한테서 나오는 것이다."

²³그 때 더러운 악령 들린 사람 하나가 회당에 있다가 큰 소리로 ²⁴"나자렛 예수님, 어찌하여 우리를 간섭하시려는 것입니까? 우리를 없애려고 오셨습니까? 나는 당신이 누구신지 압니다. 당신은 하느님께서 보내신 거룩한 분이십니다." 하고 외쳤다.
²⁵그래서 예수께서 "입을 다물고 이 사람에게서 나가거라." 하고 꾸짖으시자
²⁶더러운 악령은 그 사람에게 발작을 일으켜 놓고 큰 소리를 지르며 떠나갔다.

"선생님, 만약에 말씀입니다. 만약에 그날 회당에서 악령 들린 사람이 큰 소리로 '나자렛 예수님, 어찌하여 우리를 간섭하시려는 겁니까……?' 하고 외치지 않았다면 어떻게 됐을까요? 악령이 그 사람한테서 쫓겨나는 일이 없었을까요?"

"그랬을 것이다. 내가 악령 들린 사람들을 찾아가서 악령을 쫓아내 준 적은 없으니까."

"악령이라면 그 정도는 알고 있을 것 아닙니까? 제가 아무 말 않고 가만히 있으면 쫓겨나지 않을 것이라는 사실 말입니다."

"알면서도 어쩔 수 없는 경우가 있다. 너도, 이건 아닌데, 하면서 그 일을 하고 있는 자신을 가끔 보지 않느냐?"

"가끔이 아니라 늘 그러고 있지요. 그렇다면, 그날 악령도 자기가 선생님을 아는 척하면 그 사람한테서 쫓겨나게 될 줄 알면서 그랬단 말씀입니까?"

"제가 나를 회당에서 쫓아낼 수 있을 줄 알았겠지."

"어째서, 자기가 선생님을 아는 척하면 선생님이 쫓겨나실 줄로 알았을까요?"

"'아는 척하면'이 아니라 '알면'이다. 악령이 나를 알고 있다고 하지 않았느냐? 나는 너를 보는데 너는 나를 보지 못한다. 둘이 싸우면 누가 이기겠느냐?"

"그야 말할 것도 없이 선생님이 이기시지요. 만약에 저는 선생님을 보는데 선생님이 저를 보지 못하신다면 제가 이길 것이고요."

"그래, 그러나 그런 일은 없을 것이다."

"물론이지요. 그래서 악령이, 자기가 선생님을 안다고 외쳤던 것이군요?"

"그러나 결국 내 정체를 밝히려다가 제 정체가 드러나고 말았지. 모든 현상이, 하느님이 하시는 일을 드러내기 위해서 벌어지고 있다. 달리 말하면, 모든 현상이 하느님의 영광을 드러내고 있는 것이다. 아무리 캄캄한 어둠이라도 등불 하나 밝히면 사라지는 것이 곧 하느님이 하시는 일이다. 명심하여라. 빛은 어둠을 뚫고 들어갈 수 있지만 어둠은 빛 속으로 들어갈 수 없다. 어둠에는 경계(境界)가 있지만 빛에는 그런 것이 없기 때문이다. 보아라, 암실(暗室)에는 벽(壁)이 있지만 태양에는 벽이 없지 않느냐? 벽 없는 자는 벽 있는 자

속으로 들어갈 수 있지만 벽 있는 자는 벽 없는 자 속으로 들어갈 수 없다. 그래서 어둠이 빛을 이겨 본 적이 없다고 했다. 자신의 '나'를 가진 자가 자신의 '나'를 가지지 않은 자를 이길 수 없는 법이다. 노자(老子)도 말하기를, 물은 아무하고도 다투지를 않아서 천하에 물을 이길 자가 없다고 하지 않았느냐? 그래서 그날 악령이 게임에 진 것이다."

"방금 '게임'이라고 하셨습니까?"

"인생이 연습을 위한 연습을 위한…… 연습이라고 하지 않았느냐? 이 땅에서 이루어지고 있는 게 모두 '게임'이다. 게임이기에 저마다 최선을 다해야 한다."

"저마다 최선을 다하고 있지 않습니까?"

"잘 보았다."

"그런데도 저는 제가 최선을 다하고 있는 것 같지 않습니다."

"네 생각이다."

"저마다 최선을 다하고 있다면, 선생님께서는 왜 제자들에게 잠자지 말고 깨어 기도하라고 하셨습니까?"

"그게 내 최선이었다."

"게임에 진 것이니 악령이 아예 없어지지는 않았겠군요?"

"나도, 그 사람한테서 나가라고 했지 없어지라고는 하지 않았다. 이 세상에 없어질 수 있는 물건은 없다. 끊임없이 달라지는 것뿐이다."

"하나만 더 여쭙겠습니다. 악령은 왜 그 사람에게 발작을 일으켜 놓고 떠나갔을까요?"

"바다에 쪽배가 지나가도 흔적이 남는 법이다. 발작은 곧 멈추었다."

^{27}이것을 보고 모두들 놀라 "이게 어찌 된 일이냐? 이것은 권위 있는 새 교훈이다. 그의 명령에는 더러운 악령들도 굴복하는구나!" 하며 서로 수군거렸다.

^{28}예수의 소문은 삽시간에 온 갈릴래아와 그 근방에 두루 퍼졌다.

"사람들이 말한 '권위 있는 새 교훈'이란 무엇이었습니까?"

"그들은 내 가르침의 내용보다 그것을 말하고 있는 나를 보았다. 아니, 나보다 내 말 한마디에 악령이 복종하는 광경을 보았다. 그들 눈에 띈 것은 눈앞에 펼쳐진 광경이었다. 그것도 흔히 보는 장면이 아니라서 잠깐 놀랐을 뿐이다. 그런 놀람은 이내 사라지게 마련이다. 겉으로 나타나는 현상(現象)만 보는 자들은 놀라기도 잘하지만 그 놀람이 곧 시들해진다. 또다른 놀라운 장면을 찾아서 눈길이 분주하기 때문이다. 마치, 와아—를 연발하면서, 한 장소에 1분을 서 있지 못하고 줄지어 이동하는 단체 관광객들처럼."

"그러니까 그들은 정작 보아야 할 것을 못 본 셈이군요?"

"어찌 그들뿐이겠느냐?"

"예, 저도 마찬가집니다. 옷차림을 보느라고 그 옷 입은 사람은 자주 놓치고 말지요."

"정신 차리지 않으면 누구나 그런 잘못을 저지를 수 있다. 네 말대로, 성철(性徹)의 누더기를 보느라고 진짜 거지인 성철은 못 보는 거야. 언제나 눈길을 중심으로, 핵심으로 돌리는 것을 잊지 말아라. 그것이 나의 '권위 있는 새 교훈'이었다. 내가 눈길을 언제나 아버지께로 모았듯이, 너도 언제나 나를 보아야 한다. 그러지 않으면 내 제자가 될 수 없다."

"그럼, 제가 만일 그 자리에 있었다면 저는 어떻게 했어야 할까요? 선생님 말씀 한마디에 악령이 굴복하는 장면을 외면했어야 합니까?"

"현상(現象)을 외면하는 자는 결코 진상(眞相)을 보지 못한다. 부처를 상(相)에서 찾지 말 것이요 비상(非相)에서도 찾지 말라고 하지 않았느냐? 내 말 한마디에 악령이 굴복하는 현상을 보았으면, 거기에 머물지 말고 악령을 굴복시키는 나를 보아야 할 것이며, 나를 보았으면 또한 나한테 머물지 말고 내 '말'〔言語〕을 보아야 할 것이며, 내 말을 보았으면 또한 말에 머물지 말고 그 뜻을 보아야 할 것이며, 뜻을 보았으면 거기에 머물지 말고 그대로 살아야 한다. 이것이 '현상'을 통해서 '진상'에 이르는 길이요, 만유를 통해서, 만유 위에 계시고 만유 안에 계시며 만유를 관통하시는 아버지께로 나가는 길이다."

"선생님 소문이 '삽시간에 온 갈릴래아와 그 근방에 두루 퍼졌다'고 했는데요, 알고 계셨습니까?"

"발 없는 말이 천 리를 간다고, 소문이란 본디 그런 것이다. 괘념할 바 못 된다. 사람들이 소문에 신경을 쓰는 것은 아직 스스로 알차지 못해서다."

"말씀을 듣자니, 야보(冶父)의 시(詩)가 생각나는군요."

    조개 속에 진주가 숨어 있고
    돌 속에 푸른 옥이 감추어져 있다.
    사향을 지녔으니 절로 향기 풍길 터

구태여 바람받이에 서 있을 게 무엇이랴.

"근사하다."

²⁹얼마 뒤에 예수께서 회당에서 나와 야고보와 요한과 함께 시몬과 안드레아의 집에 들어가셨다.
³⁰때마침 시몬의 장모가 열병으로 누워 있었는데 사람들이 그 사정을 예수께 알렸다.
³¹예수께서 그 부인 곁으로 가서 손을 잡아 일으키시자 열이 내리고 부인은 그들의 시중을 들었다.

"왜 시몬의 집으로 가셨습니까?"
"때가 되어 밥 먹으러 갔다. 사람은 하느님 입에서 나오는 말씀도 먹어야 하지만, 밥도 먹어야 한다."
"어떤 사람은 물만 마시고 산다던데요?"
"그 사람한테는 물과 공기가 밥이다. 채소도 쌀도 고기도 결국 물과 공기다."
"혹시, 시몬의 장모 때문에 가신 건 아닙니까? 그의 열병을 고쳐 주려 말입니다."
"밥 먹으러 갔다고 하지 않았느냐?"
"그 여자가 열병으로 누워 있는 줄은 아셨습니까?"
"몰랐다. 나중에 사람들이 일러 주어서 알았다. 너는 어느 집에 가면서 그 집 식구 누가 아픈지 안 아픈지, 아무도 일러 주지 않는데 미리 아느냐?"

"저야 모르지요. 그러나 저와 선생님이 같습니까?"

"나도 너와 같은 사람이었다. 그러나 만일 누가, 시몬의 장모가 지금 어떤 형편이냐고 내게 물어보았다면 그때에는 알았을 것이다. 그런 점에서 나는 너와 다른 사람이었다."

"그 차이가 어디서 오는 겁니까?"

"네가 나처럼 순간순간 깨어 있으면서 오직 아버지를 생각한다면, 나처럼 늘 아버지의 느낌과 생각과 뜻을 알고 있다면, 그렇다면 너와 나 사이는 아무 차이도 없을 것이다."

"선생님께서는 순간마다 아버지를 모시고 사셨습니까? 한시도 그분을 잊으신 적이 없으셨습니까?"

"그렇다. 한 순간도 잠들어 있지 않았다. 폭풍 이는 바다에서 제자들이 아우성을 치면서 잠자고 있을 때에도 나는 뱃고물 베고 코를 골며 깨어 있었다."

"무슨 말씀입니까?"

"생시든 꿈속이든 아버지와 함께 있으면 깨어 있는 것이요, 생시든 꿈속이든 아버지를 떠나 있으면 잠든 것이다."

"누가 시몬의 장모에 대하여 물어보았더라면, 그 여자가 앓아누워 있는 줄을 미리 아셨을 것이라고 하셨지요?"

"그랬다."

"무슨 원리입니까?"

"산책하다가, 부스럭—하는 소리가 나는 곳을 보면 거기 들쥐가 있지 않더냐? 눈여겨보지 않으면 눈앞에 있어도 보이지 않고, 낌새나 정보가 있지 않으면 눈여겨 보지 않는 게 사람이다."

"아니, 제 말씀은 직접 보시지 않고도 어떻게 알 수 있느냔 말씀입니다."

"누구든지 아버지와 하나 되어 살면, 보이지 않는 것을 보고 들리지 않는 것을 듣는다. 앞에서도 말했지만, 나뭇잎이 바람에 스치는 것을 나무가 모를 리 있겠느냐? 다만, 네가 눈병이 나지 않는 한 너에게 눈이 있다는 사실을 의식하지 않듯이, 나도 누가 일러 주기 전에는 시몬의 장모를 의식하지 않았던 것이다."

"제가 만일 온종일, 저에게 눈이 있고 코가 있고 목이 있고 허파가 있고…… 그 모든 것들이 있음을 의식하면서 살아야 한다면, 아마 한 순간도 살지 못하겠지요."

"맞는 말이다. 그러나 알아야 할 것은 제때에 알아야지. 자기 허파에 구멍이 나는 줄도 모르고 사는 사람이 있다."

"그럴 땐 통증이 그것을 일러 주지 않습니까?"

"그래서 통증이 고마운 것이다. 그러나 자기 통증을 제대로 알아보는 지혜가 필요하다."

"누가 일러 주기 전에 선생님께서 몸소 시몬의 장모가 누워 있는 것을 아실 수도 있잖습니까?"

"내 제자들이 아는 것이 곧 내가 아는 것이다. 몇 번이나 말해야 알아듣겠느냐? 동쪽 가지 끝은 서쪽 가지 끝에 무슨 일이 일어나는지 모르지만 나무는 알고 있다. 마찬가지로 너는 내가 아는 바를 다 모르지만 네가 아는 것은 곧 내가 아는 것이다."

"그렇지만, 만약에 동쪽 가지 끝이 저를 떠나서 '나무'로 되면 모두 알 수 있지 않습니까?"

"물론이다. 그러나 그 때엔 이미 '동쪽 가지 끝'이란 물건은 세상에 없는 것이다."

"왜 그 여자 손을 잡아 일으키셨습니까?"

"내가 그 일을 하러 세상에 왔다. 병든 사람을 성한 사람으로 되돌리는 것이, 나를 통해서 이루고자 하신 아버지의 뜻이었다."

"선생님께서는 모든 병을 다 고치실 수 있습니까?"

"그럴 수 있지만, 그럴 수 없다."

"무슨 말씀입니까?"

"내가 고치지 못할 병(病)은 없다. 그러나 내가 고치지 못할 병자(病者)는 있다. 아버지 법에는 '강제'가 없다고 하지 않았느냐? 본인이 원하지 않는데 억지로 선물을 줄 수는 없다. 그것은 은혜가 아니라 폭력이다. 도움이란, 도와주는 자가 도움 받는 자의 도움을 받지 않고서는 줄 수 없는 것이다."

"그 여자가 선생님께 도움을 청했습니까?"

"그랬다."

"성서에는 그런 기록이 없는데요?"

"그 집 식구들이 왜 나에게 그 사람 사정을 말했겠느냐?"

"그냥, 아무 생각 없이 말씀드렸을 수도 있지요."

"아니면, 고쳐 주기를 바라는 마음으로 말했을 수도 있지."

"……"

"이왕 하는 추측인데 꼭 그렇게 할 게 뭐 있느냐? 혹시 그들이 그냥 아무 생각 없이 말했다 하더라도 앓아누워 있는 병자에게 다가가서 손을 잡아 일으켜 주고 싶은 마음이 드는 것은 인지상정(人之常情) 아니냐? 나는 그대로 했고, 여자가 그것을 받아들여, 열이 내렸던 것이다. 만일 나를 거절했다면 열은 떨어지지 않았을 것이다."

"부인이 곧 시중을 들었다고 했는데요……"

"그랬다."

"무슨 뜻입니까?"

"뜻은 무슨 뜻이냐? 건강한 여자가 자기 집에 온 손님들 시중드는 게 당연한 일 아니냐? 아무데서나 '뜻'을 찾으려는 것도 바람직하지 못한 버릇이다. 그러다가 핵심을 놓치고 곁길로 새는 것이다. 유별난 것 찾지 말고 평범하게 살아라."

^{32}해가 지고 날이 저물었을 때에 사람들이 병자와 마귀 들린 사람들을 모두 예수께 데려왔으며

^{33}온 동네 사람들이 문 앞에 모여들었다.

^{34}예수께서는 온갖 병자들을 고쳐 주시고 많은 마귀를 쫓아내시며 자기 일을 입 밖에 내지 말라고 당부하셨다. 마귀들은 예수가 누구신지를 알고 있었기 때문이다.

"장면이 눈앞에 그려지는 것 같습니다. 선생님 제자들이 얼마나 신났을까요!"

"눈앞에서 신기하고 황홀한 일이 벌어질수록 거기에 눈길을 빼앗기지 않도록 조심해야 한다."

"그러나, 병이 낫고 마귀가 쫓겨나는 것 자체가 대단한 일 아닙니까?"

"대단할 것 없다."

"……?"

"잘 보아라. 무엇이 지금 종이에 글을 쓰고 있느냐? 네 손이냐?

그렇다. 정말 손이 쓰고 있는 것이냐? 아니다. 머리냐? 아니다. 가슴이냐? 아니다. 몸이냐? 아니다. 마음이냐? 아니다. 시간이냐? 아니다. 공간이냐? 아니다. 손, 머리, 가슴, 몸, 마음, 시간, 공간…… 그런 것들이 없으면 네가 쓰는 글도 없지만 그 어느 것도 네 글의 '주인'을 자처할 수 없다. 너도 네 글의 주인이 아니다. 땔감이 없는데 불이 타오를 수 있겠느냐? 그러니, 네가 이렇게 살아서 글을 쓰고 있다는 것 자체가 얼마나 대단한 일이냐? 틱낫한이 말한 대로, 물 위를 걷는 것이 기적이 아니라 땅 위를 걷는 것이 기적이다. 세상에서 일어나는 모든 일이 기적인 것이다."

"그래도, 병이 낫고 마귀가 쫓겨나는 일은 글을 쓰거나 밥을 먹는 것처럼 흔히 볼 수 있는 일이 아니잖습니까?"

"흔히 볼 수 없는 일의 놀라움에 눈이 가려서 흔히 보는 일의 놀라움을 보지 못하는 일이 없도록 하라는 얘기다. 병이 낫고 마귀가 쫓겨나는 '현상'에 눈이 어두워져서 밥 먹고 길 걷는 평범한 행위 속에 감추어진 아버지의 사랑과 은총을 보지 못하는 일이 없도록 해라."

"온 동네 사람들이 문 앞에 모여든 게 선생님께서 이루신 기적을 보았기 때문 아닙니까?"

"내가 이룬 기적이라고 말하지 마라."

"그럼, 누가 이룬 기적입니까?"

"네 글이 네 것이 아니듯이 내 기적도 내 것이 아니다. 네가 '너' 혼자서 글을 쓸 수 없듯이 나 또한 나 혼자서 병을 고치거나 마귀를 쫓아낼 수 없다. 그러니 그것을 어찌 '내가 이룬 기적'이라고 말한단 말이냐?"

"그래도 사람들은 제가 쓴 글을 보고 '이건 이 아무개의 글이다.'

라고 말합니다."

"너는 그렇게 말하지 않느냐?"

"저도 그러지요."

"그게 다 네 말대로, 사람들이 하는 말이다."

"선생님이 이루신 기적을 보고 '이건 예수의 기적이다.' 라고 말합니다. 그게 잘못입니까?"

"아니다. 잘못 말한 게 아니다. 다만 사람들의 말일 뿐이다. 말은 달을 가리키는 손가락이다. 달이 아니다. 손가락을 보느라고 달을 못 봐서야 쓰겠느냐?"

"선생님은 온갖 병을 다 고쳐 주시고 마귀도 쫓아내시는데, 저는 왜 못 합니까?"

"네가, 나는 못한다고 생각하기 때문이다. 하느님 아버지의 기운이 너를 관통해 흐르는 일을 네 생각이 막고 있다."

"나도 할 수 있다고 생각하면 됩니까?"

"그것도 네 생각이다. 역시 하느님의 기운이 너를 관통해서 흐르지 못하게 한다."

"그럼, 어떻게 해야 합니까?"

"너를 비워 허공처럼 되어라. 저 가없는 허공이 아니라면, 어찌 햇빛이 땅에 닿아서 온갖 생물을 살리겠느냐? 네 말대로 너는 통(筒)이다. 통이 비어 있어서 통 아니냐? 통에는 통이 없다. 그래서 통이다. 너도 네가 없어야 진정한 너일 수 있다. 그런 사람은 아무 하는 일이 없으니 되지 않는 일이 없다."

"저를 비운다는 게, 그게 참 어렵습니다."

"그래도 그게 네가 할 일이다. 누구든지 나를 따라오려는 자는 자기를 비워야 한다."

"왜 선생님께서 하신 일을 입 밖에 내지 말라고 하셨습니까? 문맥을 보면, 쫓겨나는 마귀들에게 당부하신 것으로 되어 있는데요."
"병이 낫고 마귀가 쫓겨나고, 그것으로 하느님 나라가 이미 선 것이니 다른 무엇이 더 필요하겠느냐? '나에 관한 소문'은, 그것이 어떤 소문이든, 사람들이 하느님 나라를 알아보는 데 장애가 될 수 있다. 달을 가리키려고 손가락을 폈는데 누가 사람들에게 '저 잘 생긴 손가락을 보라!'고 말한다면, 그것을 말려야 하지 않겠느냐?"
"선생님께서 정체를 감추시려고 함구령을 내리신 건 아닙니까?"
"나는 내 뜻을 이루고자 세상에 온 것이 아니라 아버지의 뜻을 이루기 위해서 왔다. 나를 감추고 아버지를 드러내는 것, 그것이 내 생애의 전부였다."
"그러나 결과적으로 선생님을 감추지 못하셨지요."
"다만 나를 드러내고자 하지 않았을 뿐이다. 별들이 자기를 드러내려고 밤하늘에 떠 있는 것은 아니다."
"옛말에, 막현호은(莫顯乎隱)이라, 숨기는 것보다 더 잘 드러내는 게 없다고 했더군요."
"옳은 말이다."
"혹시, 짐짓 자기를 감춤으로써 더 잘 드러내려는 건 아니었습니까?"
"……"
"왜 말씀이 없으십니까?"

"……"

"……"

"내가 무슨 말을 하겠느냐? 맘대로 생각하여라."

"죄송합니다. 화나셨습니까?"

"점입가경(漸入佳境)이로구나!"

"……"

"마귀들이 내 말 듣고 입을 다물든 아니면 오히려 더 떠들어대든, 사람들이 내 부탁대로 소문을 내지 않든 아니면 더 많은 소문을 퍼뜨리든, 그것은 그들의 일이요, 나는 다만 내가 할 말을 했을 뿐이다. 아버지께서 나를 통해 이루시는 일이 나로 말미암아 가로막혀서야 되겠느냐?"

³⁵다음 날 새벽 예수께서는 먼동이 트기 전에 일어나 외딴 곳으로 가시어 기도하고 계셨다.
³⁶그 때 시몬의 일행이 예수를 찾아다니다가
³⁷만나서 "모두들 선생님을 찾고 있습니다." 하고 말하였다.
³⁸예수께서는 그들에게 "이 근방 다음 동네에도 가자. 거기에서도 전도해야 한다. 나는 이 일을 하러 왔다." 하고 말씀하셨다.
³⁹이렇게 갈릴래아 지방을 두루 찾아 여러 회당에서 전도하시며 마귀를 쫓아내셨다.

"선생님께서도 새벽에 기도를 하셨습니까?"

"했다."

"한 순간도 아버지를 생각하지 않은 적이 없다고 하시지 않았습니까? 그런 분도 따로 시간을 내어 기도할 필요가 있는 겁니까?"

"한 순간도 아버지를 잊지 않는 삶이 어떻게 가능하겠느냐? 저 깊은 산속 어느 이름 모를 바위틈에서 솟구치는 샘이 없다면 바다를 향해 한 순간도 멈추지 않고 흐르는 강물이 있을 수 있겠느냐? 따로 시간을 내어 기도에 전념하는 것이야말로 인간의 인간다운 삶을 이루는 근원이다."

"시간은 얼마나 하셨습니까?"

"무슨 시간?"

"새벽에 기도하는 시간 말씀입니다."

"아버지와 깊은 통교에 들어가면 거기엔 시간 같은 것이 끼어들 수 없다. 하루가 천 년일 수도 있고 천 년이 하루일 수도 있다."

"'깊은 통교'라고 하셨는데, 그것이 무엇입니까?"

"내가 말로 설명한들 네가 알겠느냐? 겪어 보지 않고서는 아무도 그것이 어떤 것인지 모른다. 그래도 굳이 말을 하자면……"

"말을 하자면요?"

"그만두자. 사람 말이 가서 닿을 곳이 못 된다."

"기도 시간에, '말씀'을 하십니까?"

"한다."

"주로 무슨 말씀을 하십니까?"

"말없이 말한다."

"못 알아듣겠습니다."

"무념무상(無念無想)보다 완벽한 인간의 언어는 없다."

"그렇게 무념무상으로 삼매경(三昧境)에 빠져 들면, 세상이 어찌 돌아가는지 모를 것 아닙니까? 오늘 읽은 본문처럼, 날마다 제자들이 선생님을 찾아서 깨워 드려야 했나요?"

"아버지와 깊은 통교를 하는 것이 무당들 입신(入神) 같은 줄 아느냐? 무당들 입신은 자기가 지금 무엇을 하고 있는지 모르는 상태로 들어가는 것이지만, 아버지와 깊은 통교를 하는 사람은 자기를 포함하여 세계가 어떻게 돌아가고 있는지를 맑고 투명하게 다 안다. 그러면서도 그것들에 흔들리거나 끌려 다니지 않는다."

"그럼, 그날 새벽, 시몬 일행이 선생님을 찾아다닌다는 것도 알고 계셨습니까?"

"물론이다. 몇 번 얘기해야 알아듣겠느냐? 네가 아는 것은 내가 아는 것이요 시몬이 하는 것은 내가 하는 것이다. 내가 너보다 너를 더 잘 알고 시몬보다 시몬을 더 잘 안다는 사실을 모르느냐?"

"압니다, 선생님. 제가 자꾸만 착각을 합니다."

"만사를 이분법(二分法)의 논리로 생각하는 버릇에서 아직 벗어나지 못했기 때문인데, 그런 줄 스스로 알고 있으면 된다. 지금 누가 글을 쓰고 있느냐? 너냐?"

"예, 제가 쓰고 있지요."

"아니다, 나다."

"예, 선생님이십니다."

"아니다, 너다."

"그럼 어떻게 되는 겁니까? 선생님과 제가 이 글을 쓰고 있는 겁니다."

"너와 나도 아니다."

"……?"

"'누가 무엇을 한다' 고 말할 수 없는, 말하지 않는, 그런 경지에 들어감으로써 비로소 이분법의 틀에서 벗어날 수 있지만, 그것은 언어로 설명되지 않는다. 오늘은 여기까지다. 다른 이야기로 넘어가자."

"왜 모두들 선생님을 찾고 있었을까요?"
"어제 본 놀라운 기적의 주인공이 보이지 않으니 찾아다니는 게 당연하지 않느냐?"
"그들이 선생님을 찾은 속셈이 무엇일까, 그것을 여쭈어 본 것입니다."
"나를 자기네 곁에 잡아 두려는 것이었지."
"선생님을 곁에 모셔 두려는 게 잘못인가요?"
"물은 흘러야 한다. 흐르는 물을 가두는 것은 바람직한 일도 아니요, 되는 일도 아니다."
"그러나, 산은 언제나 한 자리에 있지 않습니까?"
"나 또한 내 자리를 한 순간도 떠난 적이 없다."
"……?"
"누구든지 나를 따르려면, 강물처럼 나와 함께 끊임없이 흐르면서 태산처럼 한 순간도 자기 자리를 떠나지 말아야 한다. 알아듣겠느냐?"
"알 듯 모를 듯, 그렇습니다."
"그날 새벽, 사람들은 나를 기적의 주인공으로 착각하여 자기네 곁에 잡아 두려고 했다. 내가 세상에 온 것은 아버지의 뜻을 이루기 위해서였지, 인간의 터무니없는 욕심을 채워 주기 위해서가 아니었다."

"다른 마을에서도 전도해야 한다고 말씀하셨는데, '전도'라는 말을 무슨 뜻으로 쓰신 것입니까?"

"아버지의 길을 드러내어 사람들에게 알려주는 것이다."

"아무나 할 수 있는 건가요?"

"맹인이 맹인을 인도할 수 있느냐?"

"예. 그런 장면을 본 적이 있습니다. 전에 맹인과 한 사무실에서 일한 적이 있었는데요, 하루는 그 맹인이 다른 맹인을 데려오더니 사무실 구조를 가르쳐 주면서 이리저리 안내를 했어요."

"그 경우엔, 너와 한 사무실에서 일한 맹인이, 맹인이 아니었다."

"아, 그렇군요."

"모르는 것은 누구도 가르칠 수 없는 법이다. 그래서 전도(傳道)는 아무나 하는 게 아니다."

"전철이나 역 광장 같은 데서 '예수 천당, 불신 지옥'을 외치며 전도하는 사람들을 자주 보는데요, 그들을 어떻게 봐야 합니까?"

"내 이름 팔아 자기 욕심 채우려는 자들은 그들 말고도 세상에 많이 있다. 고상한 신학자나 목사, 신부의 모습으로 내 이름 팔아 제 욕심 채우는 자들에 견주면 그들은 아무 것도 아니다. 네가 만일 그들을 보면서, 너와 그들이 과연 어떻게 다른지, 아니면 어떻게 같은지를 깊게 들여다본다면, 그들은 너에게 아주 좋은 거울인 셈이다. 멸시하거나 외면할 대상이 아니다."

"그래도 붙잡고서 진리를 일러 주어야 하는 게 아닌가요?"

"내가 지나가는 바리사이를 붙잡고서 하느님 나라를 설명해 준 적이 있느냐?"

"……"

"떠난 자들은 언제고 돌아온다. 그러나 갈 데까지 갔다가 돌아온다. 공중에 던져 올린 공이 올라가다 말고 내려오는 법은 없다."

"……"

"오로지 도(道)를 전(傳)할 뿐이다. 상대방이 그것을 받아들이느냐, 거절하느냐는 전도자가 참견할 몫도 아니고 책임질 몫도 아니다. 전도자는 전도에서 자유로워야 한다."

"글 쓰는 자는 글에서 자유로워야 하지요."

"한 사십 년 글을 쓰더니, 제법이다."

"중은 중 노릇에서 자유로워야 하고 목사는 목회에서 자유로워야 합니다."

"그만해 두어라."

⁴⁰나병환자 하나가 예수께 와서 무릎을 꿇고 애원하며 "선생님은 하고자만 하시면 저를 깨끗이 고쳐 주실 수 있습니다" 하고 말씀드렸다.

⁴¹예수께서 측은한 마음이 드시어 그에게 손을 갖다 대시며 "그렇게 해 주겠다. 깨끗하게 되어라." 하시자

⁴²곧 나병 증세가 사라지면서 깨끗이 나았다.

"도대체 이 나병환자의 '믿음'은 어디서 온 것일까요? 그런 믿음만 있다면 누구라도 병을 고칠 수 있을 텐데요."

"옳은 말이다. 믿음이 겨자씨만큼만 있어도 산을 바다로 옮길 수 있다."

"누가 저한테 와서, '당신은 내 병을 고칠 수 있습니다.' 하고 진심으로 말한다면, 저도 그의 병을 고쳐 줄 수 있을 것 같습니다."

"물론이다. 그러나 그건 네가 고쳐 준 게 아니라 그의 믿음이 너를 통해서 실현된 것이다. 불이 방을 덥히는 것이지 장작이 방을 덥히는 것은 아니잖느냐? 그래서 내가 늘, 네 믿음이 너를 낫게 했다고 말한 것이다."

"그것이, 공(功)을 차지하지 않으려는 겸양(謙讓)의 말씀 아니었습니까?"

"참사람은 겸양을 부리지 않는다. 다만 진실을 말하고 그대로 할 뿐이다. 노자(老子)가 이르기를, 참사람은 공성이불거(功成而不居)라, 공을 이루고서 그 자리에 머물지 않는다고 했는데, 그것도 밖에서 남들이 볼 때 그렇다는 말이지 참사람이 스스로 볼 때에는 '머물지 않는 일' 조차 할 터무니가 없다. 자기한테 아무 공(功)이 없음을 온몸으로 확연히 깨친 사람이 바로 참사람이기 때문이다."

"그런데, 아무도 저에게 와서 '당신은 내 병을 고칠 수 있다' 고 말하지 않습니다."

"향기 없는 꽃에는 벌 나비가 오지 않는다."

"왜 저에게는 향기가 없을까요?"

"너에게도 있다. 내게 있는데 어찌 너한테 없겠느냐? 다만, '나는 병 고칠 능력이 없다' 는 네 속생각이 그 향기를 틀어막고 있는 것이다."

"어떻게 하면 저도 선생님처럼 속에 있는 향기를 마음껏 뿜어낼 수 있을까요?"

"전에도 한 말을 되풀이하게 되는구나. 다른 길이 없다. 너 자신이 아무 것도 아님을 알아라. 알되 철두철미하게 알아야 한다. 그것을 아는 너까지 없어지면, 그래서 '병 고치는 능력이 없는 너' 가 없어지면, 무아(無我)라는 말의 뜻이 너한테서 온전히 실현된다면, 그러면 사람들이 네게 와서 '당신은 내 병을 고칠 수 있다'고 말할 것이다."

"당시에 나병환자들이 많이 있었을 터인데, 그날 선생님께 온 나병환자는 한 사람뿐이었습니다. 왜 다른 나병환자들은 안 왔을까요?"

"똑같은 소문에 모두가 똑같이 반응하는 건 아니다. 다른 나병환자들이 내 소문을 듣고서 '그럴 리 있겠느냐'고 생각했을 때 그는 '그럴 것이다. 아니 틀림없다'고 생각했다."

"무엇이 그로 하여금 그렇게 생각하도록 만들었을까요? 그가 그렇게 생각하겠다고 마음먹었기 때문에 그렇게 생각한 건 아닐 텐데요. 생각이 어디 마음먹은 대로 됩니까?"

"그의 업력(業力)이다. 순간순간 이루어지는 네 모든 행위가 그것이 그런 모양으로 이루어지는 것은 오랜 세월 온갖 힘이 서로 작용해 온 결과다. 한 송이 국화꽃이 피어나기 위해 봄부터 소쩍새가 울었다는 노래가 있거니와 그것은 한 시인의 상상(想像)이 아니라 그대로 사실이요 현실이다. 봄에 새가 울지 않으면 가을에 꽃이 피어날 수 없다. 봄이 없는데 어찌 가을이 있겠느냐? 그 나병환자의 보이지 않는 업력이 그로 하여금 그렇게 생각하도록 만들었고 그 생각이 그의 몸을 일으켜 내게로 오게 했던 것이다."

"그렇다면 모든 게 이미 결정되어 있다는 운명론(運命論)과 통하는 겁니까?"

"운명론도 한 이론이다. 그렇게 보면 그런 것이다. 그러나 이론은 이론일 뿐이요 당연히 한계가 있다. 모든 것이 이미 결정되어 있으니까 앞으로의 일도 이미 결정되어 있다고 한다면 그것은 이론의 한계를 벗어난 말이요, 역설적으로 운명론을 깨뜨리는 말이 된다. 그래서, 모든 것이 결정되어 있다는 말과 모든 것을 네가 만들어가고 있다는 말을 함께 해야 하는 것이다."

"나병환자에게 비록 강한 믿음이 있었다 해도, 선생님께서 그의 청을 들어주셨기에 결국 병이 나았던 것 아닙니까?"
"허공과 허공이 통하듯이, 그의 믿음과 내 믿음이 서로 통했던 것뿐이다."
"그냥 말씀만 하셨어도 됐을 텐데, 왜 손을 그 사람 손에 대셨습니까? 실례 말씀입니다만, '오버 액션' 아닙니까? 더욱이, 나병환자 몸에 손을 대는 것은 종교적 금기(禁忌)였는데요."
"내게 측은한 마음이 들었다고 마르코가 기록하지 않았느냐? 나는 내 마음이 시키는 대로 했다. 그 몸에 손을 댄 것은 측은지심(惻隱之心)이 겉으로 나타난 결과일 뿐이다. 아무 동기도 목적도 없었다. 종교적 금기는, 그것이 필요한 사람들을 위해 있는 것이다."
"어떤 사람이 그런 사람들입니까?"
"아직 '나'라는 껍질 속에 갇혀 있는 사람들이다."

[43]예수께서 곧 그를 보내시면서
[44]"아무에게도 말하지 말고 다만 사제에게 가서 네 몸을 보이고 모세가 명한 대로 예물을 드려 네가 깨끗해진 것을 그들에게 증명하여라." 하고 엄하게 이르셨다.
[45]그러나 그는 물러가서 이 일을 널리 선전하며 퍼뜨렸기 때문에 예수께서는 드러나게 동네로 들어가지 못하시고 동네에서 떨어진 외딴 곳에 머물러 계셨다. 그래도 사람들은 사방에서 예수

께 모여들었다.

"왜 아무에게도 말하지 말라고 하셨습니까?"
"산(山)을 사람들이 꾸준하게 찾는 이유는 산이 아무 말도 하지 않기 때문이다. 말이란, 의사소통을 위해 있는 것이지만, 사람과 사람 사이의 깊은 통교를 가로막을 때가 더 많다. 그는 오랫동안 사람들한테서 격리된 채 살아왔다. 다시 사람들 틈으로 들어가야 하는데 그의 '말'이 그것을 훼방 놓을 수 있었다."
"그렇지만 그는 말을 했습니다. 마르코는 그가 '물러가서 이 일을 널리 선전하여 퍼뜨렸다'고 기록했습니다."
"사실이다."
"그럴 줄 모르셨습니까?"
"알았다. 몇 번 말해야 알아듣겠느냐? 네가 아는 것은……"
"예. 제가 아는 것은 선생님이 아시는 것이고 그가 아는 것은 선생님이 아시는 거지요. 아시면서 왜 그런 말씀을 하셨습니까?"
"그 얘기도 하지 않았느냐? 나는 내 할 일을 했고 내 할 말을 했다. 그뿐이다."
"선생님께서 아무리 함구령을 내리셔도, 그는 그 말을 아니할 수 없었을 것입니다."
"그렇지 않다. 얼마든지 안 할 수 있었다. 물론 할 수도 있었고."
"그가 잘못했다고 보십니까?"
"그는 자기 길을 갔고 자기 일을 했다."
"선생님 명령을 지켜도 좋고 안 지켜도 좋고, 그렇습니까?"
"좋고 나쁘고는 본인에게 있는 것이다."

"아니, 제 질문은 사람들이 선생님 명(命)을 따르지 않아도 아무렇지 않으시냐는, 그런 말씀입니다."

"명(命)은 내리는 쪽의 일이고 복종은 받는 쪽의 일이다. 명을 받는 자는 그것에 복종할 수 있는 그만큼 불복종할 수도 있다. 그것이 명을 받는 자의 자유다. 이 자유가 억압되거나 허용되지 않으면 그것은 명이 아니라 폭력이다. 너는 내가 폭군이기를 바라느냐?"

"아니지요. 그렇다면 제가 선생님을 선생님으로 모시지 않았을 것입니다."

"나도 네가 내 명을 거역할 줄 모르는 꼭두각시 같은 존재라면 내 제자로 받아 주지 않았을 것이다. 너는 내 명을 거역할 수 있다. 물론 따를 수도 있고. 나는 네가 언제나 내 명에 따르기를 바라지만, 그러나 한 순간도 그것을 강제하지 않는다."

"선생님, 잘 알고 있습니다."

"너도 다른 사람에게 그렇게 해라. 경우에 따라 힘써 권하되, 상대방이 네 말대로 하지 않는다 하여 화를 내거나 그를 비난해서는 안 된다. 명을 내리는 자는 자기 명이 거절될 수 있음을 알고 그것을 용납해야 한다."

"알겠습니다. 그런데요, 제가 선생님 말씀을 어겼을 때에는 틀림없이 저에게 불편한 일이 생기더군요."

"그야, 내가 너를 편히 쉬게 하려고 무엇을 시켰는데 그대로 하지 않았으니, 그럴 수밖에 더 있겠느냐?"

"그 뒤로는, '드러나게 동네로 들어가지 못하시고 동네에서 떨어진 외딴 곳에 머물러 계셨다.'고 했군요. 사실입니까?"

"사실이다."

"사람들이 너무 모여들어서 그러셨나요?"

"사람들은 내가 동네 안에 있으나 밖에 있으나 모여들었다."

"그러면, 왜 마을에서 떨어진 곳에 머무르셨습니까?"

"나에겐 일행이 있었다. 그들을 위해서 그랬다. 일종의 제자 훈련이라고 봐도 좋다."

"무엇을 훈련하신 것입니까?"

"세상에 하느님의 길을 드러내려는 자는 그 서 있는 자리가 비산비야(非山非野)여야 한다. 마을에서 너무 멀리 떨어져도 안 되고 너무 가까워도 안 된다."

"제자들이 선생님의 가르침을 잘 알아들었습니까?"

"그게 너와 무슨 상관이냐? 너는 네 자리나 잘 찾아라."

"제가 제 자리를 어떻게 찾습니까? 선생님께서 찾아 주셔야지요."

"진심이냐?"

"제자(弟子)라는 말 자체가 그런 뜻 아닙니까? 아우〔弟〕는 형(兄)이 있어서 아우요 자식〔子〕은 아비〔父〕가 있어서 자식이지요. 선생이 앞서지 않는 길을 제자가 따라갈 수는 없지요."

"진심으로 하는 말이냐?"

"예."

"안심하여라. 너 갈 곳, 너 있을 곳, 너 할 일, 모두 내가 다 정해 두었다. 순간순간, 지금 여기에서 주어지는 일에 다만 착실하여라."

"예, 선생님."

"됐다. 오늘은 그만하자."

2장

^{1}며칠 뒤에 예수께서는 다시 가파르나움으로 가셨다. 예수께서 집에 계시다는 말이 퍼지자
^{2}많은 사람이 모여들어 마침내 문 앞에까지 빈틈없이 들어섰다. 그리고 예수께서는 그들에게 하느님의 말씀을 전하고 계셨다.

"선생님, 저도 가끔 강연을 하러 다니는데요, 어떨 때에는 사람들이 너무 많이 와서 문간에까지 서 있습니다. 그런 날은 기분도 좋고 얘기도 잘 되고 하던데요."
"아직 갈 길이 멀다는 표시다."
"그런 줄 알고 있습니다만, 그러고 있는 저를 어쩔 수가 없군요."
"자연스레 받아들이되, 그러고 있는 너한테 속아서 네 중심을 놓치는 일이 없도록 조심하여라."
"선생님께서는 사람들이 많이 모이든 적게 모이든 아무 상관이

없으셨습니까? 그러니까, 사람들이 선생님 말씀을 들으러 많이 모여들 때나 선생님을 등지고 썰물처럼 멀어질 때나 마음이 한결같으셨느냐는 말씀입니다."

"흔들렸다. 그리고, 흔들리지 않았다."

"무슨 말씀이십니까?"

"호수에 바람이 불면 물결이 출렁거리지 않느냐? 사람 마음은 호수와 같아. 상황에 따라서 출렁거릴 수도 있고 잔잔할 수도 있다. 그래야 살아 있는 사람 마음 아니겠느냐? 네 말대로, 바람이 불어도 설레지 않는 나무는 죽은 나무다. 사람들이 모여들 때는 내 마음도 신명이 났고 그들이 떠나갈 때는 내 마음도 쓸쓸했다. 그러나 사람들이 어떤 반응을 보여도 내 마음은 흔들리지 않았다. 그 까닭은, 사람들이 내게로 모여들 때나 나를 등지고 떠날 때나 내 몸과 마음이 늘 아버지와 함께 있었기 때문이다."

"혹시, 해면(海面)은 출렁거리지만 해저(海底)는 고요하듯이, 선생님 겉마음은 흔들렸지만 속마음은 흔들리지 않으셨다는 그런 말씀인가요?"

"그럴 듯한 비유인데 한계가 있다. 그 한계 때문에, 내 마음 한쪽이 흔들렸고 다른 쪽은 흔들리지 않았다는 뜻으로 오해할 수 있겠다. 그렇지 않다. 해면과 해저는 둘이 아니라 하나다. 해면의 흔들림은 곧 해저의 흔들림이다. 같은 마음이 흔들리면서 흔들리지 않는다고 해야 옳다. 출렁거리는 물결을 따라 호수 전체가 출렁거리지 않으면 그 호수는 죽은 호수다. 출렁거리는 호수가 고요할 수 있지, 죽은 호수는 고요할 수 없다."

"어떻게 사람 마음이 그럴 수 있을까요? 어떻게 흔들리면서 흔들리지 않을 수 있겠느냐는 말씀입니다."

"장자(莊子)가 거울처럼 마음을 쓴다〔用心若鏡〕고 했는데, 근사한 말이다. 사물이 오면 받아들이되 환영하지 않고, 가면 보내되 등 떠밀지 않는 마음, 그런 마음으로 사는 사람은 주어진 상황에 온몸으로 참여하되 그 상황에 얽매이지 않는다. 네가 전에 '초연한 참여'라는 말을 썼거니와, 역시 근사한 말이다. 그게 바로 흔들리면서 흔들리지 않는 마음의 열매다."

"제가 그런 말을 쓰기는 했습니다만, 그 '말'이 저한테서 실현되지 않으니 그게 답답한 노릇입니다."

"그 말이 어디서 나왔느냐? 너한테서 나왔다. 그러니 네 말이다. 이제 그 말〔言語〕을 네 몸에 비끄러매어 떠나지 않게 하여라. 늘 그 말을 유념(留念)하면서 살라는 얘기다. 그러면 머잖아 그 '말'〔言語〕이 '너'라는 수레를 끄는 '말'〔馬〕로 될 것이다. 말〔語〕은 말〔馬〕이다. '초연한 참여'라는 말〔語〕이 네 몸에서 실현되지 않는 것은 아직 그 말〔馬〕이 너를 이끌 만큼 힘을 얻지 못해서다. 망아지도 말이니 열심히 먹이를 주고 돌봐 주면 곧 힘센 말이 되어 네 몸을 초연한 참여의 경지로 데려갈 것이다."

"'초연한 참여'라는 말을 늘 유념하면 됩니까?"

"벽에 좋은 글씨나 그림을 걸어 놓고는 하루에 한 번도 들여다보지 않는 사람들이 많더라. 말을 유념한다는 것은 그 뜻을 참구(參究)한다는 말이다. 모든 상황에 참여하면서 어디에도 얽매이지 않는 삶은 노력으로 이루어지는 게 아니라 깨달음에서 절로 오는 것이다."

"무엇을 깨닫습니까?"

"네가 진리를 알면, 진리가 너를 자유롭게 할 것이다."

"······."

"모여드는 사람들이 바로 떠나가는 사람들이다. 모여드는 사람들한테서 떠나가는 사람들을 보고 떠나가는 사람들한테서 모여드는 사람들을 보아라. 아울러, 있으면서 없고 없으면서 있는 만유(萬有)의 실상(實相)을 보아라. 그러면 네 마음이 흔들리면서 고요하고 고요하면서 흔들릴 수 있을 것이다. 보는 것이 곧 깨닫는 것이다. '초연한 참여'라는 말에 잡히지 말고, 그 말을 통해 진실을 보려고 노력해라."

"방금, 노력이 아니라 깨달음이라고 하시잖았습니까?"

"기차는 수증기 힘으로 움직이지만, 불을 때지 않는데 물이 끓겠느냐? 애쓰지 않는 자에게 깨달음은 오지 않는다. 천국은 애쓰는 자의 것이다. '믿음'은 '사랑'과 마찬가지로 명사(名詞)가 아니라 동사(動詞)다."

"선생님께서는 기회만 있으시면 하느님 말씀을 전하시는군요?"

"그것이 내 양식(養食)이었다. 사람이 양식 없으면 죽지 않느냐? 성인(聖人)은 종일행(終日行)에 불리치중(不離輜重)이라, 참사람은 어디를 가든 양식 수레를 가지고 다닌다고 했다."

"그리고, 선생님은 하느님 말씀을 전하는 전달자(傳達者)셨군요?"

"잘 보았다. 나는 예나 이제나 '옮기는 자'였다. 옮기는 자는 옮겨지는 내용에 대하여 걱정하지 않는다. 또 잘 옮겨졌는지에 대하여도 근심하지 않는다. 다만 자기가 텅 비어 있는지, 자신의 한 끝이 하늘에 닿아 있고 다른 한 끝이 땅에 닿아 있는지 그것을 늘 살필 따름이다."

³그때 어떤 중풍병자를 네 사람이 들고 왔다.
⁴그러나 사람들이 너무 많아 예수께 가까이 데려갈 수가 없었다. 그래서 예수가 계신 바로 위의 지붕을 벗겨 구멍을 내고 중풍병자를 요에 눕힌 채 예수 앞에 달아 내려 보냈다.
⁵예수께서는 그들의 믿음을 보시고 중풍병자에게 "너는 죄를 용서받았다." 하고 말씀하셨다.

"선생님. 이래도 되는 것입니까? 이렇게 남의 집 지붕을 주인 허락도 없이 뜯어내도 되는 겁니까?"
"무슨 일을 했어도 되는 건지 그러면 안 되는 것이었는지를 판단하려면, 왜 그랬는지 그 동기(動機)까지 살펴보아야 한다. 칼로 배를 가르는 일도, 의사가 수술을 하는 것이면 해도 될 뿐 아니라 해야 하는 짓이요 강도가 살인을 하는 것이면 해서는 안 될 짓 아니냐?"
"선생님을 뵙기 위해서라면, 이렇게 남의 집을 헐어도 됩니까?"
"된다."
"……?"
"사람이 온 세상 칠보(七寶)를 다 가져다가 보시(布施)를 해도 『금강경』(金剛經) 한 구절 해설해 주는 것보다 그 공덕(功德)이 못하다고 하지 않았느냐? 사실은 이것과 저것은 비교할 상대가 되지 못한다. 사람이 온 세상을 다 얻는다 해도 목숨을 잃으면 그게 무슨 소용이겠느냐? 나를 만나기 위해서라면, 지붕을 벗겨 구멍을 내도 되는 정도가 아니라, 그래야 한다."

"사람들한테 양해를 구해서 문으로 들어올 수도 있지 않습니까?"

"사람들로 된 벽이 나무나 흙으로 된 벽보다 더 단단하다는 사실을 모르느냐? 그들이 왜 그것을 시도하지 않았겠느냐?"

"그들이 와서 사람들 사이로 들어오려다가 그게 되지 않자 지붕으로 올라가는 것을 선생님은 방 안에서 알고 계셨습니까?"

"몰랐다."

"선생님은 모르시는 게 없잖습니까? 제가 아는 것은 곧……"

"그렇다. 네가 아는 것은 내가 아는 것이요 그들이 하는 것은 내가 하는 것이다."

"그런데 모르셨습니까?"

"나는 그때 방에서 하느님의 말씀을 전하고 있었다. 너는 글을 쓰면서 네 맥박이 어떻게 뛰고 있으며 호흡의 길이가 얼마나 되는지 알고 있느냐?"

"거기에 의식(意識)이 가 있지 않으니 모르지요."

"나 또한 너와 똑같은 사람이었다. 그러나, 그들이 지붕을 벗기고 사람을 달아 내릴 때, 나는 모든 것을 알았다. 그 점에서 나는 너와 다른 사람이었다."

"모든 것을 아셨다는 말씀이 무슨 뜻입니까?"

"그들이 누구며, 왜 왔으며, 어째서 사람을 지붕으로 달아 내리고 있는지, 알아야 할 것들을 모두 알았다는 말이다. 그들이 아는 것은 내가 아는 것이요 그들이 하는 짓은 내가 하는 짓이기 때문이다."

"한 가지만 더 여쭙겠습니다. 그들은 선생님께서 말씀을 마치시고 사람들이 돌아갈 때까지 문간에서 기다릴 수도 있지 않았습니까?"

"물론 그럴 수 있었다. 그러나, 문간에서 기다리는 대신 지붕을 벗겨 구멍을 낼 수도 있었다."

"남의 집 지붕을 허는 것보다 문 밖에서 기다리는 게 도리(道理) 아닙니까? 중풍이라는 게 무슨 심장마비처럼 시각을 다투는 병도 아닌데 말씀입니다."

"생각하기 나름이다. 지붕 벗겨 구멍 내기를 삽짝 밀치고 들어가는 것 정도로 가볍게 생각할 수도 있다. 집주인이 원한다면 지붕을 고쳐 주는 정도가 아니라 새로 집 한 채쯤 지어줄 수 있다고 생각할 수도 있다. 생각이란 그런 것이다. 너는 무슨 일로 마음이 다급해진 사람들이 비상(非常)한 행동에 들어가는 것을 이해할 수 없느냐? 일단 마음이 다급해진 사람에게는 평상시의 도리(道理)가 눈에 보이지 않는 게, 그게 도리(道理)다."

"제가 납득하기 어려운 것은, 그들이 과연 그토록 절박한 상황에 놓여 있었느냐는 점입니다."

"상황의 절박함은 상황에 있는 게 아니라 그 상황에 처한 사람한테 있다. 풍랑 이는 바다에서 같은 배에 탔는데 누구는 잠을 자고 누구는 살려달라고 아우성을 치지 않았느냐? 네가 그들을 납득하기 어려운 까닭은, 지금 네 마음이 그때 그들과 같은 상태에 있지 않기 때문이다. 자기한테 납득이 안 된다고 해서, 그러니까 그건 아니라고 말하는 건 옳지 않다."

"물론이지요. 저도 그들을 비난하려는 마음은 조금도 없습니다."

"병든 벗을 위해, 예상되는 사람들의 눈총과 비난을 무릅쓰는 그들의 자세가 오히려 갸륵하지 않느냐?"

"예, 그건 그렇습니다."

"인생사(人生事)에서, 때와 곳에 들어맞는 파격(破格)보다 아름다운 것도 드물다."

"마르코는, 선생님께서 그들의 '믿음'을 보셨다고 기록했는데요, 선생님께서 그랬다고, 내가 그들의 믿음을 보았다고 말씀하셨습니까? 아니면, 마르코의 추리였습니까?"

"내가 그렇게 말했다. 사람들이 그들의 '행동'을 보고 놀라 당황스러워할 때, 나는 그들의 '믿음'을 보고 감동을 느꼈다."

"보통 다른 경우에는 곧장 병을 고쳐 주셨는데, 여기서는 병에 관해선 아무 말씀도 없으시고, 네 죄가 용서받았다는 말씀을 하십니다."

"말이란 듣는 사람을 위해서 하는 것이다. 그는 중풍이라는 병보다 죄의식(罪意識)에 짓눌려 있는 사람이었다. 부스럼을 다스리려면 겉으로 흘러나오는 고름을 닦아 주는 것으로는 안 되고 뿌리를 뽑아야 한다. 중풍은 그의 죄의식에서 흘러나온 고름에 지나지 않았다."

"자기 죄의식이 부스럼의 뿌리요 중풍은 그 고름에 지나지 않는다는 것을 병자 자신이 알고 있었나요?"

"알고 있었지만, 자기가 알고 있다는 사실을 모르고 있었다."

"그럴 수도 있습니까?"

"너도 그러고 있다. 자기 잠재의식이나 무의식 속에 무엇이 담겨 있는지를 모르고 살아가는 것이 사람의 일상(日常) 아니냐?"

"아, 그랬군요! 그런데요, 선생님. 그가 자기 죄를 용서해 달라고 빌지도 않았는데 선생님께서는 그의 죄가 용서받았다고 말씀하셨습니다."

"그가 용서를 빌었는지 빌지 않았는지 네가 어떻게 아느냐? 자기 죄가 용서받기를 바라는 마음과, 자기가 죄를 지었다고 생각하는 마음은 같은 마음이다. 그에게 만일 그 마음이 없었다면 무거운 죄의식에 눌려 있지도 않았을 것이다. 누구든지 진심으로 용서를 빌면 그 사람은 이미 용서를 받았다."

"상대방이 용서해 주지 않는데도요?"

"그건 상대방이 안고 있는 상대방의 보따리일 뿐이다."

"결국 그 사람은 자기가 이미 용서받았다는 사실을 몰랐기에 무거운 죄의식에 짓눌려 그것이 병으로 나타난 것이군요? 그래서 선생님이 그것을 일깨워 주셨군요?"

"그렇다. 아버지의 사랑에 대한 무지(無知)가 그의 병근(病根)이었다."

"······"

"육신의 아비도 자식에게 좋은 것을 줄 줄 알거든, 하물며 하늘에 계신 아버지께서야 더욱 좋은 것으로 주시지 않겠느냐? 그분은 잘못을 저지른 자식이 진심으로 용서를 빌 때에 가장 크게 기뻐하신다. 당신이 그를 용서하실 수 있게 되었기 때문이다. 너도 자식을 길러 보았으니 대충 짐작이 될 것이다."

"맞습니다, 선생님!"

[6] 거기 앉아 있던 율법학자 몇 사람이 속으로

⁷"이 사람이 어떻게 이런 말을 감히 하여 하느님을 모독하는가? 하느님 말고 누가 죄를 용서할 수 있단 말인가?" 하며 중얼거렸다.

⁸예수께서 그들의 생각을 알아채시고 이렇게 말씀하셨다. "어찌하여 너희는 그런 생각을 품고 있느냐?

⁹중풍병자에게 '너는 죄를 용서받았다.' 하는 것과 '일어나 네 요를 걷어 가지고 걸어가거라.' 하는 것과 어느 편이 쉽겠느냐?

¹⁰이제 땅에서 죄를 용서하는 권한이 사람의 아들에게 있다는 것을 보여 주겠다." 그리고 나서 중풍병자에게

¹¹"내가 말하는 대로 하여라. 일어나 요를 걷어 가지고 집으로 가거라." 하고 말씀하셨다.

¹²중풍병자는 사람들이 보는 앞에서 벌떡 일어나 곧 요를 걷어 가지고 나갔다. 그러자 모두들 몹시 놀라서 "이런 일은 정말 처음 보는 일이다." 하며 하느님을 찬양하였다.

"왜 율법학자들은, 하느님만이 죄를 용서하실 수 있다고 생각했습니까?"

"그렇게 배웠기 때문이다."

"누가 그렇게 가르쳤습니까?"

"율법학자들이다."

"율법학자들은 왜 그렇게 가르쳤습니까?"

"말하지 않았느냐? 그렇게 배웠기 때문이라고."

"누군가, 맨 처음에 그렇게 가르친 사람이 있을 것 아닙니까?"

"없다. 처음부터 그렇게, 하느님만이 죄를 용서하실 수 있다고

가르친 사람은 없었다."

"그럼, 어디에서 어떻게 그런 가르침이 비롯된 것입니까?"

"사람 말에 한계가 있음을 알고 있지?"

"예."

"말에 한계가 있다는 건, 사람의 말만으로는 전하고자 하는 내용이 옹글게, 제대로 전해지지 않는다는 뜻이다. 말과 그것으로 전달코자 하는 내용 사이에는 틈(gab)이 생기게 마련이다. 그 틈으로 오해(誤解)가 스며들면, 거기에서 잘못된 가르침이 아니라 잘못된 배움이 비롯되고 그것이 잘못된 가르침을 낳는다."

"도대체 그 오해란 왜 생기는 걸까요?"

"사람은 누구나 제 '에고'를 지니고 살아간다. 에고는 저를 지키고 존속하려는 욕망을 버리지 않는다. 아니, 그 욕망 자체가 에고다. 그 욕망에 의해서, 가르치는 자의 말이 지니고 있는 틈으로 배우는 자의 생각이 스며들면 거기서 오해가 싹트는 것이다. 달리 말하자면, 제 에고를 비우지 못한 사람은 누구나 상대방의 말을 그가 말하는 대로 듣는 게 아니라 제가 듣고 싶은 대로 듣고, 그래서 오해가 비롯된다는 얘기다."

"맞습니다. 같은 말을 들어도 사람마다 다르게 듣고, 그래서 엉뚱한 소문으로 퍼져 나가기도 하지요."

"그래서 하느님만이 죄를 용서하신다고 가르친 사람은 없는데 그런 가르침이 만들어진 것이다."

"그래도 맨 처음 그런 오해를 빚어낸 장본인이 있을 것 아닙니까? 그가 누굽니까?"

"그가 누군지를 아는 것이 너와 무슨 상관이 있느냐? 그의 인적

사항을 알아서 뭘 어쩌겠다는 거냐? 너야말로 왜, 알 필요도 없고 알아봤자 도움은커녕 오히려 곁길로 빠지게나 할 것들을 향해 쓸데없는 호기심의 눈알을 번들거리는 거냐? 그런 마음으로는 온 세상을 헤매며 돌맹이마다 들춰 보아도 네가 찾는 진리를 만나지 못할 것이다. 언제 어디서나 다양한 현상(現象)을 통해 유일한 진상(眞相)으로 가는 것이 참된 가르침과 참된 배움의 길이다. 바로 너 같은 질문을 품고 배움의 자리에 임했던 아무개가 그 장본인이었다."

"죄송합니다. 게도 아닌데 자꾸만 옆으로 기어가려고 합니다."

"게는 옆으로 기어가지 않는다. 네가 그렇게 보았을 뿐이다."

"예."

"……"

"……"

"사람이 자기 생각이나 말의 한계를 스스로 알고 그것을 겸허하게 받아들일 줄 알면, 바로 그 사람이 참된 학문을 할 수 있는 사람이다. 그런 사람은 자기가 배워서 알고 있는 것이, 사실은 자기가 알고 있다고 생각하는 것일 뿐임을 안다. 그러기에 자기가 알고 있는 바 지식의 내용을 언제든지 비울 수 있고 바꿀 수 있다. 그에게는 '굳어진 지식'이 없다. 머리와 가슴이 열려 있어서 언제나 새로운 지식이 들어올 수 있고 낡은 지식이 나갈 수 있다. 그런데 그날 그 자리에 있던 율법학자들은 그러지를 못했다. 그래서, 자기네가 알고 있는 내용과 다른 것이 나타날 때 그것을 거부하고 배척했던 것이다. 학문도 생명이다. 열려 있으면 살고 닫혀 있으면 죽는다. 초목이고 사람이고, 부드러운 것은 생명에 가깝고 딱딱한 것은 죽음에 가깝다고 하지 않았느냐? 생각도 마찬가지요 학문도 마찬가지다."

"저희가 어떻게 하면 그런 일을 피할 수 있을까요?"

"그래서 지금 네 앞에 내가 있지 않느냐? 참된 스승과 제자 사이에는 그런 일이 있을 수 없다. 자신의 굳어진 지식을 뒷사람에게 물려주는 자나, 앞사람한테서 물려받은 바를 제 것으로 소화하지 않고 그대로 간직하는 자는 스승도 아니고 제자도 아니고 장사꾼이다. 상점 주인은 공장에서 가져온 물건을 흠집 없이 소비자에게 넘겨야 한다. 그러나 밥을 먹고 잘 소화하는 사람은 밥의 틀과 내용을 전혀 다른 틀과 내용으로 변화시킨다. 밥알을 기운으로 바꾸는 것이 소화다. 참된 가르침은 상점에서 넘겨지는 물건이 아니다. 마음에서 마음으로, 몸에서 몸으로 전해지는 양식(養食)이다. 그래서 내가 뭐라고 했느냐? 내 말을, 부처가 한 말이라 해서 무조건 받아들이지 말고 스스로 씹어 보고 맛을 보아서 옳다고 생각되면 받아들이라고 하지 않았느냐?"

"그렇지만 요한은 자기가 본 묵시(默示)의 내용을 기록하고 나서, 거기에 무엇을 가감삭제하는 자는 재난을 면치 못할 것이라고 했습니다."

"묵시란 본디 위험한 물건이다. 그래서 함부로 말을 보태거나 빼지 말라고, 말하자면 봉인(封印)을 한 것이다. 내 가르침을 고착시키려는 의도는 결코 아니었다."

"어떨 때에는, 선생님께서 일인다역(一人多役)을 하는 배우 같다는 생각이 듭니다. 여기서도 중풍병자에게는 그를 죄와 병에서 해방시켜 주는 분이시고, 율법학자들에게는 그들의 '알고 있는 바'가 그릇된 것임을 가르쳐 주는 스승이시고 또 다른 사람들에게는 하느님의 놀라운 일을 보여 주는 쇼맨이십니다."

"그건 누구나 마찬가지다. 한 가지 일을 하지만 그 한 가지 일이 만 가지 일에 연결되어 있으니, 아니 그럴 수 없는 것이다. 그러나 그 여러 가지 역할을 모두 마음에 두면 한 가지 일을 제대로 할 수 없으니, 순간순간 오직 한 가지 일에 몸과 마음과 뜻과 정성을 모아야 한다. 그것이 한 분이신 하느님을 사랑하는 길이다."

"알겠습니다. 선생님, 네 죄가 용서받았다고 말하는 것과 일어나 걸어가라고 말하는 것과 어느 쪽이 더 쉽겠느냐고 물으셨는데요, 사람에 따라서 대답이 다를 수 있다고 봅니다."

"너는 어느 쪽이 더 쉽겠느냐?"

"저라면, 네 죄가 용서받았다고 말하는 게 더 쉽겠습니다."

"왜?"

"그렇게 말해도 당장 표시 나는 게 없으니까요. 일어나서 걸으라고 말하는 건, 그랬다가 만일 그가 일어나서 걸어가지 못하면 그게 무슨 망신입니까? 그래서, 저라면 일어나 걸어가라고 말하는 게 더 어렵겠다는 말씀입니다."

"그게 사람들 상식(常識)이다. 안 그러냐?"

"그렇지요."

"나도 상식을 말했다. 어린이라면 내 질문에 다른 대답을 생각하지 않을 것이다."

"그래서, 이제 내가 더 어려운 말을 이룸으로써 방금 한 말, 죄가 용서받았다는 말이 사실임을 입증해 보이겠다는 뜻이었나요?"

"그의 죄가 용서받았다는 사실을 남에게 증명해 보일 수는 없는 일이다. 그건 본인만이 알 수 있는 것이다. 내가 증명코자 한 것은

'사람이 사람을 용서할 수 있다'는 사실이었다."

"그런데 여기서 선생님께서는 '땅에서 죄를 용서하는 권한이 사람의 아들에게 있다는 것을 보여 주겠다'고 말씀하셨습니다. 문제는 '사람의 아들'이라는 표현입니다. 많은 사람이, 저도 그렇고요, 이 말('사람의 아들')을 선생님 한 분에게만 제한하여 받아들이고 있습니다. 그러니까, 그렇게 이해하면, 땅에서 사람의 죄를 용서하는 권한이 사람한테 있다기보다 선생님께 있음을 보여 주겠다는 말이 됩니다."

"내가 나를 두고 '사람의 아들'이라는 말을 쓴 것은 사실이다. 내가 경우에 따라서 '나'라는 말 대신 '사람의 아들'이라는 말을 쓴 것은, 그렇게 해서 말하는 자와 듣는 자의 일체감(一體感)을 나누려는 것이었다. '나'라는 말은 상대방인 '너'를 전제로 한다. '너'가 있어서 '나'가 있는 것이다. 그런데 내가 '사람의 아들'이 되면 그 말을 듣는 너 또한 사람의 아들/딸이니 결국 내가 나에게, 또는 네가 너에게 말을 하고 있는 것이다. '나' 대신 '사람의 아들'이라는 말을 쓴 내 본의(本意)가 거기 있었다."

"그게 그런 뜻으로 하신 말씀이었습니까?"

"거 봐라. 사람 말에는 이토록 한계가 있고 그 속에 커다란 함정도 있다. 그래서 '알아듣는 귀'가 소중한 것이다."

"어떻게 하면 그 '알아듣는 귀'를 지닐 수 있을까요?"

"역시 사랑이다. 네가 베토벤을 사랑하면 그의 음악을 자주 귀 기울여 들을 것이고, 자주 듣다 보면 그의 음악에 귀가 열릴 것이다."

[12]예수께서 다시 호숫가로 나가셨다.

¹³군중도 모두 따라왔으므로 예수께서는 그들을 가르치셨다.

¹⁴그리고 그 후에 길을 가시다가 알패오의 아들 레위가 세관에 앉아 있는 것을 보시고 "나를 따라오너라." 하고 부르셨다. 그러자 레위는 일어나서 예수를 따라나섰다.

"선생님께 '호숫가' 란 어떤 곳입니까?"

"온갖 사람들을 자연스럽게 만날 수 있는 '열린 공간' 이다. 호숫가에는 문(門)이 없다."

"문이 없다는 말은 사방이 막혀 있다는 뜻도 되지요."

"사방으로 열려 있다는 뜻도 된다."

"그 둘의 차이가 어디에 있습니까?"

"마음에 있다. 마음이 닫혔으면 문이 없다는 말이 곧 사방으로 막혔다는 뜻으로 되고 마음이 열렸으면 같은 말이 사방으로 열려 있다는 뜻으로 된다."

"생각나는 시구가 있습니다."

"읊어 보아라."

동서가 본디 없거늘
남북이 어디 있으랴.
미망(迷妄)으로 삼계(三界)가 성벽이요
깨달으니 시방(十方)이 허공이로다.
本來無東西, 何處有南北
迷故三界城, 悟故十方空

"근사하다. 미(迷)와 오(悟)가 어디 있느냐?"

"제게 있지요."

"그래서, 드넓은 호숫가가 성벽으로 되어 그 안에 갇혀 사느냐, 아니면 햇볕도 들지 않는 지하 감옥이 탁 트인 벌판으로 되어 거기서 자유롭게 사느냐, 그것이 바로 너에게 달려 있다고 하는 것이다."

"선생님께서 '천국이 네 안에 있다'고 말씀하셨을 때, 그것을 가리켜 말씀하신 것입니까?"

"그렇다. 천국을 밖에서 찾으려고 하면 종신(終身)토록 헤매어도 결코 찾지 못한다. 그것이 없는 데서 어찌 그것을 찾겠느냐? 하느님은 '바깥'이 없으신 분이다. 따라서 그분의 나라 또한 '바깥'에서는 찾을 수 없는 나라다."

"'바깥'이 없다는 말씀은 '안'도 없다는 말씀 아닙니까?"

"옳은 말이다. 사실인즉슨 네 안도 없고 밖도 없고 너도 없다. 그런 것은 모두가 사람의 생각일 뿐이다. 그러나 나는 지금 사람인 너와 이야기를 하고 있다. 그래서 있지도 않은 너니 나니 안이니 밖이니 하는 말을 하는 것이다. 본디 동서가 없는 것이나 그것이 없으면 당장 네가 설 곳이 없지 않느냐? 다만 영원의 논리와 시간의 논리, 궁극의 장(場)과 역사의 장(場)을 뒤섞어서 말하지 마라. 몽고에는 몽고말이 있고 중국에는 중국말이 있듯이 하늘에는 하늘의 언어가 있고 땅에는 땅의 언어가 있다."

"그러나, 몽고와 중국이 이어져 있듯이 하늘의 말과 땅의 말도 서로 이어져야 하는 것 아닙니까?"

"이어져야 하는 게 아니라 이어져 있다. 하늘과 땅이 떨어져 있느냐? 영원의 논리와 시간의 논리, 궁극의 장과 역사의 장은 별개가 아니다."

"말씀의 앞뒤가 맞지 않는 듯합니다."

"그래서 정언(正言)은 약반(若反)이라, 바른 말은 서로 반대되는 것 같다고 했다. 낮과 밤은 둘도 아니고 하나도 아니다. 서로 반대되는 말을 한 입으로 함께 하지 않으면 안 되는 것이 사람의 언어가 지닌 한계다."

"그 한계를 넘어설 수는 없을까요?"

"한계가 있다는 말은 그것을 넘어설 수 있다는 말이다. 네가 언어의 한계를 넘어서는 날, 그날은 네가 마침내 침묵의 경계를 들어서는 날이다."

"저에게 그날이 언제쯤 올까요?"

"그날은, 그날의 '오늘'이다. 말머리를 돌리자."

"군중이 선생님을 따라왔다고 했는데요, 그들이 왜 선생님을 따라다녔습니까?"

"주검이 있는 곳에 까마귀가 모여들고 꽃이 있는 곳에 벌 나비가 모여든다. 그것은 주검이 까마귀에게 먹을 것을 주고 꽃이 벌 나비에게 꿀을 주기 때문이다."

"선생님께서 주신 것은 '가르침'이었습니까?"

"'가르침'이라는 그릇에 담은 '사랑'이었다. 내가 세상에 줄 수 있는 것은 그것뿐이었다."

"그것이 전부 아닌가요?"

"말 잘했다. 사랑이 모든 것의 모든 것이다."

"레위를 부르셨을 때, 그가 따라나서리라는 것을 아셨습니까?"

"알았다. 내가 나를 몰랐겠느냐?"

"만약에, 선생님께서 그를 부르시지 않았더라면, 그래도 그가 따라나섰을까요?"

"만약이라고? 나는 그를 불렀다. '만약에'라는 말로 무슨 말장난에 빠져들 참이냐? 그렇게도 시간이 남아돌아 주체를 못하겠느냐?"

"죄송합니다."

"죄송할 것 없다. 이것도……"

"이것도 공부니까요. 레위는 어떤 사람이었습니까? 선생님께서 그를 부르셨던 그때 말씀입니다."

"이건 아닌데, 이건 아닌데, 하면서 나를 기다리고 있었다."

¹⁵어느 날 예수께서는 레위의 집에서 음식을 잡수시게 되었다. 예수를 따르던 사람들 중에는 세리와 죄인들도 많았는데 그 중 여럿이 예수와 그의 제자들과 함께 그 자리에 앉아 있었다.

"선생님, 저는 어렸을 적에 친구를 잘 사귀라는 말을 많이 들었습니다. 나쁜 친구는 멀리 하고 좋은 친구를 가까이 하라는 말이었지요. 사람이 누구와 어울리느냐가 중요한 건 사실 아닌가요? 쑥이 삼밭에 나면 곧게 자란다는 말도 있고요. 인도에는 보통 나무도 산달나무 숲에서 자라면 향내를 풍긴다는 속담이 있답니다. 어린 맹자(孟子)의 어머니가 이사를 세 번 했다는 고사도 있지요."

"맞는 말이다. 그러나 모든 사람에게 적용되는 말은 아니다. 맹자가 아직 어린아이였을 때에는 좋은 환경을 찾아 이사하는 게 바람직하고 마땅한 일이지만, 어른이 되어서도 여전히 좋은 환경 나쁜 환경을 가려야 했다면 그건 맹자가 아니다. 사람이 환경의 영향을 받는 건 사실이나, 아직 미숙했을 때의 경우다. 참사람은 어떤 환경에서도 자기 설 자리에서 제 할 일을 한다. 아직 어린아이일 때에는 친구도 가리고 환경도 가려야 하겠지만, 성숙한 어른이 되어서까지 그래야 하는 건 아니다. 그래야 한다면, 그 사람은 나이가 아무리 많아도 아직 성숙하지 못한 사람이다."

"그래서 선생님께서는 세리와 죄인들하고도 스스럼없이 어울리셨군요?"

"아니다. 나는 그런 자들과 어울린 적이 없다."

"예? 여기 성경에 그렇게 기록되어 있는데요?"

"그건 마르코의 견해지."

"그럼, 어찌된 겁니까?"

"나는 다만 목마른 자들에게 샘이 되고 추운 자들에게 불이 되고 굶주린 자들에게 밥이 되고 외로운 자들에게 벗이 되고 병든 자들에게 약이 되었을 뿐이다. 마르코 눈에는 그들이 세리요 죄인들로 보였겠지만, 내 눈에는 '눈에 넣어도 아프지 않을' 사랑스런 아우요 누이요 내 몸이었다."

"……"

"……"

"……"

"어떤 사람이 네 눈에 죄인으로, 사기꾼으로 보이거든 그 사람을 멀리하거라. 그가 죄인으로 보이는데도, 선생님이 그렇게 했으니

나도 그래야 한다고 생각해서, 그래서 내키지 않는 마음으로 그와 어울린다면, 그건 정직하지 못한 짓이요 어리석은 짓이다."

"그러나 언제까지 그런 상태로 남아 있을 순 없잖습니까?"

"물론이다. 그래서 지금 내가 너와 함께 이 길을 가고 있지 않느냐? 머잖아 네 눈에도 죄인이나 사기꾼 대신 목마르고 춥고 배고프고 외롭고 병들어 불쌍한 사람들이 보일 것이다."

"제게 그런 날이 올까요?"

"너에게 그날이 오지 않는다면, 나를 너에게 보내신 아버지도 나도 없는 것이다. 내가 너에게 필요 없는 존재로 되는 그날까지 늘 너와 함께 있겠다. 그러니 조급한 마음을 먹지 말아라."

"예. 알겠습니다. 고맙습니다, 선생님."

"고마울 것 없다. 모두 내 일이다."

[16] 바리사이파의 율법학자들은 예수께서 죄인이며 세리들과 한 자리에서 음식을 나누시는 것을 보고 예수의 제자들에게 "저 사람이 세리와 죄인들과 어울려 같이 음식을 나누고 있으니 어찌 된 노릇이오?" 하고 물었다.

[17] 예수께서 이 말을 들으시고 "성한 사람에게는 의사가 필요하지 않으나 병자에게는 필요하다. 나는 의인을 부르러 온 것이 아니라 죄인을 부르러 왔다." 하고 대답하셨다.

"바리사이파란 어떤 사람들이었습니까?"

"위태로운 질문을 하는구나."

"위태롭다니요?"

"질문하는 자와 대답하는 자가 함께 빠질 수 있는 함정이 그 질문에 들어 있다는 말이다."

"그게 어떤 함정입니까?"

"네 질문에 내가 무슨 말로 대답을 하든, 그 대답이 바로 함정이다."

"……?"

"그들은 스스로 분별된 자임을 자처한 사람들이었다—고 내가 대답한다면……"

"저도 그렇게 배웠습니다. 그래서 그렇게 알고 있는데요."

"그것이 틀린 대답은 아니지만, 그 속에 잘못된 행동을 이끌어 낼 수 있는 오해의 소지(素地)가 담겨 있다. 바리사이파라고 해서 모두가 스스로 분별된 자임을 자처한 것은 아니기 때문이다. 네가 만일 나치스 치하의 독일인들이 유다인을 미워했다고 말한다면, 쉰들러가 나서서 그렇지 않다고, 오해하지 말라고 증언할 것 아니냐?"

"……"

"한 개인조차 그는 누구다 또는 무엇이다—하고 규정지어 말할 수 없는 법인데 하물며 한 집단을 무슨 말로 규정하여 말할 수 있겠느냐? 중국은 사회주의 국가라고 말하는 것을 그르지 말라고 할 수는 없지만, 중국에는 사회주의를 반대하는 사람들도 많이 있다."

"그건 그렇습니다만, 선생님께서도 바리사이파 사람들을 향해, 너희는 회칠한 무덤 같은 위선자라고 말씀하시지 않았습니까? 그건 규정지어 말한 게 아닌가요? 그 말씀에도 함정이 있었다고 봐야 하지 않습니까?"

"네 말이 맞다. 내가 한 그 말 속에는 오해의 소지가 있었다. 그러나 때로는 그런 줄 알면서도 그렇게 말하지 않을 수 없는 경우가 있다. 그것이 내 자주 말하는 상대계(相對界)의 법칙이요 인간 언어의 한계다. 내가 할 수 없이 말을 하되 그 말에 갇히거나 묶이지 말라고 잔소리처럼 말하는 까닭을 알겠느냐?"

"예. 선생님께서는 49년 동안 한 마디도 설(說)한 바 없다고 하셨지요. 사실 그렇게 말씀하신 것도 설(說) 아닙니까?"

"왜 아니겠느냐? 말을 하면서 이건 말이 아니라고 말할 수밖에 없는 것이 인간 세계의 한계다."

"그 한계를 넘어서면 곧 침묵의 땅이군요."

"……"

"좋습니다, 선생님. '바리사이파 율법학자들'이 어떤 사람이었는지 규정짓는 일은 보류하겠습니다."

"보류가 아니라, 불가피한 경우가 아니라면 안 하는 게 좋겠다."

"……"

"네가 아직 네 생각이나 말에서 자유롭지 못한 상태에 있기에 하는 말이다. 그래도 살다 보면, 금방 내가 말했듯이, 불가피하게 무엇을 무엇으로 규정짓지 않을 수 없긴 하지만, 그럴 경우에도 삼가 조심하여 스스로 만든 규정(말)의 함정에 빠지는 일이 없도록 해야 한다."

"서해 바다를 보고 서해 바다라고 해도 안 됩니까?"

"안 된다고, 그러지 말라고는 하지 않았다. 오히려 그렇게 하지 않으면 살아갈 수 없는 곳이 인간 세계다. 다만 내 말은 '서해 바다'라는 말 속에 들어 있는 함정을 조심하라는 얘기다. 그 바다가 네 눈에는 서해 바다지만 중국 사람들에게는 동해 바다 아니겠느냐? 무엇은 무엇이다—라는 규정 자체가 옹근 실상(實相)의 한 부분을 건드린 것에 지나지 않는다는 사실을 유념하라는 말이다."

"알겠습니다. 삼가 조심하겠습니다만, 순간순간 깨어 있지 않으면 언제나 제 생각의 허점에 스스로 걸려 넘어지곤 합니다."

"그러니까 학생 아니냐?"

"아무튼, 성경에 등장하는 바리사이파 율법학자들은 대체로 선생님의 가르침을 받아들이지 않는 무리로 그 모습이 비쳐지는데, 사실이 그랬습니까?"

"그랬다. 아무리 지혜로운 선생도 가르칠 수 없는 학생이 있다."

"그게 누굽니까?"

"이미 알고 있다고 스스로 생각하는 학생이다. 가득 차 있는 그릇에 누가 무엇을 담을 수 있겠느냐?"

"바리사이파 율법학자들이 그랬습니까?"

"그런 사람들 가운데 바리사이파가 많이 있었지."

"세리와 죄인들과 어울려 음식을 드시는 선생님을 보고 그들이 의아하게 여긴 건 당연한 일 아닌가요?"

"그들로서는 당연한 일이었다."

"그들의 말을 들으시고 선생님께서는 '성한 사람에게는 의사가 필요하지 않으나 병자에게는 필요하다. 나는 의인을 부르러 온 것이 아니라 죄인을 부르러 왔다'고 대답하셨습니다. 제 눈에는 선생님의 이 대답에도 위험한 함정이 들어 있는 것 같습니다."

"내 말도 어쩔 수 없는 인간의 말이었다. 내 말에 위험한 오해의 소지가 들어 있음은 당연한 일이다. 그러니 너는 아무쪼록 내 말에 걸려 넘어지지 않도록 조심해야 한다. 그래, 네 눈에 보이는 바, 내 말에 들어 있는 함정이란 무엇이냐?"

"성한 사람이니 병자니 의인이니 죄인이니, 하고 나누어 말씀하셨습니다만 의인과 죄인이 그렇게 따로 존재하는 게 아니잖습니까? 제가 죄를 지었기 때문에 선생님이 죄인이라고 하셨거니와, 마찬가지로 한 사람이 죄인이면 인류가 따라서 죄인인데 어떻게 여기 죄인 저기 죄인이 따로 있을 수 있겠습니까? 그런데도 선생님 말씀을 듣고서 세상에 성한 사람, 병든 사람, 의인, 죄인이 따로 있다는 오해를 품고 그 결과, 나는 의인 너는 죄인 또는 나는 죄인 너는 의인이라고 생각할 수도 있지 않겠습니까?"

"잘 보았다."

"……"

"내 말에 그런 오해의 소지가 있음을 내가 왜 몰랐겠느냐? 그러면서도 그렇게 말한 것은, 그 자리가 세상에 의인과 죄인이 어떻게 존재하느냐를 말하는 자리가 아니고, 자기네 눈에 죄인인 자들과 내가 어울리는 것을 이상하게 여기는 자들에게, 왜 내가 그들과 어울리는지를 설명하는 자리였기 때문이다."

"말하자면, 그들의 견해(저들은 죄인이고 우리는 의인이라는)를 그대로 인정하고서 그것을 바탕으로 삼아 말씀하신 것이군요?"

"그들이 알아들을 수 있는 말로 말한 것이다. 네가 중국 사람하고 이야기를 하고 싶다면 어떻게 하겠느냐?"

"중국말을 배우든지 그에게 한국말을 가르쳐 주든지 해야겠지요."

"너는 중국 사람하고 말을 나누고 싶은데 중국 사람은 너하고 말할 뜻이 없다면?"

"제가 중국말을 배워서 중국말로 하는 수밖에 없지요."

"내가 이런저런 분별어(分別語)를 사용하여, 죄인이니 의인이니 성한 자니 병든 자니 하고 말한 까닭을 이제 알겠느냐? 사실인즉슨, 세상에는 죄인 아닌 자 없고 의인 아닌 자 없으며 병들지 않은 자 없고 성하지 않은 자 없다. 내 말을 알아듣겠느냐?"

"그렇지만, 자기가 성한 줄 아는 병자도 있고 자기가 의인인 줄 아는 죄인도 있지 않습니까?"

"맞다. 자기가 병자인 줄 아는 성한 자도 있고 자기가 죄인인 줄 아는 의인도 있다. 그래서 부처가 중생이요 중생이 부처라 하지 않았느냐? 너는 어느 쪽이냐? 죄인인 줄 아는 의인이냐? 의인인 줄 아는 죄인이냐?"

"글쎄요. 양쪽 다 아닐까요?"

"어느 쪽이 되고 싶으냐?"

"의인인 줄 아는 의인이 되고 싶습니다."

"그렇거든 먼저, 죄인인 줄 아는 죄인이 되어라. 그래야 나와 어울릴 수가 있다. 내가 바로 그를 부르러 왔기 때문이다."

[18] 요한의 제자들과 바리사이파 사람들이 단식을 하고 있던 어느 날, 사람들이 예수께 와서 "요한의 제자들과 바리사이파 사람의 제자들은 단식을 하는데 선생님의 제자들은 왜 단식을 하지 않습니까?" 하고 물었다.

[19] 예수께서는 이렇게 대답하셨다. "잔칫집에 온 신랑 친구들이

신랑이 함께 있는 동안에야 어떻게 단식을 할 수 있겠느냐? 신랑이 함께 있는 동안에는 그럴 수 없다.
[20]그러나 이제 신랑을 빼앗길 날이 온다. 그때에 가서는 그들도 단식을 하게 될 것이다."

"단식은 왜 하는 겁니까?"
"몰라서 묻느냐?"
"유다인들은 단식하는 날을 정해 놓고 했다면서요?"
"그랬다. 그러나 강제는 아니었다."
"강제로 시킨다면 그건 단식이 아니지요."
"맞는 말이다."
"단순히 밥을 먹지 않는다고 해서 그걸 단식이라고 할 수는 없으니까요."
"그렇다."
"먹을 게 없어서 못 먹는 사람을 보고 단식한다고는 하지 않거든요."
"맞다."
"단식도, 사람들이 하는 다른 모든 행위와 마찬가지로, 그것을 하는 동기가 있을 텐데요."
"그렇다."
"요즘 적잖은 사람들이 체중을 줄이려고 단식을 합니다."
"훌륭한 단식이다."
"또 시위를 하느라고 단식하는 사람들도 있지요."
"역시, 훌륭한 단식이다."

"병을 고치려고 하는 단식도 있습니다."

"아주 훌륭한 단식이다."

"너무나도 슬프고 괴로워서 밥을 먹지 않는 사람도 있습니다."

"자연스런 단식이다."

"제가 어렸을 적에 어머니한테 떼를 쓰느라고 밥을 굶어 본 적도 있습니다."

"재미있는 단식이다. 오래 계속되지는 않았겠지?"

"예. 한 끼 굶고 말았습니다."

"왜 단식을 풀었느냐?"

"어머니가 부엌도 아닌 방에서, 제가 제일 좋아하는 부침개를 부치시는데, 참지 못하겠더군요."

"그래서 결국 단식을 풀었구나?"

"예."

"떼쓰던 일은 해결되었느냐?"

"잘 기억나지 않습니다."

"아무튼, 그것도 훌륭한 단식이다. 충분한 동기가 있었으니까."

"동기만 있으면 모두 단식이 되는 겁니까? 그러면, 단식하는 날로 법이 정했으니까 그 법을 지키려고 단식하는 것도 훌륭한 단식 아닌가요?"

"물론이다. 단식에 관한 관습이나 제도가 있는데 그것을 지키려고 음식을 먹지 않는다면, 그것도 훌륭한 단식이다."

"그러면 왜 바리사이파 사람들이나 요한의 제자들은 단식을 하는데 선생님 제자들은 단식을 하지 않았습니까?"

"그들에게는 단식할 동기가 있었는데 내 제자들에게는 그것이 없었다. 동기가 없으면 행위도 없다."

"혹시 선생님께서 단식하지 않으셨기 때문에 그랬던 건 아닙니까? 그들도 선생님을 만나기 전에는 요한의 제자들처럼 단식을 했을 것이라고 생각되는데요. 실제로 요한의 제자였다가 선생님께로 온 사람들도 있지 않았습니까?"

"잘 보았다. 네 말이 맞다."

"선생님께서도 동기가 없어서 단식을 하지 않으신 겁니까?"

"그렇다. 말하지 않았느냐? 동기가 없으면 행위도 없다."

"무심코 하는 행위도 있잖습니까?"

"그건 행위 속에 잠재된 동기를 본인이 모르고 있는 것일 뿐이다."

"바리사이파나 요한의 제자들과 마찬가지로 선생님 제자들도 같은 시대를 살아가는 유다인인데, 어째서 그들에게는 있는 동기가 선생님 제자들에게는 없었습니까?"

"바리사이파나 요한은 아브라함의 아들이고 나는 사람의 아들이었기 때문이다."

"무슨 말씀이신지요?"

"그들은 유다인이었고 나는 사람이었다. 유다인은 유다인의 법을 따르고 사람은 사람의 법을 따른다."

"그 두 법이 어떻게 다릅니까?"

"누가 더 크냐? 유다인이냐? 사람이냐?"

"그야 사람이지요."

"나라의 가장 큰 법이 무엇이냐?"

"헌법 아닌가요?"

"내 법이 헌법이라면 요한이나 바리사이파의 법은 민법 또는 상법 같은 것이다."

"……"

"슬픈 일이 있어서 또는 병을 고치려고 아니면 너처럼 어머니한테 떼를 쓰려고 단식하는 것이, 한 민족의 관습이나 제도를 지키려고 단식하는 것보다 상위법(上位法)에 속한다."

"앞의 것이 유다인 아닌 모든 사람에게 보편적으로 통하는 동기이기 때문인가요?"

"잘 말했다. 한정된 사람들만 알아들을 수 있는 말은 모든 사람이 알아들을 수 있는 말보다 저급한 말이다. 학자는 아이의 말을 알아듣지만 아이는 학자의 말을 알아듣지 못한다. 그래서, 학자들끼리만 통하는 말보다 어린 아이의 말이 더 고급한 말이다. 사람이 살아가는 데는 금보다 쌀이 더 소중한 물건이다. 그래서 금보다 쌀이 더 흔하다. 쌀보다는 물이 더 필요하다. 그래서 쌀보다 물이 더 흔하다. 물보다 공기가 더 귀하다. 그래서 물보다 공기가 흔하다. 가장 흔한 것이 가장 값진 것이다. 단식일은 유다인의 것이지만, 해방과 자유, 건강과 행복, 진리와 평화는 인류의 것이다. 나와 내 제자들이 유다의 관습과 제도에서 벗어난 행동을 했던 것은, 유다인이 아니라 사람으로 살았기 때문이다."

"신랑과 신랑 친구들 이야기는 어떻게 알아들어야 합니까?"

"관습이나 제도를 위해서 사람이 있는 게 아니라 사람을 위해서 그것들이 있는 것이다. 장가들고 시집가는 일이 관습이나 제도보다 크고 높다. 관습과 제도는 민족에 따라서, 시대에 따라서 다르다. 그것들이 민족과 시대의 울타리에 제한된다는 얘기다. 그런데 시집가고 장가드는 일은 민족을 넘어선다. 상위법(上位法)이 하위법(下位法)에 제한될 수는 없는 일이다."

"'신랑 친구들이 신랑과 함께 있는 동안'이란 말씀은 제자들이 선생님과 함께 있는 동안이란 말로 읽어야겠지요?"

"그렇게 읽어도 되지만, 그렇게 읽어야 하는 건 아니다."

"'신랑을 빼앗길 날'이란 선생님께서 십자가에 돌아가실 그날을 가리킨다고 봐야겠지요?"

"그렇게 봐도 되지만, 그렇게 봐야 하는 건 아니다. 여기서 중요한 것은, 신랑이 누구며 신랑 친구들이 누구며 신랑을 빼앗길 날이 언제냐—가 아니라 상위법으로 살아가는 사람은 하위법에 얽매이지 않는다는 진실이다. 시선을 그쪽으로 향하면 내 말의 중심을 놓치기 쉽다. 언유종(言有宗)이라, 말에는 중심이 있게 마련이니, 듣는 자나 말하는 자나 그것을 놓치지 않도록 늘 조심해야 한다. 너희가 흔히 '법 없이도 살 사람'이라고 하지 않느냐? 어떤 사람이 그런 사람이냐? 하느님 우리 아버지의 법을 착실하게 지키는, 그래서 사람의 법에 얽매이지 않는, 그런 사람이 바로 '법 없이 살 사람'이다."

"그렇지만, 선생님은 유다의 법과 제도를 어겼다는 이유로 그 법에 의하여 유다인들한테 심판당하지 않으셨습니까?"

"다시 말해 보아라. 누가 누구를 심판했느냐? 그들이 나를 심판했느냐? 내가 그들을 심판했느냐? 누가 역사의 죄인으로 남았느냐? 그들이냐? 나냐? 오늘 살아 있는 것이 그들의 법과 제도냐? 나냐?"

21 "낡은 옷에 새 천조각을 대고 깁는 사람은 없다. 그렇게 하면

낡은 옷이 새 천조각에 켕겨 더 찢어지게 된다.

²²또 낡은 가죽부대에 새 포도주를 넣는 사람도 없다. 그렇게 하면 새 포도주가 부대를 터뜨려 포도주도 부대도 다 버리게 된다. 새 포도주는 새 부대에 담아야 한다."

"낡은 옷이나 낡은 가죽부대를 당시 유대교 전통에 빗대어 말씀하신 것으로 보아도 되겠습니까?"

"전통은 어디에나 있고 언제나 있다. 반드시 당시 유대교 전통에만 한정시켜 말할 것은 없다."

"그렇다면 어느 시대에나 전통은 부정(否定)되어야 하는 건가요?"

"전통이 부정되면 창조도 사라진다. 어미를 죽이고서 어찌 자식이 살겠느냐?"

"선생님 말씀을 어떻게 알아들어야 합니까?"

"나는 전통을 없애러 오지 않았고 그것을 살리러 왔다. 전통이란 그 틀과 내용을 굳게 지킴으로써 지켜지는 게 아니라 그것을 끊임없이 새롭게 함으로써 지켜지는 것이다. 전통은 창조를 낳고 창조는 전통을 살린다. 한 그루 나무가 어떻게 제 조상으로부터 이어받은 생명을 지켜 나가고 그것을 후세에 전하는지 잘 보아라. 전통은 생명이다. 생명은 한 순간도 멈추지 않고 바뀐다. 바뀌지 않는 것은 생명이 아니다. 유대교의 가르침이 없었으면 내 가르침도 없었다."

"낡은 옷이나 낡은 가죽부대는 무엇입니까?"

"변화의 속도가 차츰 느려지다가 거의 멈추다시피 한 상태에 이른 전통을 말한다. 고목을 연상해 보아라. 해마다 새 잎을 내긴 하지만 늘 보면 같은 모양이다. 생각도 관습도 그 틀과 내용이 딱딱하게 굳을수록 그만큼 죽음에 가까워진 것이다."

"새 포도주를 낡은 가죽부대에 담으면 새 포도주가 가죽부대를 터뜨려 둘 다 버리게 된다는 말씀은, 선생님의 가르침을 유대교 전통에 담으면 가르침도 전통도 못 쓰게 된다는, 그런 말씀입니까?"

"나는 '새로운 사람'을 탄생시키려고 세상에 왔다. 내가 살기 위해서 너를 죽여 온 사람을, 내가 살기 위해서 나를 죽이는 사람으로 거듭나게 하는 것이 내가 세상에 온 목적이었다. 내 가르침대로 살고자 하는 자는, 이제까지의 패러다임을 벗어나 새로운 패러다임으로 살아야 한다. 따라서 낡은 전통의 틀에서 벗어나지 않고서는 아무도 내 가르침을 좇아서 살 수 없을 것이다."

"모세의 가르침대로 살면서 선생님의 가르침을 좇아 살 수는 없다는 말씀인가요?"

"그렇지 않다. 모세의 가르침과 내 가르침은 서로 다른 것이 아니다. 모세의 가르침을 거스르는 자는 내 가르침대로 살지 못한다. 다만, 모세의 틀에 갇혀 있는 상태로는 내 가르침을 좇아서 살 수 없다는 얘기다. 아이는 어미 뱃속에 있다가 때가 되면 밖으로 나와야 한다. 나오지 않고 그냥 뱃속에 있으면 저도 죽고 어미도 죽는다."

"아이가 나오는 겁니까? 어미가 낳는 겁니까?"

"네가 말하는 것이냐? 내가 듣는 것이냐? 아이가 태어난 날은 아이와 함께 어미가 태어난 날이다. 이것이 없으면 저것도 없고 저것이 없으면 이것도 없다. 나는 모세의 전통을 없애러 오지 않았고 그것을 새롭게 살리러 왔다."

"그렇지만, 새 술을 담지 못할 낡은 가죽부대는 결국 폐기 처분

해야 하는 것 아닙니까?"

"너는 네 어머니를 땅에 묻지 않았느냐?"

"아닙니다. 어머니의 육신을 묻었을 뿐, 그분은 제 속에 살아 계십니다."

"낡은 가죽부대 또한 마찬가지다. 전통은 창조를 통해서 폐기 처분되는 게 아니라 새롭게 이어지는 것이다."

"새로운 패러다임을 말씀하시고, 또 내가 살기 위해서 나를 죽이는 사람의 출현을 말씀하셨는데요······."

"그 얘기는 앞으로 자세하게 할 기회가 있을 것이다. 여기서는 이 정도로 해 두자."

²³어느 안식일에 예수께서 밀밭 사이를 지나가시게 되었다. 그때 함께 가던 제자들이 밀 이삭을 자르기 시작하자

²⁴바리사이파 사람들이 예수께 "보십시오. 왜 저 사람들이 안식일에 해서는 안 될 일을 하고 있습니까?" 하고 물었다.

²⁵예수께서는 이렇게 반문하셨다. "너희는 다윗의 일행이 먹을 것이 없어서 굶주렸을 때에 다윗이 한 일을 읽어 본 적이 없느냐?

²⁶에비아달 대사제 때에 다윗은 하느님의 집에 들어가서 제단에 차려 놓은 빵을 먹고 함께 있던 사람들에게도 주었다. 그 빵은 사제들밖에는 아무도 먹을 수 없는 빵이 아니었더냐?"

²⁷예수께서는 이어서 이렇게 말씀하셨다. "안식일이 사람을 위하여 있는 것이지, 사람이 안식일을 위하여 있는 것은 아니다.

²⁸따라서 사람의 아들은 또한 안식일의 주인이다."

"그러니까 선생님. 안식일에 밀 이삭을 잘라도 되는 겁니까?"

"다른 날에 잘라도 된다."

"그날이 안식일이 아니었다면 바리사이파 사람들이 이의를 말하지도 않았을 것입니다."

"그랬겠지."

"문제는 어째서 그들에겐 금기인 것이 선생님 제자들에게는 금기가 아니냐는 겁니다."

"말하지 않았느냐? 그들은 유다인 가운데서도 바리사이파였고 나와 내 제자들은 사람이었다고. 내가 누구냐에 따라서 대상이 달라지는 것이다. 같은 나무라도 목수에게는 재목으로, 화부(火夫)에게는 땔감으로, 길손에게는 쉼터로 보이지 않겠느냐?"

"바리사이파는 사람 아닌가요?"

"왜 아니냐?"

"그런데 왜……?"

"왜 내 제자들과 달랐느냐고 묻는 것이냐?"

"예. 어째서 선생님 제자들은 해도 되는 일을 그들은 할 수 없습니까?"

"아무도 그들을 다르게 만들지 않았다. 스스로 자신을 차별했을 뿐이다. 사람이면서 사람으로 살기보다는 굳이 바리사이파로 처신하겠다는데야, 누가 그것을 말리겠느냐? 바리사이파만 그런 게 아니다. 보아라. 저마다 제 몸에 붙은 찌지를 저보다 소중히 여기면서 살고 있지 않느냐? 그 모든 찌지를 벗어야 사람이 사람으로 살 수 있는 것이다."

"사람이 사람으로 되면 모든 종교적 금기에서 해방됩니까?"

"그렇다. 사람을 위해서 종교가 있는 것이지 종교를 위해서 사람이 있는 것은 아니다. 사람이 종교보다 높다."

"그렇지만, 사람이 사람으로 되려면 종교가 있어야 하지 않습니까?"

"물론이다. 길을 걷기 위해서는 길이 있어야 한다. 그러나 길 가는 자를 위해서 길이 있는 것이지 길을 위해서 길 가는 자가 있는 것은 아니다. 무릇 금기(禁忌)란 무너지기 위해서 있는 것이다. 알껍데기가 깨어지기 위해 있듯이."

"알껍데기가 깨어져야 할 때 깨어져야지, 아무 때나 깨어지면 안 되잖습니까?"

"옳은 말이다. 만약에 그날 내 제자들이 배도 고프지 않은데 괜히 밀 이삭을 잘랐다면 바리사이파보다 내가 먼저 말렸을 것이다."

"배가 고프면 안식일에 밀 이삭을 잘라도 됩니까?"

"된다."

"배가 고프면 도둑질을 해도 됩니까?"

"된다."

"예?"

"배가 고파서 하는 도둑질은 도둑질이 아니다."

"굶주림을 해결하기 위해서라면 무슨 짓을 해도 됩니까?"

"자식을 삶아 먹었다는 얘기도 있지 않느냐?"

"그런 이야기도 있지요. 사실인지는 모르겠습니다만."

"나는 이런 대화가 너에게 무슨 유익이 되는지, 그것을 모르겠구나. 말머리를 돌려라. 중심을 많이 벗어났다."

"죄송합니다."

"죄송할 것 없다. 너와 나 사이에 더 이상 그런 말 하지 않기다."

"예, 선생님."

"거듭 말하지만 언유종(言有宗)이라 했다. 남의 말을 들을 때에는 언제나 그 말의 중심에 귀를 모으도록 해라."

"명심하겠습니다."

"아무나, 아무 때나 금기를 깨뜨릴 수 있는 것은 아니다. 나와 함께 길을 가는 내 제자들이니까 또 때마침 배가 고프니까 밀 이삭을 자를 수 있는 것이다. 자기를 바리사이파로 여기는 사람은 배가 고파도 그럴 수 없고 그래서는 안 된다."

"어디서 그 차이가 오는 겁니까?"

"말하지 않았느냐? 그들은 아브라함의 후손이고 내 제자들은 사람의 자식들이었다. 사람이 아브라함보다 먼저 있었다. 바리사이파는 모세법이 만들었고 모세법은 사람이 만들었다."

"선생님 제자들이 선생님과 격이 같습니까? 선생님 제자들도 선생님처럼 아브라함보다 먼저 있는 존재였느냐는 말씀입니다."

"스승과 제자는 '믿음'이라는 통로로 하나 된 사람이다. 그렇지 않다면 스승도 아니고 제자도 아니다. 그러나 스승은 스승이요 제자는 제자다. 내 제자들은, 너와 마찬가지로, 나와 한 몸이면서 아직 한 몸이 아니었다. 나는 너를 잡았지만 너는 나를 잡지 못했다. 나에게는 내가 따로 없지만 너에게는 아직 네가 따로 있기 때문이다."

"언제 제가 선생님과 옹글게 하나로 될 수 있을까요?"

"너한테서 네가 옹글게 없어질 때가 그 때다."

"그 때가 과연 올까요?"

"그 때는 영원히 오지 않을 것이다."

"······?"

"벌써 와 있기 때문이다."

"예?"

"본디 너에게는 '너'가 없다. 다만 그런 것이 있다는 착각이 있을 뿐이다. 네가 그 착각에서 깨어나는 날, 천상천하(天上天下)에 홀로 존귀한 '나'를 만날 것이다."

"그 '나'에게는 '너'가 없겠지요?"

"그렇다. 스스로 나인 나를, 나밖에 아무도 없는 나를 '나' 말고 누가 만나겠느냐? 네가 하느님을 뵙는 것이 내가 나를 보는 것이요 네가 너를 보는 것이다."

"제가 모든 대상(對象)에서 저를 보는 겁니까?"

"말 그만 하자. 벌써 어긋났다."

"······"

"······"

"······"

"지금은, 너는 내 제자고 나는 네 선생이다. 됐느냐?"

"예. 충분하고 황송합니다."

"나도 네가 고맙다. 그날 밀 이삭을 자르던 제자들이 고마웠듯이."

"······"

"······"

"한 가지만 더 여쭙겠습니다. 왜 다윗의 일을 예로 들어서 말씀하셨습니까?"

"그들은 아브라함의 후손이자 다윗의 후손이었다."

"그렇다면, 다윗이 그랬으니 그들도 안식일 법을 어길 수 있는 것 아닙니까?"

"물론이다. 그러나 제가 거지인 줄 아는 왕자는 왕자로 행세하지 못한다."

"언제까지 왕자가 거지로 처신해야 합니까?"

"네가 왕자라고 일러 주러 온 내 말을 듣고서, 그 '복음'을 믿음으로 받아들일 때까지다. 죄인이 믿음으로 의인 되는 게 아니라, 의인이 믿음으로 의인 되어 사는 것이다. 알고 있느냐? 네가 하느님의 아들/딸임을?"

"예. 알고 있습니다. 그런데 아직 그 '앎' 이 실감되지 않습니다."

"시간이 좀 걸릴 것이다. 네 앎이 가슴으로, 손발로 내려가기를 기다리면서 기도하여라."

"예."

"그러니, 날마다 좋은 날 아니겠느냐?"

"이건 좀 사소한 문제겠습니다만, 말씀하신 대사제는 에비아달이 아니라 아히멜렉이었습니다. 아히멜렉이 굶주린 다윗에게 제단 떡을 준 것으로 기록되어 있지요."

"그 기록이 옳다면, 착오로구나."

"누구의 착오입니까?"

"내 착오 아니면 내 말을 기록한 누군가의 착오겠지. 그런데 그게 너와 무슨 상관이냐?"

"상관은 없습니다만, 기록은 정확해야지요."

"세상에 '정확한 기록' 이란 없는 것이다. 사람들이 '정확한 기록' 이라고 생각하는 것이 있을 뿐."

3장

[1] 안식일이 되어 예수께서 다시 회당에 들어가셨는데 마침 거기에 한쪽 손이 오그라든 사람이 있었다.

[2] 그리고 예수께서 안식일에 그 사람을 고쳐 주시기만 하면 고발하려고 지켜보고 있는 사람들도 있었다.

[3] 예수께서 손이 오그라든 사람에게는 "일어나서 이 앞으로 나오너라." 하시고

[4] 사람들을 향하여는 "안식일에 착한 일을 하는 것이 옳으냐? 악한 일을 하는 것이 옳으냐? 사람을 살리는 것이 옳으냐? 죽이는 것이 옳으냐?" 하고 물으셨다. 그들은 말문이 막혔다.

"선생님, 제가 보기에 그날 회당 안에는 세 부류의 사람이 있었던 것 같습니다. 첫째는 오른손 오그라든 사람이고 둘째는 선생님께서 그를 고쳐 주기만 하면 고발하려고 지켜보고 있는 사람들이

고 셋째는 선생님이십니다."

"잘 보았다만 한 가지 부류가 더 있었다."

"누굽니까?"

"네가 말한 세 가지 부류 가운데 어디에도 속하지 않은 사람들이 있지 않았겠느냐?"

"아, 그렇군요."

"그래서 무슨 말을 하든, 잘라서 말하지 않도록 조심할 필요가 있다."

"알겠습니다. 그러나 살면서 말끝마다 '…겠다'를 붙이거나 말머리마다 '아마도…'로 시작하거나 그럴 수는 없는 일 아닙니까?"

"그건 그렇지. 내 말은 다만 '단언'(斷言)의 오류를 언제나 유념하면서 살아가라는 얘기다."

"예."

"네가 세 가지 부류로 나눈 것을 나는 두 가지 부류로 나누겠다."

"어떻게 말씀입니까?"

"한쪽에 마비된 사람들이 있고 맞은쪽에 내가 있다."

"알겠습니다. 오른손 오그라든 사람과 선생님께서 그를 고쳐주시는지 지켜보는 사람들을 한 부류에 넣으셨군요?"

"그렇다. 그들은 마비된 사람들인데 한 사람은 몸이 오그라붙었고 나머지는 마음(생각)이 오그라붙었다."

"몸이나 마음이 왜 마비되는 겁니까?"

"열려 있어야 할 곳이 막혀서 그렇다."

"왜 열려 있어야 할 곳이 막힙니까?"

"여러 가지 이유가 작용하겠지만, 근본은 무지(無知)에 있다. 무지가 욕심을 낳고 욕심이 집착을 낳고 집착이 막힘을 낳고 막힘은 마비와 죽음을 부른다."

"무지는 왜 생깁니까?"

"아버지의 법을 어기는 데서 생긴다. 빛을 향하는 자에게는 온 세상이 밝음이요 빛을 등지는 자에게는 온 세상이 어둠이다."

"왜 사람이 아버지의 법을 어기고 등집니까?"

"아버지의 법이 어떤 것인지를 몰라서요, 그것이 어떤 것인지를 알기 위해서다."

"그런데, 아버지의 법을 알기 위해서 등졌다가 그것을 알기는커 녕 그대로 죽고 말면 어떻게 되는 겁니까?"

"죽고 마는 게 아니다. 죽음을 통해서 앎으로 들어가는 것이다."

"예?"

"죽음이 '끝'이 아니라는 걸 모르느냐?"

"……"

"네가 생각하고 경험하는 '죽음'은 종점이 아니라 반환점이다. 아버지께서 지으신 세계에 종점은 한 곳이 있을 뿐이다. 출발점이 자 종점인 아버지 품이 그곳이다. 모든 것이 거기서 나오고 거기로 돌아간다. 누구도, 무엇도 그 길을 벗어날 수 없다. 삶이 어떤 것인 지를 알기 위해서 너는 죽음을 경험해야 한다. 떠나가는 자가 바로 돌아오는 자다. 갑이 떠나고 을이 돌아오는 게 아니라 갑이 떠나고 갑이 돌아오는 것이다. 마라토너가 반환점을 돌면 그때부터 출발 점이 종점으로 바뀌듯이, 죽음은 삶으로 들어가는 문이다."

"마비를 죽음의 징조로 봐도 되겠습니까?"

"그렇다. 죽으면 굳어지고 굳어지면 죽는다."

"몸의 마비와 마음의 마비는 어떻게 다릅니까?"

"서로 원인과 결과가 될 뿐, 다른 게 아니다. 몸과 마음은 둘이 아니라 하나다."

"그러면 그것을 어떻게 풀어 줄 수 있습니까?"

"막힌 데를 뚫어 주면 되지 않겠느냐? 내가 그 일을 하기 위해서 세상에 왔다."

"그렇지만, 선생님께서도 끝내 뚫어 주지 못한 사람들이 있잖습니까?"

"없다. 나는 모든 사람의 막힌 곳을 다 뚫어 주었다."

"예?"

"내 일이 벌써 끝난 줄로 아느냐? 지금은 내가 일하고 있지 않다고 보느냐?"

"아닙니다. 선생님은 지금도 살아계셔서 저희와 함께 계십니다."

"아직 내 일이 끝나지 않았거늘, 내가 누구를 뚫어 주지 못했다고 말할 수 있는 것이냐?"

"그럴 수는 없지요."

"명심해라. 네 몸은 네가 아니다. 네 마음(생각)도 네가 아니다. 너는 없어지지 않는다. 아니, 없어지지 못한다. 새로운 시작인 죽음이 있을 뿐, 끝을 뜻하는 죽음은 없는 것이다. 그러기에 너는 죽지 않는다. 아니, 죽지 못한다. 너뿐 아니라 존재하는 모든 것이 그렇다. 있다가 없어지는 것은 없다. 다만 그 모양과 내용이 바뀔 뿐, 모든 것이 영원토록 존속한다. 우리 아버지께서 살아계시기 때문이다."

"선생님, 말씀을 받아들이기가 좀 벅찹니다."

"억지로 이해하려고 하지 마라. 저절로 내 말이 네 가슴에서 생명수로 흐를 날이 올 것이다."

"선생님께서 사람들에게 하신 말씀이 참 절묘합니다. 안식일에 착한 일을 하는 것이 옳으냐, 악한 일을 하는 것이 옳으냐? 사람을 살리는 것이 옳으냐, 죽이는 것이 옳으냐?—안식일에 해서는 안 될 일들만 생각하고 그 생각에 갇혀 있는 사람들에게, 선생님의 질문은 너무나도 예리한 비수처럼 느껴집니다. 그들의 말문이 막혔다고 했는데, 이해가 됩니다."

"그들의 말문이 막힌 것은, 내 질문에 대답할 말을 찾지 못해서가 아니라, 마음이 오그라붙었기 때문이었다. 몸의 마비보다 고약한 것이 마음의 마비다. 몸의 마비는 겉으로 드러나서 알기 쉬운데 마음의 마비는 여간 자세하게 살피지 않으면 잘 보이지 않기 때문이다. 마음이 마비된 자는 자기 마음이 굳어져 있다고 생각하지 않는다."

"그 마비를 어떻게 풀 수 있을까요?"

"반환점은 출발점에서 가장 먼 거리에 있다. 거기까지 간 자만이 돌아올 수 있다. 죽음의 문을 통과하지 않고서는 삶으로 들어갈 수 없다. 마비된 마음을 더욱 마비시켜, 죽음의 문턱을 넘게 해야 한다. 내가 세상에 온 것은, 보지 못하는 자는 보게 하고 보는 자는 보지 못하게 하기 위해서다. 자기 몸과 마음이 마비되어 있음을 아는 자는 그것을 풀어 주고, 자기 몸과 마음이 마비되어 있음을 모르는 자는, 그것을 더욱 마비시켜서 마침내 마비된 제 몸과 마음을 깨닫게 해야 한다. 아버지께서 악행을 일삼는 자들을 그대로 두심은, 그들이 미워서가 아니라 그들을 사랑하시기 때문이다. 악한 자는 더욱 악하게, 그래서 더 악할 수 없는 데까지(반환점까지) 이르도록 내버려 둠으로써 그를 도와야 한다. 그래서 자기가 죄인인 줄 아는 죄인은 나를 만나서 살고, 자기가 의인인 줄 아는 죄인은 나를 만나서 죽는 것이다."

"말씀을 듣기가 겁이 납니다."

"깨달음의 길은 라디칼하다. 날선 칼처럼 단호해야 한다."

⁵예수께서는 그들의 마음이 완고한 것을 탄식하시며 노기 띤 얼굴로 그들을 둘러보시고 나서 손이 오그라든 사람에게 "손을 펴라." 하고 말씀하셨다. 그가 손을 펴자 그 손은 이전처럼 성하게 되었다.

⁶그러나 바리사이파 사람들은 나가서 즉시 헤로데 당원들과 만나 예수를 없애 버릴 방도를 모의하였다.

"문장을 읽어보면 선생님께서 그들에게 화를 내신 것으로 되어 있는데요. 정말 화를 내셨습니까?"

"그렇다. 화를 냈다."

"그들의 마음이 완고한 것에 화가 나셨습니까?"

"아니다. 그들의 마음을 더욱 굳어지게 하기 위해서였다. 말을 조심스럽게 해야겠다. 그들 마음이 완고해서 화가 난 게 아니라 내가 스스로 화를 낸 것이다. 화가 나는 것과 화를 내는 것은 다르다."

"어떻게 다릅니까?"

"화가 나는 것은 상황에 휘둘리는 것이요 화를 내는 것은 상황을 만들어 가는 것이다. 참사람은 상황에 휘둘리지 않고 그것을 만들어 간다. 부처와 중생(衆生)의 차이가 거기에 있다. 부처는 화를 부리고 중생은 화가 부린다."

"그러나 선생님께서 화를 내신 것인지, 화가 나신 것인지를 분별 못하는 사람들도 많을 텐데요."

"물론 그렇겠지. 그러나 그건 그들의 반응일 뿐이다. 내가 거기에 또 반응할 이유는 없다. 네 생각과 말과 행동이 상황에 대한 기계적·습관적 반응(reaction)이 아니라 뜻과 목적을 지닌 창조(creation)가 되도록 하여라."

"어떻게 하면 그럴 수 있습니까?"

"낡은 습관의 올무에 얽히지 않도록, 늘 깨어 기도해라."

"깨어 있다는 게 어떤 것입니까?"

"사람이 잠을 잘 때는 눈을 감는다. 그러다가 잠을 깨면 눈을 뜬다. 깨어 있다는 것은 눈을 떠서 보아야 할 것을 제대로 본다는 말이다. 눈 뜨면 광명이요 감으면 암흑이다. 깨어 있는 것은 빛 속에 있는 것이다. 내가 세상의 빛이니, 네가 내 안에 있으면 그것이 곧 깨어 있는 것이다."

"눈을 떠서 보면 다 된 것 아닙니까? 기도는 왜 합니까?"

"너 혼자서는 아무 것도 할 수 없다는 사실을 모르느냐? 기도는 너를 활짝 열어 한 분이신 아버지 하느님의 뜻을 이루는 도구로 되게 하는 것이다. 네 혼자 힘으로는 결코 헤어날 수 없는 낡은 습관에서 벗어나려면, 기도를 통해서 너 자신을 비워야 한다. 유념하여라. 기도의 목적은 네 뜻을 채우는 데 있지 않고 그것을 비우는 데 있다. 성숙한 기도는 네 뜻을 이룸으로써 이루어지지 않고 그것을 비움으로써 이루어진다."

"겟세마니에서 하신 선생님의 기도가 그것입니까?"

"그렇다."

"그러나 그것 또한 선생님의 뜻 아니었습니까? 선생님 뜻을 비우고 아버지 뜻에 따르기로, 선생님께서 뜻하신 게 아니었나요?"

"그렇다."

"그러면 결국 선생님 뜻을 이루신 게 아닙니까?"

"그렇다. 내 뜻을 이룬 것이다."

"말이 앞뒤가 맞지 않는 것 같습니다."

"그렇다. 내 길은 옹근 자유면서 옹근 복종이었다. 너에게 주어진 길 또한 마찬가지다. 너는 모든 것에서 자유로워야 하고 모든 것에 스스로 굴복해야 한다."

"무슨 말씀인지 알 듯합니다만, 역시 실감은 되지 않습니다."

"언제 어디서나 깨어 기도하기를 힘써라. 모든 것이 스스로 실감 되는 날이 올 것이다."

"오른손 마비된 사람은 성해졌는데, 마음이 마비된 자들은 그 마비가 더욱 심해졌군요?"

"오른손 마비된 사람은 자기 몸이 마비되었음을 알았지만, 바리사이파 사람들은 자기 마음이 얼마나 굳어져 있는지를 모르고 있었다. 병(病) 자체가 병이 아니라 그것이 병인 줄을 모르는 게, 그게 병이다."

"노자도 말했지요. 병을 병으로 알면 병이 아니라고요."

"옳은 말이다. 병을 병으로 알면 병이 아닐 뿐만 아니라 그때부터 그것은 은총이다. 반환점에 이른 마라토너에게는 결승점으로 돌아가는 길밖에 없듯이, 지옥을 경험한 사람에게는 이제 천당으로 가는 길밖에 다른 길이 없다."

"바리사이파 사람들과 헤로데 당원이 손을 잡은 이유는 무엇입니까?"

"열린 사람들은 열린 사람들과 어울리고 닫힌 사람들은 닫힌 사람들과 어울리게 마련이다. 다만, 전자(前者)는 화이부동(和而不同)이요 후자(後者)는 동이불화(同而不和)다."

[7]예수께서 제자들과 함께 호숫가로 물러가셨을 때에 갈릴래아에서 많은 사람들이 따라왔다. 또 유다와
[8]예루살렘과 에돔과 요르단 강 건너편에 사는 사람들이며 띠로와 시돈 근방에 사는 사람들까지도 예수께서 하시는 일을 전해 듣고 많이 몰려왔다.

"죄송합니다만, 마치 눈덩이가 굴러가면서 커지는 듯한 느낌입니다."
"소문의 힘이 그런 것 아니냐?"
"그때, 선생님 심정은 어떠하셨습니까?"
"왜 묻느냐?"
"그냥, 궁금해서 여쭈어 보았습니다."
"내 마음이 슬펐다면, 그것이 너와 무슨 상관이 있느냐?"
"······."
"내 마음이 들떴다면, 그것이 너와 무슨 상관이 있느냐?"
"······."
"많은 궁금증이 사람을 핵심에서 멀어지게 한다. 조심해라. 길을

가면서 사방을 경계하여 살피는 것과 여기저기 두리번거리며 기웃대는 것은 하늘과 땅만큼 거리가 멀다. 질문을 할 때에는 너에게 절실한 것을 묻고, 대답을 할 때에도 될수록 말을 간추려라."

"마르코의 기록에 따르면 결국 동서남북 사방에서 사람들이 몰려온 셈입니다."

"갈릴래아가 사방으로 열린 곳이니 그럴 만하지 않느냐?"

"어딘들 사방으로 열려 있지 않습니까?"

"옳은 말이다. 땅은 그렇게 사방으로 열려 있건만, 사람들은 그렇지 못하구나."

"선생님. 소문을 듣고 몰려오는 사람들을 어떻게 대해야 합니까?"

"사심 없이, 있는 그대로, 맑은 거울이 사물을 대하듯이, 그렇게 대해야 한다. 소문 같은 것이 너와 그들 사이를 어질러 놓지 않도록, 언제나 맑고 투명한 마음으로 처신해라. 상대방이 '어떤' 사람이니까 거기에 맞추어서 네 태도를 결정하려고 하면, 네 생각이나 행동이 반듯하고 깨끗할 수 없다. 상대방에 따라서 모양이 일그러지는 거울을 상상해 보아라."

"때로 저에 대한 터무니없는 소문이 돌아다니기도 합니다."

"내버려 두어라. 소문은 소문일 따름이다. 바다에 바람이 불어도, 닻을 내린 배는 이리저리 떠밀려 다니지 않는다. 언제 어디서나 네 닻을 중심에 계신 아버지께 내려놓도록 하여라."

[9]예수께서는 밀어닥치는 군중을 피하시려고 제자들에게 거룻

배 한 척을 준비하라고 이르셨다.

¹⁰예수께서 많은 사람을 고쳐 주셨으므로 병으로 고생하는 사람들이 앞을 다투어 예수를 만지려고 밀려들었던 것이다.

¹¹또 더러운 악령들은 예수를 보기만 하면 그 앞에 엎드려 "당신은 하느님의 아들이십니다!" 하고 소리 질렀다.

¹²그러나 예수께서는 그들에게 당신을 남에게 알리지 말라고 엄하게 명령하셨다.

"'거룻배 한 척'의 뜻을 어떻게 새겨야 할까요? 저에게도 거룻배 한 척은 필요한 것입니까?"

"밀어닥치는 군중을 피하려면 그럴 수밖에 없었다. '거룻배 한 척'은 군중과 나 사이의 가깝지도 멀지도 않은 '거리'였다."

"공자의 '멀리 해도 안 되고 가까이 해도 안 된다'[不可近, 不可遠]는 말씀이 생각나는군요."

"너에게도 때가 되면 군중이 몰려들 것이다. 그럴 때, 군중과 너 사이의 관계를 제대로 유지하려면 '거룻배 한 척'이 필요할 것이다. 건강한 관계에는 적당한 거리가 있어야 한다. 몰려드는 군중에 파묻히는 일이 없도록 조심해라."

"요즘 말로, 매스컴을 경계하라는 말씀처럼 들립니다."

"매스컴을 겁낼 필요는 없지만, 거기에 휘말리지 않도록 적절한 거리를 유지해야 한다."

"왜 사람들이 거기에 휘말려 들어가는 걸까요?"

"어리석은 파리가 꿀단지에 빠지는 것과 같다. 인기(人氣)는 달콤하지만 그 속에 독이 있다."

"어째서 그렇습니까?"

"사람들이 저마다 자신의 '나'를 앞세우고, 그것을 중심 삼아서 살아가기 때문이다. 그날 내게 몰려들었던 군중을 보아라. '앞을 다투어 나를 만지려고 밀려들었던' 그들의 속셈이 무엇이었겠느냐?"

"자기 병을 고치려고 그랬던 것 아닙니까?"

"그렇다. 제 몸의 병 고치려고 서로 앞을 다투었다. 그것이 대중(大衆)이다. 뿌리 깊은 이기욕(利己慾)이 그들의 생각과 행동을 밑받침하고 있는 것이다."

"인기에 영합해서 좋은 결과를 가져오는 경우는 보지 못했습니다."

"인기를 얻고자 무슨 짓을 따로 하는 것도 좋지 않지만, 그것을 피하고자 따로 무슨 짓을 하는 것도 좋지 않다."

"아하, 그것이 바로 선생님의 '거룻배 한 척'이었군요? 군중을 피하면서 피하지 않는 것 말씀입니다."

"잘 보았다. 대중을 무시하지도 말고 대중을 따라가지도 말아라."

"악령들이 선생님을 대하는 태도와 선생님이 그들을 대하는 태도에는 변함이 없군요?"

"동(東)은 동이요 서(西)는 서다. 그들은 그들의 길을 갔고 나는 내 길을 갔다. 오늘도 그들은 그들의 길을 간다. 너는 네 길을 가거라."

"여기 기록에는, '예수께서 그들(악령)에게 당신을 남에게 알리지 말라고 엄하게 명령하셨다'고 되어 있습니다. 제 생각에는 공연한 말씀을 하신 것 같은데요, 안 그렇습니까?"

"결과만 보면 그렇게 말할 수 있겠지. 그러나, 전에도 말했듯이 나는 내가 할 말을 했을 뿐이다. 지금 여기에서 내가 할 말을 하는 것이 그 말이 가져올 결과보다 더 중요하다. 왜냐하면, 내가 할 말을 하는 것은 '오늘'에 있고 그 결과는 '내일'에 있기 때문이다. 나중에 어찌 될 것인지를 생각하는 것보다 지금 무엇을 어떻게 할 것인지를 생각하는 것이 더 요긴한 일이다."

"그렇지만, 멀리 내다보면서 사는 것 또한 삶의 지혜 아닌가요?"

"그것은 멀리 내다보는 눈길이 오늘의 삶을 바르게 하는 데 도움이 될 경우에만 할 수 있는 말이다. 미래를 보느라고 현실을 놓친다면 그것은 지혜가 아니라 어리석음이다. 내일을 위해서 오늘을 희생한다는 말이 듣기에는 근사해 보이지만, 그 속에는 위험한 함정이 숨어 있다. 그가 바라던 '내일'이 영원토록 오지 않을 수 있기 때문이다. '내일'은 네 머리 속에나 있지 실제로는 없는 날이다. 너에게는 다만 '오늘'이 있을 뿐인데, 그것도 네가 잡을 수 있는 날은 아니다."

"……"

"순간마다 해야 할 일과 해서는 안 될 일을 아는 사람에게는 두려움이 없다."

"어떤 사람이, 순간마다 해야 할 일과 해서는 안 될 일을 아는 사람입니까?"

"자기가 누군지, 어디로부터 와서 어디로 가는지를 아는 사람이다."

[13]예수께서 산에 올라가 마음에 두셨던 사람을 부르셨다. 그들이 예수께 가까이 왔을 때에

[14]예수께서는 열둘을 뽑아 사도로 삼으시고 당신 곁에 있게 하셨다. 이것은 그들을 보내어 말씀을 전하게 하시고

^{15}마귀를 쫓아내는 권한을 주시려는 것이었다.

^{16}이렇게 뽑으신 열두 사도는 베드로라는 이름을 붙여주신 시몬과

^{17}천둥의 아들이라는 뜻으로 둘 다 보아네르게스라고 이름을 붙여 주신 제베대오의 아들 야고보와 그의 동생 요한,

^{18}그리고 안드레아, 필립보, 바르톨로메오, 마태오, 토마, 알패오의 아들 야고보, 타대오, 혁명당원 시몬,

^{19}그리고 예수를 팔아넘긴 가리옷 사람 유다이다.

"스승과 제자의 관계는 제자가 스승을 찾아오는 것으로 시작되는 게 아닙니까?"

"스승이 부르지 않으면 제자는 올 수 없다. 네가 나를 찾아왔느냐? 내가 너를 불렀느냐?"

"그러면, 열두 제자도 선생님께서 먼저 부르신 것입니까?"

"불이 있어야 불 쬐는 사람이 있고 물이 있어야 물 마시는 사람이 있지 않겠느냐? 이 순서를 잊지 말아라. 너보다 내가 먼저요 너보다 내가 나중이다."

"언젠가, 선생님께서 제자를 두신 것을 나무가 가지를 뻗은 것에 견주어 말씀하신 기억이 납니다."

"그랬지."

"나무가 있어서 가지가 있는 것이지 가지가 있어서 나무가 있는 건 아니니까, 제자가 스승을 내는 게 아니라 스승이 제자를 내는 것이라는, 그런 말씀으로 새겨도 되겠습니까?"

"제자 없는 스승 없고 스승 없는 제자 없지만, 순서를 말한다면

스승이 먼저라는 말이다. 네 생일은 네가 태어난 날이기 전에 네 어머니가 너를 낳은 날이다. 이 순서를 잊지 않고 살아가는 게 중요하다."

"알겠습니다. 그런데요, 왜 하필 열두 가집니까? 열다섯이나 스물도 될 수 있을 텐데요."

"열둘이면 안 될 이유가 있느냐?"

"그런 건 없지요. 제 질문은 '열둘'이라는 수(數)에 무슨 뜻이 있느냐는 말씀입니다."

"'열둘'은 모든 시간과 공간에 가득 차 있음을 뜻한다. 시방(十方)에다가 안과 밖 둘을 더하면 십이방(十二方)이 되지 않느냐? 내 몸과 마음이 온 세상에 가득 차 있음을 나타내기 위하여 '열둘'이라는 수를 택하였다. '열둘'은 완전한 충만이다."

"알겠습니다. 그런데요, 죄송합니다만 그 가운데 하나는 선생님을 등지고 떨어져 나가지 않았습니까? 그러니 결국 선생님의 '완전한 충만'에 '결여'가 생긴 셈인데요, 그가 그렇게 하리라는 것을 모르셨습니까? 유다가 '열둘'을 '열하나'로 만들 것임을 모르셨느냐는 말씀입니다."

"유다는 내 '열둘'을 '열하나'로 만들지 않았다. 완전한 충만이란 그 안에 '결여'까지 포함하는 것이다. 오히려 유다는 내 몸을 완전한 충만으로 되게 하였다."

"죄송합니다만, 궤변처럼 들리는군요."

"할 수 없는 일이지. 정언(正言)은 약반(若反)이라 하지 않았느냐?"

"그렇다면, 유다는 배신자가 아니라 공로자 아닙니까?"

"보는 관점에 따라 같은 대상이 다르게 보이는 것을 모르느냐?"
"선생님께서는 그를 어떻게 보십니까?"
"그는 그의 길을 갔다. 빈틈없이 잘 갔다."
"배신자입니까? 공로자입니까?"
"배신자면서 공로자요, 배신자도 아니면서 공로자도 아니다."
"그런 말이 어디 있습니까?"
"……"
"그럼, 왜 마지막 식사하시는 자리에서 그를 가리켜 '나를 배반할 자'라고 하셨습니까?"
"사실을 말한 것이다."
"그에게, 네 길을 가라고 말씀하신 것은 납득이 됩니다만, 그를 두고 '태어나지 않았으면 좋았을 사람'이라고 하신 것은 좀 받아들이기 어렵습니다."
"말은 그릇이다. 그릇 안에 담겨 있는 음식을 취하지 않고 그릇을 먹으려 했으니 그게 소화가 되겠느냐? 너는 그 한 마디 말 속에 담겨 있는, 유다에 관한 내 아픈 사랑이 느껴지지 않느냐?"
"……"
"……"
"선생님, 제가 선생님 말귀를 알아듣지 못했습니다."
"누구의 말을 듣든지, 그 '말'에 붙잡히지 말고 그 속에 담겨 있는 보이지 않는 것을 보고 들리지 않는 것을 듣고자 겸손하고 간절한 마음으로 귀를 기울이도록 해라."
"명심하겠습니다. 그런데 한 가지만 더 여쭙겠습니다. '열둘'이라는 수를 '완전한 충만'이라고 하셨는데, 열두 제자에 선생님을 합하면 '열셋'이 되지 않습니까? 그러면 말씀하신 '완전한 충만'이 깨어지는 것 아닌가요?"

"열둘이 하나요 하나가 열둘이다. 나무가 가지요 가지가 나무다. 내가 내 제자들이요 내 제자들이 나다. 나와 제자들의 관계는 네 말대로 더하기(+) 관계가 아니라 곱하기(×) 관계다. 열둘 더하기 하나는 열셋($12+1=13$)이지만 열둘 곱하기 하나는 열둘($12 \times 1 = 12$) 아니냐?"

"예. 그렇군요."

"더하기는 거죽으로 만나는 것이요 곱하기는 속으로 만나는 것이다."

"부르신 열두 제자의 면목을 대강 훑어봐도 참으로 다양합니다만, 이른바 유식한 지도층 인사로 보이는 얼굴은 없군요. 일부러 그들을 제외하셨습니까?"

"아무리 유능한 스승도, 아는 자는 가르치지 못한다. 가득 차 있는 그릇에 누가 무엇을 담을 수 있겠느냐?"

[20]예수께서 집에 돌아오시자 군중이 다시 모여들어서 예수의 일행은 음식을 먹을 겨를도 없었다.

[21]이 소식을 들은 예수의 친척들은 예수를 붙들러 나섰다. 예수가 미쳤다는 소문이 돌고 있었기 때문이다.

"선생님 가시는 곳마다 군중이 모여들었군요?"

"몰려들 왔듯이 그렇게 몰려들 갔다."

"그래서 그들을 안중에 두지 않으셨습니까?"

"내가 그들을 위해서 왔거늘, 어찌 그들을 안중에 두지 않는단 말이냐?"

"그래도 선생님께서는 군중이 몰려오고 몰려가는 데 따라서 흔들림이 없으셨잖습니까? 그 비결이 어디에 있습니까?"

"언제 어디서나 아버지와 함께 있으면 그럴 수 있다. 큰물이 나도 강바닥은 떠내려가지 않는다."

"'아니 땐 굴뚝에 연기 나랴'라는 속담이 있습니다. 선생님이 미치셨다는 소문이 돌았다고 했는데요, 터무니없이 그런 소문이 떠돌 리는 없었을 것 아닙니까?"

"물론이다."

"왜 그런 소문이 났을까요?"

"터무니가 있어서 나는 게 소문이지만, 터무니없는 게 또한 소문 아니냐? 같은 사물을 저마다 다르게 보는 것이 인간 세상의 흥미로운 한계다."

"흥미롭다고요?"

"저마다 다르게 보니까 재미있지 않느냐? 아름다움은 서로 다른 것들이 어울리는 데서 빚어지는 것이다."

"그렇지만, 서로 다르게 보아서 다투기도 하지 않습니까?"

"그래서 선악(善惡)과 미추(美醜)가 한 구멍에서 나온다고 했다."

"선생님을 선생님으로 모시고 따르는 자들이 있는가 하면 선생님을 마땅히 경계할 위험인물로 보는 자들도 있었겠지요."

"그들 가운데, 나를 미친 사람으로 보는 자들도 있지 않았겠느냐?"

"'미친 사람 아닐까?'에서 '미친 사람 같아'로, '미친 사람 같아'에서 '미쳤어'로 말이 옮겨지면서 바뀌었겠지요."

"소문이란 본디 그런 것이지."

"그래서 소문은 믿을 바가 못 됩니다만, 그런 줄 알면서도 소문에 울고 웃고 하는 것은 왜 그럴까요?"

"제 삶을 스스로 살아가는 기운이 부족해서다."

"어떻게 하면 그런 기운을 얻을 수 있습니까?"

"기운은 안팎이 서로 통하는 데서 생기는 것이다. 자기를 열어 우주와 하나 되어라. 그러면 소문 따위에 휘둘리지 않고, 오늘도 내일도 그 다음날도 네 길을 갈 수 있다."

"선생님처럼 말씀입니까?"

"그렇다. 나처럼이다."

"선생님에 대한 좋지 않은 소문을 듣고서……"

"말허리를 잘라서 미안하다만, '좋지 않은 소문'이란 말은 지우자. 소문은 소문일 뿐이다. 좋다, 나쁘다는 네 견해에 지나지 않는다. 사람이 살면서 견해가 없을 수는 없겠지만, 그것 때문에 실상(實相)이 가려지는 경우가 흔히 있어서 하는 말이다."

"무엇이 실상입니까?"

"실상은 눈에 보이지 않는다."

"눈에 보이지 않는 게 어떻게 견해 때문에 가려집니까?"

"눈에 보이지 않는 것을 보자고 지금 너와 내가 이러고 있는 것 아니냐? 사람이 제 '견해'를 앞세우는 한, 그것이 눈을 가려서 결코 보이지 않는 실상을 보지 못한다."

"「신심명」(信心銘) 첫 구절이 생각납니다."

지극한 도(道)는 어려운 것이 아니니
오직 가려 뽑는 일을 꺼릴 뿐.
미워하고 사랑하는 짓만 거두면
눈앞이 탁 트여 환히 밝으리라.
至道無難, 唯嫌揀擇.
但莫憎愛, 洞然明白.

"근사한 노래다. 그러나 초심자들이 읊고 다닐 것은 아니다. 효력이 큰 약재일수록 삼가 조심스레 써야 한다. 이제 아까 하던 얘기로 돌아가자."

"예. 선생님께서 미치셨다는 소문을 듣고 친척들이 붙들러 나섰다고 했는데요, 사실입니까?"

"마르코가 이야기를 만들어 썼겠느냐? 사실이었다."

"어머님도 오셨습니까?"

"그렇다."

"또 누가 왔습니까?"

"형들과 아우들이 왔다."

"선생님께도 형님이 계셨습니까?"

"이 세상에 나보다 먼저 왔으면 내 형 아니냐? 너도 네 어머니를 가끔 누님이라고 부르지 않았느냐? 사람은 모두가 위로 형이 있고 아래로 아우가 있는 존재다."

"옳으신 말씀입니다. 그래서 사해동포(四海同胞)라고 했지요. 그들이 찾아왔을 때, 어떻게 하셨습니까?"

"나는 언제 어디서나, 누구 앞에서나 내 길을 가는 나를 있는 그대로 보여 주었을 뿐이다."

"그래서 그분들이 어떻게 하셨어요?"

"내가 미친 줄 알고 붙잡으러 왔던 사람들이, 내가 미치지 않은 줄 알았으면 어떻게 했겠느냐?"

"그냥 돌아들 가셨겠지요."

"그들을 돌려보내기 위해서 내가 일부러 한 일은 아무것도 없었다."

²²예루살렘에서 내려온 율법학자들도 예수가 베엘제불에게 사로잡혔다느니 또는 마귀 두목의 힘을 빌어 마귀를 쫓아낸다느니 하고 떠들었다.

²³그래서 예수께서는 그들을 불러다 놓고 비유로 말씀하셨다. "사탄이 어떻게 사탄을 쫓아낼 수 있겠느냐?

²⁴한 나라가 갈라져 서로 싸우면 그 나라는 제대로 설 수 없다.

²⁵또 한 가정이 갈라져 서로 싸우면 그 가정도 버티어 나갈 수 없다.

²⁶만일 사탄의 나라가 내분으로 갈라진다면 그 나라는 지탱하지 못하고 망하게 될 것이다.

²⁷또 누가 힘센 사람의 집에 들어가서 그 세간을 털어 가려면 그는 먼저 그 힘센 사람을 묶어 놓아야 하지 않겠느냐? 그래야 그 집을 털 수 있을 것이다.

²⁸나는 분명히 말한다. 사람들이 어떤 죄를 짓든 입으로 어떤 욕설을 하든 그것은 다 용서받을 수 있으나

²⁹성령을 모독하는 사람은 영원히 용서받지 못할 것이며 그 죄

는 영원히 벗어날 길이 없을 것이다."
 ³⁰이 말씀을 하신 것은 사람들이 예수를 더러운 악령에 사로잡
혔다고 비방했기 때문이다.

"선생님께서 악령에 사로잡혔다고 말하는 것은 그들 눈에 그렇
게 보였기 때문 아닙니까? 한낱 미숙한 인간들의 '견해'에 대하여,
죄송합니다만, 선생님의 해명 말씀이 좀 긴 느낌입니다."
 "내가 보기에도 그렇다."
 "무슨 말씀이십니까?"
 "내가 보기에도 괜히 장황스럽게 변명을 늘어놓았다는 말이다."
 "이 말씀이 선생님께서 몸소 하신 말씀이 아니라는 뜻인가요?"
 "그렇다. 나는 그런 말 한 적이 없다."
 "그런데 어떻게 이 말씀이 여기 기록된 것입니까?"
 "내가 누구라고 말해 주어도 너는 모를 어떤 사람이 내 입을 빌
려서 그렇게 말했다."
 "그렇다 해도 결국 그를 통해서 선생님이 말씀하신 것 아닙니
까? 제가 하는 말이 선생님께서 하시는 말씀이듯이요."
 "어째서 네가 하는 말이 내가 하는 말이냐? 하늘의 언어와 땅의
언어를 뒤섞지 말라고 하지 않았느냐? 너와 나는 하나지만 너는
너고 나는 나다. 진리를 두루뭉수리로 만들지 마라."
 "알겠습니다. 그러면 그의 말에 동의는 하십니까?"
 "네 생각은 어떠냐?"
 "성령을 모독하는 자는 영원히 용서받지 못한다는 말만 제외한
다면, 대체로 동의할 수 있습니다."

"나도 네 생각에 동감이다."

"그렇다면, 29절('성령을 모독하는 사람은 영원히 용서받지 못할 것이며 그 죄는 영원히 벗어날 길이 없을 것이다')은 어떻게 할까요?"

"지워 버려라."

"예?"

"내가 한 말이 아니니 지워 버리라는 말이다. 우리 아버지의 사랑에는 그 어떤 단서도 조건도 제한도 없다."

"그래도 되는 겁니까? 성경에서 어떤 구절을 삭제해도 되는 건가요?"

"지워 버리라는 말은, 이 세상 모든 성경책에서 그 구절을 지우라는 게 아니라, 네 머리에서 지우라는 얘기다. 밀밭에 가라지가 섞여났으니, 그것이 가라지인 줄을 알라는 얘기다. 못 알아듣겠느냐?"

"알겠습니다. 그런데 생각난 김에 한 마디 여쭙겠습니다. 왜 가라지인 줄 아는데 그것을 뽑지 말라고 하십니까?"

"네가 아직 성숙하지 못했기 때문이다. 네가 충분히 익어서 '사람'의 옷을 벗게 될 때까지는, 그래서 선과 악이 따로 없는 (그것을 함께 넘어선) 자리에 서게 되기까지는, 선과 악을 분별하면서 살아야 한다."

"선생님. 갑자기, 이 말씀 전체(23~30절)가 악령이 몰래 심어 놓은 가라지라는 생각이 드는군요. 과연 그런 걸까요?"

"잘 보았다. 네 말대로, 장황한 비유 속에, '성령을 모독한 자는 영원히 용서받지 못한다'는 한 마디를 독 묻힌 비수처럼 감추어 놓았구나."

"오늘은 좀 겁이 납니다."

"네 심정 이해한다. 그러나 포도가 으깨어지지 않고서 어찌 포도주로 될 수 있겠느냐? 누구든지, 성경을 깨뜨려 부수지 못하면 성경을 먹을 수 없다. 죽어서 사는 것은 사람만이 아니다. 성경도 죽어야 산다. 두려워 말아라."

³¹그때 예수의 어머니와 형제들이 밖에 와 서서 예수를 불러 달라고 사람을 들여보냈다.
³²둘러앉았던 군중이 예수께 "선생님, 선생님의 어머님과 형제들이 밖에서 찾으십니다." 하고 말하였다.
³³예수께서는 "누가 내 어머니이며 내 형제들이냐?" 하고 반문하시고
³⁴둘러앉은 사람들을 돌아보시며 말씀하셨다. "바로 이 사람들이 내 어머니이며 내 형제들이다.
³⁵하느님의 뜻을 행하는 사람이 곧 내 형제요, 자매요, 어머니이다."

"멀리서 어머님이 오셨는데, 하던 일 중단하고 나가서 맞아들여야 자식 된 도리를 다하는 것 아닙니까? 저는 그렇게 생각합니다."
"나는 자식 된 도리를 다하고 있었다."
"예?"
"하느님 우리 아버지의 아들로서 할 일을 했다는 얘기다."
"그럼, 문 밖에 계신 어머님은 어찌 되는 겁니까?"
"내가 출가(出家)한 몸으로 다시 옛집에 돌아갔어야 한단 말이냐? 알에서 깨어난 새는 다시 알 속으로 들어가지 않는다. 아니,

들어갈 수 없다."

"그렇긴 합니다만, 너무 무정하신 것 같습니다."

"묵암(默庵)이 노래하기를, 임성소요(任性逍遙)하니 수연방광(隨緣放曠)이라, 하늘마음[性]에 나를 맡겨 노니니 인연 따라 흐름에 거칠 것이 없구나. 단진범정(但盡凡情)이면 별무성해(別無聖解)라, 다만 범부의 정(情)이 다하면 성스런 해탈이 따로 없다고 했다. 정(情)이란 사람한테서 나와 사람을 묶는 끈과 같다. 얼마 동안은 필요한 것이지만 때가 되면 끊겨야 한다. 마치 제 몸의 실로 만든 고치에서 나비가 나오듯이, 정의 그물에서 벗어나지 않으면 참사람으로 거듭날 수 없는 것이다."

"선생님, 출가(出家)란 무엇입니까?"

"출가(出家)는 귀가(歸家)다."

"……?"

"육신의 부모를 떠나 천지부모(天地父母)이신 하느님께로 돌아가는 것이 출가라는 말이다."

"그것을, 선생님께서 말씀하신 '성령으로 거듭남'과 같은 것으로 봐도 될까요?"

"그 말이 그 말이다."

"말씀은 알아듣겠습니다만, 먼저 어머님과 형제들을 모셔 들인 다음에 그 말씀을 하실 수도 있잖습니까?"

"물유본말(物有本末)이요 사유종시(事有終始)니 지소선후(知所先後)면 근도(近道)라, 물(物)에는 뿌리와 가지가 있고 일에는 앞뒤가 있어서 먼저 할 게 있고 나중 할 게 있거니와 그것을 제대로 알면 하느님 법에 가깝다고 했다. 내 이미 정(情)을 벗어나[出] 성

(性)으로 돌아간(歸) 몸이거늘, 어찌 수레로 말을 끌라는 말이냐?"

"그래서 결국 어머님과 형제분들을 만나 뵙지 않으셨나요?"
"먼저 할 일을 먼저 하는 사람은 나중 할 일을 나중에 한다. 나는 그들을 정성껏 모셨고, 내가 미치지 않았다는 사실을 알고서 모두 안심하고 돌아갔다."

"그날 어머님과 함께 온 '형제들'이 누구였습니까? 천주교회에서는 성모님께서 평생 동정녀로 사셨기 때문에 예수님의 친형제들이 아니었다고 하고, 개신교에서는 아버지 요셉과 어머니 마리아 사이에 태어난 자식들이었다고 하는데요, 어느 쪽이 맞습니까?"

"'일어난 일'보다 '일어난 일에 대한 네 생각'이 더 중요하다. 왜냐하면, '일어난 일'은 지금 여기 없고 '일어난 일에 대한 생각'은 지금 여기에서 네 삶에 영향을 미치기 때문이다. 그들이 내 친형제였다고 생각하는 것이 그들이 내 친형제였다는 사실보다 더 중요하고, 그들이 내 친형제가 아니었다고 생각하는 것이 그들이 내 친형제가 아니었다는 사실보다 더 중요하다는 말이다. 그들이 내 친형제였다고 생각하는 것이 너와 나를 더욱 가깝게 해준다면 그렇게 생각해라. 반대로 그들이 내 친형제가 아니었다고 생각하는 것이 너와 나를 가깝게 해준다면 그렇게 생각해라. 네 모든 관심을, 과거의 사실 여부에 두지 말고 오늘 여기에서 너와 내가 만들어 가야 하는 진실된 삶의 실현에 두도록 해라."

"그래도 사실 여부를 알고 싶은데요?"
"너를 참된 삶의 길에서 벗어나 헤매게 하려는 유혹이다. 삼가 경계하여라. 그들이 내 친형제였다고 누가 말해도 그것은 그의 생각을 말한 것이요 그들이 내 친형제가 아니었다고 말해도 역시 그렇게 말하는 자의 생각일 뿐이다. 네 생각은 어느 쪽이냐?"

"제가 개신교 신자라서 그런지 모르겠습니다만, 그분들이 선생님의 친형제분들이었다고 생각됩니다."

"너는 내 친형제 아니냐?"

"제가 어떻게 선생님의 친형제일 수 있습니까?"

"어떻게 아닐 수 있느냐?"

"2천 년 세월이 있고 수만 리 공간이 있습니다."

"그 세월이 중간에 단절된 때가 있었느냐?"

"없지요."

"유대와 한반도 사이에 단절된 공간이 있느냐?"

"없습니다."

"모든 때가 동시에 있고 모든 장소가 한 곳에 있다. 내게는 친형제 아닌 사람이 없고 너에게도 친형제 아닌 사람이 없다. 만물(萬物)이 나와 한 몸이요 천지(天地)가 나와 한 뿌리라는 말도 있잖더냐? 그 말은 관념이 아니라 사실이다."

"그렇다면, 35절, '하느님의 뜻을 행하는 사람이 곧 내 형제요 자매요 어머니다' 라는 구절에 문제가 있지 않습니까? 말씀하신 대로라면, 하느님의 뜻을 행하든 말든 모두가 선생님 형제요 자매요 어머니라야 할 텐데요."

"잘 보았다. 그 말은 내가 한 말이 아니라, 뒤에 덧붙여진 말이다. 틀린 말은 아니지만 속에 함정이 있다. 지워 버려라."

"누가 그런 말을 덧붙였습니까?"

"내가 누구라고 말해주면 네가 알겠느냐? 또 그가 누군지 안다

한들, 그 '앎'이 네게 무슨 덕(德)이 되겠느냐? 공연한 질문은 핵심을 놓치게 할 뿐이다. 쟁기를 잡은 자는 뒤를 돌아다보아도 안 되지만 곁눈질을 자꾸 해도 안 된다."

4장

¹예수께서 다시 호숫가에서 가르치셨다. 군중이 너무나 많이 모여들었기 때문에 예수께서는 배를 타고 그 안에 앉으신 다음 배를 물에 띄웠다. 그리고 군중은 모두 호숫가에 그대로 서 있었다.

"지난번에, 거룻배 한 척의 거리에 대하여, 너무 멀지도 않고 너무 가깝지도 않은 거리에 대하여 말씀하셨지요. 어떻게 하면 제가 세속과 그런 거리를 유지할 수 있겠습니까?"

"언제 어디서나 네가 누군지를 알고 있어라. 자기가 누군지를 아는 사람은 어떻게 처신할 것인지를 저절로 안다. 세상과 너의 '거리'를 유지하는 일이 중요한 게 아니라, 네가 누구며 무엇인지를 아는 게 중요하다."

"제가 누구며 무엇입니까?"

"그것은 네가 너에게 묻고 네가 너에게 대답해야 하는 질문이다."

"「대학」(大學)의 한 구절이 생각납니다."

> 목목문왕(穆穆文王)이여 오즙희경지(於緝熙敬止)라.
> 남의 임금 되어서는 인(仁)에 머무르시고
> 남의 신하 되어서는 경(敬)에 머무르시고
> 남의 자식 되어서는 효(孝)에 머무르시고
> 남의 아비 되어서는 자(慈)에 머무르시고
> 나라 사람을 사귐에는 신(信)에 머무르셨다.

"문왕(文王)의 덕(德)을 기린 노래를 인용하면서, 그가 스스로 머물 자리를 알았고 항상 그 자리에 머물렀음을 말해주는 구절이지요."

"좋은 문장이다. 문왕이 그럴 수 있었던 것은, 자기가 누군지를 알았기 때문이다. 자기가 자식임을 알았기에 효(孝)를 할 수 있었고 자기가 부모임을 알았기에 자(慈)를 할 수 있었던 것이다. 모든 게 '앎'에서 비롯되고 '앎'으로 돌아간다."

"문왕의 예로 보아, 저도 여러 얼굴을 지닌 사람이라는 생각이 듭니다."

"잘 보았다. 그러나 문왕은 언제 어디서나 자신의 '한결같음'을 유지했고 그것이 문왕을 문왕 되게 했다. 너도 너의 '한결같음'을 잃어서는 안 된다. 빛이 헤아릴 수 없이 많은 스펙트럼으로 분광(分光)되지만, 태고 이래 빛의 빛 됨을 잃지 않았듯이 너도 수많은 얼굴을 지니면서 너의 너 됨을 잃지 않는 그런 사람이 되어야 한다."

"제가 어떻게 하면 저의 '한결같음'을 잃지 않을 수 있을까요?"

"사랑을 하면 된다."

"……?"

"네가 세상에 온 이유가, 사랑을 함으로써 사랑을 알기 위해서라고 네 입으로 말하지 않았느냐? 네가 네 삶의 이유를 등지고 돌아서지만 않으면 너의 너 됨을 잃지 않을 것이다."

"사랑이 무엇입니까? 어떻게 하는 것입니까?"

"내 멍에를 메고 나한테서 배워라. 저절로 알게 될 것이다."

"선생님께서 배를 타시고 군중한테서 멀지도 가깝지도 않은 거리를 유지하신 것이, 그게 단순히 군중이 너무 모여들었기 때문이 아니라 선생님께서 그들을 사랑하셨기 때문이라고 말해도 될까요?"

"제법이구나. 그러나 그런 것은 말을 해서 드러내지 말고 묻어두는 게 좋다. 사랑은 씨앗이요 열매다. 모든 것이 거기에서 나와 거기로 돌아간다. 씨앗은 햇볕이 들지 않는 곳에 두거나 땅 속에 묻어야 한다."

[2]예수께서는 비유로 여러 가지를 가르치면서 이렇게 말씀하셨다.

[3]"자, 들어보아라. 씨 뿌리는 사람이 씨를 뿌리러 나갔다.

[4]씨를 뿌리는 데 어떤 것은 길바닥에 떨어져 새들이 와서 쪼아 먹고

[5]어떤 것은 흙이 많지 않은 돌밭에 떨어졌다. 흙이 깊지 않아서 싹은 곧 나왔지만

[6]해가 뜨자 뿌리도 내리지 못한 채 말라 버렸다.

^{7}또 어떤 것은 가시덤불 속에 떨어졌다. 가시나무들이 자라자 숨이 막혀 열매를 맺지 못하였다.

^{8}그러나 어떤 것은 좋은 땅에 떨어져서 싹이 나고 잘 자라 열매를 맺었는데, 열매가 삼십 배가 된 것도 있고 육십 배가 된 것도 있고 백 배가 된 것도 있었다."

^{9}예수께서는 이어서 "들을 귀가 있는 사람은 알아들어라." 하고 말씀하셨다.

"선생님께서는 자주 직설(直說)보다 비유(比喩)를 써서 가르치셨는데요, 왜 그러셨습니까?"

"사람의 말에 진리를 담으려는 것은 맨바가지에 달을 담으려는 것과 같다. 비유는 그 바가지에 물을 담아 달을 비쳐 주는 것과 같다. 이것이 진리라고 말하면서 진리를 가리는 것이 직설이요, 이것은 진리가 아니라고 말하면서 진리를 드러내 보이는 것이 비유다."

"그런데 사람들이 바가지 물에 비친 달을 진짜 달로 오해할 수도 있잖습니까?"

"말귀를 알아듣지 못하는 자들은 어디에나 있는 법이다."

"그들을 위해서 직설로 말해 줄 수는 없습니까?"

"죽도 못 먹는 자에게 누룽지를 주란 말이냐?"

"그러면, 그런 자들은 내버려 둡니까?"

"네가 상관할 일이 아니다. 하느님께서는 그들에게도 길을 마련해 두셨다. 아버지께서 너를 사랑하시는 것과 똑같이 그들도 사랑하시니, 그들에 대한 염려를 거두어 너 자신을 성찰하는 데 쓰도록 해라."

"어떻게 하면 비유를 제대로 읽을 수 있을까요?"

"텅 빈 마음으로, 욕심 없이 읽으면 된다. 바가지 물에 비친 달을 잡으려고 손을 넣으면 달은 사라지고 깨어진 달빛만 요란하지 않겠느냐? 비유에서 의미를 찾으려 하지 말고 비유가 들려주는 말을 조용히 들어라."

"왜 하필 바가지 물에 비친 달을 봐야 합니까? 눈을 들면 머리 위에 곧장 달이 떠 있는데요."

"머리 위에 있는 달이나 바가지 물에 비친 달이나, 그 달이 그 달이다. 둘 다 네 눈에 비쳐 보이는 달의 '모습'〔相〕일 뿐이라는 얘기다. 네가 우주선을 타고 가서 달 위에 발을 디뎌도 역시 네 눈에 보이는 것은 달의 실상(實相)이 아니라 겉모습〔現象〕일 뿐이다."

"결국, 제가 제 눈으로 보는 모든 것이 그것의 겉모습일 뿐이라는 말씀 아닙니까?"

"그렇다."

"그렇다면, 저는 비유 속에서 비유인 세상을 비유로 보고 있는 것 아닙니까?"

"잘 보았다. 네가 경험하는 모든 세계가 그대로 비유요, '그림의 떡'이다."

"그림의 떡을 보고 있는 저 또한 그림의 떡 아닙니까?"

"제법이구나. 네가 경험하는 너 또한 그림의 떡이다."

"그렇다면, 비유와 그림의 떡이 존재하는 이유가 무엇입니까?"

"세계와 너 자신의 실상(實相)을 보여주기 위해서다. 이것은 진리가 아니라고 말하면서 진리를 드러내 보여주는 것이 비유라고 하지 않았느냐? 무엇이 없으면 무엇의 모습도 없다. 떡이 없는데 어찌 그림의 떡이 있겠느냐? 거꾸로 말해서, 무엇의 모습이 있음은 무엇이 있기 때문이요 네 모습이 있음은 네가 있기 때문이다. 비유는, 너로 하여금 그림의 떡을 뚫고 들어가서 떡을 먹게 하는데 그 존재 이유가 있는 것이다."

"비유를 어떻게 읽어야 할지, 조금 알 것 같습니다. 어떻게 하면 제가 비유를 '뚫고 들어갈' 수 있을까요?"

"스스로 씨 뿌리는 사람이 되지 않고서는 씨 뿌리는 사람 비유를 제대로 읽을 수 없다. 아무리 정밀한 설계도라 해도 사람이 설계도 속에서 살 수는 없는 일이다. 설계도에 그려진 대로 기둥을 세우고 벽돌을 쌓고 지붕을 얹어야 그 안에서 살 수 있다. 내 비유들은 하느님 나라의 설계도와 같다. 설계도를 잘 읽는 길은 스스로 목수가 되는 것이다."

"그럼, 이제 '씨 뿌리는 사람 비유'로 들어가 보겠습니다. 이 비유로 보여 주시고자 하신 것이 무엇입니까?"

"내가 이미 모든 것을 보여 주었는데, 새삼 직설(直說)의 함정에 빠지란 말이냐? 달이 떠 있으니 그것을 보는 일은 네 몫이다. 스스로 씨 뿌리는 자가 되어 이야기를 들여다보아라. 무엇이 보이느냐?"

"아까운 씨를 처음부터 좋은 땅에 잘 뿌리지 않고서, 낭비가 심했다는 생각이 듭니다."

"네 살아가는 꼴이 그와 같지 않느냐? 하루 스물네 시간, 일 년 열두 달, 너에게 주어진 시간과 기회를 얼마나 알차게 보내고 있느냐? 일찍이 솔로몬이 '헛되고 헛되다'고 선언한 일들에 얼마나 많은 시간과 정력을 쏟고 있느냐 말이다."

"선생님…… 드릴 말씀이 없습니다."

"너를 책망하려고 하는 말이 아니다. 자, 보아라. 그런데도 이 이야기 속에 어떤 희망이 보이지 않느냐?"

"8절 말씀이 눈에 들어옵니다. '그러나 어떤 것은 좋은 땅에 떨어져서 싹이 나고 잘 자라 열매를 맺었는데, 열매가 삼십 배가 된 것도 있고 육십 배가 된 것도 있고 백 배가 된 것도 있었다.' 제가 그토록 많은 시간과 정력을 낭비했습니다만, 그래도 어떤 것은 싹이 나고 잘 자라서 열매를 맺는군요!"

"네가 아까부터 '낭비'라는 말을 쓰고 있다만, 나는 그것을 낭비로 여기지 않는다. 솔로몬이 헛된 삶을 경험하지 않았더라면 전도자의 깊은 지혜를 얻지 못했을 것이다. 길바닥에 떨어지고 돌밭에 떨어지고 가시덤불에 떨어진 씨들이 있었기에, 다시 말하면, 씨 뿌리는 자가 그토록 많은 '낭비'를 하면서 씨를 뿌렸기에, 옥토에 떨어진 씨가 삼십 배, 육십 배, 백 배로 열매를 맺었던 것이다. 사람한테는 낭비도 있고 과실(過失)도 있지만 하느님께는 낭비도 과실도 없다."

"……"

"또, 무슨 생각이 드느냐?"

"씨를 뿌리되, 좋은 씨를 골라서 뿌려야겠다는 생각이 듭니다. 악한 씨를 뿌리면 악한 열매를 거둘 테니까요."

"또, 무슨 생각이 드느냐?"

"오늘 하루, 잘 살아야겠습니다."

"또, 무슨 생각이 드느냐?"

"……"

"됐다. 너무 긴장하지 말고 너무 풀어지지도 말고, 오늘 하루 너에게 닥치는 모든 일과 사람과 상황을 착실하고 투명하게 받아들여라. 그것이 씨 뿌리는 자의 하루다."

"'들을 귀 있는 사람은 알아들어라.' 이 말씀은 무슨 뜻입니까? 그렇게 말씀 안 하셔도 들을 귀 있는 자는 들을 것 아닙니까?"
"내 말을 듣되, 내 말에 사로잡히거나 내 말에 걸려 넘어지지 말라는 뜻으로 한 말이다. 술 취한 이태백(李太白)이 강물에 비친 달을 건지려고 뛰어들어 죽었다는 고사(古事)는 낭만적인 데가 있다만, 그게 구도자(求道者)의 현실이어서는 안 되지 않겠느냐?"

10 예수께서 혼자 계실 때에 예수를 따르는 사람들이 열두 제자와 함께 와서 비유의 뜻을 물었다.
11 예수께서는 이렇게 대답하셨다. "너희에게는 하느님 나라의 신비를 알게 해주었지만
12 다른 사람들에게는 모든 것을 비유로 들려준다. 그것은 그들이 '보고 또 보아도 알아보지 못하고 듣고 또 들어도 알아듣지 못하게 하려는 것이다. 그들이 알아보고 알아듣기만 한다면 나에게 돌아와 용서를 받게 될 것이다.'"

"아무래도 선생님께서 몸소 하신 말씀 같지 않습니다. 무엇보다도, 상대방을 가려서 어떤 사람에게는 하느님 나라 신비를 드러내 보여 주시고 어떤 사람에게는 그것을 감추려고 비유를 들려주셨다는 말씀이 쉽게 납득되지 않습니다."

"역사의 장(場)에서 보면, 내가 한 말이 아니었다."

"누가 이 말을 여기에 삽입했는지는 여쭙지 않겠습니다."

"물어도 대답하지 않을 것이다."

"그래도, 그가 왜 선생님 입을 빌려 이런 말을 했는지, 그건 궁금합니다."

"사람들이 내 말을 듣고서 나를 따르는 무리와 나를 배척하는 무리로 나누어진 것은 사실이었다. 이 사실을 설명하기 위해서, 내가 같은 비유로 이쪽에는 하느님 나라 신비를 드러내 보여주고 저쪽에는 그것을 감춤으로써 그들을 나누어 놓았다는 논리를 펴고 있는 것이다. 말하자면 사람들이 내 말을 듣고 양쪽으로 갈라진 것이, 내가 사람들을 그렇게 나누어 놓은 것이지 그들이 주체적으로 갈라선 게 아니라는 그런 주장이다."

"선생님께서 몸소 사람들을 편 가르고, 이쪽 사람들에게는 이렇게, 저쪽 사람들에게는 저렇게 하셨다는 주장이 저로서는 받아들여지지 않습니다."

"그러면, 받아들이지 마라."

"왜 같은 말씀인데 그 말씀을 듣고서 어떤 사람은 선생님을 따르고 어떤 사람은 오히려 배척을 했을까요?"

"같은 햇볕이 소나무는 살리고 버섯은 죽인다. 그러니, 소나무가 양달을 좋아하고 버섯이 응달을 좋아하는 것은 당연하지 않느냐?"

"그렇지만, 소나무 그늘에 송이가 삽니다. 양달이 없으면, 그래서 소나무가 없으면, 그늘도 없을 것이고 결국 송이도 없는 것 아닙니까?"

"잘 보았다. 내 말을 듣고 나를 따르는 자들이 있어서 나를 배척하는 자들이 있는 것이다. 아무도 내 말에 귀를 기울이지 않았다면 아무도 나를 배척하지 않았을 것이다."

"빛이 있어서 그늘이 있다는 말씀이군요?"

"둘은 서로 나뉘지 않는다. 불이(不二)다. 그러나 빛은 빛이고 어둠은 어둠이다. 둘은 영원히 같지 않다. 비일(非一)이다."

"불이비일(不二非一)을 말씀하셨는데요, 불이(不二) 없는 비일(非一)이나 비일(非一) 없는 불이(不二)는 있을 수 없습니까?"

"물 없는 물결이나 물결 없는 물이 있을 수 있겠느냐? 지금 네가 몸담고 있는 차원(次元)에서는 그런 상태가 있을 수 없다."

"다른 차원에서는 가능합니까?"

"내가 말해 주어도 너는 알아듣지 못한다. 경험할 수 있는 것이나 제대로 경험하면서 살도록 해라."

"제자들이 선생님께 비유의 뜻을 여쭈어본 것은 사실입니까?"

"그렇다."

"그래서, 설명해 주셨습니까?"

"비유 자체가 설명이다. 설명을 또 설명하면 군더더기 말로 본질을 어둡게 할 뿐이다. 내가 왜 그런 짓을 했겠느냐?"

"비록 선생님께서 몸소 하신 말씀은 아니라 해도 여기에 인용된 이사야의 말(6:9~10, '그들이 보고 또 보아도 알아보지 못하고 듣고 또 들어도 알아듣지 못하게 하려는 것이다. 그들이 알아보고 알아듣기만 한다면 나에게 돌아와 용서를 받을 것이다.')은 어떻게 이해해야 합니까?"

"아직 다 익지 않은 열매를 따면 안 된다는 뜻으로 알아들어라.

마라토너는 반환점을 통과해야 한다. 반환점(출발점 또는 결승점에서 가장 먼 곳)까지 가지 않고서 중간에 돌아오면 실격이다. 하느님의 법을 거스르는 자들로 하여금 그 길의 궁지(窮地)에 이르도록 도와야 한다."

"악행을 일삼는 자들을, 계속 악행을 하도록 도와야 합니까?"

"일부러 도울 것 없다. 내버려 두면 된다."

"언제까지 그렇게 합니까?"

"멸망에 이를 때까지다. 거기가 그들의 반환점이요 그들의 지옥이다. 지옥을 경험하지 않고서는 아무도 천국을 향할 수 없다."

"왜 우리가 그것들(천국과 지옥)을 경험해야 합니까?"

"놀이(play)다. 마라톤도 놀이 아니냐?"

"……"

"놀이를 하는 것은 즐기기 위해서만이 아니다. 아이들이 놀면서 자라듯, 사람은 놀이를 통해서 성숙한다."

"어디까지 성숙합니까?"

"하느님 아버지의 온전하심에 이르기까지다. 더 묻지 마라. 오늘은 여기까지다."

[13]예수께서는 이어서 이렇게 말씀하셨다. "너희가 이 비유도 알아듣지 못하면서 어떻게 다른 비유들을 알아듣겠느냐?

[14]씨 뿌리는 사람이 뿌린 씨는 하늘나라에 관한 말씀이다.

[15]길바닥에 떨어졌다는 것은 마음속에 뿌려지는 그 말씀을 듣기는 하지만 날쌔게 달려드는 사탄에게 그것을 빼앗겨 버리는 사람들을 두고 하는 말이다.

^{16}씨가 돌밭에 떨어졌다는 것은 그 말씀을 듣고 기꺼이 받아들이기는 하지만
^{17}그 마음속에 뿌리가 내리지 않아 오래 가지 못하고 그 후에 말씀 때문에 환난이나 박해를 당하게 되면 곧 넘어지는 사람들을 두고 하는 말이다.
^{18}그리고 씨가 가시덤불 속에 떨어졌다는 것은 그 말씀을 듣기는 하지만
^{19}세상 걱정과 재물의 유혹과 그 밖의 여러 가지 욕심이 들어와서 그 말씀을 가로막아 열매를 맺지 못하는 사람들을 두고 하는 말이다.
^{20}그러나 씨가 좋은 땅에 떨어졌다는 것은 그 말씀을 듣고 잘 받아들여 삼십 배, 육십 배, 백 배의 열매를 맺는 사람들을 두고 하는 말이다."

"이 대목은 선생님께서 몸소 말씀하신 것이 아니라고 하셨지요?"

"그렇다."

"제가 보기에도, 씨 뿌리는 사람 비유와 초점이 맞지 않는 것 같습니다."

"말해 보아라."

"선생님 비유는 씨 뿌리는 사람에 초점이 맞추어져 있는데 이 해설은 씨를 받아들이는 밭에 초점이 맞추어져 있지 않습니까?"

"초점이란, 어느 쪽에서 보느냐에 따라 달라질 수 있는 것이다. 같은 선물이라 해도 주는 쪽과 받는 쪽이 그 모양이나 가치를 다르

게 볼 수 있지 않느냐? 이 대목의 해설이 내 입에서 직접 나온 게 아니라 하여 하찮게 보거나 무시할 이유는 없는 것이다."

"그야 그렇겠지요. 그렇지만, 선생님의 비유를 한 가지 의미로 축소, 제한할 위험이 있지 않습니까?"

"내가 비유를 해설하지 않은 이유가 그 위험을 피하려는 데 있었다. 그러나 어떤 위험도, 그것이 위험인 줄 알면 더 이상 위험이 아니다. 이제 누가 이 해설을 만들었느냐에 대하여는 생각을 끊고, 해설 자체를 들여다보도록 하여라. 보는 눈이 있는 자에게는 개울가의 바위가 고불(古佛)이라 했다."

"귀 있는 자에게는 장터의 아우성이 부처님 법륜(法輪)이요 귀 없는 자에게는 팔만대장경이 잠꼬대라고도 했지요."

"맞는 말이다. 그래, 이 해설에서 무엇이 보이느냐?"

"같은 말인데 듣는 사람들이 저마다 다르게 듣는구나, 그래서 결과도 가지가지로구나, 그런 생각이 듭니다."

"그래서?"

"나도 남의 말을 잘 새겨들어야겠지만, 내 말을 남들이 내 뜻과 다르게 듣더라도 그럴 수 있는 일이라 여겨 너무 야속하게 생각하지 말아야겠다는, 그런 생각이 드는군요."

"사람은 자기가 하는 일에서 자유로워야 한다. 말하는 사람이 자기 말에 얽매이지 않으면, 상대가 어떻게 듣느냐에 따라 휘둘리지 않는다."

"그런데요, 선생님. 마음이 길바닥이나 돌밭이나 가시덤불 같은 사람이 말씀을 잘 받아들여 좋은 결실을 거두지 못하는 것이 그들의 탓은 아니잖습니까? 그들이 그렇게 하고 싶어서 그러는 건 아니잖느냔 말씀입니다."

"누가 그들의 탓이라고 하더냐? 그들을 탓할 수 있는 자는 아무도 없다."

"그럼, 어떻게 되는 겁니까?"

"아무도 탓하지 마라."

"그러면, 마음이 돌밭 같은 사람을 그냥 내버려 둡니까?"

"돌밭에서 돌을 치우면 밭이 남는다. 그를 탓하지 말고 그 마음에 박혀 있는 돌을 치워 주어라. 어쩌면 그 돌이 네가 박아 놓은 것인지도 모를 일이다."

"제가 제 마음도 깨끗하게 못하는데 어찌 남의 마음을 깨끗하게 해줄 수 있습니까?"

"사랑이라는 연장을 쓰면 누구나 할 수 있다."

"그러나, 솔직히 말씀드려서, 선생님도 모든 사람의 돌밭을 옥토로 만들지는 못하셨잖습니까?"

"누구나 할 수 있는 일이라 해서 그 일을 누구에게나 이룰 수 있는 것은 아니다. 네 눈은 앞에 있는 것을 볼 수 있지만 닫힌 창문으로 안을 들여다볼 수는 없지 않느냐? 사랑은 모든 것을 할 수 있지만 경우에 따라서 아무것도 못할 수 있다."

"왜 그런 사람들이 있는 걸까요?"

"온 세상이 기름진 밭으로만 덮여 있다고 상상해 보아라. 길바닥도 없고 돌밭도 없고 가시덤불도 없는 세상을 그려 보아라. 어떠냐?"

"삭막하고 끔찍하군요. 구역질이 날 것 같습니다."

"그래도, 마음에 돌이 박혀 있는 사람을 보거든 사랑으로 그 돌을 치우고 마음이 가시덤불로 덮여 있는 사람을 보거든 사랑으로 그 가시덤불을 치워 주려고 노력해야 한다. 그것이 네 삶이요 네 길이기 때문이다. 그러나 그 일에 억지를 부려서는 안 된다."

"제 마음의 가시덤불은 어떻게 합니까?"

"그것도 사랑으로 걷어 내어라."

"제 사랑입니까? 누가 저를 사랑하는 사랑입니까?"

"참사랑은 소유주가 없다."

"선생님, 제 마음의 돌과 가시덤불을 치워 주십시오."

"내가 벌써 그렇게 했다."

"그런데 왜 제 마음이 이렇게 답답합니까?"

"그것들에 대한 네 '기억'이 아직 남아 있어서다. 그것이 모두 사라지려면, 시간이 좀 걸릴 것이다. 돌아가던 선풍기는 전원을 꺼도 한동안 돌아가게 마련이다. 그러나 '한동안'일 뿐이다. 참고 기다려라."

"좀 다른 얘기가 되겠습니다만, 강원도에서 농사짓는 사람 말을 들어보니 밭에 돌이 좀 있어야 농사가 잘 된다더군요. 돌이 아주 없으면 작물에 오히려 좋지 않다는 겁니다."

"맞는 말이다. 다만, 밭에 돌이 있되 너무 많이 있거나 아주 없거나 하지 않고 적당하게 있어야 한다. 그렇게 있는 돌은 그냥 돌이 아니라 옥토의 한 부분이다. 가시덤불도 마찬가지다. 잡초를 모조리 없애는 것을 능사로 삼지 않고, 그것들을 적절히 이용할 줄 아는 농부가 능숙한 농부다."

^{21}예수께서는 또 이렇게 말씀하셨다. "등불을 가져다가 됫박 아래나 침상 밑에 두는 사람이 어디 있겠느냐? 누구나 등경 위에 얹어 놓지 않느냐?

^{22}감추어 둔 것은 드러나게 마련이고 비밀은 알려지게 마련이다.

^{23}들을 귀가 있는 사람은 알아들어라."

"등불을 등경 위에 얹어 놓는 것은 상식이지요. 그런데 그게, 감추어둔 비밀이 드러나는 것과 무슨 상관이 있는지 모르겠습니다. 등불을 밝힌다고 해서 그 빛이 모든 구석을 다 환하게 밝히는 건 아니잖습니까? 예를 들어, 아무리 밝은 등을 달아도 엎어 놓은 됫박이나 침상 아래까지 그 빛이 들어가는 건 아니니까요."

"앞의 말과 뒤의 말을 억지로 연결 지어 읽으려니까, 말이 통할 리 있겠느냐? 21절과 22절은 서로 곧장 이어지는 말이 아니다."

"마르코가 복음서를 편집할 때, 비슷한 말씀을 한데 모아 놓다 보니까 그렇게 되었군요?"

"그런 셈이다. 토막 난 대나무 마디를 다시 잇는 사람이 첫째 마디에 셋째 마디를 이어 놓은 것과 같다."

"사라진 둘째 마디는 어디 있을까요?"

"마르코가 잃은 것을 네가 찾을 수 있겠느냐? 세상의 모든 기록이 사실은 '유실(流失)된 마디'들로 이루어진 것이다. 빈틈없어 보이는 네 살갗이 얼마나 많은 구멍들로 이루어져 있는지는 생물 시간에 배워서 알고 있겠지? 이른바 역사 기록이나 사건 기록이라는 게 모두 그렇다. 그래서, 기록을 믿되 기록에만 의존해서는 안 되는 것이다."

"등불을 등경 위에 얹어 놓는다는 말씀이 무엇을 가리키는지 잘 모르겠습니다."

"밤에 차를 타고 갈 때, 맞은편에서 오는 차가 상향등을 켜고 달려오면 그 빛에 눈이 부셔서 앞이 잘 보이지 않는다. 안 그러냐?"

"그렇지요. 그래서 맞은편에 차가 오면 라이트를 아래로 숙여 주는 게 상식이요 예절입니다."

"세상을 밝히는 빛은 사람들 머리 위에 있다."

"그래서요? 그러니 무엇을 어떻게 하라는 말씀입니까?"

"나는 세상의 빛이다. 아버지께서 나를 등경 위에 높이 두셨기에 세상은 언제나 내 빛으로 밝고 환하다. 그러나, 자기 발밑을 살피지 않고 눈을 들어 위만 쳐다보는 자는 결국 넘어지고 말 것이다. 명심하여라. 나는 언제나 네 머리 위에 있다. 그러나 네가 보아야 할 것은 내가 아니라 내 빛에 드러난 세상이다. 내가 세상에 온 것은 나를 세상에 드러내기 위해서가 아니라 너희로 하여금 세상을 밝게 살아갈 수 있도록 돕기 위해서다. 그러니, 세상을 밝게 살아가려면 눈을 들어 위를 쳐다보지 말고 아래로 발밑을 살피라는 얘기다. 하늘 가는 길은 하늘에 있지 않고 땅에 있다."

"감추어 둔 것은 드러나게 마련이고 비밀은 알려지게 마련이라고 하셨는데요, 제 경험으로는 그런 것 같지 않습니다. 영원한 미궁(迷宮)에 빠져 풀리지 않는 수수께끼로 된 사건이 얼마나 많습니까?"

"네 경험으로 보니까 그런 것이다. 네 경험이라는 것이 얼마나 짧고 좁고 얕은 것인지, 알고 있느냐?"

"……"

"도대체 네가 무엇을 얼마나 겪었다고, 네 경험을 앞세워 내 말을 의심한단 말이냐?"

"……"

"감추어 둔 것은 반드시 드러나고 비밀은 반드시 알려진다. 봄에 꽃 피고 가을에 낙엽 지는 것을 네 눈으로 보지 않느냐? 감추어 둔 것은 감추어 두었기 때문에 드러나고 비밀은 비밀이기 때문에 알려진다."

"……"

"아무쪼록 명명백백, 투명한 삶을 살도록 해라. 무엇 때문에, 해봤자 소용없는 헛수고로 공연히 인생을 어지럽게 만든단 말이냐?"

²⁴또 말씀하셨다. "내 말을 마음에 새겨들어라. 너희가 남에게 달아 주면 달아 주는 만큼 받을 뿐만 아니라 덤까지 얹어 받을 것이다.

²⁵누구든지 가진 사람은 더 받을 것이며 가지지 못한 사람은 그가진 것마저 빼앗길 것이다."

"마음에 새겨듣는다는 게, 어떻게 듣는 겁니까?"

"돌에 글을 새겨 두는 것처럼, 그렇게 내 말을 가슴에 새기는 것이다. 사람들이 왜 글을 돌에 새기느냐? 잊지 않기 위해서가 아니냐? 네가 내 말을 가슴에 새기면, 언제 어디서나 내 말이 기억날 것이다."

"글을 돌에 새기는 방법은 알겠는데요, 말씀을 가슴에 새기는 방법은 잘 모르겠습니다."

"네가 어렸을 적에 들은 말들 가운데 지금도 선명하게 기억되는 말이 있느냐?"

"있습니다."

"하나만 예로 들어보아라."

"제가 고등학교 학생일 때, 송 아무 목사한테서, '평생 애써도 이뤄지지 않을 것을 꿈꾸라'는 말을 들었습니다. 그 말이 잊혀지지 않습니다."

"그 말이 네 가슴에 새겨지지 않았더라면 그 무렵 송 목사한테서 들었던 다른 수많은 말들과 함께 사라졌을 것이다."

"그렇겠지요."

"그때 네가 그 말을 듣고서 그것을 가슴에 새겨야겠다고 생각했느냐?"

"그런 기억은 없습니다."

"어떤 말을 들을 때, 그것을 가슴에 새겨야겠다고 생각해서 그 말이 가슴에 새겨지는 것은 아니다."

"그럼, 어떻게 해서 말이 가슴에 새겨지는 것입니까?"

"네가 송 아무 목사한테서 그 말을 들을 때, 그 때 네 마음이 티없이 맑았다. 너는 기억 못하겠지만, 그랬다. 그래서 그 말이 네 가슴에 닿아 새겨지는 대로 고스란히 받아들일 수 있었다. 네가 만일, 아하 저 말씀은 참 좋은 말씀이구나, 가슴에 새겨두자—하고 생각했다면 그 말은 네 가슴에 새겨지지 않았을 것이다."

"결국, 마음에 새겨들으라는 선생님 말씀은 깨끗한 마음으로 들으라는 말씀이었습니까?"

"아이 같은 마음, 비판이나 분석하지 않는 마음, 어떤 욕심도 기대도 없이 맑은 마음으로 들으라는 말이다."

"그러니까, 명심(銘心)을 하려고 하면 오히려 명심이 안 되고 말을 듣는 순간 그 마음이 맑으면 저절로 명심이 되는 거군요?"

"왜 네가 성경 앞에 앉을 때마다 마음을 비워야 하는지, 알겠느냐?"

"예. 조금 짐작하겠습니다."

"됐다. 다음 얘기로 넘어가자."

"역시 24절과 25절은 따로 읽는 게 좋겠다는 느낌이 듭니다."

"느낌이 그러면, 따로 읽어라. 때로는 따로 읽는 것이 제대로 연결 지어 읽는 것일 수 있다."

"제가 남에게 무엇을 주면 준 만큼보다 더 받는다는 말씀이신가요?"

"그렇다."

"그렇지 않을 경우도 있는 것 같던데요?"

"예를 들어보아라."

"제가 어떤 사람에게 호의를 베푼다 해서 반드시 그가 저에게 호의로 되갚아 주지는 않습니다."

"네가 아무개한테 쌀을 한 말 주면 아무개가 너에게 쌀 한 말에 한 홉 얹어서 준다는 말로 알아들었느냐? 나는 그렇게 말한 적 없다. 다만, 네가 남에게 쌀을 한 말 주면 너도 쌀을 한 말 받을 뿐 아니라 덤까지 얹어서 받는다고 했다."

"그러니까, 제가 아무개한테 돈을 십만 원 주면 아무개가 저에게 십만 원에 덤을 얹어서 준다는 말씀이 아니군요?"

"그건 이자놀이 하는 자들 얘기 아니냐?"

"그러면, 제가 남에게 달아 준 만큼에다가 덤을 얹어서 저에게 주는 이가 누굽니까?"

"우리 아버지시다. 네가 아무개에게 돈을 십만 원 주면 아무개를 통해 아버지께서 그것을 받으시고 거기에 덤을 얹어 너에게 주신다."

"제가 아무개에게 돈을 주는 게 아니지요. 아버지께서 저를 통해 아무개에게 돈을 주시는 것 아닙니까?"

"말 잘했다. 아버지께서 너와 아무개를 통해 돈을 주고받으신 것이다. 달리 말하면, 네가 아무개에게 주는 것이 곧 네가 너에게 주는 것이라는 말이다."

"아, 그렇군요! 그렇다면, 저나 아무개나 아무것도 아니잖습니까?"

"아무것도 아닌 게 아니다. 너와 아무개가 없다면 아버지께서 어떻게 사랑을 주고받으실 수 있겠느냐? 흐르지 않는 강은 강이 아니듯이, 오가지 않는 사랑은 사랑이 아니다."

"강물이 흐르면서 넓어지고 깊어지듯이 사랑도 주고받는 동안에 커지는군요? 그게 '덤'의 효과 아니겠습니까?"

"제법이구나. 잘 보았다."

"그런데요, 제가 아무개에게 쌀 대신에 욕설을 한바탕 퍼부어도 같은 결과가 생기는 것 아닙니까?"

"그렇다. 아버지 법에는 예외가 없다."

"그러면, 폭력이 더 큰 폭력을 낳는 것도 아버지께서 그렇게 하시는 것입니까?"

"아버지께서 그렇게 하시는 게 아니라 아버지의 법이 실현되는 것이다. 네가 아무개를 사랑하든 미워하든, 그에게 떡을 주든 폭력을 휘두르든, 모두 네가 하는 것이면서 너를 통해 아버지께서 하시는 것이다. 너는 아버지 뜻에 동조하지 못할 때가 많지만 아버지는 네 뜻에 얼마든지 동조하실 수 있다."

"어째서 그렇습니까?"

"네가 아버지처럼 옹근 자유를 누리지 못해서다."

"……"

"네가 무엇을 심든 반드시 심은 대로, 거기에 덤을 보태어 거둘 것이다. 왜냐하면 네가 심는 게 아니라 너를 통해 아버지께서 심으시고 네가 거두는 게 아니라 너를 통해 아버지께서 거두시기 때문이다."

"25절 말씀은 이른바 빈익빈부익부(貧益貧富益富)를 말씀하신 것 같아서 좀 꺼려집니다."

"빈익빈부익부는 엄연한 현실이다."

"그러니까 싫은 겁니다."

"왜 싫으냐?"

"부자는 갈수록 부자가 되고 가난뱅이는 갈수록 가난뱅이가 되는 게, 그게 바람직한 세상입니까?"

"그러면, 부자는 가난해지고 가난한 자는 부자로 되는 게 바람직한 세상이란 말이냐?"

"……"

"도대체, 네가 말하는 바람직한 세상이란 어떤 세상이냐?"
"모두가 평등하게 고루 잘 사는 세상입니다."
"그건 내가 바라는 세상이기도 하다. 하느님 나라가 그런 나라다. 자, 우리가 어떻게 그런 세상을 만들 수 있겠느냐?"
"……"
"어떤 강력한 독재자가 있어서, 나라의 모든 재물을 환수하여 그것을 국민 한 사람 앞에 얼마씩 똑같이 분배한다면, 그래서 온 국민이 남녀노소 불문하고 일시에 똑같은 재물을 소유하게 된다면, 그러면 네가 말하는 '평등하게 고루 잘 사는 세상'이 이루어진다고 보느냐?"
"사람들이 천차만별인데 그럴 수야 없겠지요."
"부자가 더욱 부자로 되는 것이 그에게 행복을 가져다준다고 믿느냐?"
"그럴 수도 있고 그렇지 않을 수도 있잖겠습니까?"
"가난한 자가 더욱 가난해지는 것이 그에게 불행을 가져다준다고 믿느냐?"
"역시, 그럴 수도 있고 그렇지 않을 수도 있겠지요."
"그렇다면, 빈익빈부익부 자체에 무슨 결함이 있단 말이냐?"
"……"
"원리는 원리요 법은 법이다. 용기 있는 자는 더욱 용감해질 것이고 용기 없는 자는 더욱 비겁해질 것이다. 베푸는 자는 더욱 베풀 것이고 빼앗는 자는 더욱 빼앗길 것이다. 사랑을 하는 자는 더욱 사랑받을 것이고 미워하는 자는 더욱 미움받을 것이다."
"그러니까, 가진 자가 더 많이 받고 가지지 못한 자가 그 있는 것마저 빼앗기는 원리 자체에 문제가 있는 게 아니라, 제가 지금 무엇을 가지고 있느냐가 문제라는 말씀입니까?"

"같은 이슬을 뱀이 마시면 독(毒)이 되고 꽃이 머금으면 향기가 된다. 아버지께서는 욕심이 있는 자에게는 더 많은 욕심을 주시고 욕심이 없는 자에게는 그 있는 욕심마저 거두어 가신다."

26 예수께서 또 말씀하셨다. "하느님 나라는 이렇게 비유할 수 있다. 어떤 사람이 땅에 씨앗을 뿌려 놓았다.

27 하루하루 자고 일어나고 하는 사이에 씨앗은 싹이 트고 자라나지만, 그 사람은 그것이 어떻게 자라는지 모른다.

28 땅이 저절로 열매를 맺게 하는 것인데 처음에는 싹이 돋고 그 다음에는 이삭이 패고 마침내 이삭에 알찬 낟알이 맺힌다.

29 곡식이 익으면 그 사람은 추수 때가 된 줄을 알고 곧 낫을 댄다."

"하늘나라는 씨앗이 낟알로 바뀌는 것과 같다는 말씀입니까?"

"씨앗이 낟알 아니냐? 다른 것이 다른 것으로 바뀌는 게 아니라 제가 저로 되는 것이 하늘나라다."

"그럼 구태여 저로 될 게 뭐 있습니까? 그냥 저로 있지요."

"저로 있다."

"예?"

"저로 되는 것이 저로 있는 것이다."

"무슨 말씀인지 모르겠습니다."

"정(靜)이 곧 동(動)이라는 말 못 들어보았느냐? 정(靜)은 동

(動)이기 때문에 정(靜)이요 동(動)은 정(靜)이기 때문에 동(動)이다. 또, 색시공(色是空)이란 말도 못 들어보았느냐? 색(色)은 공(空)이기 때문에 색(色)이고 공(空)은 색(色)이기 때문에 공(空)이다. 하늘나라는 씨알과 낱알 사이에 있다."

"제가 보기에는 그 사이에 있는 것이, 순서에 따른 변화인데요. 하늘나라가 말하자면 순서에 따른 변화입니까?"

"'변화'라는 말에는 본질이 달라진다는 뜻이 암시되어 있어서 적절치 못하다. 그보다는 '자기실현'이라는 말이 근사하다."

"무엇이 자기를 실현하는 것입니까?"

"네가 너를 실현하는 것이다."

"제가 땅에 심어진 씨앗이란 말씀입니까?"

"너뿐 아니라 이 땅에 있는 모든 것이 제 씨앗이요 싹이요 이삭이요 낱알이다."

"누가 저를 이 땅에 심어 놓았습니까?"

"너다."

"예?"

"아브라함보다 먼저 있었던 내가 나를 아브라함의 후손으로 세상에 심었듯이 단군(檀君)보다 먼저 있었던 네가 너를 단군의 후손으로 이 세상에 심은 것이다."

"세상이 땅입니까?"

"만지고 보고 듣고 느낄 수 있는 네 몸이 세상이요 땅이다. 땅을 떠나서는 씨가 싹트고 자라고 이삭이 패고 낱알로 익을 수 없듯이, 네 몸을 떠나서는 하늘나라도 없다. 하늘나라는 네 몸에, 이 땅에 있다."

"그렇지만, 땅만으로는 씨가 자랄 수 없지 않습니까? 하늘에서 햇빛과 비가 내리지 않으면 식물이고 동물이고 살 수가 없으니까요."

"'땅이 열매를 맺게 한다'는 내 말은 '하늘이 열매를 맺게 한다'는 말이기도 하다. '땅'이라는 말에 '하늘'이 들어 있음을 모르느냐?"

"남자라는 말에 여자가 들어 있듯이 말씀입니까?"

"그렇다."

"그러면, 하늘나라에는 땅나라가 들어 있는 것 아닙니까?"

"그렇다. 하늘은 땅이 있어서 하늘이요 땅은 하늘이 있어서 땅이다. 땅나라 없는 하늘나라는 없다. 있다면 그것은 너희 관념일 뿐이다."

"선생님, 저도 지금 낟알로 익어 가고 있습니까?"

"다 익었다."

"예?"

"아직 멀었다."

"예?"

"너는 완성되지 않은 완성품이다."

"그런 말이 어디 있습니까?"

"하늘 언어와 땅 언어를 함께 쓰자니, 그럴 수밖에 없다."

"그렇다면, 저는 어느 쪽에서 살아야 합니까?"

"양쪽에서 살아야 한다. 내가 하느님의 아들이면서 사람의 아들로 살았듯이 너 또한 하늘의 아들이면서 땅의 아들로 살아야 한다는 말이다."

"언제까지 그렇게 살아야 합니까?"

"네가 온전한 자기실현을 이루어, 완성된 완성품이 될 때까지다."

"그 때가 언제입니까?"

"농부인 네가 낟알인 너를 낫으로 벨 때, 곧 네가 죽을 때가 그 때다."

"제가 죽으면, 추수와 함께 농사가 끝나듯이 하늘나라도 끝나는 것입니까?"

"추수는 농사의 끝이 아니라 시작이다. 씨앗이 낟알이요 낟알이 씨앗이라 하지 않았느냐?"

"씨앗이라면, 무슨 씨앗입니까?"

"'사랑'이라고 하는 씨앗이다. 사랑씨가 땅에 심어져 싹트고 자라고 낟알로 맺히는 것이 하늘나라다."

"세상에는 사랑보다 증오와 분노로 살아가는 사람들이 많은데, 그들도 하늘나라에 속한 자들입니까?"

"가라지도 밀밭에 났으면 밀밭에 속한 것이다."

"왜 밀밭에 가라지가 나는 겁니까?"

"사탄이 심었다고 하지 않았느냐?"

"사탄이 누굽니까?"

"하느님 우리 아버지의 한 얼굴이다."

"예?"

"하느님은 한울님이다. 그 '울' 안에 모든 것이 다 들어 있다. 사탄이라고 해서 예외일 수 없다. 천무사복(天無私覆)이라, 하늘은 사사로이 덮어 주지 않는다고 했다. 그 말은, 하늘이 어떤 것을 제외시켜 놓지 않는다는 뜻이다. 하늘나라는 변경(邊境)이 없다."

"왜 밀밭에 가라지를 심습니까?"

"「춘향전」(春香傳)에 변사또가 왜 등장하느냐?

"……"

"증오와 분노로 살아가는 사람들이 있어서 네가 사랑으로 살아갈 수 있는 것이다. 길거리에서 죽어가는 부랑자들이 없는데 마더 테레사가 어찌 있겠느냐? 너를 사랑하는 사람들만 사랑한다면, 그것은 사랑이 아니다. 너로 하여금 이 땅에 사랑씨로 싹트고 자라서 열매를 맺게 하기 위하여 그런 사람들이 있는 것이다. 어찌 그들을 하늘나라에서 제외시킨단 말이냐?"

"그렇지만 선생님께서는 마지막 날에 밀은 창고에 거두고 가라지는 불태워 버린다고 하시잖았습니까?"

"가라지는 불에 타서 살고 밀은 창고에 들어가서 산다. 모든 것이 합하여 하느님의 사랑을 실현할 뿐이다. 그런 뜻에서, 하늘나라는 네가 너를 실현하는 것이요, 하느님이 당신을 실현하는 것이다."

[30]예수께서 또 말씀하셨다. "하느님 나라를 무엇에 견주며 무엇으로 비유할 수 있을까?

[31]그것은 겨자씨 한 알과 같다. 땅에 심을 때에는 세상의 어떤 씨앗보다도 더욱 작은 것이지만

[32]심어 놓으면 어떤 푸성귀보다 더 크게 자라고 큰 가지가 뻗어서 공중의 새들이 그 그늘에 깃들일 만큼 된다."

"누가 그러는데, 이 비유에는 과장이 들어 있다고 하더군요. 겨자씨가 '어떤 씨앗보다도 작은' 씨앗이 아닐 뿐더러 겨자도 '어떤

푸성귀보다도 큰' 푸성귀가 아니라는 겁니다."

"바로 그 '과장'에 진실이 담겨 있다면 어떻게 하겠느냐?"

"예?"

"하늘나라는 어떤 씨앗보다도 작은 씨앗이 어떤 푸성귀보다도 큰 푸성귀로 자라는 것이다. 극소(極小)에서 극대(極大)로, 너무 작아서 잘 안 보이는 것이 너무 커서 잘 안 보이는 것으로 바뀌는 것이 하늘나라다."

"……"

"인도 캘커타의 어느 좁은 골목에서 한 수녀가 땅에 금을 그어 '학교'를 짓고는 빈민가 아이들을 가르치기 시작했을 때, 그것이 오늘 세계를 묶는 '사랑의 고리'로 자라날 것을 누가 알았겠느냐? 그 수녀 자신도 몰랐을 것이다."

"……"

"프랑스의 한 퇴역 장교가 사하라 사막에 움집을 짓고 원주민을 위해 성경을 번역하다가 내전(內戰)의 소용돌이에서 흉탄에 맞아 숨질 때, 그의 고독한 삶과 죽음이 오늘 전 세계에 '예수의 작은 형제, 자매들'로 되살아나 지친 이웃들의 친구가 되리라고 누가 알았겠느냐?"

"……"

"어디 먼 하늘 꼭대기, 있지도 않은 하늘나라를 공상하지 말고, 네 눈앞에서 실현되고 있는 하늘나라를 보거라. 오늘도 이 땅에는 수많은 겨자씨가 묻히고 있으며 헤아릴 수 없이 많은 하늘나라가 이루어지고 있다."

^{33}예수께서는 그들이 알아들을 수 있을 정도로 이와 같은 여러 가지 비유로써 말씀을 전하셨다.
^{34}그들에게는 이렇게 비유로만 말씀하셨지만 제자들에게는 따로 일일이 그 뜻을 풀이해 주셨다.

"맞는 증언입니까? 선생님께서 모든 비유의 뜻을 따로 제자들에게 일일이 풀어 주셨습니까?"
"아니다. 그런 적 없다."
"그런데 왜 마르코는 이런 기록을 남겼을까요?"
"내가 제자들에게 비유를 풀이해 주었기 때문이다."
"예?"
"내 모든 행실이 비유에 대한 해설이었다."
"그걸 과연 제자들이 알았고, 마르코가 시방 그 사실을 기록하고 있는 겁니까?"
"아니다."
"그렇다면 마르코는 없는 사실을 쓴 것 아닙니까?"
"내가 제자들에게 비유를 설명해 주었다고 하지 않았느냐?"
"마르코가 그 사실을 알았던 건 아니잖습니까?"
"때로, 자기가 그러고 있는 줄 모르면서 진실을 증언할 수 있다. 그래서 바울로는, 성경이 성령의 감화로 이루어졌다고 한다. 너도 내 말이 아니라 내 행실을 눈여겨보면, 내 말의 뜻을 더욱 잘 알게 될 것이다."

^{35}그날 저녁이 되자 예수께서 제자들에게 "호수 저편으로 건너

가자"고 말씀하셨다.

³⁶그래서 그들이 군중을 남겨 둔 채 예수께서 타고 계신 배를 저어 가자 다른 배들도 함께 따라갔다.

³⁷그런데 마침 거센 바람이 일더니 물결이 배 안으로 들이쳐서 물이 배에 거의 가득 차게 되었다.

³⁸그런데도 예수께서는 뱃고물을 베개 삼아 주무시고 계셨다. 제자들이 예수를 깨우며 "선생님, 저희가 죽게 되었는데도 돌보시지 않습니까?" 하고 부르짖었다.

³⁹예수께서 일어나 바람을 꾸짖으시며 바다를 향하여 "고요하고 잠잠해져라!" 하고 호령하시자 바람은 그치고 바다는 아주 잔잔해졌다.

⁴⁰그렇게 하시고 나서 예수께서는 그들에게 "왜 그렇게 겁이 많으냐? 아직도 믿음이 없느냐?" 하고 책망하셨다.

⁴¹그들은 두려움에 사로잡혀 "도대체 이분이 누구인데 바람과 바다까지 복종할까?" 하며 서로 수군거렸다.

"같은 상황인데, 제자들은 두려움에 떨고 선생님은 주무시고 계십니다. 어떻게 이토록 다를 수 있는 겁니까?"

"그게 바로 깨어 있는 자와 잠든 자의 차이라는 것이다."

"잠든 사람은 평안하고 깨어 있는 사람은 두려워하는 겁니까?"

"아니다. 깨어 있어서 평안이요 잠들어 있어서 두려움이다."

"예?"

"그날 배에서, 모두 잠들어 있을 때 나 혼자 깨어 있었다."

"제자들이 깨어 있는 동안 선생님께서는 뱃고물을 베고 주무시지 않았습니까?"

"나는 자면서 깨어 있었고 그들은 깨어 있으면서 잠을 잤다."

"무슨 말씀이십니까?"

"아버지께 대하여 깨어 있는 것이 참으로 깨어 있는 것이요 아버지께 대하여 잠들어 있는 것이 참으로 잠든 것이다. 나는 그 날 뱃고물이 아니라 아버지 품에서 잠을 잤고 그들은 아버지 품 아닌 배에서 풍랑에 시달리고 있었다. 깨어 있는 사람은 언제 어디서나 그곳이 바로 아버지 품이라는 진실을 알고 있다. 잠든 사람은 그것을 알지 못한 채, 그림자 같고 물거품 같고 메아리 같고 꿈 같은 현상(現象)에 사로잡혀 이리저리 끌려 다닐 뿐이다."

"그렇다면, 사람이 어떤 것을 두려워함은 그 '어떤 것' 때문이 아니라 아버지께 대하여 잠들어 있기 때문이라는 말씀입니까?"

"그렇다. 현상에 사로잡혀 그 속에 감추어져 있는, 또는 그 배경에 숨어 있는 진상(眞相)을 보지 못하기 때문에 두려운 것이다."

"말씀을 듣자니, 어느 선승(禪僧)과 제자가 주고받았다는 대화 한 토막이 생각나네요. 제자가 말합니다. '스님. 두려워서 못 살겠습니다.' 그러자 스승이 대답하지요. '모두 네 집안일이다. 두려울 게 무엇이냐?'"

"재미있는 얘기구나. 아버지 안에 있는 사람한테는 모든 일이 자기 집안일이다. 그런 사람이 새삼 무엇을 두려워하겠느냐?"

"그런데요, 선생님. 사실을 말하자면 그날 배에서 선생님만 아버지 품에 안겨 있었던 건 아니잖습니까?"

"물론이다. 이 세상에 있는 것으로서 아버지 품 안에 있지 않은 것은 없다. 진실로, 모든 일이 집안일이다. 그러나, 자기가 거지인 줄 알고 있는 왕자는 거지로 살아갈 수밖에 없다. 그만큼 '앎'이란 중요한 것이다. 내가 세상에 온 것은, 모든 사람으로 하여금 자기가 하느님의 아들/딸이요 그러기에 아버지께서 언제나 함께 계시다는 사실을 깨닫도록 돕기 위해서다. 보지 못하는 자를 보게 한다는 말이 그 말이다. 바다와 풍랑과 그 위에 낙엽처럼 떠 있는 배밖에 보지 못하던 사람이, 바다와 풍랑과 그 위에 낙엽처럼 떠 있는 배를 지으신(그것들을 있게 하시는) 아버지를 보는 것이다."

"제가 어떻게 하면 아버지를 뵐 수 있을까요?"

"나를 잘 보아라. 나를 보았으면 아버지를 본 것이다."

"제가 어떻게 하면 선생님을 뵐 수 있습니까?"

"너를 잘 보아라. 너를 보았으면 나를 본 것이다."

"제가 어떻게 하면 저를 볼 수 있습니까?"

"내 멍에를 메고 나한테서 배워라. 때가 되면 눈이 열려, 네 참모습을 보게 되리라. '앎'은 두뇌에서 만들어지는 게 아니라 '삶'에서 맺어지는 열매다. 나를 따라서 내 가르침대로 살아가는 '삶'이 없으면 '깨달음'도 없다."

"제자들이 선생님을 깨웠다고 했는데요, 정말 그때 주무시고 계셨습니까?"

"말하지 않았느냐? 자면서 깨어 있었다고. 잠잘 때마다 나는 내가 잠자고 있음을 알고 있었다."

"그러면, 바람이 불고 풍랑이 일고 배에 물이 들어차고 제자들이 우왕좌왕하는 것도 알고 계셨습니까?"

"알고 있었다."

"그러면서도 잠을 잘 수 있나요?"

"내게는 잠자는 것과 깨어 있는 것이 다른 게 아니었다."

"무슨 말씀인지 못 알아듣겠습니다."

"그럴 것이다. 세상에는 스스로 겪어 보지 않고서는 알 수 없는 것들이 많이 있다. 그것들 가운데 하나가 오매일여(寤寐一如)의 경지다."

"그렇게 다 알고 계셨으면서, 왜 제자들이 깨울 때까지 그냥 잠들어 계셨습니까?"

"내가 그들을 도울 수 있도록 그들이 나를 돕지 않으면 나는 그들을 도와줄 수 없다. 언제 내가 요청받지 않은 도움을 미리 베푼 적이 있더냐? 병자를 내 발로 찾아가서 고쳐 준 적이 있더냐? 일에는 순서가 있는 법이다. 먼저 씨앗이요 그 다음에 싹이요 그 다음에 꽃이요 그 다음에 이삭이요 그 다음에 추수다. 이 순서가 어김없이 지켜지는 나라가 하느님 나라다. 요청받지 않은 도움을 베푸는 것은 도움을 주는 게 아니라 폭력을 부리는 것이다. 그들이 나를 깨울 때까지 나는 기다려야 했다."

"선생님, 사람이 명(命)을 내리면 정말 바람이 복종합니까? 그럴 수 있는 겁니까?"

"그렇다."

"그런데, 저는 왜 안 됩니까?"

"네가 사람이냐?"

"그럼 제가 짐승입니까?"

"네가 사람이 되면, 그 때에는 네 손이 네 말을 듣듯이 바람이 네 말을 들을 것이다."

"제가 사람이 된다는 게 무엇입니까?"

"천상천하유아독존(天上天下唯我獨尊)으로 되는 것이다."

"제가 부처로 되는 겁니까?"

"그리스도를 믿고 그리스도를 알고 마침내 그리스도와 하나로 되는 것이다."

"제가 어떻게 하면 그렇게 될 수 있습니까?"

"말을 되풀이하게 하는구나? 내 멍에를 메고 나한테서 배워라. 때가 되면 처음부터 내가 너와 하나였음을 알게 되리라."

"그것은 지금도 알고 있습니다."

"아직 아는 게 아니다. 달걀 속에 병아리가 있음은 사실이지만, 껍데기를 깨고 나올 때까지는 아직 병아리가 아니다. 네가 나를 아는 그 지식이 가슴으로 내려가 손발로 바뀌기까지는 아직 나를 안다고 하지 마라."

"예, 선생님."

"뭘 조금 짐작했다 하여 함부로 떠들고 다니지 마라. 네 '앎'이 네 깨달음에 가장 큰 장애라는 사실을 명심하여라."

"바람과 바다를 잠재우고 나서 왜 제자들을 책망하셨습니까? 그들로서는 그럴 수밖에 없었음을 잘 아셨을 텐데요."

"그들은 내게 자신의 모든 것을 맡겼다고 하면서도, 그게 말뿐이었다. 책망 들을 만하지 않으냐? 잘못을 꾸짖는 스승을 모신 제자의 행복이 어떤 것인지, 너도 조금은 알 것이다."

"예. 알면서도 책망을 들으면 일단 속이 상하지요."

"그러니까 제자지."

"선생님. 저로 하여금 숨지는 순간까지 '제자의 행복'을 잃지 않도록 도와주십시오."

"내가 널 도울 수 있도록 나를 도와다오."

"어떻게 하는 것이 제가 선생님을 도와드리는 것입니까?"

"그날 풍랑 이는 바다에서 그들이 그랬듯이, 잘못을 저지르고 넘어지고 두렵고 그럴 때마다 나를 불러라. '구하라, 그러면 받을 것이다.' 이 말을 뒤집으면, '구하지 않는 자에게는 아무것도 줄 수 없다'는 말이 된다. 제발 내가 너를 도울 수 있게 해다오."

"고맙습니다, 선생님!"

"고마울 것 없다. 모두가 내 일이다."

"풍랑이 가라앉자 제자들이 이번에는 선생님을 두려워하고 있군요?"

"그러나 그 두려움은 풍랑에 대하여 가졌던 것과 성격이 다른 두려움이다."

"어떻게 다릅니까?"

"앞의 두려움은 두려운 두려움이요 뒤의 두려움은 두렵지 않은 두려움이다."

"무슨 말씀이십니까?"

"앞의 두려움은 눈 먼 자의 두려움이요 뒤의 두려움은 눈 뜬 자의 두려움이다."

"제자들이 그 순간 눈을 떴던 겁니까? 그런데 왜 두렵습니까?"

"바다와 바람을 보던 눈이 바다와 바람을 복종시키는 나를 보기 시작했다. 눈은 그렇게 뜨는 것이다. 그러나 아직 그들의 미망(迷

훗)이 말끔하게 벗겨진 것은 아니다. 돌아가던 선풍기의 전원을 꺼도 한동안 계속 돌아가듯이, 때가 되기까지는, 깨어 있으면서 잠들어 있는(깨어 있는 것도 아니면서 잠들어 있는 것도 아닌) 상태가 지속된다."

"제가 지금 그런 상태입니까?"

"그렇다. 그러니 참고 견디며 기다려라. 내가 너를 깨끗하게 하였다."

"아멘!"

5장

^{1}그들은 호수 건너편 게라사 지방에 이르렀다.

^{2}예수께서 배에서 내리셨을 때에 더러운 악령 들린 사람 하나가 무덤 사이에서 나오다가 예수를 만나게 되었다.

^{3}그는 무덤에서 살았는데 이제는 아무도 그를 매어 둘 수가 없었다. 쇠사슬도 소용이 없었다.

^{4}여러 번 쇠고랑을 채우고 쇠사슬로 묶어 두었지만 그는 번번이 쇠사슬을 끊고 쇠고랑도 부수어 버려 아무도 그를 휘어잡지 못하였다.

^{5}그리고 그는 밤이나 낮이나 항상 묘지와 산을 돌아다니면서 소리를 지르고 돌로 제 몸을 짓찧곤 하였다.

"선생님, 이 악령 들린 사람을 어떻게 보아야 합니까? 그가 그런 모습으로 정말 존재했던 것입니까? 아니면 이야기 자체가 하나의 상징입니까?"

"네가 지금 그 모양으로 존재했듯이 그도 그런 모양으로 존재했다. 거짓으로 만들어 낸 이야기가 아니다. 동시에 그는 보이지 않는 실상(實相)을 보여 주는 상징이었다. 모든 현상이 실상의 비유요 상징이다."

"저도 귀신 들린 사람을 보았습니다. 할머니였는데 늙은 돼지 같은 목소리로 이상한 말을 중얼거리고 있었어요. 무섭기도 하였고, 몸에서 악취가 풍겼습니다. 사람들이 그 할머니를 가운데 두고 빙 둘러앉아 밤새도록 손뼉 치며 찬송을 불렀는데 새벽쯤 되어 '나 간다!' 하고 소리를 지르면서 할머니는 뒤로 쓰러졌고 예배당 안에는 순간 정적이 감돌았습니다. 할머니가 다시 깨어나 헝클어진 머리를 손으로 빗질하며 얌전히 앉아 있던 모습이 지금도 기억납니다."

"모두 마음이 빚어내는 현상들이다. 그런 일은 언제나 있어 왔고 앞으로도 있을 것이다."

"게라사 지방의 그 악령 들린 사람도 마음이 빚어낸 현상이었습니까?"

"그렇다."

"악령은 무엇입니까?"

"그것도 마음의 산물이다."

"하느님은 무엇입니까?"

"마찬가지다."

"선생님은 누구십니까?"

"마찬가지다. 너에게 마음이 없으면 악령도 하느님도 나도 그리고 너도 없는 것이다."

"일체유심조(一切唯心造)란 말씀입니까?"

"그렇다."

"마음이 무엇입니까?"

"모든 것을 있게 하면서 저는 없는 것이 마음이다."

"선생님, 이런 이야기는 많은 그리스도인들에게 듣기 거북한 내용이겠다는 생각이 듭니다."

"쓸데없는 일에 마음을 주지 말아라. 언제나 눈길을 중심에 두어라. 우리가 지금 누구를 거북하게 하려고 말을 만들어 내고 있는 것이냐?"

"그건 아니지요."

"그러면 됐다. 누가 네 말을 어떻게 들을까, 그것을 염려하지 말고 네가 과연 네 말에 진실한지를 성찰하도록 해라."

"악령 들린 사람의 존재가 눈에 안 보이는 실상의 비유요 상징이라고 하셨는데요, 무슨 말씀이십니까?"

"세상에는 쇠고랑이나 쇠사슬로 제어할 수 없는 '힘'이 있다. 사람이 그 힘에 사로잡히면 마을에서 이웃과 평화로이 살지 못하고 무덤에서 자기를 학대하며 거칠게 살아간다. 집단이 그 힘에 사로잡히면 전쟁이 일어난다. 인간이 인간의 몸을 짓찧으면서 무덤 사이를 헤매고 돌아다니는 게 전쟁 아니냐? 전쟁을 억제한다면서 무기를 자꾸 만드는 것은 악령 들린 사람을 쇠고랑과 쇠사슬로 묶어두려는 것과 같다. 그것은 불가능한 일이다. 무기로는 결코 평화를 이룰 수 없다."

"그렇게 말씀하시니까, 게라사 지방의 악령 들린 사람이 오늘 이 세계를 살아가는 우리의 모습과 별반 다를 게 없어 보이는군요. 평화를 유지하기 위해 무장한 '평화유지군'을 파병해야 하는 세상이니까요."

"이 폭력을 저 폭력으로 제어할 수 있겠느냐? 누구도 악령 들린 사람을 쇠고랑으로 묶어 두지 못한다."

"그 악령도 마음이 빚어낸 것이라면서요?"

"그래서 그를 쇠고랑으로 제어할 수 없다는 말이다. 보이지 않는 힘을 보이는 힘으로 제어하려는 것은 하늘에서 내리는 비를 내리지 못하게 막으려는 것과 같다."

"그렇다면, 왜 사람들은 마음으로 악령을 빚어내고 스스로 그것에 묶여서 고통을 겪는 걸까요?"

"그래서 사람을 만물의 영장(靈長)이라고 하는 것이다. 사람만이 그와 같은 모험을 감행하여 더 높은 자유와 깨달음으로 나아갈 수 있다. 거기에 사람의 사람됨이 있다."

"말하자면, 전쟁을 통하여 평화로 나아간다는 겁니까?"

"말하자면, 그렇다. 전쟁을 통해 평화로 나아가지 않는다면 사람의 길이 아니다."

"악령 들린 사람이 불쌍해 보입니다."

"위대하게는 보이지 않느냐? 그는 용기 있는 영혼이었다."

[6] 그는 멀찍이서 예수를 보자 곧 달려가 그 앞에 엎드려

[7] "지극히 높으신 하느님의 아들 예수님, 왜 저를 간섭하십니까? 제발 저를 괴롭히지 마십시오." 하고 큰 소리로 외쳤다.

^{8}그것은 예수께서 악령을 보시기만 하면 "더러운 악령아, 그 사람에게서 나오너라." 하고 명령하시기 때문이었다.

"선생님께서 소리 없이 하신 말씀을 악령이 알아들었군요?"
"그렇다. 영(靈)들끼리는 목청과 귀청을 울릴 필요가 없다."
"그런데 왜 악령이 일부러 가까이 달려와서 선생님께 큰 소리로 외쳤을까요?"
"나 들으라고만 말한 게 아니었다."
"그럼, 제자들 들으라고 한 말이었습니까?"
"그렇다. 그들 말고 누가 그곳에 있었더냐?"
"도대체 무슨 속셈이었을까요?"
"악령은 나를 가리켜, '지극히 높으신 하느님의 아들'이라고 불렀다. 그렇게 내 정체를 밝혀서 나를 이겨 보려고 했다는 이야기는 지난번에 하지 않았느냐?"
"기억합니다."
"그가 그렇게 함으로써 나를 이길 수 있으리라고 생각했겠느냐?"
"자기를 괴롭히지 말라고 외친 것을 보면, 그건 아닌 듯합니다."
"그가 정작에 노린 것은 내 일행이었다."
"그들에게 무엇을 하려고 했던 것입니까?"
"나에 대한 확신을 심어 주려고 했다. 그들로 하여금, 내가 지극히 높으신 하느님의 아들임을 확신케 하려고 했던 것이다."
"그게 잘못입니까? 제자가 스승을 확신하는 것은 마땅한 일 아닌가요?"

"확신 자체가 아니라 확신의 내용이 문제다. 그릇된 확신은 맹신으로 가는 지름길이다. 나는 '지극히 높으신 하느님의 아들'이기도 했지만 '비천한 여종인 사람의 아들'이기도 했다. 악령은 나를 그럴 듯한 '얼굴' 하나에 가두어 내 일행으로 하여금 나를 그 '얼굴'로만 보게 하려고 했던 것이다. 도가도(道可道)면 비상도(非常道)라 하지 않았느냐? 나를 누구로 규정지어 부르지 마라. 그러면 결코 나를 만날 수 없을 것이다. 서른두 가지 상〔三十二相〕으로는 부처를 볼 수 없다."

"그래도, 선생님은 제게 선생님이십니다."

"또 무엇이냐?"

"맏형님이시지요."

"또 무엇이냐?"

"저를 부분으로 삼는 전체십니다."

"또 무엇이냐?"

"제 바탕이십니다."

"또 무엇이냐?"

"……"

"네 말이 맞다. 그 모두가 내 얼굴들이다. 그러니, 그것들 가운데 어느 하나로 나를 규정짓지 말라는 얘기다. 알아듣겠느냐?"

"예. 그러니까 악령은 선생님을 '지극히 높으신 하느님의 아들'이라는 얼굴에 가둠으로써 제자들을 헷갈리게 하려고 했던 것이군요?"

"헷갈리게 하려고 한 게 아니라 스승에 대한 확고한 신념으로 굳어지게 하려고 했다. 구도자(求道者)에게 단정(斷定)은 언제나 위험한 것이다. 제자 된 몸으로 어찌 스승을 두고서 '우리 선생은 이러저러한 분이다' 하고 단정 지어 말할 수 있겠느냐?"

"왜 선생님께서는 악령을 보기만 하시면 '더러운 악령아, 그 사람에게서 나오너라' 하고 명령하셨습니까?"
"그럼, 그 사람 속에 계속 머물러 있으라고 하란 말이냐?"

⁹예수께서 "네 이름이 무엇이냐?" 하고 물으시자 그는 "군대라고 합니다. 수효가 많아서 그렇습니다." 하고 대답하였다.
¹⁰그리고 자기들을 그 지방에서 쫓아내지 말아 달라고 애걸하였다.
¹¹마침 그곳 산기슭에는 놓아기르는 돼지 떼가 우글거리고 있었는데
¹²악령들은 예수께 "저희를 저 돼지들에게 보내어 그 속에 들어가게 해 주십시오." 하고 간청하였다.
¹³예수께서 허락하시자 더러운 악령들은 그 사람에게서 나와 돼지들 속으로 들어갔다. 그러자 거의 이천 마리나 되는 돼지 떼가 바다를 향하여 비탈을 내리달려 물 속에 빠져 죽고 말았다.

"이 대목을 읽자면 단수와 복수가 한데 섞여 사용되고 있음을 보게 됩니다. 선생님께서 '네 이름이 무엇이냐?' 하고 단수로 묻자 그가 대답하기를 '군대라고 합니다. 수효가 많아서 그렇습니다.' 하지요. 이어서, 악령들은 '저희를 저 돼지들에게 보내어 그 속에 들어가게 해 주십시오.' 하고 간청합니다. 왜 선생님께서는 '너희

5장 | 195

이름이 무엇이냐?' 하고 묻지 않으셨습니까? 또 악령은 왜 나를 돼지들 속으로 들어가게 해달라고 단수로 간청하지 않았을까요?"

"단수와 복수는 실체가 아니라 인간의 관념이다. 실체로는 단수가 복수요 복수가 단수다. 악령과 내가 관념의 유희를 한 게 아니라 실체로 대결하고 있었기에, 그것은 자연스런 표현이었다."

"어째서 단수가 복수며 복수가 단수입니까?"

"네 몸이 얼마나 많은 세포들로 이루어졌는지 아느냐?"

"모릅니다. 대략 6조 개쯤 된다고 합니다만."

"그 많은 세포들이 네 한 몸이다."

"그렇군요."

"'하나가 모두요 모두가 하나다. 이렇게만 할 수 있다면 무엇을 이루지 못할까 근심하겠느냐?'〔一卽一切, 一切卽一, 但能如是, 何慮不畢〕라고 했다."

"기억합니다. 승찬(僧璨)의「신심명」(信心銘)에 있는 한 구절이지요."

"하나가 여럿이요 여럿이 하나다. 세상만사 복잡하여 끝이 없지만, '하나'를 잡은 자는 길을 잃지 않는다. 여럿을 헤아리느라고 정신을 잃지 말고 언제 어디서나 '하나'를 놓치지 않도록 하여라. 노자도 이르기를 '하늘은 하나를 얻어서 맑고 땅은 하나를 얻어서 든든하다'〔天得一以淸, 地得一以寧〕고 하지 않았느냐?"

"무엇이 그 '하나'입니까?"

"세상에 하나밖에 없는 것이 무엇이냐?"

"많지요. 하느님도 한 분밖에 안 계시고, 선생님도 한 분밖에 안 계시고, 저도 하나밖에 없습니다."

"그 '하나'를 놓치지 말라는 얘기다. 그러면 모두를 잡는 것이다."

"간디 선생에게는 그 '하나'가 진리였다고 할 수 있겠군요?"

"그가 그렇게 말하지 않았느냐? 그에게는 진리가 곧 하느님이었고 자기 자신이었고 그리고 나였다. 그는 한평생 진리만을 좇아서 그것을 잡고자(그것에 잡히고자) 달려갔다. 그것이 그를 마하트마(위대한 영혼)로 되게 한 것이다."

"선생님, 그 '하나'를 돈으로 본 사람도 있잖습니까?"

"있다. 그 사람도 한평생 이런 일 저런 일로 헷갈리지 않고 오직 돈을 벌고자 외길을 달려간다는 점에서는 간디와 다를 바 없는 사람이다."

"그럼 그도 마하트마가 될 수 있습니까?"

"돈과 진리가 같은 것이냐? 네 눈에 그렇게 보인다면, 한평생 돈 버는 일에만 힘을 쏟은 자도 너에게는 마하트마다. '마하트마'는 마하트마에게 있지 않고 그를 마하트마로 보는 자에게 있는 것이다."

"무슨 말씀인지 알겠습니다."

"하나가 모든 것이다. 명심해라. 너에게는 그 '하나'가 무엇이냐?"

"사랑입니다. 언젠가 제 한평생 사람 하나 제대로 사랑해 보았으면 좋겠다는 생각이 들었고, 그런 얘기를 몇 군데서 털어놓기도 했습니다."

"알고 있다. 사랑하는 사람을 위해 목숨을 내어놓을 수 있겠느냐?"

"그럴 수 있기를 바랄 뿐입니다."

"간절히 바라느냐?"

"예. 그래서 참사랑이 어떤 것인지, 무엇인지 알고 싶습니다. 제가 사랑을 알면 곧 선생님을 알고 하느님을 아는 것 아니겠어요?"

"바라는 대로 될 것이다. 언제 어디서나, 어떻게 하면 지금 네 눈 앞에 있는 대상을 사랑할 수 있을 것인지 그것만을 생각해라. 그리고, 떠오르는 게 있으면 겁내지 말고 그대로 하여라. 사람들 눈치 보지 말고, 결과를 계산하지 말고, 오직 모든 일에 '사랑'만을 생각하고 그렇게 움직여라. 때가 되면 나와 아버지를 네 눈으로 보게 될 것이다. 사랑이 모든 것이다!"

"그래서 결국, 선생님께서는 수효가 많아서 이름이 군대인 악령을 단수로 부르셨군요?"

"악령을 복수로 상대해서는 이길 수 없다. 끓어오르는 물방울들을 하나씩 상대하여 무슨 수로 잠재울 수 있겠느냐? 불을 끄거나 주전자를 들어 옮겨 놓으면 그 많던 물방울들이 한꺼번에 꺼지고 만다. 말단은 복잡 다양하지만 본질은 언제나 단순하다. 사람 마음에 두려움이 있는 한, 결코 지상(地上)에서 전쟁과 폭력은 사라지지 않을 것이다."

"그 말씀은, 제 마음에 두려움이 있는 한 저도 전쟁과 폭력에서 자유롭지 못하리라는 말씀입니까?"

"그렇다. 두려움이 뿌리요 전쟁과 폭력은 그 가지다."

"무엇으로 그 두려움을 없앨 수 있습니까?"

"없애려 하지 마라. 그럴수록 더욱 커진다. 대신에, 그것을 사랑으로 바꾸어라. 내가 게쎄마니에서 가슴 속 번민을 아버지께 대한 순명(順命)으로 바꾸었듯이."

"제 속에 오직 사랑만이 가득 차 있다면 얼마나 좋을까요?"

"애들 같은 생각을 하는구나. 그렇지는 않을 것이다. 네가 마지막 숨을 내쉴 때까지 네 속에는 두려움과 미움과 시기심 따위 이른바 부정적 정서들이 남아 있을 것이다. 그것들을 싫어하거나 없애려 하지 마라. 헛된 수고다."

"그럼 그것들을 그냥 둡니까?"

"그게 뭐 좋다고 그냥 두느냐?"

"그럼, 어떻게 합니까?"

"가시나무도 아궁이에 들어가면 아름다운 불꽃으로 피어나 밥도 짓고 구들을 덥히기도 한다."

"아하, 그것들을 사랑의 땔감으로 쓰라는 말씀이군요?"

"네 재주로는 그렇게 못한다."

"그럼 어쩌지요?"

"그래서 세상 끝날까지 내가 너와 함께 있겠다고 하지 않았느냐? 됐다. 이제 그만 다른 얘기로 넘어가자."

"이천 마리나 되는 돼지 떼는 엄청난 재물입니다. 꼭 그것을 그렇게 희생시켰어야 했나요?"

"네가 나였다면 어떻게 하겠느냐?"

"돼지들 속으로 들어가는 것을 허락하지 않고, 무조건 그 사람한테서 나가라고 하겠습니다."

"그것이 폭력이라는 생각은 해 보지 않았느냐?"

"……"

"상대가 누구든, 무엇이든, 무조건 내 말에 복종하기를 강요하는 것은 폭력이다. 아버지께서도 아담에게 선과 악을 알게 하는 나무 열매를 따먹지 말라고 하셨지만, 못 따먹게 하지는 않으셨다. 너는 내가 악령에게 폭력을 휘둘렀어야 한다고 생각하느냐?"

"……"

"이천 마리든 이백 마리든 아니면 이만 마리든, 돼지 수는 상관없는 일이다."

"그렇지만 만일 선생님께서 이천 마리 돼지들 가운데 십 퍼센트쯤 되는 스무 마리에만 들어가라고 하셨다면, 마을 사람들 생각도 달랐을 것이고 뒷이야기도 좀 다르게 전개되지 않았겠습니까?"

"그런 식의 '흥정'으로는 문제가 해결되지 않을 뿐더러 나를 보내신 아버지의 뜻을 이룰 수 없다. 그것을 나와 함께 있던 자들에게 깨우쳐 주어야 했다."

"제자들이 과연 그것을 깨달았습니까?"

"그건 네가 걱정할 일이 아니다. 너는 알겠느냐?"

"어째서 흥정으로는 문제가 해결되지 않습니까?"

"손익계산으로 사랑을 실천할 수 있다고 보느냐?"

"……"

"흥정은, 그것이 어떤 흥정이든, 그 자체로서 이미 진실과 사랑의 길을 가로막고 있다. 너는 내가 누구와 무슨 일로 흥정하는 것을 보았느냐?"

"못 봤습니다."

"예는 예, 아니오는 아니오다. 그 밖의 모든 말이 사람을 병들게 한다. 영(零) 아니면 하나(一)로만 말하는 컴퓨터한테서 말하는 법을 다시 배우도록 해라."

¹⁴돼지 치던 사람들은 읍내와 촌락으로 달려가서 이 일을 알렸다. 동네 사람들은 무슨 일이 일어났는지 보러 나왔다가 ¹⁵예수께서 계신 곳에 이르러 군대라는 마귀가 들렸던 사람이 옷을 바로 입고 멀쩡한 정신으로 앉아 있는 것을 보고는 그만 겁이 났다.
¹⁶이 일을 지켜본 사람들이 마귀 들렸던 사람이 어떻게 해서 나았으며 돼지떼가 어떻게 되었는가를 동네 사람들에게 들려주자 ¹⁷그들은 예수께 그 지방을 떠나 달라고 간청하였다.

"악령 들렸던 사람이 멀쩡해진 것을 본 마을 사람들이 겁을 낸 것은 이해가 됩니다만, 그들이 왜 선생님께 그곳을 떠나 달라고 간청했는지 그 이유를 잘 모르겠습니다. 선생님께서 계심으로써 더 입게 되는지 모를 경제적 손실을 우려했던 것일까요?"
"그런 계산도 없지는 않았겠지만, 그들이 내게 떠나 달라고 한 가장 큰 이유는 두려움 때문이었다."
"무엇에 대한 두려움입니까?"
"생각해 보아라. 자기들은 모든 수단을 동원해도 제어할 수 없었던 악령을 말 한 마디로 다스리는 사람이 나타났다. 그가 계속 마을에 있으면 앞으로 무슨 일이 일어날지 누가 알겠느냐? 그리고, 누가 과연 그를 막을 수 있겠느냐? 그것이 두려웠던 것이다."
"선생님께 그들을 해칠 뜻이 전혀 없지 않았습니까?"
"물론이다. 그런 줄을 알았다면, 내가 누군지를 알았다면, 떠나 달라고 했겠느냐?"

"그렇다면, 그들이 선생님께 떠나 달라고 한 것은 그들의 두려움보다 무지(無知) 때문이었다고 할 수 있지 않을까요?"

"옳다. 무지가 두려움을 낳았다. 너도 산길을 산책할 때 작은 짐승들이 네 인기척에 놀라 도망치는 것을 보지 않았느냐? 그들을 해칠 마음이 조금도 없지만, 그것을 모르는 짐승들은 다만 네 겉모습만 보고 겁을 낸 것이다. 게라사 지방 사람들이 그와 같았다."

"선생님, 제가 무엇을 두려워한다면 그것 또한 무지에서 나온 것일까요?"

"그렇다. 두려움은 무지(無知)의 열매다."

"아무것도 모르면 두렵지도 않을 것 아닙니까?"

"자기가 무엇을 모르는지 모르는 것은 무지가 아니다. 보면서 보지 못하고 들으면서 듣지 못하는 것이, 그것이 무지다. 사람이 뱀을 무서워하는 것은 그것이 뱀인 줄 알기 때문이요, 그 뱀이 밧줄임을 모르기 때문이다."

"그것은 상대를 알지 못한 게 아니라 잘못 안 것 아닙니까?"

"잘 보았다. 사람에게 두려움을 안겨 주는 무지는 무엇을 모르는 게 아니라, 잘못 아는 것이다."

"어떻게 하면 그 무지에서 벗어날 수 있을까요?"

"잘못 알았던 것을 깨뜨리면 저절로 잘 알게 된다. 흰 구름 벗겨진 곳에 푸른 산이 드러난다고 하지 않았느냐?"

"제가 지금 알고 있는 바가 잘못 알고 있는 것인지 제대로 알고 있는 것인지를 어떻게 알 수 있습니까?"

"그래서 내가 네 곁에 있지 않느냐? 선생은 어디에 써먹으라는 선생이냐?"

"언제까지 모든 것을 선생님께 여쭈면서 살아야 합니까? 제가 스스로 알 수는 없나요?"

"네가 단 하루라도 모든 것을 내게 물어보면서 살아보고 나서 하는 소리냐?"

"죄송합니다. 하루는 그만두고 단 한 시간도 그러지를 못했습니다."

"그러니 아직 갈 길이 멀다는 얘기다. 뭘 조금 눈치 챘거나 느꼈다고 해서 모든 것을 깨쳤다고 착각하지 마라. 착각을 부수겠다고 길을 떠난 몸이 또다른 착각을 만들어 뒤집어쓴다면, 말이 되느냐?"

"알겠습니다."

"언제나 초발심(初發心)을 잃지 마라."

"무엇이 초발심입니까?"

"지금 네가 낯선 길을 처음 가고 있음을 알고 있는 마음이다."

"지금 제가 낯선 길을 처음 가고 있는 겁니까?"

"잘 보아라. 그렇지 않으냐?"

"모든 게 낯익어 보이는데요?"

"그렇게 보일 뿐이다. 자세히 보아라. 네 손에 들려 있는 펜도 어제 쓰던 그 펜이 아니다. 이 세상에는 고정되어 있는 것이 없다."

"이치로 보면 그렇지요. 제 몸도 순간마다 달라지고 있으니까요."

"이치가 그러면 그런 것이다. 네 무딘 감각을 믿지 마라."

"……"

"모든 경험이 첫 경험이요, 모든 사랑이 첫사랑이다."
"그런 마음으로 살면, 날마다 생일이 되겠군요?"
"그리고, 날마다 죽는 날이지."

[18]예수께서 배에 오르실 때에 마귀 들렸던 사람이 예수를 따라다니게 해 달라고 애원하였지만
[19]예수께서는 허락하지 않으시고 "주께서 자비를 베풀어 너에게 얼마나 큰일을 해 주셨는지 집에 가서 가족에게 알려라." 하고 이르셨다.
[20]그는 물러가서 예수께서 자기에게 해 주신 일을 데카폴리스 지방에 두루 알렸다. 이 말을 듣는 사람마다 모두 놀랐다.

"선생님, 도대체 게라사 지방으로 가신 목적이 무엇이었습니까?"
"왜 묻느냐?"
"거기 사람들의 떠나 달라는 말 한 마디에 곧장 배를 타셨으니 드리는 말씀입니다. 악령 들린 사람 하나 고쳐 주려고 거기까지 가셨던 것입니까? 악령 들린 사람은 거기 말고도 많았을 텐데요. 더욱이 그가 선생님을 따라오겠다고 했는데 그것마저 거절하셨으니, 저로서는 무엇 하러 배를 타고 그리로 가셨는지 잘 모르겠습니다."
"참새도 보금자리가 있고 여우도 굴이 있지만 나는 머리 둘 곳이 없다고 한 내 말을 기억하고 있느냐?"
"예. 그렇게 말씀하신 걸로 알고 있습니다."
"'머리 둘 곳 없다'는 말을 어떻게 새겨들었느냐?"

"'정처(定處)가 없다'는 뜻 아닌가요?"

"그렇다. 나는 정처가 없는 몸이었다. 정처 없는 몸이 어딘들 못 가겠느냐?"

"물론 가실 수야 있지요. 다만, 제 질문은 왜, 무엇하러 그곳에 가셨느냐는 겁니다."

"어떤 목적을 설정해 두고서 그것을 이루기 위해 애쓰는 사람은 아직 '정처 없는 사람'이 아니다. 하느님의 영(靈)으로 사는 사람은 바람처럼 산다. 그에게는 정해진 장소가 없다. 불어오고 불어가지만 어디에서 왔다가 어디로 가는지 아무도 모른다. 옹근 자유인이란 그런 사람이다. 내가 무슨 목적을 이루기 위해서 게라사로 갔고 거기서 그것을 이루기 위해 무엇인가를 도모했다면, 나는 참된 자유인이 아닌 것이다."

"그러면, 바람에 불려가는 낙엽처럼 그렇게 살아가는 게 자유인인가요?"

"아니다. 바람에 불려가는 낙엽처럼 살아가는 인생이라면 그게 산송장이지 어디 사람이라고 할 수 있겠느냐? 사람이라면 분명한 목표를 향해 자기 배를 저어 가는 항해자가 되어야 한다."

"방금 정처 없이 사는 사람은 어떤 목적을 설정하고 그것을 이루고자 애쓰지 않는다고 하시지 않았습니까? 선생님 말씀에 앞뒤가 맞지 않는 것 같습니다."

"그러는 너는 무슨 마음으로 '아무것도 바라는 게 없는 사람이 되고 싶다'고 했느냐? 그 마음은 바라는 마음 아니냐?"

"……"

"정처 없는 사람으로, 다시 말하면, 옹근 자유인으로 어디에도 걸리지 않는 바람처럼 세상을 떠돌면서 나를 보내신 아버지의 뜻을 이루는 것, 그것이 내 유일한 목적이었다. 게라사 지방에서도 나는 그 목적을 놓치지 않았다. 이만하면 거기 무엇 하러 갔느냐는 네 질문에 대답이 되겠느냐?"

"아무 목적 없이 사는 인생, 그것도 인생의 훌륭한 목적이 된다는 말씀입니까?"

"그보다 완벽한 인생의 목적이 있겠느냐? 자유인이 되겠다는 것이다."

"그렇지만 선생님께서는 아버지의 뜻을 이루겠다는 분명한 목적이 있지 않으셨습니까?"

"바로 그 목적을 이루기 위해서 나는 목적이 없는 사람 곧 정처 없는 사람이 되어야 했다. 자기 뜻을 품고 그것을 이루고자 하는 자는 아버지 뜻을 이룰 수 없다. 아버지 뜻을 이루어 드리기 위해 내 뜻을 비우겠다는 것이 바로 내 뜻이었다. 노자의 위무위(爲無爲)를 묵상해 보아라. 하지 않음으로써 하는 것이 참된 함이다."

"악령 들렸던 자가 선생님을 따라다니겠다고 했을 때, 왜 그를 돌려보내셨습니까?"

"그에게는 그가 가야 할 길이 있었고, 나를 따라다니는 것은 그 길이 아니었다."

"그것이 그런 줄 본인은 몰랐을 것 아닙니까?"

"그래서 내가 일러 주지 않았느냐?"

"만일 그가 선생님 허락을 받지 않고 선생님 뒤를 따라나섰다면 어떻게 되었을까요?"

"또 그 '만약에 놀이'를 하자는 거냐?"

"……"

"누구든지 진심으로 내게 길을 물으면 나는 반드시 그가 가야 할 길을 일러 준다."

"그러나 선생님께서 아무 대답도 안 해 주실 경우가 있지 않습니까?"

"아니, 그런 경우는 없다."

"그런데, 선생님께 여쭙고서 대답을 듣지 못하는 것은 어째서입니까?"

"진심으로 내게 묻지 않았든지, 아니면 묻고 나서 귀를 막아 버렸든지, 그도 아니면 대답을 듣고서도 자기가 대답을 들었다는 사실을 모르고 있든지, 셋 가운데 하나일 것이다."

²¹예수께서 배를 타고 건너편으로 다시 가시자 많은 사람들이 또 모여들었다. 예수께서 호숫가에 계셨을 때에

²²야이로라 하는 한 회당장이 와서 예수를 뵙고 그 발 앞에 엎드려

²³"제 어린 딸이 다 죽게 되었습니다. 제 집에 오셔서 그 아이에게 손을 얹어 병을 고쳐 살려 주십시오." 하고 애원하였다. 그래서 예수께서는 그를 따라나서시었다.

"성령으로 사는 사람은 바람 같다고 하셨습니다. 야이로의 간청에 그를 따라나서신 것도 바람 부는 것과 같았다고 하시겠습니까?"

"한번 그러면 언제나 그렇다. 내가 게라사 지방에 간 것이나 야이로를 따라나선 것이나, 모두 내 길을 내가 간 것이다."

"무엇이 선생님 길입니까?"

"누구에게도 걸리지 않고 스스로 가는 길이면서 오직 아버지 뜻에 순명(順命)하는 길이다."

"야이로의 청에 따르는 것이 아버지께 순명하시는 것이었나요?"

"그렇다."

"그러면, 게라사 지방에서 악령 들렸던 자의 청을 들어 주지 않으신 것도 아버지께 대한 순명이었습니까?"

"그렇다."

"왜 이 사람 청은 들어 주고 저 사람 청은 거절하고 그리는 것입니까? 무엇이 판단 기준입니까?"

"내가 무엇을 판단할 때에는 언제나 아버지와 함께 판단한다."

"아버지와 의논하시는 겁니까?"

"아니다. 오로지 그분의 뜻을 알아보는 것이다."

"어떻게 알아보십니까?"

"언제 어디서나, 어떻게 하는 것이 상대방을 (또는 나를) 사랑하는 것인지 여쭙는다. 무엇이 판단 기준이냐고 물었는데, '사랑' 이 그것이다. 사랑의 길은 어디에도 갇히지 않고 누구도 막지 못한다. 바람이 제멋대로 마구 불지 않듯이 사랑도 그렇다. 나는 그 빈틈없는 길을 따라서 흘렀을 뿐이다."

"때로는 미친 사람처럼 이리저리 정해진 방향도 없이 불어치는 바람도 있던데요?"

"네 눈에 바람의 정교한 길이 보이지 않아서 그렇게 보였을 뿐이다. 바람은 어김없이 제가 불어야 할 곳으로 불어야 할 만큼 분다."

"선생님, 어떻게 하면 저도 바람처럼 살 수 있을까요?"

"내 멍에를 메고 나한테 배워라. 나를 따라오너라."

"그것은 저도 원하는 바입니다. 그런데 왜 그게 안 될까요?"

"무엇이 안 된단 말이냐?"

"제가 왜 선생님을 따라가지 못하는 겁니까?"

"누가 그러더냐? 네가 나를 따라오지 못한다고?"

"……"

"나는 그런 말 한 적 없다."

"그렇지만, 오늘 아침만 해도 일어나 기도를 해야지 하면서 그냥 이불 속에 누워 있지 않았습니까?"

"그래서?"

"누워 있으면서도 마음은 편하지 않았습니다."

"내가 일어나 기도하는 대신 너와 함께 이불 속에서 뒹굴고자 했다면, 어떻게 하겠느냐?"

"……"

"내 뜻이 어느 쪽이었는지 네가 어떻게 아느냐? 네가 내 마음을 헤아려 알 수 있느냐? 알아보려고는 했느냐?"

"……"

"그렇다고 해서, 네가 언제나 나를 잘 따라오고 있다는 말은 아니다. 너는 수시로 내 뜻을 놓치고 한눈을 팔며 곁길로 들어서기도 한다. 알고 있느냐?"

"예. 그런 줄 짐작합니다. 안 그러면 저를 보고 '나를 따라오라' 고 하시지도 않으셨을 테니까요."

"그러나 나는 네 속마음을 알고 있다. 그러니 안심해라. 내가 결단코 너를 놓치거나 잃지 않을 것이다. 따라서 때가 되면 너도 나처럼, 나 없이도, 바람처럼 살아갈 날이 올 것이다."

"그날이 언제쯤 올까요?"

"오늘이 그날이다."

"예?"

"너에게는 '오늘' 밖에 없다는 걸 몰랐느냐? 오늘 하루, 숨결에 마음 모으고 깨어 있어라. 어떻게 하면 지금 네 눈앞에 있는 것을 사랑할 수 있겠는지 오직 그것만 생각하면서 순간을 살아라. 그 방법을 모르겠으면 너보다 더 너와 가까운 나에게 물어라. 인생이란 얼마나 단순하고 쉬운 것이냐? 네 어깨에 멘 내 멍에는 편하고 내 짐은 가볍다."

"생각하면 그렇습니다만, 그 쉬운 길이 왜 이리도 어려운 걸까요?"

"어렵다고 생각하니까 어려운 것이다. 막상 해 보면 어렵지 않다는 걸 알게 된다. 걸음마를 배우거나 자전거 타기를 배우는 것과 같다. 할수록 쉬워지고 갈수록 편해지는 것이 나를 따르는 길이다. 두려워 말아라. 내가 언제나 너와 함께 있다. 너는 지금 학생이다. 넘어지는 것을 겁내지 마라. 잘못하는 것을 꺼리지 마라. 네가 아무리 크게 잘못해도 그것을 바로잡아서 더 좋은 것으로 바꿀 능력이 내게는 있다. 믿느냐?"

"예, 선생님. 믿습니다."

"됐다. 계속 함께 가자. 오늘따라 창밖엔 봄바람이 제법이구나!"

^{24}그때에 많은 사람들이 예수를 둘러싸고 밀어 대며 따라갔다.

^{25}그런데 군중 속에는 열두 해 동안이나 하혈증으로 앓고 있던 여자가 있었다.

^{26}그 여자는 여러 의사에게 보이느라고 고생만 하고 가산마저 탕진했는데도 아무 효험도 없이 오히려 병은 점점 더 심해졌다.

^{27}그러던 차에 예수의 소문을 듣고 군중 속에 끼어 따라가다가 뒤에서 예수의 옷에 손을 대었다.

^{28}그 옷에 손을 대기만 해도 병이 나으리라고 생각하였던 것이다.

^{29}손을 대자마자 그 여자는 과연 출혈이 그치고 병이 나은 것을 스스로 알 수 있었다.

^{30}예수께서는 곧 자기에게서 기적의 힘이 나간 것을 아시고 돌아서서 군중을 둘러보시며 "누가 내 옷에 손을 대었느냐?" 하고 물으셨다.

^{31}제자들은 "누가 손을 대다니요? 보시다시피 이렇게 군중이 사방에서 밀어대고 있지 않습니까?" 하고 반문하였다.

^{32}그러나 예수께서는 둘러보시며 옷에 손을 댄 여자를 찾으셨다.

^{33}그 여자는 자기 몸에 일어난 일을 알았기 때문에 두려워 떨며 예수 앞에 엎드려 사실대로 말씀드렸다.

^{34}예수께서는 그 여자에게 "여인아, 네 믿음이 너를 살렸다. 병이 완전히 나았으니 안심하고 가거라." 하고 말씀하셨다.

"군중을 가볍게 여기지 마라. 수가 많기 때문이 아니라 그 속에 어떤 사람이 있는지 모르기 때문이다."

"사람은 누구나 제 무게를 지니고 있지 않습니까?"

"네가 말하는 '무게'가 무엇을 뜻하느냐?"

"삶의 고달픔이나 아픔을 생각하면서 말씀드렸습니다."

"사람마다 체중이 다르듯이 겪고 있는 고통의 무게도 저마다 다르다."

"왜 같은 사람인데 저마다 다를까요?"

"왜 같은 꽃인데 저마다 다르겠느냐?"

"글쎄요."

"세상에 같은 것은 없다. 같게 보일 따름이다."

"다른 것들도, 다르게 보이는 것일 뿐 아닙니까?"

"말인즉슨, 옳은 말이다."

"12년 동안이나 하혈증을 앓고 있는 여자가 선생님 뒤를 따라오면서, 이분 옷자락에 손을 대기만 해도 나을 것이라고 생각했는데, 그 사실을 알고 계셨습니까?"

"몰랐다."

"선생님도 모르는 게 있으셨습니까?"

"나는 사람의 아들이었다. 모르는 게 있음이 당연하지 않느냐?"

"생각이 나서 여쭙습니다만, 선생님께서는 지구가 태양을 돈다는 사실을 알고 계셨습니까?"

"몰랐다."

"지금도 모르십니까?"

"내가 모르는 것은 없다. 그러나 내가 아는 것을 죄다 너에게 말해줄 길이 없다. 바닷물을 바가지에 담을 수 있겠느냐?"

"그러면, 여자가 선생님 뒤를 따라오면서 옷자락에 손을 대기만 해도 병이 나을 것이라고 생각했다는 사실을 지금은 알고 계십니까?"

"그건 시방 너도 알고 있지 않느냐?"

"아, 그렇군요."

"궁금한 게 무엇이냐? 요점을 말해라."

"선생님 몸에서 '기적의 힘'이 나간 것을 나중에 아셨다고 기록되어 있는데요, 사실입니까? 정말 모르셨나요?"

"기운이 몸에서 빠져나가는 것과 동시에 그것을 느끼기는 했다. 그러나 그런 일이 있으리라고 미리 알지는 못했다."

"하지만, 다른 기록을 보면 선생님께서는 사람의 중심을 꿰뚫어 보셨다고 돼 있는데요."

"사실이다. 아무도 내 눈앞에서 정체를 감출 수 없었다."

"그런데 왜 그 여자의 속은 모르셨습니까?"

"보아야 보일 것 아니냐? 내가 그 여자를 보았으면 알았을 것이다."

"……?"

"나를 요술쟁이나 마술사로 보려고 하지 마라. 내가 왜 평범한 목수의 아들로 세상에 왔겠느냐? 시간이 영원이요 땅이 하늘이요 사람이 하느님임을 보여 주기 위해서였다."

"범상(凡常)이 비상(非常)이라는 말은 많이 들었습니다."

"그 둘은 서로 다른 무엇이 아니라 하나다. 그러니 네가 업신여기거나 버릴 수 있는 물건이란 세상에 없는 것이다. 볼펜 한 자루 가벼이 다루지 마라. 모든 것을 네 몸처럼 받들어라. 그래야 범상(凡常)에서 비상(非常)이 보인다. 물 위를 걷는 기적은 누구나 볼 수 있다. 그러나 땅 위를 걷는 기적은 아무나 보는 게 아니다. 낯한의 말대로, 참된 기적은 물 위를 걷는 게 아니라 땅 위를 걷는 것이다."

"그것이, 가난한 마음으로 하느님을 뵙는 것일까요?"

"마음이 맑으면 모든 것에서 하느님이 보인다."

"선생님께서는 모든 것에서 하느님을 뵈었습니까?"

"그렇다."

"그러면, 선생님 옷자락을 만져서 병이 나은 여자한테서도 하느님을 보셨나요?"

"보았다. 그 여자가 하느님이었다."

"예?"

"솔방울은 소나무고 소나무는 숲이고 숲은 산이고 산은 땅이고 땅은 별이고 별은 허공이고 허공은 우주다. 하느님한테서 나온 세상에 하느님 아닌 것이 있을 수 있겠느냐? 사물의 겉모양에 머물지 말고 그 바탕을 함께 보아라. 사람을 보면서 그가 서 있는 땅과 그 땅을 품고 있는 하늘을 아울러 보아라. 마음이 깨끗한 사람은 모든 것을 그렇게 본다. 하나가 둘을 낳고 둘이 셋을 낳고 셋이 만(萬)을 낳는다[一生二, 二生三, 三生萬物]고 하지 않았느냐? 마음이 맑으면 만(萬)으로 셋을 보고 셋으로 둘을 보고 둘로 하나를 본다."

"마음이 맑지 않으면 왜 그것이 보이지 않습니까?"

"보는 자와 보이는 대상이 둘이 아니라 하나이기 때문이다. 보는 눈이 맑으면 보이는 것도 맑고 보는 눈이 흐리면 보이는 것도 흐리고, 보는 눈이 하나면 보이는 것도 하나고 보는 눈이 여럿이면 보이는 것도 여럿이다."

"마음이 맑다는 게 어떤 겁니까?"

"마음만 있는 것이다."

"무슨 뜻인지요?"

"마음만 있다. 앞에 아무것도 붙어 있지 않은 마음, 그냥 마음이다. 슬픈 마음, 기쁜 마음, 보고 싶은 마음, 보고 싶지 않은 마음…… 그런 마음은 맑지 못한 마음이다."

"그렇다면 '맑은' 마음 또한 맑은 마음이 아니잖습니까?"

"지금 말장난하자는 거냐?"

"……"

"욕심이 있으면 겉모습이 보이고 욕심이 없으면 안 보이는 게 보인다고 했다. 어떤 마음을 품고서 보면 보고 싶은 대로 보이고 아무 마음 없이 보면 있는 그대로 실상(實相)이 보인다."

"어떻게 하면 아무 마음 없이 실상을 볼 수 있을까요?"

"내가 그 방법을 설명해도 너는 알아듣지 못한다. 우선, 맑은 눈으로 사물을 보고 싶다는 그 마음부터 내려놓아라. 틀려도 좋고 잘못해도 상관없으니, 보이는 대로 보고 들리는 대로 들어라. 미리 아는 것과 전에 알았던 것은 참된 '앎'이 아니다."

"무엇이 참된 앎입니까?"

"아는 줄 모르면서 아는 것이다. 더 말하지 마라. 말로 진실이 밝혀지기보다 더 많이 가려지겠다. 지금 느낌이 어떠냐?"

"별 느낌은 없고, 똥이 좀 마렵습니다."

"참을 만하냐?"

"예."

"그럼, 조금 더 이야기하자. 말머리를 돌려라."

"여자가 사실을 고백하기 전에, 선생님은 그 여자를 알아보셨고 그 여자가 왜 그랬는지도 다 아셨겠지요?"

"물론, 보았으니 보았지."

"여자가 정직하게 말했습니까?"

"그랬다. 너 같으면 무엇을 속였겠느냐?"

"'네 믿음이 너를 살렸다.' 사람들 병을 고쳐 주실 때마다 자주 이렇게 말씀하셨는데요."

"사실을 말했을 뿐이다."

"선생님께서 고쳐 주신 것 아닙니까?"

"사람들이 그렇게 알고 있지만, 그것은 착각이다."

"어째서 착각입니까?"

"여행길에 목마른 사람이 있다. 그가 아직 샘물을 발견하지 못했는데 샘물이 그의 목을 시원하게 해 주느냐?"

"……?"

"내 몸에서 기운이 빠져나가는 걸 나중에 알았는데 내가 어찌 그 여자를 고쳐 주었단 말이냐? 목마른 사람이 샘물을 발견하기까지는, 샘물은 있으면서 없는 것이다. 그 여인의 '믿음'이 없었으면 나도 거기에 없었다."

"그렇지만 선생님이 안 계셨더라면 그 여자의 믿음이 어디서 났겠습니까?"

"맞는 말이다. 샘물이 없다면 목마른 사람이 어찌 샘물을 찾겠느냐? 그러나, 되풀이하지만, 목마른 사람이 찾아서 마실 때까지 샘은 있으면서 없는 것이다. 그 여자의 '믿음'이 나를 있게 했다."

"……"

"네가 나를 찾지 않았을 때에는 내가 네 곁에 없었더냐?"

"아니지요. 선생님께서는 저보다 먼저 제 곁에 계셨습니다."

"재미있는 표현이구나. 그렇다. 나는 늘 너와 함께 있었다. 그러나 네가 나를 찾기까지는 네 곁에 있으면서 네 곁에 없었다. 우주를 구성하는 것은 물질이 아니라 물질과 물질 사이의 관계다. 믿음, 소망, 사랑 이 세 가지가 세상 끝날까지 있는 까닭은 그것들이 세상을 있게 했기 때문이다."

"……"

"내가 여자의 병을 고쳤다고 말하는 것은 물바가지가 목을 시원하게 해 주었다고 말하는 것과 같다."

"선생님이 물바가지였다고요?"

"그렇다. 하느님 아버지의 믿음과 소망과 사랑을 담은 살아 있는 바가지였다."

"그럼, 그 여자의 믿음이 아버지의 믿음이었다는 말씀입니까?"

"네가 누구를 사랑한다면 그것은 아버지가 아버지를 사랑하는 것이다."

"제가 누구를 미워하면 그것도 아버지가 아버지를 미워하는 것입니까?"

"그렇다."

"선생님, 그만 하지요. 제가 너무 벅찹니다."

"겁내지 마라. 인간의 관념이 깨어지는 것일 뿐이다. 그래, 오늘은 그만 하자."

^{35}예수의 말씀이 채 끝나기도 전에 회당장의 집에서 사람들이 와서 회당장에게 "따님이 죽었습니다. 그러니 저 선생님께 폐를 더 끼쳐 드릴 필요가 있겠습니까?" 하고 말하였다.

^{36}예수께서는 이 말을 들은 체도 아니 하시고 회당장에게 "걱정하지 말고 믿기만 하여라." 하고 말씀하셨다.

^{37}그리고 베드로와 야고보와 야고보의 동생 요한 외에는 아무도 따라오지 못하게 하시고

^{38}회당장의 집으로 가셨다. 예수께서는 거기서 사람들이 울며불며 떠드는 것을 보시고

^{39}집안으로 들어가셔서 그들에게 "왜 떠들며 울고 있느냐? 그 아이는 죽은 것이 아니라 잠을 자고 있다." 하고 말씀하셨다.

^{40}그들은 코웃음만 쳤다. 예수께서는 그들을 다 내보내신 다음에 아이의 부모와 세 제자만 데리시고 아이가 누워 있는 방에 들어가셨다.

^{41}그리고 아이의 손을 잡고 "탈리다 쿰" 하고 말씀하셨다. 이 말은 "소녀야, 어서 일어 나거라."라는 뜻이다.

^{42}그러자 소녀는 곧 일어나서 걸어 다녔다. 소녀의 나이는 열두 살이었다. 이 광경을 본 사람들은 놀라 마지않았다.

^{43}예수께서는 그들에게 이 일을 아무에게도 알리지 말라고 엄하게 이르시고 소녀에게 먹을 것을 주라고 하셨다.

"사건이 진행되는 동안, 선생님께서는 일의 처음과 나중이 어떻게 되는지 다 알고 계셨던 것 같습니다. 그렇습니까?"

"그렇다."

"왜 선생님은 아시는 것을 다른 사람들은 몰랐을까요?"
"그들에게도 그런 능력은 있었다. 다만 그것을 쓰지 않았을 뿐이다."
"쓰지 않은 게 아니라 쓸 줄 몰랐던 것 아닐까요? 아직 일어나지 않은 일을 미리 알 수 있는 능력이 사람에게 정말로 있습니까?"
"있지 않다면 점술인들이 어떻게 밥 먹고 살겠느냐?"
"저에게도 그런 능력이 있습니까?"
"너는 사람 아니냐?"
"그런데 왜 저는 앞일을 미리 내다보지 못하지요?"
"해 보려고 하지도 않지 않았느냐?"
"그건 사실입니다. 아예 엄두도 내지 않았으니까요."
"시도하지 않은 일을 이룰 사람은 아무도 없다."
"시도해도 되지 않는 경우가 있지 않습니까?"
"그럴 경우는 없다."
"예?"
"한 사람에게 가능한 것은 모두에게 가능한 것이다. 누구는 되고 누구는 안 되고, 그런 일은 있을 수 없다."
"제가 시도하면 피카소처럼 그림을 그릴 수 있습니까? 그건 안 되잖습니까?"
"시도는 해 보고 나서 하는 소리냐?"
"……"
"안 된다고 누가 미리 금을 그었느냐?"
"……"
"네가 누군지, 네 속에 무엇이 잠재되어 있는지, 과연 너에 대하여 얼마나 알고 있느냐?"

"……"

"너는 아무리 노력해도 피카소처럼 그림을 그릴 수 없을 것이다."

"시도해서 되지 않는 경우는 없다면서요?"

"아무리 시도해도 될 리 없다고, 스스로 그어 놓은 금을 넘지 못하기 때문이다. 게다가 네 속에는 피카소처럼 그림을 그리고 싶은 마음이 조금도 없다. 안 그러냐?"

"그건 그렇습니다."

"모든 것이 네가 믿는 대로 된다. 공연한 말로 시간을 낭비하는 일은 이쯤에서 그만두기로 하자."

"회당장 집으로 가시면서 세 제자만 따로 데리고 가신 이유가 무엇입니까? 다른 제자들이 선생님께 차별받는다는 느낌을 지닐 수도 있을 텐데요."

"경우에 따라 사람 수를 제한할 수도 있지 않느냐?"

"물론입니다만, 베드로 야고보 요한만 따로 데리고 가신 적이 한두 번이 아니기에 드리는 말씀입니다."

"누구에게나 측근이 있는 법이다."

"왜 하필 그들 세 사람이었습니까?"

"넌 왜 하필 너냐?"

"……"

"그들이 '누구'였고 왜 그들이었느냐고 묻는 것은 저 소나무가 왜 소나무고 왜 저기에 서 있느냐고 묻는 것과 다를 바 없다. 내가 무슨 말로 설명을 하여, 제자를 차별 대우한 스승이라는 오해의 무게를 보태란 말이냐? 열대지방은 덥고 한대지방은 춥다. 그것이 태양의 차별 대우 때문이냐? 나는 사람을 차별하지 않는다."

"소녀는 정말 죽어 있었습니까? 아니면 잠을 자고 있었습니까?"
"아들이 위독하다는 전보를 받은 네 어머니가 춘천 야전병원으로 갔을 때, 너는 군의관의 사망 판정을 받고서 시체실에 안치되어 있었다. 그때 죽어 있었느냐? 잠을 자고 있었느냐?"
"모르겠습니다. 아무것도 기억나지 않습니다."
"지금 너는 깨어 있느냐? 잠을 자고 있느냐?"
"모르겠습니다."
"죽었다고 보면 죽은 것이요 잠을 잔다고 보면 잠을 자는 것이다."
"그러면 지금도 제가 어떤 시체 앞에서 그 손을 잡고 '일어나라.' 하고 말하면 살아나는 일이 있을 수 있을까요?"
"그가 죽은 게 아니라 잠을 자고 있었다면 얼마든지 가능한 일이다."
"잠자는 사람 깨우는 일이야 누가 못하겠습니까? 그러나 회당장 딸은 죽은 시체 아니었나요?"
"내게는 아니었다. 아이가 잠을 자고 있다고 말하지 않았느냐?"
"다른 사람 눈에는 죽은 시체로 보였지만 선생님께는 잠자는 아이였다는 말씀인가요?"
"그렇다."
"그럼 그게 죽은 사람 살려낸 기적이 아니잖습니까? 잠든 아이를 깨운 것이니까요."

"내게는 그렇지만, 아이가 죽었다고 믿었던 사람들에게는 놀라운 일이었을 것이다."

"어떻게 같은 대상이 그토록 다르게 보일 수 있는 걸까요?"

"보는 눈이 다르기 때문이다."

"어떻게 다릅니까?"

"이 눈은 그림자를 그림자로 보고 저 눈은 그림자를 실물로 본다."

"어떻게 하면 그림자를 그림자로 볼 수 있을까요?"

"서두르지 말고, 하루하루 내 가르침을 몸에 익혀라. 너로 하여금 그 눈을 뜨도록 돕고자 여기 내가 있지 않느냐?"

"하나만 더 여쭙겠습니다. 왜 '소녀야, 일어나거라.' 하고 말씀하시지 않고 '탈리다 쿰' 이라고 하셨습니까?"

"아이가 알아들을 말을 해야 하지 않겠느냐? 내가 너와 이야기할 때 '히어.' 라고 하지 않고 '들어라.' 하고 말하는 것은 네가 미국인이 아니라 한국인이기 때문이다. 나무하고 말하고 싶은 사람은 나무의 말을 해야 한다."

"어떻게 하면 나무의 말을 할 수 있을까요?"

"중국말을 배우려면 중국 사람들과 함께 사는 것이 가장 좋은 방법이다. 나무의 말을 배우려면 나무들과 함께 살아라. 저절로 알게 된다."

6장

¹예수께서 그곳을 떠나 제자들과 함께 고향으로 돌아가셨다.

²안식일이 되어 회당에서 가르치시자 많은 사람이 그 말씀을 듣고 놀라며 "저 사람이 어떤 지혜를 받았기에 저런 기적들을 행하는 것일까? 그런 모든 것이 어디서 생겨났을까?

³저 사람은 그 목수가 아닌가? 그 어머니는 마리아요, 그 형제들은 야고보, 요셉, 유다, 시몬이 아닌가? 그의 누이들도 다 우리와 같이 여기 살고 있지 않은가?" 하면서 좀처럼 예수를 믿으려 하지 않았다.

⁴예수께서는 그들에게 이렇게 말씀하셨다. "어디서나 존경을 받는 예언자라도 자기 고향과 친척과 집안에서만은 존경을 받지 못한다."

⁵예수께서는 거기서 병자 몇 사람에게만 손을 얹어 고쳐 주셨을 뿐, 다른 기적은 행하실 수 없었다.

⁶그리고 그들에게 믿음이 없는 것을 보시고 이상하게 여기셨다.

"고향에는 왜 가셨습니까?"
"너는 여기 왜 있느냐?"
"살다 보니까 오늘 여기 있습니다."
"나도 가다 보니까 거기가 고향이었다."

"결국, 고향에서 배척받으신 셈 아닙니까?"
"아니다."
"어째서 아닙니까? 그곳 사람들이 선생님을 좀처럼 믿으려 하지 않았는데요."
"그들로서는 그럴 수밖에 없었을 것이고 나 또한 그들의 환영을 받기 위해서 간 게 아니었으니, 누가 누구를 배척했다거나 누가 누구한테서 배척받았다는 말은 합당치 않다."
"어째서 그들은 선생님을 믿으려 하지 않았을까요?"
"나를 잘 안다고 생각했다. 그 '알고 있다는 생각'이 나와 그들 사이에 장벽이 되어 서로 만날 수 없게 했다."
"그래서 예언자가 고향에서 존경을 받지 못하는 겁니까?"
"대체로 그렇다."
"'가까운 사이'가 오히려 사이를 멀게 하는군요?"
"사람이 무엇을 안다고 스스로 생각하는 그것이 병통이다. '나는 내가 아무것도 모른다는 사실을 안다'고 말한 소크라테스를 기억해라. '깨달았다'는 생각만큼 '깨달음'에 방해되는 것이 없다."
"사실상 그들이 선생님에 대하여 알고 있다고 생각한 것은, 선생님의 인적사항이지 선생님 자신은 아니잖습니까?"

"잘 보았다. 많은 사람이 내가 남긴 발자취에 대하여 조금 알고 있는 것을 가지고 나를 안다고 생각한다. 마치 곰 사냥꾼이 곰 발자국을 들여다보면서 곰을 잡았다고 생각하는 것과 같다. 세상에 그런 곰 사냥꾼은 없지만 그런 성직자와 성서학자들은 더러 있다."

"무슨 말씀이십니까?"

"내가 남긴 발자취인 성경을 한평생 연구하면서도 그 발자취의 주인인 내가 자기 곁에 있음을 알아보지 못하는, 알아보려고 하지도 않는 자들이 있다는 얘기다."

"어째서 그런 일이 있게 되는 겁니까?"

"말이란 달을 가리키는 손가락이요 강을 건너는 뗏목이다. 성서를 읽으면서 성서에 붙잡혔기 때문이다. 길을 가는 것은 길을 떠나지 않으면서 길을 떠나는 것이다."

"……"

"왼발이 길을 밟고 있을 때 오른발은 길에서 떨어져야, 그래야 길을 갈 수 있지 않느냐? 성서를 읽되 성서에 갇히지 말아야 한다. 그래야, 성서를 통해 나를 만날 수 있다."

"그러니까, 선생님 고향 사람들은 선생님의 인적사항에 관해서 알고 있는 바 그 '앎'이 장애가 되어 오히려 선생님을 알아 뵙지 못했던 것이군요?"

"나에 대하여 '알고 있는 바'를 지우지 않으면 누구라도 그렇게 될 수 있다. 성서는 밥이다. 밥을 먹으면 밥은 죽고 기운(氣運)이 산다. 성서를 읽으면 말씀은 죽고 삶이 살아야 한다. 성서를 읽어서 알게 된 바 나에 관한 지식을, 내게로 오는 길에 걸림돌이 되게 하지 말고 디딤돌로 삼아라. 내 말이나 나에 관한 증언을 받들어 모시지 말고 발로 밟으라는 얘기다. 알아듣겠느냐?"

"예."

"위도일손(爲道日損)이라, 길을 가려면 날마다 덜어내라고 하지 않았느냐? 성서에 관한 지식뿐 아니라 네가 지니고 있는 모든 지식을, 오직 진리로 나아가는 발판으로 삼아라. 앎이 너를 위해 있는 것이지 네가 앎을 위해 있는 것은 아니다."

"그들에게 믿음이 없는 것을 보시고 이상하게 여기셨다는 말은 무슨 뜻입니까?"

"잘못된 기록이다. 나는 그들에게 믿음이 없는 것을 이상하게 여기지 않았다."

"선생님을 모셨던 제자들은 이상하게 생각했겠지요?"

"그랬겠지."

"고향에서 그런 대접을 받으셨을 때 서운하거나 화가 나지는 않으셨나요?"

"내가 세상에 섬김을 받으러 오지 않았고, 고향에 환대를 받으러 가지 않았거늘, 그런 일로 서운하거나 화가 날 까닭이 없지 않느냐? 나는 다만 내게 주어진 길을 갈 따름이다. 내가 아버지 뜻을 좇아 움직였으면 그로써 충분하다. 무엇을 더 바라고 기대한단 말이냐?"

[7] 그 뒤에 예수께서는 여러 촌락으로 두루 다니시며 가르치시다가 열두 제자를 불러 더러운 악령을 제어하는 권세를 주시고 둘

씩 짝지어 파견하셨다.

⁸그리고 여행하는 데 지팡이 외에는 아무것도 지니지 말라고 하시며 먹을 것이나 자루도 가지지 말고 전대에 돈도 지니지 말며

⁹신발은 신고 있는 것을 그대로 신고 속옷은 두 벌씩 껴입지 말라고 분부하셨다.

¹⁰그리고 이렇게 말씀하셨다. "어디서 누구의 집에 들어가든지 그 고장을 떠나기까지 그 집에 머물러 있어라.

¹¹그러나 너희를 환영하지 않거나 너희의 말을 듣지 않는 고장이 있거든 그곳을 떠나면서 그들을 경고하는 표시로 너희의 발에서 먼지를 털어 버려라."

¹²이 말씀을 듣고 열두 제자는 나가서 사람들에게 회개하라고 가르치며

¹³마귀들을 많이 쫓아내고 수많은 병자들에게 기름을 발라 병을 고쳐 주었다.

"언젠가, 제자들을 두고 선생님 몸의 확장이라고 말씀하신 적이 있지요. 나무 한 그루가 자라면서 많은 가지를 뻗듯이 말씀입니다."

"모든 것이 하나에서 나오고 하나로 돌아간다. 그 과정을 일컬어 '세계' 라고 하는 것이다."

"'사람' 이라고 말할 수도 있지 않을까요?"

"물론이다. 세계가 그러면 그 안에 있는 모든 것이 그렇다."

"그 '하나' 가 무엇입니까?"

"내가 설명한들 네가 알아듣겠느냐?"

"우리가 '하느님' 이라고 부르는 그분인가요?"

"저마다 같은 이름으로 부르면서 생각들이 다르니, 뭐라고 말할 수가 없구나. 이것이 그것이다, 하고 말하면 이미 그것이 이것이 아니라는 것쯤은 너도 알고 있지 않느냐? '하나'라는 말도 하지 않을 수 없어서 잠시 쓰는 것이니 그 말에도 걸리지 않도록 조심하여라."

"말머리를 돌리겠습니다. 선생님 제자들이 결국은 선생님이시라는 말씀인데요, 맞습니까?"

"맞다. 너도 나다."

"그런데 그들을 파견하시면서 이렇게 저렇게 하라고 말씀하시는 이유는 무엇입니까? 선생님과 제자들이 한 몸이라면 말입니다."

"포도나무 가지가 포도나무인 것은 사실이지만, 가지는 가지요 나무는 나무다. 그런 뜻에서 내 제자들은 내가 아니었다. 너도 내가 아니다."

"역시 불이비일(不二非一)이군요?"

"나와 나를 세상에 보내신 아버지 사이가 그러했듯이, 너와 나 사이도 그러하다. 하나와, 하나에서 나오고 하나로 돌아가는 만물의 관계도 마찬가지다."

"제자들을 세상에 보내시면서 왜 맨손으로 보내셨습니까? 오히려 필요한 것들을 두루 갖추어 보내는 게 상식 아닌가요?"

"내 제자들은 필요한 것을 모두 갖추었다."

"……?"

"길 떠나는 사람이 지팡이와 신발과 옷 한 벌이면 족하지 않느냐? 무엇이 '더' 필요하단 말이냐? 그 밖의 것은 '짐'이 될 뿐이다."

"아아, 선생님. 그런 줄 알면서도 저는 왜 이렇게 많은 짐을 지고

서 길을 가는 것일까요?"

"무엇이 너의 많은 짐이냐?"

"보십시오. 얼마나 많은 것이 저에게 있습니까? 들판의 여우처럼, 황혼이면 돌아가 머리 둘 집도 있고 가족도 있고 냉장고도 있고 병풍도 있고 책꽂이에 책도 있고…… 옷도 철따라 여러 벌 있고 신발도 고무신에 샌들에 슬리퍼에 털신까지 있고……"

"그것들 모두를 지금 네가 몸에 지니고 있느냐?"

"예?"

"지금 네 몸에 지니고 있는 게 무엇이냐? 빼놓지 말고 들어 보아라."

"돋보기안경, 속옷과 겉옷 한 벌, 양말 한 켤레, 볼펜 한 자루가 전부입니다."

"그것들 말고는 없느냐?"

"주머니에 열쇠 하나 있군요."

"지금 너에게 더 필요한 게 있느냐?"

"없습니다. 이만하면 넉넉합니다."

"지금 네가 몸에 지니고 있는 것들이 무거운 짐으로 여겨지느냐?"

"아닙니다."

"그런데 무엇이 무겁단 말이냐?"

"……?"

"네 어깨 위에 올려놓지도 않은 물건들이 너를 짓누르고 있구나. 딱한 일이다."

"무슨 말씀이십니까?"

"길 가면서 먹을 것을 자루에 담아 지고 돈지갑에 돈도 넣고 신발도 여벌로 가지고 다니는 것은 사람이 '오늘 하루'를 살 줄 몰라서 그러는 것이다. 가는 곳마다 먹고 입고 쓸 것이 준비되어 있는데 구태여 그것들을 무겁게 지고 다닐 까닭이 무엇이냐? 많은 수행원을 데리고 다니는 대통령이 무거운 짐 보따리를 메고 다니는 것 보았느냐? 내가 제자들에게 먹을 것이나 자루나 돈이나 여벌 신발이나 속옷을 따로 지니지 말라고 한 것은 스승인 내가 세상을 살아가듯이 그렇게 살아가라고 한 것이었다."

"그게 그런 뜻이었습니까? 선생님 제자들이 대통령 같은 분들이었단 말씀입니까?"

"어찌 잠시 있다 사라질 임시 정부의 대통령을 내 제자들에 견준단 말이냐? 네 몸에 지니고 있는 것으로 만족해라. 그것으로 충분하기 때문에 하는 말이다. 비록 큰 저택에서 호사스런 살림살이에 둘러싸여 산다 해도, 지금 지닌 것으로 만족할 줄 알면 그는 언제나 홀가분한 몸인 것이다. 반대로, 아무리 가난한 움집에서 아무 가진 것 없이 산다 해도 지금 있는 것으로 만족할 줄 모르면, 그는 결코 홀가분한 몸일 수 없다. 사람들이 저마다, 있지도 않은 짐을 만들어 지고 스스로 힘겨워하는 것이다. 앞으로 너에게 너무 많은 것이 있다고 언구력을 부리지 마라. 보아라, 지금 너에게 있는 게 무엇인지. 볼펜, 돋보기안경, 속옷 겉옷 한 벌, 양말 한 켤레, 열쇠 한 개, 그밖에 없지 않느냐?"

"말씀은 알아듣겠는데, 그래도 여전히 제 몸은 가볍지가 않습니다."

"너를 무겁게 하는 것이 네 몸 바깥에 있다고 생각하지 마라. 냉

장고에, 집에, 책에, 승용차에, 오디오 시스템에…… 그것들이 너에게 무슨 잘못을 했단 말이냐? 그것들은 그냥 거기 있을 뿐이다. 네가 소유할 수도 없거니와 소유해야만 하는 것들도 아니다. 너는 다만 하느님께서 뜻하시는 바를 이루는 일에 몸과 마음을 바쳐라. 그렇게 하는 데 필요한 것들은 이미 다 마련되어 있다. 내가 지상(地上)에서 사람의 아들로 사는 동안 그러했듯이, 하늘에 속한 여러 수행원들이 너를 따라다니며 너에게 필요한 물품을 모자라지 않도록 대어 준다."

"제 것도 아니요 제 것일 수도 없는 물건들한테서 제발 자유로워졌으면 좋겠습니다."

"나도 그러기를 바란다. 그렇게 될 날이 가까이 이르렀다."

"어디를 가든 그 고장을 떠날 때까지 한 집에 머물러 있으란 말씀은 무슨 뜻입니까?"

"형편이 좋아 보이는 곳을 찾아 이리저리 옮겨 다니지 말라는 애기다."

"환영받지 못하는 고장에서는 발에 먼지를 털고 떠나라 하셨는데요, 무슨 뜻입니까?"

"복음은 햇빛과 같은 것이다. 값없이 전하되 받아들이기를 강요하거나 구걸하지 말라는 얘기다. 달리 말하면, 자기가 맡은 일을 정성껏 하되 그 일에 얽매이지 말라는 얘기다."

"왜 사람이 자기가 하는 일에 얽매일까요?"

"그 일을 이루려는 마음이 앞서서 그렇다."

"일을 이루려는 마음 없이도 일할 수 있습니까?"

"일을 이루려는 마음이 일을 정성스레 하려는 마음에 앞서면 안 된다는 말이다. 불을 아궁이에 때야지 굴뚝에 때면 되겠느냐?"

¹⁴예수의 이름이 널리 알려져 마침내 그 소문이 헤로데 왕의 귀에 들어갔다. 어떤 사람들은 "그에게서 그런 기적의 힘이 나타나는 것을 보면 죽은 세례자 요한이 다시 살아난 것이 틀림없다"고 말하는가 하면
¹⁵더러는 엘리야라고도 하고 또 더러는 옛 예언자들과 같은 예언자라고도 하였다.
¹⁶그러나 예수의 소문을 들은 헤로데 왕은 "바로 요한이다. 내가 목을 벤 요한이 다시 살아난 것이다." 하고 말하였다.

"선생님 소문을 듣고서 헤로데는 자기가 죽인 요한이 되살아났다고 했습니다. 헤로데뿐만 아니라 다른 사람들도 그렇게 생각했다고 기록되어 있습니다. 그들은 문자 그대로 죽은 사람의 회생(回生)을 믿었나요?"
"그렇게들 믿었다. 물론 믿지 않는 자들도 있었지만."
"그렇다면, 선생님의 부활에 대한 기사(記事)도 그런 믿음의 열매로 생겨난 것입니까?"
"그렇다. 사람들의 믿음이 없으면 부활도 없는 것이다."
"부활이 믿음의 소산(所産)입니까?"
"그렇다. 믿음의 결실이다."
"그러면, 정말로 선생님은 다시 살아난 세례자 요한이셨나요? 헤로데가 그렇게 믿었으니까요."

"그렇다. 나는 세례자 요한뿐만 아니라 모든 죽은 자들의 다시 살아난 생명이다."

"무슨 말씀이신지요?"

"내가 곧 길이요 진리요 생명이라고 하지 않았느냐? 생명은 모든 살아 있는 것들 속에 있으며 그것들을 품고 있다. 세례자 요한도, 엘리야도, 다른 예언자들도 모두 내 안에 살아 있다. 하느님은 죽은 자의 하느님이 아니라 산 자의 하느님이기 때문이다. 내가 그 하느님을 아버지로 모시고 있는데, 어떤 사람이 나한테서 소외될 수 있겠느냐? 나는 모든 죽은 자들의 다시 살아난 생명이요 모든 태어날 자들의 미리 태어난 목숨이다."

"그렇지만, 헤로데가 그런 뜻에서 선생님을 되살아난 요한으로 보았겠습니까?"

"그건 아니다. 그는 문자 그대로 나를 회생한 요한으로 생각했다."

"무슨 말씀인지 잘 모르겠습니다. 뭔가 석연치 못합니다."

"헤로데가 나를 다시 살아난 요한으로 본 것이나 내 제자들이 나를 다시 살아난 예수로 본 것이나, 질적으로 다를 바 없다는 얘기다."

"……"

"어떤 믿음이든, 믿음이 없는 자는 부활을 경험하거나 목격할 수 없다."

"저는 제가 죽는 순간 다시 살아나리라는 걸 믿습니다."

"믿는 거냐? 믿어지는 거냐?"

"믿어집니다."

"어떤 모습으로 다시 살 것 같으냐?"

"그건 잘 모르겠습니다. 그때 가 보면 알겠지요."

"네 믿음대로 될 것이다. 그러니 지금부터 다시 살아날 네 모습을 그려 보는 게 어떠냐?"

"저절로 그려지면 그려 보겠습니다만, 머리로 궁리하지는 않겠습니다. 어떤 모습이든, 지금보다는 좀더 선생님을 가까이 모신 저로 되어 있겠지요. 그로써 만족입니다. 더 바랄 것이 없습니다."

"나를 좀더 가까이 모신다는 게 뭐냐?"

"사심 없이, 얽매이지 않고, 자유자재로, 모든 것을 사랑하며 살아가는 것입니다. 장미가 활짝 피면 장미향으로 되듯이, 제 존재 자체가 사랑 그 자체로 되는 것입니다."

"아무쪼록 네 믿음이 실현되기를 나도 바란다. 그러니 반드시 그렇게 될 것이다. 그런데, 그 믿음이 죽은 뒤가 아니라 지금 여기서 이루어지는 게 더 좋지 않겠느냐?"

"물론이지요. 다만 제 말씀은……"

"알고 있다. 네 죽음은 네 삶의 열매다."

"예, 선생님."

"다만 오늘 하루를 제대로 살아라. 그것이 네가 할 수 있는 모든 것이요 네가 해야 할 모든 것이다."

"어떻게 하는 것이 제대로 사는 것입니까?"

"사심 없이, 얽매이지 않고, 자유자재로, 모든 것을 사랑하며 살아가는 것이다. 네가 그러기로 마음먹고 나서면 아무도 말리지 못한다. 아버지께서 우리에게 주신 우리의 길은 누구도 막지 못하는 길이다."

"알겠습니다, 선생님."

"네 몸이, 죽었다가 다시 살아난 내 몸이다. 그 비밀을 네가 알고 있느냐?"

"조금 짐작되는 바는 있습니다만, 아직은 석연치 못합니다."

"지금은 유리창에 비친 네 모습을 보듯이 희미하지만, 때가 되면 얼굴을 마주 대하듯이 알게 될 것이다."

^{17}이 헤로데는 일찍이 사람을 시켜 요한을 잡아 결박하여 옥에 가둔 일이 있었다. 그것은 헤로데가 동생 필립보의 아내 헤로디아와 결혼하였다고 해서

^{18}요한이 헤로데에게 "동생의 아내를 데리고 사는 것은 옳지 않습니다." 하고 누차 간하였기 때문이었다.

^{19}그래서 헤로디아는 요한에게 원한을 품고 그를 죽이려고 하였으나 뜻을 이루지 못하였다.

^{20}그것은 헤로데가 요한을 의롭고 거룩한 사람으로 알고 그를 두려워하여 보호해 주었을 뿐만 아니라 그가 간할 때마다 속으로는 몹시 괴로워하면서도 그것을 기꺼이 들어 왔기 때문이다.

^{21}그런데 마침 헤로디아에게 좋은 기회가 왔다. 헤로데 왕의 생일을 맞아 고관들과 무관들과 갈릴래아의 요인들을 청하여 잔치를 베풀었는데

^{22}그 자리에 헤로디아의 딸이 나와서 춤을 추어 헤로데와 그의 손님들을 매우 기쁘게 해 주었다. 그러자 왕은 그 소녀에게 "네 소원을 말해 보아라. 무엇이든지 들어 주마." 하고는

^{23}"네가 청하는 것이면 무엇이든지 주겠다. 내 왕국의 반이라도 주겠다." 하고 맹세하였던 것이다.

^{24}소녀가 나가서 제 어미에게 "무엇을 청할까요?" 하고 의논하자 그 어미는 "세례자 요한의 머리를 달라고 하여라." 하고 시켰다.

^{25}그러자 소녀는 급히 왕에게 돌아와 "지금 곧 세례자 요한의 머리를 쟁반에 담아서 가져다주십시오." 하고 청하였다.

^{26}왕은 마음이 몹시 괴로웠지만 이미 맹세한 바도 있고 또 손님들이 보는 앞이어서 그 청을 거절할 수가 없었다.

^{27}그래서 왕은 곧 경비병 하나를 보내며 요한의 목을 베어 오라고 명령하였다. 경비병이 감옥으로 가서 요한의 목을 베어

^{28}쟁반에 담아다가 소녀에게 건네자 소녀는 다시 그것을 제 어미에게 갖다 주었다.

^{29}그 뒤 소식을 들은 요한의 제자들이 와서 그 시체를 거두어다가 장사를 지냈다.

"요한의 죽음에 대한 기사(記事)인데요, 그런데 어쩐지 한 편 소설을 읽은 기분입니다. 정확한 사실에 대한 기록이라는 생각이 들지 않는 거예요. 정말 요한이 이런 과정을 거쳐서 살해되었습니까?"

"방금 '정확한 사실에 대한 기록'이라고 했는데, 그런 게 과연 있다고 보느냐?"

"이른바 '역사 기록'이 그런 것 아닌가요?"

"역사(history)가 역사가(historian)의 해석이라는 것은 그 방면의 상식 아니냐? 누가 기록했느냐에 따라서 같은 사건이 약탈도 되고 개척도 되지 않느냐?"

"그건 그렇지요."

"정확한 사실에 대한 기록이란, 관념으로는 가능하겠지만 실제로는 불가능한 것이다. 무엇보다도 '정확한 사실' 자체를 아무도 알 수 없기 때문이다."

"그러면, 저는 마르코의 이 기록에서 무엇을 읽어야 합니까?"

"글이란, 말과 마찬가지로, 무엇을 담아서 전하는 그릇이다. 마르코가 이 '기록'에 무엇을 담으려 했다고 보느냐?"

"제가 보기에는, 요한의 죽음에 헤로데가 깊이 연루되어 있다는 사실, 그러나 헤로데보다는 그의 제수였다가 아내로 된 헤로디아의 역할이 더 컸다는 사실, 헤로데는 요한을 죽이고 싶지 않았지만 결국 죽이지 않을 수 없었다는 사실을 담으려 한 것 같습니다."

"그 밖에 또 무엇이 있느냐?"

"잘못을 저지른 게 왕이라 해도 요한은 예언자답게 망설이지 않고 그것을 지적하였다는 사실입니다."

"또 무엇이 있느냐?"

"남자가 강해 보이지만 여자들한테 휘둘리는 현실입니다."

"또 무엇이 있느냐?"

"자기 약속에 스스로 얽매여, 마음에 없는 행동을 하고 있는 어리석음입니다."

"또 무엇이 보이느냐?"

"……"

"됐다. 그만하면, 마르코가 지금 무엇을 말하고 싶어 하는지 대강 알 수 있지 않느냐?"

"그러면, 왜 그것을 직설(直說)로 말하지 않고 이런 '이야기'에 감추듯이 담아서 내놓는 것입니까?"

"직설도 말이고 소설도 말이다. 그릇 모양이 쓰임새에 따라서 다르듯이, 사람의 말 또한 직설을 쓸 수도 있고 소설을 쓸 수도 있는 것 아니냐?"

"그건 저도 압니다. 제 질문은 왜 마르코가 여기서 '직설' 대신 '이야기'라는 그릇을 쓰고 있느냐는 것이었습니다."

"내 대답은, 직설도 이야기라는 것이었다."

"……"

"공연한 질문은 사람을 곁길로 이끌 뿐이다. 컵에 담긴 물을 마셨으면 그것으로 됐다. 왜 대접이 아니고 컵이냐를 묻다 보면, 마신 물에 체하는 수가 있다."

"알겠습니다."

"그래, 이 이야기에 담겨 있는 내용을 읽고, 소감이 어떠냐?"

"이야기에 나오는 인물들이 저마다 제 길을 열심히 가고 있다는 생각이 듭니다."

"누구는 옳고 누구는 그르다는 생각은 들지 않느냐?"

"예. 별로 그런 생각은 들지 않는군요. 헤로데도 그의 아내도 그리고 그 딸도, 경비병도, 요한까지도, 저마다 자기 길을 자기 발로 가고 있는 것 아닙니까?"

"부물(夫物)이 운운(芸芸)이나 각복귀기근(各復歸其根)이라, 저마다 제 모양으로 시끄럽지만 저마다 제 뿌리로 돌아갈 따름이다. 그것이 그렇게 보인다면 네 마음이 꽤 고요하다는 뜻이다. 정말로 이 이야기에 나오는 사람들 가운데 아무도 싫거나 밉지 않느냐?"

"예. 모두들 조금 안됐을 뿐입니다."

"성경 속의 이야기가 아니라 네가 겪고 있는 현실에서도, 사람들이 그렇게 보이느냐?"

"아닙니다. 현실에서는 여전히 미운 인간도 있고 싫은 인간도 있습니다."

"네 '앎'이 아직 '삶'으로 익지 못해서 그렇다."

"그게 언제고 익기는 익을까요?"

"내가 이렇게 불을 때고 있는데, 익지 않을 방도가 있겠느냐?"

"아멘, 믿습니다."

"나도, 아멘이다."

[30] 사도들이 돌아와서 자기들이 한 일과 가르친 것을 예수께 낱낱이 보고하였다.

[31] 예수께서는 제자들에게 "따로 한적한 곳으로 가서 함께 좀 쉬자"고 말씀하셨다. 찾아오는 사람이 너무 많아서 그들은 음식을 먹을 겨를조차 없었던 것이다.

[32] 예수의 일행은 배를 타고 따로 한적한 곳을 찾아 떠났다.

[33] 그런데 사람들은 그 일행이 떠나는 것을 보고 그들이 예수의 일행이라는 것을 알고는 여러 동네에서 모두 달려 나와 육로로 해서 그들을 앞질러 그곳에 갔다.

[34] 예수께서 배에서 내려 군중이 많이 모여 있는 것을 보시고 목자 없는 양과 같은 그들을 측은히 여기시어 여러 가지로 가르쳐 주셨다.

"어디 따로 한적한 곳으로 가면 쉴 수 있으리라고 생각하셨습니까? 과연 그런 곳이 있다고 생각하셨습니까?"

"그런 곳이 있든 없든, 그런 곳을 찾아가는 게 우리의 일이었다. 사람은 일하는 기계가 아니니 쉴 때에는 쉬어야 한다."

"그렇지만, 상황은 쉴 수 없게 되지 않았습니까?"

"그랬다."

"그렇다면, 결국 헛수고를 하신 셈이군요?"

"무엇이?"

"따로 한적한 곳을 찾아 배를 타고 떠나신 일 말입니다."

"짧은 안목으로 보면 그런 셈이지만, 그러나 결코 헛수고는 아니었다."

"어째서 아닙니까?"

"열매가 씨앗이듯이, 결과는 원인이다. 그 일이 과연 헛수고인지 아닌지는 그 일을 다 마친 뒤에야 알 수 있는 것 아니냐? 아직 끝나지 않은 일을 두고 미리 헛수고였다고 단정 짓는 것은 성급한 오류다."

"쉬러 가셨다가 쉴 수 없게 되지 않았습니까?"

"그랬지."

"그런데 어째서 아직 끝나지 않은 일이라고 하십니까? 무엇이 끝나지 않은 일입니까?"

"따로 한적한 곳을 찾아 쉬는 일이다."

"무슨 말씀인지요?"

"그 일은 아직도 끝나지 않았다. 보아라, 지금 너한테서도 계속 이어지고 있지 않느냐?"

"그런 뜻으로 하신 말씀이라면, 제가 죽을 때까지 그 일은 끝나지 않을 것입니다."

"네가 죽은 뒤에도 끝나지 않을 것이다. 그러니 어찌 그것을 헛수고였다고 하겠느냐?"

"……"

"사람이 하는 일은 모두가, 할 만해서 하는 일이요 할 수 있어서 하는 일이요, 해야겠기에 하는 일이다. 따라서 '헛수고'란 있을 수 없는 것이다."

"어떤 젊은이가 열심히 준비하여 어려운 고시(考試)에 합격했습니다. 그런데 합격통지서를 받던 날 교통사고로 죽었습니다. 그 젊은이도 헛수고를 한 게 아닙니까?"

"아니다. 그는 그렇게 자기 삶을 살았다. 죽음은 누구에게도 '헛수고'를 안겨 줄 수 없다. 헛수고는 성공과 마찬가지로 인간의 관념이다. 실제로는 없는 물건이다."

"그렇게 수고를 했는데 겨우 합격통지서를 받고서 죽었습니다. 그러려고 그동안 애를 쓴 건 아니잖습니까?"

"인생은 그 자체가 신비다. 그가 미처 알지 못한 자신의 다른 목적이 있었고, 그 목적이 '합격통지서를 받는 날 죽음을 경험하는 것'이었다고 한다면 어떻게 하겠느냐?"

"그렇다면 할 말이 없습니다. 그는 헛수고를 하지 않았지요."

"너에게도 네가 알지 못하는 무엇, 네 속의 네가 바라고 있는 무엇이 있다고 생각하지 않느냐? 달리 말하면, 너는 미처 모르지만 네 속에 있는 네가 설정한 어떤 목적이 있다고 생각하지 않느냐?"

"아, 그렇군요. 그것을 이루기 위해서 제가 할 일이 무엇입니까?"

"아무 일도 하지 않는 것이다."

"예?"

"네가 아무 일도 하지 않을 때, 그때에 비로소 네 일이 너한테서 이루어진다. 위무위(爲無爲)면 무불치(無不治)라, 아무 하는 일이 없으면 되지 않는 일이 없다고 하지 않았느냐? 죽으면 산다. 네가 죽은 몸으로 무엇을 할 수 있겠느냐?"

"목적을 세우고 그것을 향해 움직이는 것은 좋다. 그러나 그 목적이 너를 묶는 사슬로 되게 하지는 말아라. 내가 만일 '따로 한적한 곳을 찾아 쉬는 일'에 묶여 있었다면, 우리보다 먼저 가서 기다리고 있는 무리를 피해 또다시 다른 곳을 찾아 떠났을 것이다. 그러나 나는 그렇게 하지 않았다. 스스로 세운 목적에 얽매이지 않았기 때문이다."

"어떻게 하면 그럴 수 있습니까?"

"바람처럼 살아가는, 성령의 사람이 되어라."

"어떻게 하면 성령의 사람이 될 수 있습니까?"

"가만히 있어 너를 내게 맡겨라. 너를 자유인으로 되게 하는 것이 내 일이다. 그리고 나는 결코 '헛수고'를 하지 않는다. 믿어지느냐?"

"예, 선생님!"

[35] 저녁때가 되자 제자들이 예수께 와서 "여기는 외딴 곳이고 시간도 이미 늦었습니다.

[36] 그러니 군중들을 헤쳐 제각기 음식을 사 먹도록 농가나 근처 마을로 보내는 것이 좋겠습니다." 하고 말하였다.

^{37}예수께서 "너희가 먹을 것을 주어라." 하고 이르시자 제자들은 "그러면 저희가 가서 빵을 이백 데나리온어치나 사다가 먹이라는 말씀입니까?" 하고 물었다.

^{38}그러자 예수께서는 "지금 가지고 있는 빵이 몇 개나 되는지 가서 알아보아라." 하셨다. 그들이 알아보고 돌아와서 "빵 다섯 개와 물고기 두 마리가 있습니다." 하자

^{39}예수께서는 제자들에게 군중을 풀밭에 떼 지어 앉게 하라고 이르셨다.

^{40}군중은 백 명씩 또는 오십 명씩 모여 앉았다.

^{41}예수께서는 빵 다섯 개와 물고기 두 마리를 손에 드시고 하늘을 우러러 감사의 기도를 드리신 다음 빵을 떼어 제자들에게 주시며 군중들에게 나누어 주라고 하셨다. 그리고 물고기 두 마리도 모든 사람에게 나누어 주셨다.

^{42}사람들은 모두 배불리 먹었다.

^{43}그리고 남은 빵조각과 물고기를 주워 모으니 열두 광주리에 가득 찼으며

^{44}먹은 사람은 남자만도 오천 명이나 되었다.

"선생님, 좀처럼 믿어지지 않는 이야깁니다. 과연 있었던 사건을 기록한 것입니까?"

"있지도 않은 것을 어떻게 기록할 수 있겠느냐? 아무리 유능한 화가도 없는 사물을 그리지는 못한다."

"공상만화도 있지 않습니까?"

"공상만화도, 만화가 머릿속에 공상이 있어서 그리는 것 아니냐?"

"그러면 오병이어(五餠二魚) 이야기도 어떤 사람 머릿속에 있었던 공상 아닌가요?"

"사람 머리 밖에서 일어나는 사건도 있느냐?"

"있지요."

"예를 들어 보아라."

"지금 이렇게 제가 종이에 글을 쓰고 있는 것은 제 머릿속에서 만들어진 사건이 아니잖습니까?"

"네 머리가 없다면, 어떻게 네가 종이에 글을 쓰고 있겠느냐?"

"……?"

"네 머리가 없으면 아무 것도 없는 것이다."

"……?"

"물고기 두 마리, 빵 다섯 개로 오천 명이 먹고 남았다는 사실이 어째서 믿어지지 않느냐?"

"그런 일이 어떻게 있을 수 있습니까?"

"그런 일이 어떻게 있을 수 없느냐?"

"물고기 두 마리, 빵 다섯 개면 어른 남자 혼자서 먹을 수 있는 분량입니다. 그것을 어떻게 오천 명이 먹는단 말입니까?"

"물고기 두 마리, 빵 다섯 개를 오천 조각으로 나눌 수 있겠느냐?"

"나누면 나누어지겠지요."

"그렇게 나누어서 먹으면 먹을 수 있지 않느냐?"

"제 경험으로 볼 때 그것은 말이 안 됩니다. 빵 다섯 개를 오천 조각으로 나누면 쌀 한 톨이나 될까요? 그것을 먹고 어떻게 배부를 수 있단 말입니까?"

"네가 세상에서 일어나는 일을 모두 경험해 보았느냐?"

"그렇지는 않습니다만."

"네가 이해 못할 일들이 얼마든지 일어나고 있는 게 세상이다. 네 경험으로 세계를 인식하려는 것은 바늘구멍으로 천하를 내다보려는 것과 같다."

"그렇지만 저는 제 경험을 무시할 수 없습니다."

"무시하라고 하지 않았다. 다만, 네가 경험으로 알 수 있는 세계 바깥에 무한한 세계가 펼쳐지고 있음을 인정하라는 얘기다."

"다시 한 번 여쭙겠습니다. 오병이어 기적이 정말로 있었습니까?"

"몇 번 말해야 알아듣겠느냐? 그것이 없었다면 어떻게 기록되었겠느냐?"

"생각으로 머릿속에서 만들어진 이야기 아닙니까?"

"그것을 누가 생각했다 치자. 그렇게 생각하는 사람도 생각의 산물이냐?"

"그건 아니겠지요."

"네가 이렇게 나와 말을 주고받는 것은 생각의 산물 아니냐?"

"생각의 산물이라고 해야겠지요."

"천지만물이 모두 한 생각에서 나왔다는 말, 들어 보았느냐?"

"하느님의 생각에서 나왔다는 말씀인가요?"

"그렇다."

"……"

"오병이어 이야기도 생각에서 나온 이야기라는 점에서 네가 오늘 아침 사과를 벗겨 먹은 일과 다를 바가 없다."

"무슨 말씀이신지요?"

"네가 '현실'이라고 인식하는 것과 '상상'이라고 인식하는 것에 아무 차이가 없다는 얘기다."

"어렵습니다."

"네가 아직 경험의 틀로부터 자유롭지 못해서 그렇다."

"그럼, 저는 이 대목을 어떻게 이해해야 합니까?"

"이해되는 대로 이해하여라."

"이해가 안 되면 어떻게 합니까?"

"이해하지 마라."

"그래도 됩니까?"

"안 될 게 뭐냐? 그래도, 네가 이 대목의 참뜻을 이해할 수 있는 길은 있다."

"그 길이 무엇입니까?"

"스스로 물고기 두 마리, 빵 다섯 개가 되어라."

"어떻게 그럴 수 있습니까?"

"너를 내게 모두 맡겨라."

"선생님, 그것이야말로 제가 바라는 바입니다."

"그러면 됐다. 이제 너는 없어질 것이다. 그리하여 세상의 굶주린 무리가 너로 말미암아 배불리 먹을 것이다."

"……"

"내가 나를 아버지께 모두 내어드렸을 때, 얼마나 많은 무리가 나로 말미암아 배불리 먹게 되었더냐? 지금도 내 이름으로 먹고 사는 자들이, 이 땅 위에 얼마나 많으냐?"

"예, 그렇군요."

"'오병이어 사건'은 언젠가 한 번 있었던 '기적'이 아니다. 지금 네 눈앞에서 벌어지고 있는 엄연한 '현실'이다. 어떻게 그것이 믿어지지 않는다는 거냐?"

⁴⁵그 뒤에 곧 예수께서는 제자들을 재촉하여 배를 태워 건너편 베싸이다로 먼저 가게 하시고 그 동안에 혼자서 군중을 돌려보내셨다.

⁴⁶그들을 보내시고 나서 기도하시려고 산으로 올라가셨다.

⁴⁷날이 저물었을 때에 배는 바다 한가운데 있었고 예수께서는 혼자 육지에 계셨다.

⁴⁸제자들은 마침 역풍을 만나 배를 젓느라고 몹시 애를 쓰고 있었다. 이것을 보신 예수께서는 물 위를 걸어서 제자들 쪽으로 오시다가 그들 곁을 지나쳐 가시려고 하였다. 그것은 새벽 네 시쯤이었다.

⁴⁹제자들은 예수께서 물 위를 걸어오시는 것을 보고 유령인 줄 알고 비명을 질렀다.

⁵⁰그를 보고 모두 겁에 질렸던 것이다. 그러자 예수께서 곧 제자들을 향하여 "나다. 겁내지 말고 안심하여라." 하시며

⁵¹그들이 탄 배에 오르시자 바람이 그쳤다. 제자들은 너무나 놀라 어찌할 바를 몰랐다.

⁵²그들은 마음이 무디어서 군중에게 빵을 먹이신 기적도 아직 깨닫지 못하였던 것이다.

"이 대목을 읽을 때마다 궁금했습니다. 왜 제자들만 배를 태워

호수 건너편으로 가게 하셨습니까?"

"그들을 따돌린 게 아니라 내가 혼자 있고자 한 것이다."

"왜 혼자 있고자 하셨습니까?"

"사람은 누구나 혼자여야 할 경우가 있다."

"언제가 그때입니까?"

"본인이 안다."

"선생님께서는 왜 그때가 그때였습니까?"

"방금, 흔히 겪을 수 없는 일을 그것도 많은 무리가 함께 겪지 않았느냐? 그런 일이 있으면 반드시 삿된 기운이 뒤따르는 법이다. 그것을 물리치는 데는 여럿의 힘이 아니라 한 사람의 힘이 필요하다."

"무엇이 삿된 기운이었습니까?"

"나를 자기네 지도자로 받들어 세우려는 무리의 마음이었다."

"그것이 왜 삿된 기운입니까?"

"내가 만일 그들을 배불리 먹이지 않았어도 그런 마음이 일었겠느냐? 그들에게 배부름 대신 굶주림을 주었더라도 그들이 나를 지도자로 세우려 했겠느냐?"

"그러지는 않았겠지요."

"이욕(利慾)에 바탕을 둔 모든 생각과 시도가 삿된 것이다."

"그것이 선(善)을 이루려는 마음이어도 마찬가지입니까?"

"누구를 위한, 무엇을 위한 선이냐? 선 자체를 위한 선이 아니면, 선한 의도마다 삿된 기운을 품게 마련이다. '지옥으로 가는 길은 선한 의도로 포장되어 있다' 는 말, 들어보지 않았느냐?"

"예, 간디 선생이 가끔 인용하시더군요. 그런데, 삿된 기운을 물리치는데 왜 여럿의 힘이 아니라 한 사람의 힘이 필요합니까?"

"내가 만일 제자들의 힘을 빌려서 십자가를 지려 했다면, 과연 질 수 있었겠느냐?"

"……"

"내가 그 길을 갈 수 있었던 것은 아버지 앞에서 온전히 홀로 섰기 때문이다. 엘리야가 무리와 더불어 하느님을 만났더냐? 모세가 호렙 산에서 하느님을 뵐 때 누구와 함께 있었더냐? 석가모니가 보리수 아래에서 깨달음을 얻을 때 무리가 그를 에워싸고 있었더냐?"

"……"

"무리 속에서 다가오는 삿된 기운을 물리칠 수 있는 힘은 오직 홀로 선 사람한테서만 나오는 법이다."

"새벽 네 시면 아직 캄캄한 밤중인데요, 멀리 떨어진 바다에서 제자들이 고생하고 있는 것을 어떻게 아셨습니까?"

"내가 보았다고 기록되어 있지 않느냐?"

"정말 그들이 보였습니까?"

"마음의 눈이 열리면 시간과 공간의 장벽이 사라진다. 몸은 시간과 공간의 제약을 받지만 마음은 그런 제약을 받지 않기 때문이다."

"마음으로 보는 것도 눈으로 보는 것과 같습니까?"

"같다. 눈앞에 있는 것을 보듯이 본다. 내가 지금 너를 너보다 더 분명하고 자세하게 보고 있다는 사실을 알고 있느냐?"

"예, 선생님."

"내가 너를 보고 있듯이, 그날 새벽에도 그들을 보고 있었다."

"하지만, 당시에는 선생님께서 몸을 입고 계시지 않았습니까?"

"사람이 자기를 온전히 비우면 그 몸이 아무런 장애가 되지 않거니와 깃털보다 더 가벼워질 수 있다."

"아하, 그래서 물 위를 걸으셨던 것입니까?"

"그래서 걸었던 건 아니다."

"그럼 왜 물 위를 걸으셨습니까?"

"마침 타고 갈 배도 없었고 시간도 없었다."

"저도 물 위를 걸을 수 있습니까?"

"내가 걸었는데 너라고 안 되겠느냐? 그러나 네가 과연 나처럼 온전히 자기를 비울 수 있겠느냐?"

"그럴 수만 있다면 얼마나 좋겠습니까?"

"물 위를 걷는 게 무슨 큰일이냐? 소금쟁이도 물 위를 걷는다. 그런 것 따위에 마음 쓰지 말고 네게 주어진 네 길을 가거라."

"예, 선생님. 저는 물 위를 걷고자 하는 마음이 없습니다. 다만, 지금 눈앞에 있는 사람이나 사물을 제대로 사랑하며 살 수만 있다면, 더 바랄 것이 없겠습니다."

"네가 바라고 또 내가 바라는데 안 될 까닭이 없다. 안심하여라. 그리고 마음 놓고 그렇게 하여라. 아무도 막을 수 없는 것이 사랑이다. 너는 참 좋은 길을 택했다. 아무도 그 길을 너한테서 빼앗지 못할 것이다."

"사랑을 하긴 해야겠는데, 그 방법을 잘 모릅니다."

"그래도, 방법을 몰라서 사랑을 못하는 법은 없다."

"하나만 더 여쭙겠습니다. 왜 곧장 제자들에게 가셔서 '내가 왔다' 고 말씀하시지 않고 그들 곁을 지나쳐 가려고 하셨습니까? 그래서 잠시 동안이지만 선생님을 유령으로 알고 겁에 질리지 않았습니까?"

"스승의 길은 언제 어디서나 제자들을 가르치는 것이다. 평생 잊지 못할 가르침을 그들 가슴에 새겨 주려고 그랬다."

"무슨 가르침입니까?"

"사나운 풍랑 속에 언제나 내가 있다는 사실에 대한 가르침이다. 언뜻 보면 겁을 주는 유령의 모습이지만, 그게 바로 나다. 혹시 너를 겁주는 누군가를 만나거든 그를 잘 들여다보아라. 그에게서 나를 볼 수 있을 것이다."

"선생님이 배에 오르시자 바람이 그쳤다고 했습니다. 사실입니까?"

"사실이다."

"어떻게 그런 일이 있을 수 있습니까?"

"네 좁고 작은 경험이나 추리의 울에 세상을 가두려 하지 마라. 우물에 달이 비치긴 하지만, 그 달이 그 달은 아니잖느냐? 바람은 언제고 그치게 돼 있다."

"우연의 일치였나요?"

"우연으로 보면 우연이요 필연으로 보면 필연이다."

"무엇이 그 차이를 만드는 겁니까?"

"겉모습을 대충 보면 우연이요 속속들이 자세하게 보면 필연이다."

[53] 그들은 바다를 건너 겐네사렛 땅에 배를 대었다.

[54] 그들이 배에서 내리자 사람들은 곧 예수를 알아보고

[55] 그 근처 온 지방을 뛰어다니면서 병자들을 요에 눕혀 가지고

예수가 계시다는 곳을 찾아 그리로 데려왔다.

⁵⁶마을이나 도시나 농촌이나 어디든지 예수께서 가시기만 하면 사람들은 장터에 병자들을 데려다 놓고 그 옷자락만이라도 만지게 해 달라고 간청하였다. 그리고 손을 댄 사람은 모두 나았다.

"한마디로, 굉장한 소란이었겠습니다."

"누구에게 말이냐?"

"선생님께서 가시는 곳마다 온갖 병자들이 모여들었으니 말씀입니다."

"글쎄, 누구에게 소란스러웠겠다는 말이냐?"

"선생님과 제자분들께요."

"내 제자들은 혹시 소란스러웠을는지 모르나, 나는 아니었다."

"예?"

"나는 조금도 소란스럽지 않았다."

"어째서 그렇습니까?"

"소란스러움이란, 소란스러운 상황에 있는 게 아니라 소란스럽다고 생각하는 사람에게 있는 것이기 때문이다. 아무리 많은 사람이 모여들어 시끄럽게 떠들어도, 그 한복판에서 마음의 고요함을 유지할 수 있다."

"어떻게 그럴 수 있습니까?"

"자기 중심을 떠나지 않으면 된다. 사람의 중심(中心)은 바람 불어 물결이 일어도 한결같이 고요한 호수의 바닥 같아서, 결코 세파에 흔들리지 않는다."

"선생님, 혹시 그 때문에 사람들이 선생님께로 몰려와 병을 고칠 수 있었던 건 아닐까요?"

"내가 늘 중심을 떠나지 않았기 때문에 말이냐?"

"예."

"잘 보았다. 나는 한 순간도 나를 보내신 아버지를 잊지 않았다."

"선생님 중심이 하느님 아버지십니까?"

"네 중심도 하느님 아버지시다."

"예?"

"만물의 중심이 하느님 아버지시다. 그분은 우주의 중심이시요 우주가 하나밖에 없으니 네 중심인들 어디 다른 데 있겠느냐? 누구든지 자기 중심으로 돌아가면, 천지가 저와 한 뿌리〔天地與我同根〕요 만물이 저와 한 몸〔萬物與我一體〕임을 저절로 알게 된다."

"제가 어떻게 하면 제 중심으로 돌아갈 수 있겠습니까?"

"나를 떠나지도 말고 내게 얽매이지도 마라. 그렇게 나와 관계를 유지하면 마침내 네 중심이자 내 중심이신 아버지께로 돌아갈 것이다."

"선생님을 떠나지 말라는 말씀은 알아듣겠는데요, 선생님께 얽매이지 말라는 건 무슨 말씀이십니까?"

"길에 얽매이면 길을 갈 수 없지 않느냐? 내 말이나 가르침이 너를 얽어매는 사슬로 되지 않도록 하라는 말이다."

"어떻게 하면 그럴 수 있습니까?"

"무엇을 알게 되었다 해도 그것을 고집하지 마라. 날마다 배움을 쌓되 날마다 그것을 비워야 한다."

"쌓은 지식을 비운다는 게 그것들을 모두 잊으라는 말씀입니까?"

"일부러 잊으려 애쓸 건 없다. 그것도 작위(作爲)가 되니 할 짓이 못 된다. 네가 알고 있는 지식으로 너와 남을 강요하거나 통제하지 말라는 얘기다. 지식은 그것을 잘 밟을 때에 디딤돌이 되지만, 받들어 모시거나 지키려고 하는 순간 걸림돌로 바뀐다."

"선생님 가시는 곳마다 사람들이 병자를 데리고 모여들었습니다. 그들이 귀찮거나 성가시지 않으셨는지요?"
"나는 세상에 섬김을 받으러 오지 않았고 섬기러 왔다. 그들을 성가시게 여겼다면 어떻게 그들을 섬길 수 있었겠느냐?"
"하지만, 언제까지나 병 고쳐 주는 일로 세월을 보낼 수는 없지 않습니까?"
"내가 그들을 고쳐 준 게 아니라 그들의 믿음이 제 병을 고친 것이다. 나무 그늘에 사람들이 와서 땀을 식히는 데 나무가 해 주는 일이 따로 있느냐?"
"그렇긴 합니다만, 선생님이 계셨기에 사람들한테 믿음이 생겼던 것 아닙니까?"
"물론이다. 나무에 그늘이 없는데 사람들이 그 아래로 모여들어 땀을 식히겠느냐?"
"……"
"나는 내게 주어진 길을 갈 따름이다. 사람들이 밀물처럼 모여들든, 모여들었던 자들이 썰물처럼 떠나든, 나를 세상에 보내신 아버지의 뜻을 이루고 완성하는 것, 그것만이 내 관심사요 일용할 양식이었다."
"선생님! 저도 그렇게 살고 싶습니다."

"너를 세상에 보내신 아버지의 뜻이 무엇인지 알고 있느냐?"

"예. 사랑을 하는 것입니다. 그래서 사랑을 알고 마침내 사랑으로 존재하는 것입니다."

"그렇게 하여라. 누가 감히 너를 말리겠느냐?"

7장

¹예루살렘에서 온 바리사이파 사람들과 율법학자 몇 사람이 예수께 모여 왔다가
²제자 몇 사람이 손을 씻지 않고 부정한 손으로 음식을 먹는 것을 보았다.
³원래 바리사이파 사람들뿐만 아니라 모든 유다인들은 조상의 전통에 따라 음식을 먹기 전에 반드시 손을 깨끗이 씻었고
⁴또 시장에서 돌아왔을 때에는 반드시 몸을 씻고 나서야 음식을 먹는 관습이 있었다. 그 밖에도 지켜야 할 관습이 많는데 가령 잔이나 단지나 놋그릇 같은 것을 씻는 일들이 그것이었다.
⁵그래서 바리사이파 사람들과 율법학자들은 예수께 "왜 당신의 제자들은 조상의 전통을 따르지 않고 부정한 손으로 음식을 먹습니까?" 하고 따졌다.
⁶예수께서는 그들에게 이렇게 대답하셨다. "이사야가 무어라고

예언했느냐? '이 백성이 입술로는 나를 공경하여도 마음은 나에게서 멀리 떠나 있구나.

⁷그들은 나를 헛되이 예배하며 사람의 계명을 하느님의 것인 양 가르친다'고 했는데 이것은 바로 너희와 같은 위선자를 두고 한 말이다.

⁸너희는 하느님의 계명은 버리고 사람의 전통을 고집하고 있다."

⁹그리고 이어서 이렇게 말씀하셨다. "너희는 그 전통을 지킨다는 구실로 교묘하게 하느님의 계명을 어기고 있다.

¹⁰모세가 '부모를 공경하라'고 하였고 또 '아버지나 어머니를 욕하는 자는 반드시 사형을 받는다'고 하였는데

¹¹너희는 누구든지 아버지나 어머니에게 '제가 해 드려야 할 것을 하느님께 바쳤습니다.'라는 뜻으로 '코르반'이라고 한 마디만 하면 된다고 하면서

¹²자기 아버지나 어머니에게 아무것도 해 드리지 못하게 하고 있으니

¹³이것이 바로 전해 오는 전통을 핑계 삼아 하느님의 말씀을 무시하는 일이 아니고 무엇이냐? 너희는 이 밖에도 그런 일을 많이 저지르고 있다."

"어쩐지 이 대목은 선생님께서 몸소 말씀하신 것을 그대로 기록한 것 같지 않습니다."

"왜 그런 생각이 들었느냐?"

"무엇보다도, 선생님의 말씀 내용이 장황합니다."

"잘 보았다. 내가 한 말을 그대로 옮겨 적은 것은 아니다. 그러나 중심 뜻은 내 생각에서 크게 벗어나지 않았다. 그러니 네가 할 일은, 이것이 누구의 말이냐를 따져 묻는 게 아니라 이 말의 중심 뜻이 무엇이냐를 캐묻는 것이다."

"알겠습니다."

"밖에 나갔다가 돌아와서 손을 씻거나 식사 전에 손을 씻는 것은 잘하는 일 아닙니까? 그런 관습은 장려할 만한 관습이라고 생각됩니다."

"동감이다. 그것은 좋은 관습이다. 너도 밖에 나갔다가 돌아오면 손을 씻도록 해라."

"그런데 왜 그것이 '위선' 입니까? 입술로는 하느님을 공경하면서 마음은 멀리 떠나 있는 것과 무슨 상관이 있습니까?"

"'위선' 은 관습에 있지 않고 관습을 지키는 사람한테 있다."

"좋은 관습을 지키는 것이 어째서 위선입니까?"

"나는 바리사이파 사람들과 율법학자들이 식사 전에 손 씻는 것을 가리켜 위선이라고 하지 않았다."

"그러면 무엇이 위선입니까?"

"속은 깨끗하지 못하면서 겉만 깨끗하게 닦는 것이 위선이다."

"바리사이파 사람들과 율법학자들이 그랬던가요?"

"그들은 몸을 깨끗하게 하는 전통은 철저하게 지키면서 마음에 묻은 때는 내버려 두었다."

"마음에 때가 묻어 있는 줄 어떻게 압니까?"

"하는 짓을 보면 누구나 알 수 있다. 손 씻지 않고 음식 먹는 사람을 시빗거리로 삼는 것 자체가 그들 마음에 때가 묻어 있음을 입증한다. 남의 허물을 두고 시비를 거는 마음은 깨끗한 마음이 아니다."

"그러면 어떻게 했어야 하지요? 조상이 물려준 소중한 관습을 어기는 자들을 눈으로 보면서 그냥 못 본 척했어야 합니까?"

"너라면 어떻게 하겠느냐?"

"글쎄요. 당해 보지 않아서 모르긴 하겠습니다만, 시비조로 잘잘못을 따지지는 않을 것 같습니다. 그들에게도 그럴 수밖에 없는 무슨 사정이 있었을 테니까요."

"마음에 때가 묻으면 상대방의 겉모습만 보이고 그 속사정은 보이지 않는다. 반대로, 맑고 깨끗한 마음은 상대방의 겉모습뿐만 아니라 그의 앞뒤 형편과 속사정까지 모두 함께 본다. 세상을 그렇게 보면 모든 것이 찬탄의 대상이요 자비의 대상이다. 심판이나 저주의 대상은 없다."

"시비를 가리는 마음은 모두 때 묻은 마음인가요?"

"맑은 마음은 거울 같아서, 시(是)를 시(是)로 비(非)를 비(非)로 비칠 따름이다. 그것을 가려 누구는 추켜세우고 누구는 깎아내리고, 그러지를 않는다. 제 속은 오래된 때로 더러운 사람이 손이나 그릇 따위 깨끗이 씻는 것 가지고서 오히려 겉은 더럽지만 속은 저보다 깨끗한 이들을 나무라고 있으니, 그것이 위선 아니고 무엇이냐?"

"아, 예. 그렇군요."

"'코르반'에 대한 언급은 어떻게 읽어야 합니까?"

"이미 이 대목의 '중심 뜻'을 말하지 않았느냐? 같은 얘기를 반복한 것이다. 중심을 잡았으면 곁가지는 놓아도 된다."

^{14}예수께서 다시 사람들을 불러 모으시고 이렇게 가르치셨다. "너희는 내 말을 새겨들어라.

^{15}무엇이든지 밖에서 몸 안으로 들어가는 것은 사람을 더럽히지 않는다.

^{16}더럽히는 것은 도리어 사람에게서 나오는 것이다."

"저를 더럽히는 것이 제 몸 밖에 있지 않고 제 몸 안에 있다는 말씀인가요?"

"그렇다."

"만약에 제가 거름통에 빠졌다면, 그래도 저를 더럽히는 것이 제 몸 안에 있는 겁니까?"

"그렇다."

"어째서 그렇습니까?"

"만약에 네가 거름통에 빠졌다면 어떻게 하겠느냐?"

"얼른 나와야지요."

"나와서 어떻게 하겠느냐?"

"몸을 씻어야지요."

"그래도 거름통이 너를 더럽혔다고 할 수 있느냐?"

"……?"

"만약에 거름통에 빠진 네가 나올 생각을 않고 그냥 거기에 머물러 있으면 어떻게 되겠느냐?"

"그럴 리야 있겠습니까만, 만약에 그런다면 저는 더러운 몸으로 있겠지요."

"그렇게 너를 더러운 몸으로 있게 한 것이 거름통이냐? 아니면 거기서 나오지 않고 그냥 머물러 있기로 한 네 생각이냐?"

"아, 그렇군요! 그러면, 제가 거름통에서 나와 목욕을 하는 것도 그러겠다는 제 생각에서 나온 것이니, 저를 더럽히는 것과 함께 저를 깨끗하게 하는 것도 제 몸 밖에 있는 것이 아니라 제 안에 있는 것 아닙니까?"

"잘 보았다. 너를 더럽히는 것도, 너를 깨끗하게 하는 것도, 모두 네 안에 있다."

"물과 성령으로 세례를 받아야 한다고 말씀하시지 않았습니까? 물과 성령도 제 안에 있습니까?"

"물과 성령은 네 몸 안팎에 두루 있지만, 세례를 받겠다는 마음은 네 안에 있지 않느냐? 그 마음이 너한테서 나오지 않으면 물도 성령도 너를 씻어 줄 수 없다. 거름통 밖에 우물이 있지만, 네가 거름통에서 나와 우물로 들어가지 않는데 그 물이 너를 어떻게 씻어 줄 수 있겠느냐?"

"저는 그동안 이 말씀을, 음식은 깨끗하지만 똥오줌은 더럽다는 뜻으로 읽었습니다."

"똥오줌이 어째서 더러우냐? 그리고, 사람들은 음식물이라면서 독극물을 먹고 마시지 않느냐?"

"그렇군요."

"거름통이 너를 더럽히지 못하고 우물이 너를 깨끗하게 씻어 주지 못하듯이, 음식물은 너를 깨끗하게 못하고 똥오줌은 너를 더럽히지 못한다. 모두가 네 몸 바깥에 있기 때문이다. 너를 깨끗하게 하는 것도 너요, 너를 더럽히는 것도 너다."

"어떤 사람이 저를 꼼짝 못하게 묶어 놓고서 제 몸에 오물을 들어부었습니다. 그래도 오물이 저를 더럽힌 게 아닌가요?"

"사람들이 나를 꼼짝 못하게 나무에 못 박아 놓고서 침을 뱉으며 욕설을 퍼부었다. 그래서 내가 더러워졌느냐?"

"……"

"날마다 오물을 뒤집어쓰면서 깨끗한 사람이 있고, 날마다 새 옷을 갈아입으면서 더러운 사람이 있다. 안 그러냐?"

"그렇습니다."

"모든 것이 네 안에 있다. 밖에서 찾지 마라."

[17]예수께서 군중을 떠나 집에 들어가셨을 때에 제자들이 그 비유의 뜻을 묻자

[18]예수께서는 "너희도 이렇게 알아듣지를 못하느냐? 밖에서 몸 안으로 들어가는 것은 사람을 더럽히지 못한다는 것을 모르느냐?

[19]모두 뱃속에 들어갔다가 그대로 뒤로 나가 버리지 않느냐? 그것들은 마음속으로 파고들지는 못한다." 하시며 모든 음식은 다 깨끗하다고 하셨다.

[20]그리고 다시 이렇게 말씀하셨다. "참으로 사람을 더럽히는 것은 사람에게서 나오는 것이다.

[21]안에서 나오는 것은 곧 마음에서 나오는 것인데 음행, 도둑질, 살인,

[22]간음, 탐욕, 악의, 사기, 방탕, 시기, 중상, 교만, 어리석음 같은 여러 가지 악한 생각들이다.

[23]이런 악한 것들은 모두 안에서 나와 사람을 더럽힌다."

"역시 이 대목에서도 비유에 대한 해설의 한계라 할까 제약이라 할까, 그런 것이 느껴집니다."

"해설은, 무엇에 대한 해설이든 간에, 그 설명되는 것을 드러내면서 가리게 마련이다."

"그게 바로 언어의 한계 아닌가요?"

"그렇다. 그래서 참된 가르침은 마음에서 마음으로 전해진다고 하는 것이다."

"제자들이 선생님께 비유의 뜻을 여쭌 것은 사실입니까?"

"사실이다."

"그래서, 그들에게 비유의 뜻을 풀어 주셨나요?"

"나는 내 비유를 아무에게도 풀이해 준 적이 없다."

"그러면, 이 대목은 어떻게 된 겁니까?"

"사람들이, 음식 가려 먹는 문제에 대한 견해를 이렇게 말한 것이다."

"그들이 누굽니까?"

"누구라고 말해 주면 네가 알겠느냐? 그들이 누구인지를 아는 것이 너와 무슨 상관이 있느냐? 지난번에도 그러더니 같은 질문을 또 하는구나?"

"죄송합니다."

"……"

"이 해설에 동의하십니까?"

"온전한 진리를 옹글게 담아낼 수 있는 '말'은 없다. 비록 불완전한 해설이기는 하지만 동의 못할 내용은 없다."

"모든 음식이 깨끗하다는 말은 잘못되지 않았나요?"

"잘못되지 않았다."

"독이 들어 있는 것을 사람들이 먹고 마시지 않습니까?"

"예를 들면, 어떤 것들이냐?"

"술이나 마약 같은 것들 말씀입니다."

"그것들이 어째서 깨끗하지 않다는 말이냐?"

"……?"

"깨끗한 생수도 지나치게 마시면 탈이 된다. 술도 마약도 생수처럼 깨끗한 음식이다. 문제는 왜, 그리고 어떻게 먹고 마시느냐에 있다."

"가공식품도 깨끗합니까?"

"이 글이 기록되던 때에는 패스트푸드도 없었고 농약에 오염된 곡물도 없었다는 점을 염두에 두어라. 무지와 탐욕에 눈먼 현대인들이 깨끗하지 못한 식품을 만들어 돈으로 바꾸는 경우를 이 본문에 그대로 적용하는 것은 무리가 아니냐?"

"그렇군요."

"하느님이 지으신 세상에 깨끗하지 않은 것은 없다."

"예."

"……"

"사람의 마음에서 나오는 것이 음행, 도둑질, 살인…… 같은 악한 생각들만은 아니잖습니까?"

"물론이다."

"그런데 이 해설에서는 그런 것들만 나온다고 하지 않았습니까?"

"잘 읽어 보아라. 그런 것들이 나온다고 했지 그런 것들만 나온다고는 하지 않았다."

"……"

"앞에서도 말했지만, 해설은 설명되는 대상을 드러내기도 하지만 가리기도 한다. 그러니 남의 말을 들을 때에는 그것이 담고 있는 중심 뜻을 놓치지 말아야 한다. 언유종(言有宗)이라 하지 않았느냐? 이 해설에 담겨 있는 중심 뜻은 사람을 더럽히는 게 그 사람 바깥에 있지 않고 안에 있다는 것 아니냐? 그렇게 보면 내 비유의 핵심을 제대로 잡아낸 셈이다. 내가 직접 한 해설은 아니라 해도, 내가 했다고 하여 잘못될 것도 없다."

"알겠습니다."

²⁴예수께서 그곳을 떠나 띠로 지방으로 가셨다. 거기서 어떤 집에 들어가 아무도 모르게 조용히 계시려 했으나 결국 알려지고 말았다.

²⁵그래서 악령이 들린 어린 딸을 둔 어떤 여자가 곧 소문을 듣고 예수를 찾아와 그 앞에 엎드렸다.

²⁶그 여자는 시로페니키아 출생의 이방인이었는데 자기 딸에게서 마귀를 쫓아내 달라고 간청하였다.

²⁷그러나 예수께서는 "자녀들을 먼저 배불리 먹여야 한다. 자녀들이 먹는 빵을 강아지들에게 던져 주는 것은 좋지 않다." 하고 말씀하셨다.

²⁸그래도 그 여자는 "선생님, 그렇긴 합니다만 상 밑에 있는 강아지도 아이들이 먹다 떨어뜨린 부스러기는 얻어먹지 않습니까?" 하고 사정하였다.

²⁹그제야 예수께서는 "옳은 말이다. 어서 돌아가 보아라. 마귀

는 이미 네 딸에게서 떠나갔다." 하고 말씀하셨다.

³⁰그 여자가 집에 돌아가 보니 아이는 자리에 누워 있었고 과연 마귀는 떠나가고 없었다.

"정말로 있었던 일입니까?"

"그런 질문을 언제까지 되풀이할 참이냐? 사람 머릿속에 있는 것도 있는 것이다. '없었던 일'이 어떻게 기록되었겠느냐?"

"아무도 모르게 조용히 계시려고 길을 떠난 것은 선생님 뜻이었습니까? 아니면 제자들이 그러자고 한 것이었습니까?"

"나도 그렇게 생각했고 그들도 그렇게 생각했다."

"그 심정은 이해가 됩니다. 시끄러운 세상에서 숨어 버리고 싶은 마음이 제게도 가끔 있으니까요. 띠로 지방이면 당시로서는 꽤 먼 곳이었다고 하겠는데, 그 먼 곳에서도 사람들이 소문을 듣고 찾아왔군요?"

"소문이란 그런 것이다. 발 없는 말이 천 리를 간다고 하지 않느냐?"

"그렇다면 결국 이 세상에서는 숨을 곳이 없다는 얘기가 되는 건가요?"

"아니, 숨을 곳은 얼마든지 있다."

"그럼, 누구든지 숨기로 하면 숨을 수 있다는 말씀입니까?"

"그렇다. 지금도 이 땅에는 숨어 있는 사람들이 많이 있다."

"그들은 왜 숨어 살고 있습니까?"

"본인이 그러기로 마음먹었기 때문이다."

"숨고 싶지만 숨어지지 않는 경우가 있지 않습니까? 여기 이 대목에서 선생님과 제자들이 그러셨듯이 말씀입니다."

"내가 조용히 쉬려고 먼 길을 간 것은 사실이지만, 세상에서 숨으려 했던 것은 아니다. 나는 사람들을 섬기러 세상에 왔지 그들을 피해서 숨으러 오지 않았다."

"그런데 뭐 하러 먼 띠로 지방까지 가셨습니까?"

"사람에게 휴식이 필요한 것은 너도 알고 있지 않느냐? 쉴 줄 아는 사람이 일할 줄도 아는 법이다."

"그러나 선생님은 그곳에 가셔서도 쉬지 못하셨지요."

"아니다. 나는 충분히 쉬었다. 참된 휴식이란 여건(與件)이 주는 게 아니라 제가 저에게 주는 것이다. 나는 띠로에 다녀오면서 충분한 휴식을 내게 안겨 주었다."

"여자가 찾아와서 성가시게 굴지 않았습니까?"

"아니다. 나는 여자가 성가시지 않았다."

"정말로 귀찮지 않으셨어요?"

"백합이 향기를 뿜는데 아침에는 사람을 반기고 저녁에는 귀찮아 하겠느냐? 하느님의 영으로 살아가는 사람에게는 장애물은 있어도 장애는 없으며 성가시게 구는 사람들은 있어도 성가신 사람은 없다. 그에게는 새삼스레 받아들일 것도 없고 따라서 물리칠 것도 없다. 모든 것이 있고 아무것도 없기 때문이다."

"그러면 왜, 자녀들에게 줄 빵을 강아지한테 주는 것은 합당치 않다고, 듣기에 따라 상대방을 개로 멸시하는 듯한 말씀을 하시면서 여자의 청을 거절하셨습니까?"

"그 말은 내 본심으로 한 말이 아니었다."

"예? 그럼 빈말을 하셨다는 말씀입니까?"

"빈말도 아니었다. 진심이 담겨 있는 말이었다."

"무슨 말씀이신지요?"

"내 일행들의 속마음을 내 입으로 밝힌 것이니, 내 본심은 아니지만 그들의 진심을 말한 것 아니냐?"

"그렇다면, 제자들 마음에 있는 생각을 대언(代言)하신 데는 그럴 만한 이유가 있었을 텐데요. 그 이유가 무엇이었습니까?"

"그들의 생각이 그릇된 것은 아니지만 때가 되면 깨어져야 한다는 사실을 가르쳐 주어야 했다."

"생각이 깨어진다고요?"

"생각도 생명이다. 때가 되면 깨어져야 산다. 그래야 그 생각이 꽃을 피우고 열매를 맺는다."

"마땅히 깨어졌어야 할 제자들의 '생각'이란 어떤 것이었습니까?"

"자녀에게 줄 빵을 개들한테 주어서는 안 된다는 생각, 다시 말하면 하느님 나라는 이스라엘에서만 이루어진다는 생각이었다."

"어떻게 그런 생각을 할 수 있었을까요? 하느님 나라가 이스라엘에 국한되다니요?"

"요즘도 그런 생각에 갇혀 있는 사람들이 많지 않느냐?"

"많이 있지요. 그들은, 교회 밖에는 구원이 없다고들 말합니다."

"알껍데기가 얼마 동안은 병아리를 보호하기 위해서 깨어지면 안 되지만 때가 되면 태어날 새 생명을 위해 깨어져야 하듯이, 그 생각도 이제 깨어질 때가 되었다."

"그러면, '예수'라는 이름을 몰라도 구원받을 수 있는 겁니까?"

"사람들과 나 사이를 내 '이름'이 이어주는 시대는 더 이상 지속되지 않을 것이다. 따라서 '내 이름'이 나와 사람들 사이를 가로막는 시대도 저물어 가고 있다. 곰 사냥꾼이 곰 발자국을 추적하다가 곰을 보았으면 더 이상 발자국을 들여다볼 이유가 없지 않느냐?"

"……"

"내가 지금 내 이름으로 너를 만나고 있느냐?"

"아닙니다. 그건 아닙니다."

"그런 줄 어떻게 아느냐?"

"그냥 압니다. 저에게는 이제 선생님이 어떤 이름을 쓰셔도 상관 없습니다."

"명가명(名可名)은 비상명(非常名)이라 하지 않았느냐? 이름이란, 그것이 어떤 이름이든, 본질상 가명(假名)이요 별명(別名)이다. 더 이상 이름에 속지 마라. 아직도 네 몸에 옛 버릇이 남아 있어서 정신 차리지 않으면 스스로 속는다."

"명심하겠습니다."

"……"

"한 가지만 더 여쭤겠습니다. 만일 그 여자가 자기를 가리켜 개라고 말씀하신 데 화를 내며 돌아갔다면, 제자들 생각을 고쳐 주려는 선생님 뜻이 무산되지 않았을까요?"

"만약에 그랬더라면 그랬겠지만, 또 쓸데없이 '만약에 놀이'(if game)를 하자는 거냐?"

"여자가 그렇게 대꾸하고 나올 줄 아셨습니까?"

"알았다."

"어떻게 그런 걸 미리 압니까?"

"점쟁이들도 아는 것을 내가 모른단 말이냐? 공연한 수작 접고 오늘은 여기서 마치자."

"예, 선생님."

^{31}그 뒤 예수께서는 띠로 지방을 떠나 시돈에 들르셨다가 데카폴리스 지방을 거쳐 갈릴래아 호수로 돌아오셨다.

^{32}그때에 사람들이 귀먹은 반벙어리를 예수께 데리고 와서 그에게 손을 얹어 주시기를 청하였다.

^{33}예수께서는 그 사람을 군중 사이에서 따로 불러내어 손가락을 그의 귓속에 넣으셨다가 침을 발라 그의 혀에 대시고

^{34}하늘을 우러러 한숨을 내쉰 다음 "에파타" 하고 말씀하셨다. "열려라"라는 뜻이었다.

^{35}그러자 그는 귀가 열리고 혀가 풀려서 말을 제대로 하게 되었다.

^{36}예수께서는 이 일을 아무에게도 말하지 말라고 엄하게 이르셨으나 그럴수록 사람들은 더욱 더 널리 소문을 퍼뜨렸다.

^{37}사람들은 "귀머거리를 듣게 하시고 벙어리도 말을 하게 하시니 그분이 하시는 일은 놀랍기만 하구나." 하며 경탄하여 마지않았다.

"먼 여행길이셨군요?"
"긴 휴식이었다."
"여행하시면서 쉬셨다는 말씀인가요?"
"그렇다."
"어떻게 하면 여행을 하면서 쉴 수 있지요?"
"일하면서 쉴 수 있는 사람이면 여행을 하면서도 쉴 수 있다."

"일하면서 쉽니까?"

"아무 하는 바가 없으니 쉬는 것 아니냐?"

"위무위(爲無爲)를 말씀하시는 건가요?"

"그렇다. 모든 일이 저절로 이루어지게 하는 것이다. 자연으로 돌아가 자연과 한 몸이 된 사람은 그럴 수 있다."

"어떻게 하면 자연으로 돌아갈 수 있습니까?"

"자기가 자연으로 돌아갈 수 없는 몸임을 깨달을 때, 자연으로 돌아갈 수 있다."

"예?"

"물이 물로 되고 불이 불로 될 수 있느냐? 넘어진 자는 넘어질 수 없고 서 있는 자는 일어설 수 없다. 자기가 부처임을 스스로 알 때까지는 부처면서 부처가 아니듯이 자기가 자연임을 스스로 알 때까지는 자연이면서 자연이 아니다. 자기가 부처로 될 수 없고 될 필요도 없음을 알 때 스스로 부처가 되듯이, 자기가 자연으로 돌아갈 수 없고 돌아갈 필요도 없음을 알 때 자연과 한 몸이 되는 것이다."

"일이 곧 휴식이라는 말씀인가요?"

"그렇다."

"말씀을 알아는 듣겠는데, 실감(實感)은 되지 않습니다."

"그럴 것이다. 익지 않은 열매는 아직 씨앗이 될 수 없다."

"사람들이 귀먹은 반벙어리를 데리고 왔을 때, 왜 그를 군중 사이에서 따로 불러내셨습니까?"

"내가 병을 고치고 마귀를 쫓아낸 것은 과시용(誇示用)이 아니었다."

"그건 저도 알고 있습니다."

"그날 군중은 귀먹은 반벙어리를 불쌍히 여기는 마음보다 내가 그를 어떻게 하는지 구경하려는 마음이 더 컸다. 사람은, 그가 어떤 사람이든, 호기심 어린 눈길의 구경거리가 되어서는 안 된다."

"그래서 그를 따로 데리고 가셨군요? 그런데, 다른 때에는 말씀 한 마디로 넉넉히 고쳐 주셨으면서 왜 이번에는 그의 귀에 손가락을 넣고 손에 침을 발라 혀에 대시는 제스처를 쓰셨습니까?"

"등잔에 기름이 없으면 기름부터 채우고 불을 붙이지 않겠느냐? 그는 본인의 믿음으로 내게 오지도 않았고 타인의 믿음으로 내게 맡겨지지도 않았다. 반은 믿고 반은 의심하는 자에겐 그 의심을 비우고 빈 자리를 믿음으로 채우기 위해 그런 제스처가 필요했다."

"왜 '열려라' 하시지 않고 '에파타'라고 하셨습니까?"

"그것도 제스처였다."

"역시 이번에도 소문을 내지 말라고 말씀하셨군요?"

"내 일 내가 한 것이다."

"그러나 사람들은 더욱 소문을 내면서 선생님께서 하신 일에 경탄하여 마지않았습니다."

"자기네 일을 자기네가 한 것이다."

"선생님 일과 그들의 일이 따로따로인가요?"

"내 일이 없으면 그들의 일이 어찌 있고 그들의 일이 없으면 내 일이 또한 어찌 있겠느냐? 다만, 일과 일이 서로 어우러져 마침내 하느님 나라를 이루어 가고 있는 것이다."

8장

¹그 무렵 사람들이 또 많이 모여들었는데 먹을 것이 없어서 예수께서는 제자들을 불러

²"이 많은 사람들이 벌써 사흘이나 나와 함께 지냈는데 이제 먹을 것이 없으니 참 안 됐다.

³그들을 굶겨서 집으로 돌려보낸다면 길에서 쓰러질 것이다. 더구나 그 중에는 먼 데서 온 사람들도 있다." 하고 말씀하셨다.

⁴제자들이 "여기는 외딴 곳인데 이 많은 사람들을 배불리 먹일 빵을 어디서 구해 오겠습니까?" 하고 반문하자

⁵예수께서 "빵이 몇 개나 있느냐?" 하고 물으셨다. 그들이 "일곱 개가 있습니다." 하니까

⁶예수께서는 사람들을 땅에 앉게 하시고 빵 일곱 개를 손에 들고 감사의 기도를 드리신 다음 떼어서 제자들에게 주시며 나누어 주라고 하셨다. 제자들은 시키는 대로 나누어 주었다.

⁷또 작은 물고기도 몇 마리 있었는데 예수께서는 그것도 축복하신 뒤에 나누어 주라고 하셨다.
⁸군중은 모두 배불리 먹었다. 그리고 남은 조각을 주워 모으니 일곱 바구니나 되었고
⁹먹은 사람은 약 사천 명이었다. 그 뒤 예수께서는 군중을 헤쳐 보내신 다음
¹⁰곧 제자들과 함께 배를 타고 달마누타 지방으로 가셨다.

"이 대목은 지난번에 읽은 오병이어(五餠二魚) 이야기가 조금 바뀌어 되풀이된 것 같습니다."

"한 사건이 일어나면 그것에 대한 사람들의 이야기가 뒤따르게 마련인데 그 이야기들은 기계로 찍어낸 것처럼 똑같을 수가 없다. 저마다 자기 생각과 느낌으로 보고 듣고 말하기 때문이다. 사건을 '있는 그대로' 보고 말할 수 있는 사람은 아무도 없다."

"두 사건이 서로 다른 사건이었나요?"

"무엇을 묻는 거냐?"

"빵 다섯 개와 물고기 두 마리로 5천 명이 먹은 일과, 빵 일곱 개 물고기 몇 마리로 4천 명이 먹은 일이, 다른 때 다른 곳에서 따로 일어난 사건이었는지를 여쭙는 것입니다."

"두 사건이 다른 곳에서 다른 때에 일어난 사건이었다고 말하는 것과 한 사건이 다른 이야기로 다르게 전해진 것이었다고 말하는 것의 차이가 무엇이냐?"

"글쎄요. 잘 모르겠습니다. 좀 복잡하군요."

"지난 일에 대하여 네가 알 수 있는 것은 사실상 없다. 네가 알고

있다고 생각하는 과거란, 누군가에 의하여 말로 글로 또는 그림으로 너에게 전달된 '정보'일 뿐이다. 그런데 그 정보 자체가 조각나고 왜곡된 것들이 아닐 수 없다. 처음 사건을 경험한 자들의 생각과 느낌에 그것을 전달받는 자들의 생각과 느낌이 겹쳐지면서 진상(眞相)은 어느새 모습을 감추고 그것의 그림자들만 뒤틀리고 깨어진 형태로 남게 되기 때문이다. 그러니, 이 기록이 별개의 두 사건에 대한 보고서라고 말하는 것과 한 사건에 대한 두 가지 다른 보고서라고 말하는 것의 차이가 오늘 너에게는 사실상 없다는, 그런 얘기다."

"비슷한 사건이 두 번 있었다고 보는 견해와 한 사건이 비슷하게 두 번 기록되었다고 보는 견해 사이에 차이가 없다는 말씀인가요?"

"둘 다 견해일 뿐이다. 그것도, 뒤틀리고 깨어진 그림자 같은 정보들에 대한 견해다."

"그런 점에서, 이쪽 견해를 취하든 저쪽 견해를 취하든 마찬가지겠군요?"

"논쟁거리는 되겠지만, 결국은 그림자를 가지고 놀고 있는 것이다."

"그러면 저는 어떻게 해야 합니까?"

"무엇을 말이냐?"

"이 대목을 어떻게 이해해야 합니까?"

"머리로 이해하려 하지 말고 몸으로 겪어라."

"⋯⋯?"

"그림자를 밟고 서서 그림자의 주인공을 만나려고 노력해라. 그림자 있는 곳에 실물(實物)이 있는 법이다. 네가 지금 읽은 대목은 실상(實相)이 아니라 그것에 대한 정보, 즉 그림자일 뿐이다. 그림자에 속지 말고 그것을 통하여 실상을 만나야 한다."

"어떻게 하면 그럴 수 있습니까?"

"기록된 사건을 조사 연구만 하지 말고 직접 그 속에 들어가서 참여해라."

"지난번 말씀하셨듯이 저를 선생님께 내어맡기라는 말씀이십니까?"

"그렇다. 너를 네 이웃에게 내어맡겨라."

"선생님이 아니고 이웃입니까?"

"네 이웃이 바로 나임을 모르느냐? 누가 너에게 돈을 달라고 하면 돈을 주고 시간을 내어 달라고 하면 시간을 내어주고 재능을 나누어 달라고 하면 재능을 나누어 주고 혹시 누가 목숨을 달라고 하면 목숨을 주어라. 그러지 않고서는 오늘 읽은 이야기가 무엇을 의미하는지, 끝내 모를 것이다."

[11]바리사이파 사람들이 와서 예수의 속을 떠보려고 하느님의 인정을 받은 표가 될 만한 기적을 보여 달라고 하면서 말을 걸어왔다.

[12]예수께서는 마음속으로 깊이 탄식하시며 "어찌하여 이 세대가 기적을 보여 달라고 하는가? 나는 분명히 말한다. 이 세대에 보여 줄 징조는 하나도 없다." 하시고는

[13]그들을 떠나 다시 배를 타고 바다 건너편으로 가셨다.

"마르코의 기록에 따르면, 바리사이파 사람들이 선생님을 떠보려고 와서 기적을 보여 달라고 했는데요, 선생님께서도 그들의 속

셈을 알고 계셨습니까?"

"알고 있었다."

"그들을 어떻게 보시는지요?"

"불쌍한 사람들이다."

"어째서입니까?"

"자기 집에 불이 난 줄을 모르고 남의 집 마당에 풀을 뽑아 주겠다면서 설치고 다니니 불쌍하지 않으냐?"

"그런 불쌍한 사람들을 선생님께서는 등지고 떠나셨습니다. 불쌍한 사람을 보면 어떻게든 그를 도와주는 것이 사람의 도리 아닐까요?"

"네 말이 맞다. 불쌍한 사람을 보면 그를 도와주는 것이 사람의 도리다. 그러나 '사람의 도리'를 다하기 위해 폭력을 쓸 수는 없는 일이다."

"폭력이라니요?"

"도움을 요청하기는커녕 도움 받기를 싫어하거나 두려워하는 자에게 억지로 도움을 주는 것은 도와주는 게 아니라 폭력을 휘두르는 것이다."

"앞은 이렇고 뒤는 이렇다고 찬찬히 설명해 주실 수도 있잖습니까?"

"상대가 말이 통하는 사람이라면 물론 그렇게 했을 것이다."

"그들은 말이 통하지 않는 사람들이었나요?"

"자타가 인정하는 '바리사이파'였다. 스스로 무슨 파(派), 무슨 주의자(主義者)라는 꼬리표를 달고 다니는 자들하고는, 그들의 울타리 안으로 들어가지 않는 한, 말이 통하지 않는 법이다."

"그래서 그들을 버려두고 떠나신 겁니까?"

"나는 그들을 그냥 버려두지 않았다."

"예?"

"내가 그들의 요청을 면전에서 거절하지 않았느냐?"

"그러셨지요."

"때로는 거절이 수락보다 더 나은 대접이다."

"차라리 그들의 요구대로 간단한 기적 하나쯤 보여 주실 수도 있잖습니까? 그렇게 하셨더라면 그들도 감동받지 않았을까요?"

"나는 그들에게 기적을 보여 줄 수가 없었다."

"어째서지요?"

"기적은 일어나는 것이지 보여 주는 것이 아니다. 내가 만일 그날, 네가 말하는 '간단한 기적 하나쯤'을 보여주었다면 그 순간 나는 요술쟁이나 마술사로 되었을 것이다. 너는 내가 요술쟁이나 마술사였으면 좋겠느냐?"

"아닙니다."

"그날 내가 기적을 보여 주었더라도 그들은 바뀌지 않았을 것이다. 잠깐 놀라기는 하겠지만, 사람이 기적을 보았기 때문에 새사람으로 거듭나는 것은 아니다. 어느 마술사나 요술쟁이가 사람을 감동시켜 그로 하여금 새사람으로 거듭나게 했다는 말을 들어 본 적 있느냐?"

"그런 말은 들어 보지 못했습니다."

"그때나 지금이나 내게는 '세상에 보여 줄 기적'이란 없다."

"알겠습니다."

"기적뿐만 아니라 선행도, 남 섬기는 일도, 그것을 세상에 보여 주기 위해서 한다면, 어지러운 세상에 어지러움 하나를 보태는 것일 따름이다. 삼가 조심할 일이다."

¹⁴제자들이 잊어버리고 빵을 가져오지 못하여 배 안에는 빵이 한 덩어리밖에 없었다.
 ¹⁵예수께서 제자들에게 "바리사이파 사람들의 누룩과 헤로데의 누룩을 조심하여라." 하고 경고하시자
 ¹⁶제자들은 "빵이 없구나!" 하며 서로 걱정하였다.
 ¹⁷예수께서 그 눈치를 알아채시고 이렇게 말씀하셨다. "빵이 없다고 걱정들을 하다니, 아직도 알지 못하고 깨닫지 못했느냐?
 ¹⁸너희는 눈이 있으면서도 알아보지 못하고 귀가 있으면서도 알아듣지 못하느냐? 벌써 다 잊어버렸느냐?
 ¹⁹빵 다섯 개를 오천 명에게 나누어 먹였을 때에 남아서 거두어들인 조각이 몇 광주리나 되었느냐?" 그들은 "열두 광주리였습니다." 하고 대답하였다.
 ²⁰또 "빵 일곱 개를 사천 명에게 나누어 먹였을 때에는 남은 조각을 몇 바구니나 거두어들였느냐?" 하고 물으시자 그들이 "일곱 바구니였습니다." 하고 대답했다.
 ²¹예수께서는 "그래도 아직 모르겠느냐?" 하고 말씀하셨다.

"여기서도 제자들은 선생님 말씀을 알아듣지 못하고 있습니다. 왜 이런 현상이 빚어지는 걸까요? 왜 선생님과 제자들 사이의 언어 소통에 장애가 생기는 것입니까?"
 "무엇인가가 입구멍이나 귓구멍을 설막고 있기 때문이다."

"설막고 있다는 말씀이 무슨 뜻입니까?"

"꽉 막지 않고 조금 열어 둔 상태로 막는다는 말이다."

"꽉 막혀 있으면 언어 소통이 잘 안 되는 게 아니라 아예 안 되겠지요."

"그렇겠지."

"그러면, 그 때 제자들의 귓구멍을 무엇이 설막고 있었습니까?"

"본문을 잘 읽어 보아라."

"그들은 가지고 온 빵이 한 덩어리밖에 없어서, 그것을 걱정하고 있었던 것 같습니다."

"그렇다. '먹을 것에 대한 걱정'이 그들의 귓구멍을 설막고 있었다."

"그래서, 바리사이파의 누룩을 조심하라는 선생님 말씀을, 빵을 챙기지 못한 자기네 불찰을 나무라는 말씀으로 들었던 것이군요?"

"물에 막대기를 넣으면 굽어 보이지 않느냐? 그 까닭은 막대기와 눈 사이를 물이 설막고 있어서 그것이 빛을 굴절시키기 때문이다. 마음에 근심이나 걱정 또는 느낌이나 생각이 담겨 있으면 그로 말미암아 사물을 있는 그대로 지각하지 못하는 것이다."

"알겠습니다. 책에서 읽었는데요, 망막에 비쳐진 사물의 모양은 비치면서 동시에 사라진다고 합니다. 그래서 우리가 사물을 볼 수 있다는 거예요. 만약 비친 영상이 비치는 순간 사라지지 않고 조금이라도 남아 있으면 그 잔상(殘像) 때문에 다른 사물의 영상이 일그러지거나 가려질 테니까요. 그러니까, 말하자면, 보면서 보지 않는다고 할까요? 끊임없이 영상을 비치면서도 망막은 언제나 비어 있는 상태라는 겁니다."

"망막만 그런 것이 아니라 고막도 그렇다. 귀청이 울리면서 울리지 않기 때문에 새소리도 듣고 음악도 듣는 것이다. 망막이 모양을 잡아 두지 않듯이 고막은 소리를 간직하지 않는다. 그것들은 언제나 텅 비어 있다. 만물이 존재함은 그것들이 모두 비어 있기 때문이다."

"아하, 그래서 색시공(色是空)이군요?"

"그것도 비어 있음(空)으로 존재하는 '말'이다. 말에 속지 마라."

"색시공(色是空) 뒤에 공시색(空是色)이 바로 따라붙는 까닭이 그래서입니까?"

"그것 또한 말이다."

"아무튼, 그날 제자들의 망막이나 고막에 무슨 장애가 있었던 것은 아니잖습니까?"

"그러니까 '누룩을 조심하라'는 내 말을 듣지 않았겠느냐?"

"그러면, 선생님 말씀을 알아듣지 못한 까닭은 그들의 고막에 장애가 있어서가 아니라 마음에 걱정이 있었기 때문이라고 해야겠군요?"

"아까 말하지 않았느냐? 마음이 맑게 비어 있지 않으면 그로 말미암아 사물이 제대로 지각(知覺)되지 않는 법이다. 사람이 제 눈이나 귀처럼만 저를 비우고 살아간다면 언제 어디서나 하느님을 뵙고 그 말씀을 들을 것이다."

"사물을 있는 그대로(굴절이나 왜곡 없이) 보고 듣는 것이 곧 하느님을 뵙고 듣는 것입니까?"

"그렇다! 그에게는 하느님 모습 아닌 것이 없고 하느님 말씀 아닌 것이 없다."

"어떻게 하면 제 마음을 언제나 비어 있는 상태로 만들 수 있을까요?"

"너는 그렇게 할 수 없다."

"왜 할 수 없습니까?"

"빈 그릇을 어떻게 비울 수 있단 말이냐? 네 마음은 늘 비어 있다."

"제 마음이 얼마나 많은 것들로 지저분한지를 제가 잘 알고 있는데, 그런 말씀을 하십니까?"

"지저분한 것들로 차 있는 네 마음을 그런 줄로 알고 있는 건 누구 마음이냐?"

"그것도 제 마음이지요."

"비어 있는 망막에 사물의 모습이 비치면서 비치지 않듯이, 어떤 사람이 판단하면서 판단하지 않는다면, 그 사람이 곧 '깨끗한 마음'의 소유자다. 너도 그런 사람이 될 수 있다."

"진정이십니까? 저도 그런 사람이 될 수 있을까요?"

"네 스승의 능력을 의심하는 거냐?"

"죄송합니다."

"그러나 너에게도 할 몫이 있다. 한 송이 꽃이 피어나려면 일 년 삼백육십오 일 한 순간도 끊어지지 않는 정진(精進)이 필요하다. 판단하되 판단을 간직하거나 잡아 두려고 하지 않는 연습을 게을리 하지 마라. 죽은 나무는 꽃을 피우지 못한다."

"선생님께서 '그래도 아직 모르겠느냐?'고 하셨을 때, 무엇을 모르느냐고 물으신 것입니까?"

"너도 모르겠느냐?"

"사람이 먹을 것으로 걱정거리를 삼을 일이 아니라는 말씀인가요?"

"그들 곁에 내가 있었다. 나와 함께 있는 사람은 먹을 것뿐만 아니라 아무것도 걱정할 일이 없다. 내가 모든 것이기 때문이다."

"선생님이 제 안에 계시고 저도 선생님 안에 있음을 알고 있는데도, 이런 걱정 저런 근심에 흔들리는 까닭은 무엇입니까?"

"아직 네 '앎'이 네 '몸'으로 육화(肉化)되지 않았기 때문이다. 기다려라, 시간이 필요하다."

"알겠습니다, 선생님."

²²예수의 일행이 베싸이다에 이르렀을 때에 사람들이 소경 한 사람을 예수께 데리고 와서 손을 대어 고쳐 주시기를 청하였다.
²³예수께서는 소경의 손을 잡고 마을 밖으로 데리고 나가서 그의 두 눈에 침을 바르고 손을 얹으신 다음 "무엇이 좀 보이느냐?" 하고 물으셨다.
²⁴그러자 그는 눈을 뜨면서 "나무 같은 것이 보이는데 걸어 다니는 걸 보니 아마 사람들인가 봅니다." 하고 대답하였다.
²⁵예수께서 다시 그의 눈에 손을 대시자 눈이 밝아지고 완전히 성해져서 모든 것을 똑똑히 보게 되었다.
²⁶예수께서는 "저 마을로 돌아가지 말아라." 하시며 그를 집으로 보내셨다.

"이 대목은 지난번 귀먹은 반벙어리를 고쳐 주신 이야기와 비슷하군요. 이번에도 맹인을 마을 밖으로 데리고 나가셨는데, 역시 지난번 귀먹은 반벙어리를 무리에서 격리시키신 것과 같은 이유였습니까?"

"그렇다. 사람은 누구나 존귀하다. 스스로 남의 구경거리가 되려고 하는 사람이라면 모르겠으나, 그렇지 않은 경우에는 누구도 구경거리로 삼아서는 안 된다."

"어째서 그렇습니까?"

"누가 너를 동물원의 원숭이로 대접하면 어떻겠느냐?"

"기분 나쁘겠지요."

"너한테 나쁜 것은 남들한테도 나쁜 것이다."

"그렇군요."

"사람이 남을 경멸하거나 무시해서는 안 될 이유가 하나 더 있다."

"무엇입니까?"

"누가 다른 사람을 경멸하면 그것은 곧 자기 자신을 경멸하는 것이기 때문이다. 사람은 남을 경멸해도 안 되지만 자기 자신을 경멸해도 안 된다. 그런데 세상에는 자기 자신을 경멸하고 무시하는 사람이 참 많구나. 가슴 아픈 일이다. 그런 사람이 남을 경멸하는 것이다."

"베싸이다 마을 사람들이 선생님께 데리고 왔던 맹인은 누구였습니까?"

"그가 누구였다고 말해 주면 네가 그를 알겠느냐? 설사 그가 누구였는지를 네가 안다 한들, 그 '앎'이 너에게 무엇을 줄 수 있겠느냐? 언제나 네 눈길을 사건이나 사물의 중심으로 향하도록 하여라."

"그런데 이번 경우에는 맹인의 눈 뜨는 과정이 두 단계로 나뉘어서 이루어진 것이 좀 특별해 보입니다. 그랬어야 할 무슨 이유가 있었나요?"

"처음 내가 그의 눈에 손을 대었을 때, 눈이 열리기는 했지만 완전하게 열리지를 않아서 사물이 흐릿하게 보였다."

"왜 그랬을까요? 왜 그의 눈이 단번에 완전하게 열리지를 않았을까요?"

"그의 눈이 단번에 완전하게 열리지 않으면 안 될 이유라도 있느냐?"

"그런 건 없겠지요."

"사람들마다 제 길을 제 걸음으로 가고 있다. 이 사람한테서 일어난 일이 저 사람한테서 똑같은 방식으로 일어날 수도 있지만 다른 방식으로 일어날 수도 있는 것이다."

"제가 또 괜한 궁금증에 눈을 돌렸나 봅니다."

"언제나 현상을 보되 현상에 머물지 말고 그 속에 숨겨져 있는 진상을 보도록 하여라."

"알겠습니다. 그러면 무엇이 이 사건의 '진상' 입니까?"

"네 눈에는 무엇으로 보이느냐?"

"눈 먼 사람이, 과정이야 어떻든 간에, 선생님을 만나 눈을 떴습니다."

"잘 보았다. 그것이 이 사건의 '모든 것' 이다. 그가 누구였으며, 내가 왜 그를 마을 밖으로 데리고 나갔으며, 왜 눈에 침을 발랐으며, 왜 처음에는 흐릿하게 보이다가 나중에 눈이 완전하게 성해져서 모든 것을 똑똑히 보게 되었는지, 그런 것들에 대한 궁금증을 푸느라고 정작 보아야 할 것을 놓치는 일이 없도록 하여라."

"그러면 이 사건은 지금도 일어날 수 있는 것 아닙니까? 선생님도 여기 계시고 맹인도 여기 있으니까요."

"물론! 그렇지 않다면 오늘 네가 성경을 읽어야 할 이유가 없다. 성경에 기록된 사건들은 모두 과거형으로 서술된 현재진행형이다. 네 눈이 차츰 밝아지고 있는 것을 모르느냐?"

"전에는 안 보이던 것들이 가끔 보이는 것 같기는 합니다."

"눈에 힘을 주지 마라. 눈에 힘을 주면 사물이 뒤틀려 보인다."

"……"

"안심하여라. 모든 것을 그냥 보이는 대로 보아라. 다만, 네 눈이 아직 완전하게 성해지지 않았으니, 네 눈에 보이는 것을 고집하거나 남에게 그것을 강요하지는 마라."

"알겠습니다."

²⁷예수께서 제자들과 함께 필립보의 가이사리아 지방에 있는 마을들을 향하여 길을 떠나셨다. 가시는 도중에 제자들에게 "사람들이 나를 누구라고 하더냐?" 하고 물으셨다.

²⁸"세례자 요한이라고들 합니다. 그러나 엘리야라고 하는 사람들도 있고 예언자 중의 한 분이라고 하는 사람들도 있습니다." 하고 제자들이 대답하였다.

²⁹"그러면 너희는 나를 누구라고 생각하느냐?" 하고 예수께서 다시 물으시자 베드로가 나서서 "선생님은 그리스도이십니다." 하고 대답하였다.

³⁰그러자 예수께서는 자기 이야기를 아무에게도 하지 말라고 단단히 당부하셨다.

"'사람들이 나를 누구라고 하더냐?' 이렇게 물으신 것은 무엇을 알고자 하심이었습니까? 정말 사람들이 선생님을 어떤 존재로 보고 있는지, 그것이 궁금하셨습니까?"

"나도 눈이 있고 귀가 있다. 제자들이 보는 것은 나도 보고 그들이 듣는 것은 나도 듣는다. 사람들이 나를 어떻게 보는지, 그게 궁금했다면 구태여 제자들에게 물어볼 까닭이 있었겠느냐?"

"그러면 왜 그런 질문을 하셨나요?"

"그것은 두 번째 질문인 '너희는 나를 누구라고 생각하느냐?' 로 넘어가기 위한 징검다리였다."

"첫 번째 질문과 두 번째 질문의 차이가 무엇입니까?"

"첫 번째 질문은 대답을 들어도 그만이요 듣지 못해도 그만인, 그런 질문이었다. 그러나 두 번째 질문은 대답을 들어야 하는 질문이었다."

"어째서 그렇습니까?"

"내가 그것을 묻지 않고 그들이 내 질문에 대답하지 않으면, 그들과 나 사이에 관계가 맺어지지 않기 때문이다. 관계가 맺어지지 않으면 그들도 나도 아무 일을 못한다. 일을 못할 뿐 아니라 존재 자체가 불가능하다. 존재는 관계다."

"사람들이 선생님을 누구라고 하느냐? 이 또한 그들과 선생님의 관계를 위하여 반드시 묻고 대답해야 하는 질문 아닌가요?"

"지금 내 앞에 있는 것은 '그들' 인 세상 사람이 아니라 '너희' 인 제자들이다. 나와 그들의 관계는 나와 너희의 관계를 위한 징검다리일 뿐이다. 이른바 신학(神學)은, '그들의 생각' 을 물음으로써 어디까지나 '내 생각' 을 이끌어내는 데 그 가치가 있는 것이다.

'나의 고백'으로 이어지지 않는 신학은 아무리 방대하고 심오해도 끊어진 다리와 같다. 다리는 건너는 자를 위해서 있는 물건이지 다리를 위해서 있는 물건이 아니다."

"만일 제자들이 첫 번째 질문에 대답을 못했다면 어찌 되었을까요? 그래도 선생님께서는 두 번째 질문을 하셨을까요?"

"대답을 못하는 것도 대답이다. 물론 두 번째 질문으로 넘어갔을 것이다. 신학이라는 학문이 있는지조차 모르는 사람도 얼마든지 나를 만날 수 있고 그래서 나와 깊은 관계에 들어갈 수 있다."

"그렇다면, 신학은 무용지물인가요?"

"그것을 쓰지 않는 자, 또는 쓸 필요가 없는 자는 있어도, 세상에 쓸모 없는 물건은 없다."

"베드로의 대답을 어떻게 보십니까?"

"존중한다."

"과연 그의 대답이 정답이었나요?"

"정답은 질문자가 아니라 대답하는 자에게 있는 것이다. 나를 그리스도로 보는 자에게 나는 그리스도다."

"그러면, 선생님을 혹세무민하는 사이비로 봐도 되는 겁니까?"

"안 될 것 없지. 실제로 나를 그렇게 본 자들도 있지 않느냐? 다만, 누구든지 자기가 심은 대로 거두어야 한다. 나를 사이비로 본 자들은 그렇게 보았기 때문에 오는 결과를 피할 수 없을 것이다."

"……"

"너는 나를 누구라고 생각하느냐?"

"선생님은 제 선생님이십니다."

"고마운 일이다."

"그리고 제 주인이십니다."

"그러면 너는 나그네[客]겠구나?"

"……"

"너는 스스로 나그네일는지 모르나 내게는 너라는 나그네가 없다. 내가 너를 떠나보낸 적이 없고 받아들인 적 또한 없거늘, 어찌 나그네일 수 있겠느냐?"

"그래도 저는 아직 갈 길이 먼 나그네일 뿐입니다, 바울로처럼요."

"괜찮은 생각이다. 네 생각을 존중한다. 그렇거든 쉬지 말고 걸어라. 마침내 더 이상 나를 주(主)로 부르지 않게 될 그날을 향해서."

"베드로의 고백을 들으시고 왜 그것을 남에게 알리지 말라고 당부하셨습니까?"

"그의 고백이 다른 사람들과 나 사이의 관계에 걸림돌로 될 수 있기 때문이다."

"무슨 뜻인지요?"

"베드로는 베드로고 너는 너다. 네가 내 질문에 스스로 답을 찾지 않고 베드로의 대답을 네 대답으로 삼는다면, 그만큼 너와 나 사이는 베드로로 말미암아 멀어지는 것이다. 너와 나 사이에 징검다리가 있어야 하는 것은 당연한 일이지만, 그 징검다리로 걸림돌이 되게 할 수는 없는 일 아니냐?"

^{31}그 때에 비로소 예수께서는 사람의 아들이 반드시 많은 고난

을 받고 원로들과 대사제들과 율법학자들에게 버림을 받아 그들의 손에 죽었다가 사흘 만에 다시 살아나게 될 것임을 제자들에게 가르쳐 주셨다.

^{32}예수께서는 이 말씀을 명백하게 하셨던 것이다. 이 말씀을 듣고 베드로는 예수를 붙들고 그래서는 안 된다고 펄쩍 뛰었다.

^{33}그러자 예수께서는 돌아서서 제자들을 보신 다음 베드로에게 "사탄아, 물러가라. 하느님의 일은 생각하지 않고 사람의 일만 생각하는구나!" 하시며 꾸짖으셨다.

"선생님께서는 왜 많은 고난을 받고 사람들에게 버림을 받고 그들 손에 죽었다가 다시 살아나야만 하셨습니까? 그것이 아버지 하느님의 뜻이었기 때문인가요?"

"그것은 아버지의 의지라기보다 법이었다. 밀알 하나가 땅에 묻혀 죽지 않고서 많은 열매를 맺을 수 없는 것은, 누가 그렇게 되기를 바라서가 아니라 아무도 어길 수 없는 법이기 때문이다. 나는 다만 내게 주어진 길을 갔을 뿐이다."

"그것은 원로와 대사제와 율법학자들도 마찬가지 아닙니까? 그들도 그들의 길을 간 것 아니냐는 말씀입니다."

"옳은 말이다. 그들도 그들의 길을 갔다."

"그런데 왜 그들의 길과 선생님의 길이 서로 다른 쪽을 향하고 있습니까?"

"마라톤 경주에서 반환점을 돌아 결승점으로 오는 선수와 반환점을 향해 가는 선수가 서로 반대쪽을 바라보고 달리는 것과 같다. 인생은 마라톤 경주라고, 누가 한 말인지 적절한 말이다."

"반환점을 향해 달리는 선수도 사실은 결승점을 향하고 있는 것 아닙니까? 그런 점에서 선생님과 그들이 같은 방향으로 나란히 가고 있었다고 해도 되지 않습니까?"

"물론이다. 만물이 끊임없이 바뀌지만 저마다 제 뿌리로 돌아간다고 했다. 출발점인 결승점이 한 곳에 있듯이, 만물을 내신 하느님 아버지가 한 분이시거늘, 사람으로 태어나 돌아갈 곳이 하느님 말고는 없지 않느냐? 원로와 대사제들도 나와 함께 같은 길을 가고 있었다."

"그러면 그들도 하느님께로 돌아가고 있었던 것입니까?"

"그렇다. 그들은 하느님을 등지고 떠나는 중이었다."

"예?"

"떠남이 돌아옴이다. 뿌리는 씨앗에 거두는 열매가 들어 있으니 파종이 곧 추수 아니냐? 떠나지 않고서 누가 어떻게 돌아온단 말이냐? 귀가(歸家)는 아무나 하는 게 아니다. 출가(出家)한 자만이 귀가할 수 있다. 하느님을 등지고 떠나는 자는 그렇게 해서 하느님께로 돌아가고 있는 것이다."

"말씀은 알아듣겠습니다만, 궁금한 게 있습니다. 떠났다가 돌아오는 과정을 왜 밟는 것일까요? 아예 떠나지 않고 아버지와 함께 있을 수도 있잖습니까?"

"물론이다. 산이 있다고 해서 모두가 산을 오르는 것은 아니다. 이 세상에 태어난 사람은 고난과 죽음이 기다리고 있는 '인생'이라는 산을 오르기로 작정한 영혼들이다. 너도 등산을 해 보았으니 산을 오르는 이유에 대하여 짐작하는 바가 있을 것이다."

"등산이 때로 위험하고 힘도 들지만 오르지 않고서는 맛볼 수 없는 기쁨과 행복을 맛보게 해주지요. 그 '맛' 때문에 오르는 것 아닐까요?"

"등산하는 사람마다 산을 오르는 이유나 목적이 같을 수는 없겠지만, 기쁨과 행복을 맛보고자 한다는 점에서는 같다고 할 수 있을 것이다. 즐겁고 행복한 인생을 바라지 않는 사람이 있겠느냐?"

"그런데 어째서 많은 사람이 기쁨과 즐거움은 관두고 슬픔과 고통으로 세월을 보내고 있는 것일까요?"

"산을 오르는 사람이 무거운 배낭을 메고 땀을 쏟으며 숨이 턱에 차오르는 것과 같다."

"그러면 그들은 나중에 맛볼 기쁨과 즐거움을 위하여 지금 고통과 슬픔을 겪고 있는 것입니까?"

"아니다! 등산의 즐거움은 하산 뒤에 있지 않고 등산에 있다. 무거운 배낭을 메고 땀을 쏟으며 숨이 턱에 차오르는 그 자체가 등산의 기쁨이요 즐거움인 것이다."

"그렇지만, 정상에 올랐을 때의 기쁨은 색다른 것 아닌가요?"

"그 기쁨이 정상을 향해 힘들여 올라가는 한 걸음 한 걸음을 떠나서 있을 수 있느냐? 같이 정상에 섰다 해도, 거기까지 걸어서 올라간 사람과 헬리콥터를 타고 올라간 사람의 느낌은 다르겠지."

"그건 그렇습니다."

"등산의 기쁨과 즐거움은 들머리에서 떼어 놓는 첫 발짝부터 하산하여 신발을 벗을 때까지 전 과정에 고루 스며들어 있다. 병상에 누워 신음하면서 바로 그 고통에 기쁨과 즐거움이 스며들어 있음을 아는 사람은 인생의 참맛을 아는 사람이다."

"말씀을 듣자니, 루미(Rumi)의 시(詩) 한 편이 생각나는군요."

"읊어 보아라."

> 장인(匠人) 하나 갈대밭에서 갈대 한 줄기
> 끊어 내어 구멍을 뚫고, 사람이라 이름 붙였지.
>
> 그 뒤로, 그것은 이별의 슬픔을 아프게
> 노래하고 있다네, 피리로 살게 한 장인의
> 솜씨는 까맣게 모르고서.

"루미는 고통이 즐거움이요 슬픔이 기쁨이라는 인생의 비밀을 꿰뚫어 본 사람이었다."

"선생님께서 세상에 오신 것도 아버지를 떠났다가 아버지께로 돌아가는 과정의 기쁨과 행복을 맛보기 위해서였나요?"

"내가 사람의 아들로 태어난 이상, '저마다 제 뿌리로 돌아가는' 만물의 운명에서 예외일 수 있겠느냐? 내 인생은 아버지에게서 왔다가 아버지께로 돌아가는 과정이었다."

"선생님의 길과 제 길은 어떻게 다릅니까?"

"다르지 않다. 같은 길이다. 다만, 세상에는 자기가 어디에서 왔다가 어디로 가는지, 다시 말하여 자기가 왜 무엇을 위해 산을 오르고 있는지 모르는 자들이 많이 있어서 그것을 일러 주는 것이 내게 주신 아버지의 명(命)이었다."

"베드로가 선생님 앞을 막아선 것은 자기가 왜 무엇을 위해 산을 오르고 있는지 몰랐기 때문인가요?"

"그렇다. 인생의 의미와 목적을 모르면 선의(善意)가 악업(惡業)

을 짓는 법이다. 베드로는 착하고 순진한 마음으로 내 앞을 막았지만, 비유하자면 마라톤 선수로 하여금 반환점을 통과하지 않고서 결승점으로 돌아가게 하려는 것과 같은 행위였다. 그렇게 함으로써 내 인생의 모든 것을 물거품으로 되게 하려 했으니 내가 어찌 가만 있겠느냐?"

"그래서 그를 '사탄'이라고 부르셨습니까? 좀 심하셨다는 느낌이 드는데요. 꼭 그 이름으로 부르셔야 했던가요?"

"사탄을 사탄이라고 부르지 뭐라고 부르란 말이냐? 그날 나는 베드로에게 말한 것이 아니라 베드로의 탈을 쓴 사탄에게 말한 것이다. 네가 '사탄'이라는 말이 심했다고 느끼는 것은 아직 사람의 겉모습에 눈길이 머물러 있어서 베드로와 사탄을 혼동하고 있기 때문이다."

"무엇이 사탄의 길입니까?"

"하느님의 일은 생각하지 않고 사람의 일만 생각하는 것이다."

"무엇이 선생님의 길입니까?"

"사람의 일을 생각하되 먼저 하느님의 일을 생각하는 것이다."

"무엇이 사람의 일이고 무엇이 하느님의 일입니까?"

"'나'라는 존재가 따로 있다는 착각에 빠져 있는 사람이 하는 모든 일이 사람의 일이요 그 착각에서 깨어난 사람이 하는 모든 일이 하느님의 일이다. 사람의 일을 하는 자는 혼자서 산을 오른다고 생각하는데 하느님의 일을 하는 자는 산과 함께 산을 오른다고 생각한다. 사람의 일을 하는 자는 혼자서 노래를 부른다고 생각하지만 하느님의 일을 하는 자는 노래와 함께 노래를 부른다고 생각한다. 산이 없는데 어찌 산을 오를 것이며 노래가 없는데 어찌 노래를 부를 것이냐?"

"결국, 깨닫지 못한 자가 하는 모든 일이 사람의 일이요 깨달은 자가 하는 모든 일이 하느님의 일이란 말씀이군요?"

"그렇다."

^{34}예수께서 군중과 제자들을 한자리에 불러놓고 이렇게 말씀하셨다. "나를 따르려는 사람은 누구든지 자기를 버리고 제 십자가를 지고 따라야 한다.

^{35}제 목숨을 살리려는 사람은 잃을 것이며, 나 때문에 또 복음 때문에 제 목숨을 잃는 사람은 살릴 것이다.

^{36}사람이 온 세상을 얻는다 해도 제 목숨을 잃는다면 무슨 이익이 있겠느냐?

^{37}사람이 목숨을 무엇과 바꿀 수 있겠느냐?

^{38}절개 없고 죄 많은 이 세대에서 누구든지 나와 내 말을 부끄럽게 여기면 사람의 아들도 아버지의 영광에 싸여 거룩한 천사들을 거느리고 올 때에 그를 부끄럽게 여길 것이다."

"선생님. 이 말씀은 선생님의 제자 될 자격에 대하여 말씀하신 것입니까?"

"누구든지 내 제자가 될 수 있다. 그러나 아무나 내 제자가 되는 건 아니다. 제자 될 자격보다는 제자의 마땅한 자세라고 하는 게 좋겠다."

"그 마땅한 자세를 갖추지 않으면 선생님의 제자로 될 수 없는 것입니까?"

"그렇다. 제자의 마땅한 자세를 갖춘 자만이 스승의 뒤를 따를 수 있는 법이다."

"자기를 버리라고 하셨는데요, 누가 누구를 버리라는 말씀입니까? 제가 저를 버리라는 말씀인가요? 저를 버리는 저는 누구고 저한테서 버림을 받는 저는 누굽니까?"

"얘기를 미궁(迷宮)에 빠뜨릴 참이냐? 너의 너를 설명하자면 온 세상 언어를 죄다 동원해도 모자랄 것이다. 세상에 있지도 않은 것을 무슨 수로 설명한다는 말이냐?"

"저의 제가 없습니까?"

"있다. 내가 있지도 않은 것을 버리라고 했겠느냐?"

"무슨 말씀이십니까? 금방 '없다'고 하시더니 다시 '있다'고 하십니까?"

"그게 사람의 '말'이다. 그러니, 말의 함정에 빠져 있지도 않은 '개념'들과 씨름하지 말고, 네가 이해하는 대로 말해 보아라. 자기를 버리라는 게 무엇을 어떻게 하라는 말이겠느냐?"

"무슨 일을 하든지 그 일을 내가 한다고 생각하지 말라는 것 아닌가요?"

"그 일을 네가 하지 않으면 누가 하느냐? '내가 하는 게 아니다'라고 생각하는 건 누구냐?"

"저지요. 제가 일을 하고 제가 생각을 합니다."

"'이 일을 하는 건 내가 아니다'라고 생각하는 한, 너는 아직 너를 버리지 못했다."

"그러면, 어떻게 하는 것이 제가 저를 버리는 것입니까?"

"어디를 가든지, 무슨 일을 하든지, 네 맘대로 하지 말고 내가 이끄는 대로 하여라. 제자가 스승에게 자기를 온전히 내어맡기는 것이 곧 자기를 버리는 것이다."

"제가 어떻게 하면 제 맘대로 하지 않고 선생님께서 이끄시는 대로 할 수 있을까요?"

"마하트마 간디가 「바가바드기타」를 해설하면서 인용한 미라바이의 시구를 기억하느냐?"

"예. 합니다."

산토끼가 나를 가느다란 명주실로 묶었네.
나는 그가 이끄는 대로 빙글 돈다네.

"간디는 '산토끼'를 '사랑'으로 번역했는데 '하느님'으로 읽어도 좋고, 너를 이끄는 나로 읽어도 좋다. 나는 너를 가느다란 명주실로 묶어서 이끌고자 한다. 네가 조금만 네 뜻을 세워도 내가 이끄는 대로 따라올 수 없을 것이다. 산토끼가 너보다 작은 짐승이듯이, 네 뜻보다 내 뜻이 약하기 때문이다."

"무슨 말씀이신지요? 제 뜻보다 선생님 뜻이 약하다니요?"

"너는 곧잘 억지를 부리지만 나는 억지를 부리지 않는다. 너는 자주 무엇을 강제하지만 나는 아무것도 강제하지 않는다. 너에게는 고집이 있지만 내게는 고집이 없다. 네가 조금만 네 뜻을 세워도 그 순간 내 뜻은 너한테서 무력해진다."

"예, 선생님. 그게 그렇다는 건 경험을 통해서 알고 있습니다. '네가 원하면 나도 원한다'는 게 선생님의 한결같은 모습이지요.

노자가 '성인은 제 마음을 따로 지니지 않고 백성의 마음을 자기 마음으로 삼는다'〔聖人無常心, 以百姓心爲心〕고 했는데, 선생님께서 저에게 그러하시다는 걸 제가 알고 있습니다."

"대견스럽다. 그러니, 이제 어쩔 작정이냐?"

"제가 산토끼보다 작아지든지 낙엽만큼 가벼워져야, 선생님께서 명주실로 묶어 이끄시는 대로 움직일 수 있겠지요."

"잘 알았다. 그렇게 하여라. 네가 네 뜻을 스스로 비우고 내게 내 뜻을 묻기 전에는 너에게 내 뜻을 일러줄 수도 없다는 사실을 명심 하여라."

"선생님께서 저를 굵은 밧줄이 아니라 가느다란 명주실로 묶으 신 까닭을 알겠습니다."

"나는 너에게, 전쟁에 패한 장수의 항복(降伏)이 아니라 마음으 로 기꺼이 무릎 꿇는 심열성복(心悅誠服)을 바란다. 내가 힘으로 너를 굴복시킨다면 그것은 내가 나를 거스르는 짓이므로, 사실상 있을 수 없는 일이다. 사랑은 무엇을 강제하거나 억지로 이루려 하 지 않는다."

"제가 저도 모르게 제 맘대로 움직이고 있는 것을 가끔 봅니다."

"그게 보인다니 반가운 일이다. 그것이 보이는 순간, 하던 일을 멈추고 내게 얼굴을 돌려 내 뜻을 물어라. 그렇게 하는 것이 제자 의 마땅한 자세다."

"그런데, 제가 제 맘대로 하고 있다는 사실을 모른 채 움직이는 시간이 더 많습니다."

"염려 말아라. 그 시간이 차츰 줄어들면서 내 뜻을 따라 움직이 는 시간이 그만큼 늘어날 것이다."

"과연 그렇게 될까요?"

"의심하지 말아라. 일을 시작하고 진행하고 마치는 것은 네가 아니라 나다. 네가 나를 택한 것이 아니라 내가 너를 택했다!"

"'제 십자가를 지라'는 말씀은 스스로 죽으라는 말씀인가요?"

"내가 내 십자가를 스스로 졌더냐? 내가 스스로 내 십자가를 가져다가 내 등에 지우고 내 손을 거기에 못 박았더냔 말이다."

"그건 아니지요. 선생님께서 아버님 뜻에 복종하신 결과, 사람들이 선생님을 십자가에 못 박았지요."

"네 십자가를 지라는 말은, 네가 네 뜻을 스스로 비우고 내 뜻에 좇기로 서원(誓願)한 다음에는 너에게 무슨 일이 일어나든지 그것을 취사선택 없이 받아들이라는 얘기다."

"그것이 아주 억울한 일이라도 받아들여야 합니까?"

"그렇다."

"터무니없는 비난이나 모함을 받아도 그냥 받아들입니까?"

"그렇다."

"누가 저를 칭찬하고 떠받들어도 그냥 받아들입니까?"

"그렇다."

"어떻게 그럴 수 있습니까?"

"죽은 자는 말이 없다! 네가 네 뜻을 비우고 내 뜻을 좇기로 서원한 순간 너는 죽었다. 죽은 자에게 무슨 영욕(榮辱)이 있단 말이냐? 그러나, 오해하지 말아라. 내 말은, 칭찬이나 비난에 무감각한 목석(木石)이 되라는 말이 아니고 그런 것들에 휘둘리지 않는 사람이 되라는 얘기다."

"온 세상을 얻고 제 목숨을 잃는다는 게 어떤 것입니까?"

"너는 고래등 같은 기와집 안방에 누워 있는 송장이 되겠느냐? 아니면 집도 절도 없지만 건강하게 살아 있는 사람이 되겠느냐?"

"그야 물론 살아 있는 사람이지요. 송장한테 기와집이 무슨 소용입니까?"

"그런데도 많은 사람이, 한낱 마야[幻]인 세상을 얻고자 제 목숨을 헛되이 버리는구나! 너는 그러지 말아라. 보이는 것을 좇지 말고 보이지 않는 것을 구하여 찾고 문을 두드려라."

"어떻게 하는 것이, 선생님 때문에 제 목숨을 잃는 것입니까?"

"사랑 때문에 살고 사랑 때문에 죽는 것이다. 사랑! 오직 사랑만이 실재(實在)한다. 나머지는 모두 환상이다. 일을 하되 일에서 사랑을 찾고 길을 걷되 길에서 사랑을 실천하여라. 네 손길 하나하나가 사랑의 숨결로 되게 하여라. 네가 하는 말이나 쓰는 글에 사랑이 담겨 있지 않으면 천사 같은 말을 해도 허공을 울리는 꽹과리 소리에 지나지 않는다."

"38절 말씀은 선생님께서 몸소 하신 말씀이 아닌 것 같은데요?"

"어째서냐?"

"선생님께서 무슨 앙갚음을 하시겠다는 것 같아서요."

"잘못 읽었다."

"어떻게 읽어야 합니까?"

"콩 심은 밭에서 콩이 난다. 밭이 농부에게 앙갚음을 한 것이냐?"

"……"

"누구든지 나와 내 말을 부끄럽게 여기는 것은 저의 '참 나'를 부끄럽게 여기는 것이다. 제가 저를 부끄럽게 여기고서 부끄러움을 당하지 않을 수 있겠느냐? 콩을 밭에 심고서 콩을 거두지 않을 수가 있겠느냔 말이다."

"선생님께서 저의 '참 나'이시라는 말씀입니까?"

"네가 너에게 한 짓은 곧 내게 한 짓이다. 너를 함부로 대하지 마라. 무엇을 심든지, 심은 대로 거두게 마련이다."

"선생님께서 아버지의 영광에 싸여 거룩한 천사들을 거느리고 오실 때가 언제입니까?"

"네가 절개 없고 죄 많은 이 세대의 삶을 모두 마치고 육신의 옷을 벗는 바로 그 순간이다."

9장

[1]예수께서 또 말씀하셨다. "나는 분명히 말한다. 여기 서 있는 사람들 중에는 죽기 전에 하느님 나라가 권능을 떨치며 오는 것을 볼 사람들도 있다."

"아시겠습니다만, 이 말씀에 대하여 사람들의 해설이 구구합니다. 어떤 이들은 예수님의 재림을 말씀하신 것이라 하고 또 어떤 이들은, 재림을 말씀하신 것이라면 2천 년이나 지난 아직까지도 재림이 이루어지지 않았으니 오순절 성령 강림을 예언하신 것이라고 합니다."

"그렇게 생각하는 사람에게는 그런 것이다."

"선생님, '여기 서 있는 사람들이 죽기 전에'란 무슨 뜻입니까?"

"말 그대로다. 그때 그곳에 있던 사람들이 죽기 전이란 말이다."

"말씀하신 '죽음'이 육신의 죽음을 뜻하신 것이었습니까?"

"그렇다."

"그렇다면, 그들 모두 죽지 않았습니까?"

"죽었다."

"그런데 과연 그들 가운데 권능을 떨치며 오는 하느님 나라를 본 자들이 있었습니까?"

"있었다."

"그렇다면, '권능을 떨치며 오는 하느님 나라'가 선생님의 재림하고 상관이 없는 것인가요?"

"내가 없는 하느님 나라가 있을 수 있겠느냐?"

"그건 있을 수 없지요. 그렇다면 선생님의 재림을 목격한 자들이 있었다는 얘기 아닙니까?"

"왜 아니겠느냐?"

"선생님께서 재림하셨다는 말씀입니까?"

"나는 벌써 왔으며 아직 오지 않았다."

"예? 못 알아듣겠습니다."

"그럴 것이다. 상대성 원리가 다스리는 상대계의 언어로 하느님의 절대계를 설명하려니, '왔다'고 해도 안 되고 '오지 않았다'고 해도 안 되며 '왔다'고 해도 되고 '오지 않았다'고 해도 되는 것이다. 내가 일찍이 말하지 않았느냐? 하느님 나라는 벌써 와 있으며 아직 오지 않았다고. 시공(時空)의 언어로 영원을 말한다는 게, 결코 간단한 일이 아니다."

"그러니까, 선생님. 그때 그곳에 있던 사람들 가운데는 하느님 나라가 권능을 떨치며 오는 것, 다시 말해 선생님께서 재림하시는 것을 죽기 전에 본 사람들도 있고 보지 못한 사람들도 있었다는 얘기가 되는 겁니까?"

"그렇다. 누구는 보았고 누구는 보지 못했다."

"왜 누구는 보았는데 누구는 보지 못했을까요?"

"하느님 나라는 오기도 하고 가기도 하는 그런 나라가 아니다. 하느님이 여기 계시다 할 수 있는 그런 분이 아니기 때문이다. 해가 동산에 떠서 서산에 지지만 실은 뜨고 지는 별이 아니듯이, 나 또한 이 세상에 왔다가 이 세상을 떠난 존재물(a being)이 아니라 모든 존재물을 있게 하는 존재(the Being)다. 그것이 나다. 그러기에 누구든지 나를 떠나서는 아무것도 할 수 없는 것이다. 존재하지도 않는 것이 무엇을 할 수 있겠느냐? 현존하는 하느님 나라에 대하여 눈을 뜬 자는 그것이 권능을 떨치며 오는 것을 보고, 아직 눈을 뜨지 못한 자는 그 나라에 살면서 그 나라를 보지 못한다."

"하느님 나라의 도래가 하느님 나라에 있지 않고 그것을 보는 자의 눈에 있다는 말씀입니까?"

"근사하게 말했다."

"결국, 그날 그곳에 있던 자들 가운데 죽기 전에 '깨달음'을 얻는 자들이 있으리라는, 그런 말씀이셨군요?"

"역시, 근사한 말이다."

"정확한 말은 아닙니까?"

"인간의 언어로는 그 무엇도 정확하게 표현할 수 없다는 사실을 모르느냐? 단언(斷言)하는 실수를 저지르지 않도록 조심하여라."

"선생님, 제가 지금 하느님 나라에 와 있는 겁니까?"

"아니다. 너는 지금 하느님 나라에 '와 있는' 게 아니라 하느님 나라에 '있다.' 네가 한 순간도 하느님 나라를 '떠난' 적이 없거늘 어떻게 이리로 '올' 수 있겠느냐?"

"그런데 어째서 제 눈에는 '하느님 나라가 권능을 떨치며 오는 것'이 보이지 않습니까?"

"아직 네 눈이 열리지 않았기 때문이다. 태 속에 있는 아이가 제 어미를 볼 수 있겠느냐? 네가 태에서 나와 눈이 열리면, 그때 하느님 나라를 볼 것이다."

"이 상대계(相對界)가 하느님 나라이자 저의 모태(母胎)입니까?"

"그렇다. 네가 거기서 벗어날 때 너는 눈이 열려 네 어미인 세계를 제대로 보게 된다."

"언제 제 눈이 열릴까요?"

"네가 죽는 순간이다. 더 묻지 마라."

²엿새 후에 예수께서 베드로와 야고보와 요한만을 따로 데리시고 높은 산으로 올라가셨다. 그때 예수의 모습이 그들 앞에서 변하고

³그 옷은 세상의 어떤 마전장이도 그보다 더 희게 할 수 없을 만큼 새하얗고 눈부시게 빛났다.

⁴그런데 그 자리에는 엘리야가 모세와 함께 나타나서 예수와 이야기하고 있었다.

⁵그때 베드로가 나서서 "선생님, 저희가 여기서 지내면 얼마나 좋겠습니까! 여기에 초막 셋을 지어 하나는 모세를, 하나는 엘리야를 모셨으면 합니다." 하고 예수께 말하였다.

⁶베드로는 다른 제자들과 함께 겁에 질려서 무슨 말을 해야 좋을지 몰라 엉겁결에 그렇게 말했던 것이다.

^{7} 바로 그때에 구름이 일며 그들을 덮더니 구름 속에서 "이는 내 사랑하는 아들이니 너희는 그의 말을 잘 들어라." 하는 소리가 들려왔다.

^{8} 제자들은 곧 주위를 둘러보았으나 예수와 자기들밖에는 아무도 보이지 않았다.

"이 대목을 읽자면 궁금한 점이 많습니다."

"하나씩 물어보아라."

"우선 왜 제자 셋을 데리고 높은 산에 올라가셨습니까?"

"스승이 제자를 데리고 어디를 갔다. 왜 갔겠느냐?"

"그들에게 무엇을 가르치거나 보여 주려고 갔겠지요."

"네 말이 맞다. 스승이 하는 일은 오직 한 가지, 언제 어디서나 제자를 가르칠 따름이다. 내가 그날 세 제자를 데리고 산에 오른 것도 그들에게 보여 줄 것이 있어서였다."

"그것이 무엇이었습니까?"

"기록에, 그들이 무엇을 보았다고 했느냐?"

"선생님이 새하얗고 눈부시게 빛나는 모습으로 바뀌어 모세와 엘리야를 만나는 장면입니다. 그런 장면을 보여 주신 이유가 무엇입니까?"

"그들이 내 참모습을 볼 때가 되었기 때문이다."

"그것이 선생님 참모습이십니까?"

"사람의 말로는 그 이상 뭐라고 설명할 수 없을 것이다. 해보다 수천 배 더 밝은 빛이라고 말하면 상상이 되겠느냐?"

"말은 알아듣겠습니다만, 상상은 되지 않습니다."

"그런데 그날 내 제자들은 그런 내 모습을 두 눈으로 보았다."

"그래서 베드로가 겁에 질렸던 것이군요?"

"무서워서 겁에 질린 건 아니었다. 누구도 내 참모습을 보면 무서워하지 않는다. 내가 곧 평안이요 따뜻함이요 넉넉함이기 때문이다. 화롯불에서 따뜻함을 느끼기는 성인(聖人)이나 죄인이나 마찬가지 아니겠느냐?"

"알아듣겠습니다. 무서워서 겁에 질렸다면, 초막을 지어 세 분을 모시고 함께 살고 싶다는 말씀을 드렸을 리가 없지요."

"그렇다. 나는 누구에게도 공포의 대상이 아니다. 내가 세상에 온 것은 사람들을 겁주기 위해서가 아니라 구원하기 위해서였다."

"그런데도 세상에는 선생님을 두려워하는 사람들이 많은 게 사실입니다. 교회에서도 선생님을 두려워하라고 가르치지요."

"사람들이 나를 두려워하는 까닭은 아직 내 참모습을 보지 못해서다. 교회가 나를 두려워하라고 가르치는 것은, 그렇게 하여 자신의 유익을 꾀하는 자들의 존재를 반증(反證)할 따름이다."

"왜 그런 자들이 있는 걸까요?"

"나를 등지지 않고서 어찌 나를 향할 수 있겠느냐?"

"무슨 말씀이신지요?"

"보물을 잃어버려 봐야 그 소중함을 알고, 가출(家出)하지 않은 자는 귀가(歸家)의 행복을 맛볼 자격이 없다."

"선생님을 두려워하라고 가르치는 자들 또한 존재 가치가 있다는 말씀이십니까?"

"하느님께서 지으신 세상이다. 무가치한 존재가 있을 수 있겠느냐?"

"좋습니다. 기록에는 베드로를 비롯하여 세 제자가 겁에 질렸다고 했는데요. 무서워서 겁에 질린 게 아니라면 왜 겁에 질렸을까요?"
"네가 직접 겪어 보지 못했으니 말해 줘도 모를 것이다. 그냥, 무서워서 겁에 질린 것은 아니었다고만 알아 두어라."

"세상에 오실 때 처음부터 선생님의 참모습인 빛으로 오시지 않고 왜 사람의 모습으로 오셨습니까?"
"너에게 네 몸을 마음대로 바꿀 수 있는 능력이 있다. 그런데 까치들한테 일러 줄 말이 생겼다. 어떻게 하겠느냐?"
"제 몸을 바꾸어 까치가 되겠습니다."
"내가 사람의 몸으로 세상에 온 것도 그래서였다."
"그러면, 왜 제자들에게 선생님의 참모습을 보여주셨습니까?"
"말하지 않았느냐? 그들이 내 참모습을 볼 때가 되었다고. 그들에게 내 참모습을 보여준 것은 스승으로서의 도리(道理)요, 그들이 내 참모습을 본 것은 제자의 도리였다. 스승과 제자는 그래서 있는 것이다."
"선생님, 그날 높은 산꼭대기에서 제자들은 사람의 모습을 하신 선생님과 참모습으로 몸을 바꾸신 선생님을 함께 보았습니다. 사람의 모습을 하신 선생님과 제자들은 서로 다를 바가 없었습니다만, 그래서 서로 허물없는 사이가 될 수 있었습니다만, 참모습으로 몸을 바꾸신 선생님과 제자들 사이는 어떻게 되는 겁니까?"
"겉모습은 서로 다르지만 속모습은 모두 같다."
"예?"
"만물이 그러하다. 겉모습은 각양각색으로 다르지만 그 속에 감추어진 참모습으로 돌아가면 모두가 눈부시게 밝은 '빛 덩어리'다."

"아하, 만물일화(萬物一華)란 말이 그 말인가요?"

"근사한 말이다."

"선생님께서는 그 비밀인 진실을 제자들에게 보여주신 겁니까?"

"그렇다."

"이 사건이 뒤이어 벌어질 십자가 사건이나 부활 사건에 연결되는 무엇이 있나요?"

"내 몸에 이루어진 일로서 십자가와 부활로 이어지지 않는 것이 있겠느냐?"

"다른 질문입니다. 구약 시대에 살았던 인물들이 많은데 왜 하필 모세와 엘리야입니까?"

"모세와 엘리야면 안 될 이유라도 있느냐?"

"그런 건 없지요."

"너는 왜 하필 너냐?"

"……"

"내가 모세와 엘리야를 만난 데는 아무 이유가 없다. 무슨 일을 하는 데 그렇게 할 만한 특별한 '이유'가 있어서 하는 사람은 아직 참된 자유인이 아니다. 해가 빛나는 데 무슨 이유가 있으며 강물이 흐르는 데 무슨 까닭이 있겠느냐?"

"그러나 선생님께서는 여러 차례 '내가 하는 모든 일은 나를 보내신 아버지의 명(命)에 대한 복종'이라고 말씀하시지 않았습니까? 그 말씀은 아버지께 복종하기 위해서 모든 일을 하신다는 뜻 아닌가요?"

"아들이 아버지께 순명(順命)하는 데 무슨 이유가 있단 말이냐? 강물이 강변을 따라서 흐르듯, 나는 그렇게 아버지께서 주신 내 길을 걸었을 뿐이다."

"모세는 율법을 대신하고 엘리야는 예언을 대신하여, 이스라엘 양대 전통을 선생님께서 만나신 것이라는 설(說)이 있던데요."

"설(說)은 설일 뿐이다. 굳이 아니라고 할 것까지는 없지만, 진실에 대한 설을 진실로 착각하는 일은 없도록 조심하여라."

"베드로의 말이 끝나면서 구름이 일어 세 분 모습을 덮었다고 했습니다. 왜 그런 일이 일어났습니까?"

"제자들이 내 참모습을 보고 저도 모르게 움켜잡으려 했기 때문이다."

"움켜잡다니요?"

"초막을 지어 영원히 함께 살자고 하지 않았느냐? 진실은 다만 경험할 수 있을 뿐, 움켜잡을 수 있는 무엇이 아니다."

"구름 속에서 들려온 음성은 무엇입니까?"

"아버지께서 너에게 주시는 가장 큰 선물이자 약속이다."

"선생님 말씀을 잘 들으라는 건가요?"

"잘 듣는 것은 들은 대로 하는 것이다."

"구름이 걷히면서 왜 모세와 엘리야가 사라졌습니까?"

"둘만 사라진 게 아니고 내 참모습도 사라졌다."

"사실은 모세와 엘리야와 선생님의 참모습이 사라진 게 아니고 제자들의 눈이 밝아졌다가 다시 어두워진 것 아닌가요?"

"그게 그것 아니냐?"

"결국, 산을 오르기 전 상태로 돌아온 셈이군요?"

"그러나 산을 오르기 전하고는 사뭇 달라진 상태였다."

"어떻게 달라졌습니까?"

"저는 알고 남은 모르게 달라졌다. 꿀맛을 본 벙어리가 꿀맛을 보기 전하고 달라지지 않았겠느냐? 이른바 '깨달음'이란 그런 것이다."

"끝으로 여쭙습니다. 왜 베드로, 야고보, 요한 세 제자만 데리고 가셨습니까?"

"전에도 했던 질문이구나. 그러면 안 될 이유라도 있느냐?"

"그건 없습니다만."

"지난번에도 말했다만, 누구에게나 측근이 있는 법이다. 세 사람은 내 측근이었다. 왜 그 셋을 측근으로 삼았느냐고 물을 참이냐?"

"그렇게 여쭈면, 셋이 아닌 다른 사람이어야 할 무슨 이유가 있느냐고 물으시겠지요."

"대답보다 중요한 게 질문이다. 너를 이끌어 진리로 가까이 가게 하는 것은 대답이 아니라 질문이다. 공연한 질문으로 네 걸음을 더디게 하지 마라."

⁹산에서 내려오시면서 예수께서는 제자들에게 "사람의 아들이 죽었다 다시 살아날 때까지는 지금 본 것을 아무에게도 말하지 말아라." 하고 단단히 당부하셨다.

¹⁰제자들은 이 말씀을 마음에 새겨두었다. 그러나 죽었다가 다시 살아난다는 말씀이 무슨 뜻인지 몰라서 서로 물어보다가

¹¹예수께 "율법학자들은 엘리야가 먼저 와야 한다고 하는데 어떻게 된 일입니까?" 하고 물었다.

¹²예수께서는 이렇게 대답하셨다. "과연 엘리야가 먼저 와서 모든 것을 바로잡아 놓을 것이다. 그런데 성서에 사람의 아들이 많은 고난을 받고 멸시를 당하리라고 한 것은 무슨 까닭이겠느냐? ¹³너희에게 말해두거니와 사실은 성서에 기록된 대로 엘리야는 벌써 왔었고 사람들은 그를 제멋대로 다루었다."

"제자들에게 입을 다물라고 당부하신 까닭이 무엇이었습니까?"
"모든 일에 때가 있고, 때가 되기까지는 묻어 두어야 하는 것들이 있다. 씨앗은 싹으로 틀 때까지 땅 속에 묻혀 있어야 한다."
"선생님께서 부활하실 때까지 묻어 두라고 하신 것은, 방금 산에서 경험한 것과 선생님의 부활 사이에 무슨 연관이 있어서였나요?"
"그렇다. 그게 그거였다."
"예?"
"빛으로 바뀐 몸, 그것을 다르게 말하면 부활한 몸이다."
"제자들이 경험한 바를 드러내어 말하면 안 될 이유가 무엇입니까?"
"말하지 않았느냐? 씨앗은 스스로 싹틀 때까지 땅에 묻혀 있어야 한다고."
"자기 경험을 남에게 말해 주는 것이 어째서 씨앗을 노출시키는 것과 같습니까?"
"경험한 내용에 따라서 다르다. 어떤 경험은 남에게 말할수록 좋고 어떤 경험은 남에게 말함으로써 상처를 입는다. 그날 내 제자들은 성스러운 통찰을 경험했다. 그것을 남에게 말해 주려면 경험한 바를 인간의 '언어'에 담아야 하는데, 인간의 언어가 어떻게 성스러운 것을 허물고 상처 입히는지, 너도 알고 있지 않느냐?"

"그러면, 선생님께서 부활하신 뒤에는 제자들의 경험 내용이 언어에 의해서 상처를 입지 않게 된다는 말씀입니까?"

"성스러운 것은 인간의 언어에 의해서 상처를 입거나 허물어지지 않는다. 인간의 언어에 상처를 입는 그런 성스러움은 없다는 얘기다."

"금방, 인간의 언어가 성스러운 경험을 허물고 상처 입힌다고 말씀하시지 않았습니까?"

"그랬다."

"말씀이 왔다갔다하시지 않았습니까?"

"내가 왜 그러는지 몰라서 묻는 거냐? 그게 바로 인간의 언어가 지닌 한계요 장벽이다."

"……"

"내가 제자들에게 지금 본 것을 아무에게도 말하지 말라고 한 것은, 그 말을 듣게 될 사람들보다 제자들 자신을 위해서였다. 그들의 성스런 경험을 가슴 속에 고이 묻어둠으로써 마침내 때가 되면 온전한 깨달음으로 태어나게 하려고 그랬다."

"그때란, 선생님께서 부활하신 때를 말하는 겁니까?"

"그렇다."

"그렇지만, 그때는 부활하신 선생님을 만나 뵌 사람들에게만 있는, 그런 때가 아닌가요?"

"맞다."

"그러니 사람들마다 다르게 경험하는 때가 되겠군요?"

"그렇다."

"부활하신 선생님을 뵙는 것과 성스런 경험이 온전한 깨달음으로 태어나는 것 사이에 무슨 연관이 있습니까?"

"밤에는 등불이 길을 밝히지만 해가 뜬 뒤에는 더 이상 등불이 길을 밝히지 않는다."

"선생님, 오늘은 말씀이 자꾸만 어렵게 느껴집니다."

"그런 것 같다. 쉬었다 계속하자."

"예."

"기록에 따르면, 그 때 제자들은 죽었다가 다시 살아난다는 선생님의 말씀을 알아듣지 못했습니다. 그래서 서로 물어보다가, 메시아가 오기 전에 엘리야가 먼저 온다는 율법학자들의 말이 무슨 뜻이냐고 선생님께 여쭈었지요. 선생님께서는 엘리야가 먼저 왔고 사람들이 그를 제멋대로 다루었다고 대답하셨습니다. 기록이 제대로 된 것입니까?"

"그렇다."

"선생님께서 먼저 온 엘리야라고 말씀하신 게 누구였습니까? 세례자 요한이라는 설이 있는데, 맞습니까?"

"맞다."

"그렇다면, 그것은 엘리야의 환생(還生)이었나요?"

"그렇다."

"환생이라는 게 과연 있는 겁니까?"

"있다."

"세례자 요한이 엘리야였다는 말씀인가요?"

"그렇다."

"이름이 다른데요?"

"너도 이름이 세 개나 되지 않느냐? 이름은 이름의 주인공이 아니다."

"그럼, 저도 누군가의 환생인가요?"

"저 자신의 환생이 있을 따름이다. 너는 너의 환생이다."

"제가 저로 다시 태어난 것입니까?"

"그렇다."

"그럼 그게 윤회(輪廻) 아닌가요?"

"윤회다."

"언제까지 그런 일이 계속됩니까?"

"네가 너라는 착각에서, 독립된 자아가 있다는 미망에서, 완전히 벗어날 때까지다."

"기독교에는 윤회에 대한 가르침이 없는 줄 알고 있습니다."

"그래서?"

"세례자 요한이 엘리야의 환생이었다는 선생님 말씀을 쉽게 받아들이지 못할 사람들이 많을 것입니다."

"그런 사람들은 언제나 많이 있어 왔고 앞으로도 많이 있을 것이다. 자기가 알고 있는 것으로 울타리를 치고 그 안에 갇혀 있으면 바깥소식을 들을 수 없는 법이다."

"엘리야의 환생과 선생님의 부활은 같은 것입니까? 다른 것입니까?"

"다른 것이다."

"어떻게 다릅니까?"

"엘리야의 환생은 상대계(相對界)의 일이고 나의 부활은 절대계(絶對界)의 일이다."

"상대계와 절대계는 어떻게 다릅니까?"

"노자의 말을 빌리면 하나는 그릇〔器〕이요 다른 하나는 통나무〔樸〕다."

"알 것 같으면서 모르겠습니다."

"지금은 그럴 것이다. 그러나 때가 되면 얼굴과 얼굴을 마주 대하듯이 알게 된다."

"그때가 언제입니까?"

"더 이상 네 입에서 질문이 나오지 않게 될 바로 그날이다."

"그날이 오기는 올까요?"

"하느님 우리 아버지의 수레바퀴를 그 누가 막을 수 있겠느냐?"

"하나만 더 여쭙겠습니다. 왜 사람들이 먼저 온 엘리야를 함부로 다루었을까요?"

"몰라서다. 눈이 밝지 못해서, 그를 알아보지 못했다."

"무엇이 그들의 눈을 어둡게 했습니까?"

"아는 게 많아서였다. 사람 눈을 어둡게 하는 것은 무식(無識)이 아니라 유식(有識)이다."

"그럼, 눈이 밝으려면 배우지 말아야 하는 겁니까?"

"학불학(學不學)이라고 하지 않았느냐? 날마다 먹고 먹은 것을 소화시켜 없애야 살 수 있는 것처럼, 날마다 배우고 배운 것을 소화시켜 없애야 눈이 밝아지는 법이다."

"하, 위학일익(爲學日益)이요 위도일손(爲道日損)이란 말이 그 말이군요?"

"위학(爲學)과 위도(爲道)가 다른 것이 아니다."

¹⁴그들이 다른 제자들이 있는 곳으로 돌아와 보니 제자들이 큰 군중에게 둘러싸여 율법학자들과 말다툼을 하고 있었다.
¹⁵사람들은 예수를 보자 모두 놀라서 달려와 인사를 하였다.
¹⁶예수께서 그들에게 "무슨 일로 저 사람들과 다투고 있느냐?" 하고 물으시자
¹⁷그들 가운데 한 사람이 나서서 "선생님, 악령이 들려 말을 못하는 제 아들을 선생님께 보이려고 데려왔습니다.
¹⁸악령이 한 번 발작하면 그 아이는 땅에 뒹굴며 거품을 내뿜고 이를 갈다가 몸이 빳빳해지고 맙니다. 그래서 선생님의 제자들에게 악령을 쫓아내 달라고 했더니 쫓아내지 못했습니다." 하였다.
¹⁹예수께서는 "아, 이 세대가 왜 이다지도 믿음이 없을까! 내가 언제까지 너희와 함께 살며 이 성화를 받아야 한단 말이냐? 그 아이를 내게 데려오너라." 하셨다.
²⁰그들이 아이를 예수께 데려오자 악령이 예수를 보고는 곧 아이에게 심한 발작을 일으키게 하였다. 그래서 아이는 땅에 넘어져 입에서 거품을 흘리며 뒹굴었다.
²¹예수께서 그 아버지에게 "아이가 이렇게 된 지 얼마나 되었느냐?" 하고 물으시자 그는 이렇게 대답하였다. "어렸을 때부터입니다.

^{22}악령의 발작으로 그 아이는 불 속에 뛰어들기도 하고 물 속에 빠지기도 하였습니다. 그래서 여러 번 죽을 뻔하였습니다. 선생님께서 하실 수 있다면 자비를 베푸셔서 저희를 도와주십시오."

^{23}이 말에 예수께서 "'할 수만 있다면' 이 무슨 말이냐? 믿는 사람에게는 안 되는 일이 없다." 하시자

^{24}아이 아버지는 큰 소리로 "저는 믿습니다. 그러나 제 믿음이 부족하다면 도와주십시오." 하고 청하였다.

^{25}예수께서는 사람들이 몰려드는 것을 보시고 더러운 악령을 꾸짖으시며 "말 못하고 듣지 못하게 하는 악령아, 들어라. 그 아이에게서 썩 나와 다시는 들어가지 말아라." 하고 호령하셨다.

^{26}그러자 악령이 소리를 지르며 그 아이에게 심한 발작을 일으켜 놓고 나가 버렸다. 그 바람에 아이가 죽은 것 같이 되자 사람들은 모두 "아이가 죽었구나!" 하고 웅성거렸다.

^{27}그러나 예수께서 아이의 손을 잡아 일으키시자 그 아이는 벌떡 일어났다.

^{28}그 뒤 예수께서 집으로 들어가셨을 때에 제자들이 "왜 저희는 악령을 쫓아내지 못하였습니까?" 하고 넌지시 물었다.

^{29}예수께서는 "기도하지 않고서는 그런 것을 쫓아낼 수 없다" 하고 대답하셨다.

"상황이 너무나도 갑작스레 바뀌는군요. 방금 산 위에서 눈부신 빛의 세계를 경험했는데 산 아래에는 악령 들린 아이와 그 아이를 가운데 두고 논쟁이나 벌이는 한심한 어른들이 있습니다. 19절에 보면 선생님께서 '내가 언제까지 너희와 함께 살며 이 성화를 받아

야 한단 말이냐? 고 짐짓 짜증스럽게 말씀하신 것으로 되어 있는데요, 외람된 말씀입니다만, 선생님 심정이 이해가 될 것도 같습니다."

"나는 그런 말 한 적 없다."

"예?"

"빛이 어둠을 향해 짜증을 부린단 말이냐? 물이 계곡을 나무라고 구름이 바람을 탓한단 말이냐?"

"그럼, 이 말은 누가 한 것입니까?"

"또 그 질문이냐? 누가 했다고 가르쳐 주면, 그래서 알게 된 정보가 네 의식의 향상과 영혼의 성숙에 무슨 도움이라도 된단 말이냐? 내가 한 말이 아니라면 그냥 아닌 줄 알아라. 그뿐이다."

"그러고 보니, 오늘 본문은 좀 유별나게 장황한 느낌입니다."

"한두 사람이 가필(加筆)한 게 아니다."

"그렇군요."

"그래도 중심 내용이 변질되거나 뒤틀리지는 않았으니, 상관없는 일이다."

"무엇이 중심 내용입니까?"

"너는 이 대목에서 무슨 명(命)을 들었느냐?"

"기도하라는 명입니다."

"좋다. 그렇게 하여라."

"선생님, 제가 요즘 기도를 제대로 하고 있습니까?"

"기도가 무엇이냐? 네 생각을 말해보아라."

"선생님께 저를 열어드리는 것이 기도라고 생각합니다."

"됐다. 그렇게 하여라."

"그런데 그게 잘 되지를 않습니다."

"어째서?"

"선생님의 현존하심을 의식하고 느끼는 시간이 너무 짧고, 그나마도 간절하지 못합니다."

"그러니 어떻게 할 참이냐?"

"좀더 자주 깨어 있어야겠습니다."

"틀린 대답이다."

"예?"

"너는 아무것도 할 일이 없다. 위장에 들어간 밥알이 소화되기 위해서 무슨 짓을 따로 하더냐? 땅에 묻힌 씨앗이 싹트기 위해서 무슨 노력을 따로 하더냐?"

"……"

"열려 있는 문을 누가 열 수 있겠느냐? 너는 내가 삼킨 밥알이요 아버지 땅에 묻힌 씨앗이다."

"그런데 왜 이렇게 뭔지 모르게 답답하고 거북한 걸까요?"

"그것 또한 착각이다. 붙잡혀 있을 것 없다."

"선생님, 저도 악령을 복종시킬 수 있습니까?"

"네 힘으론 될 일이 아니다. 나를 통해서 아버지께서 일하셨듯이, 너를 통해서 내가 일할 때에만 가능하다."

"알겠습니다, 선생님. 그런데요, 악령은 왜 존재하는 겁니까?"

"너는 왜 있느냐?"

[30]예수의 일행이 그곳을 떠나 갈릴래아 지방을 지나가게 되었는데 예수께서는 이 일이 사람들에게 알려지는 것을 원치 않으셨다. [31]그것은 예수께서 제자들을 따로 가르치고 계셨기 때문이다.

그는 제자들에게 "사람의 아들이 잡혀 사람들의 손에 넘어가 그들에게 죽었다가 사흘 만에 다시 살아날 것이다." 하고 일러 주셨다.
^{32}그러나 제자들은 그 말씀을 깨닫지 못했고 묻기조차 두려워하였다.

"선생님께서 '이 일이 사람들에게 알려지기를 원치 않으셨다.'라고 했는데요, 그 일이 무엇을 말하는 겁니까?"

"말하지 않았느냐? 제자들이 내 본모습을 보았다. 그것은 성스런 경험이었고, 싹틀 때까지 땅 속에 묻혀 있어야 하는 씨앗처럼 당분간 세상에 드러내지 말아야 했다."

"성스런 경험은, 그것을 언제까지 속에 묻어 두어야 합니까?"

"더 이상 그것이 '성스런 경험'으로 인식되지 않을 때까지다."

"무슨 말씀이신지요?"

"성스런 경험을 한 사람이 옹글게 성스런 존재로 되면 더 이상 그 경험을 속에 담고 있을 이유가 없다. 병아리가 병아리로 되기까지 알 속에 들어 있다가 옹글게 병아리로 되면 껍질을 깨고 밖으로 나오는 것과 같은 이치다."

"그렇다면, 선생님의 참모습이 사람들에게 알려지기를 원치 않으셨던 겁니까?"

"내 제자들이 아무리 자세하게 설명을 해도 그로써 사람들이 내 참모습을 알지는 못한다. 내가 원하든 원치 않든 그건 처음부터 불가능한 일이었다."

"선생님께서 원하든 원치 않든 불가능한 일이었다면, 굳이 원치 않으실 이유가 무엇입니까?"

"내가 입을 다물라고 한 것은 세상 사람들을 염려해서가 아니라 성스런 경험의 씨앗을 속에 담고 있는 내 제자들을 위해서였다고 하지 않았느냐?"

"그래서 제자들을 따로 가르치셨던 것입니까?"

"그 말에는 오해의 소지가 들어 있구나."

"예?"

"내가 무슨 비밀스런 가르침을 특별한 제자들에게만 전한 줄로 알아들을 수 있지 않겠느냐?"

"그게 아니었던가요?"

"나는 언제나 공개된 자리에서 하느님 나라 복음을 가르쳤다. 비밀결사(秘密結社)를 한 적이 없으며 안가(安家)를 따로 마련한 적도 없었다. 빛이 어두운 곳에서 어떻게 제 몸을 감출 수 있겠느냐?"

"그러면 선생님께서 제자들을 따로 가르치셨다는 마르코의 증언은 어떻게 받아들여야 합니까?"

"너는 네 속을 모든 사람에게 똑같이 털어놓느냐?"

"그러지 않지요."

"내 제자들은 많은 사람들 가운데서 내가 가려 뽑은 사람들이었다. 그들을 일반인들과 다르게 대하는 것은 마땅한 일 아니냐?"

"그 말이 그런 뜻입니까?"

"말이란 듣는 사람이 누구냐에 따라서 할 수 있는 말이 있고 해서는 안 될 말이 있으며 꼭 해야 할 말이 있는 것이다."

"그거야 상식이지요."

"나는 그 상식을 좇았을 뿐이다."

"알겠습니다. 그러니까 선생님께서 다른 사람들은 모를 무슨 비밀 가르침을 제자들에게만 따로 베푸신 건 아니라는 말씀이시죠?"

"그렇다."

"마르코의 증언에 따르면, 시방 선생님께서는 이른바 '수난에 대한 예고'를 두 번째로 하고 계십니다. 그런데도 제자들은 무슨 말씀인지 알아듣지 못하고 있어요. 왜 그들은 선생님 말씀을 알아듣지 못했을까요?"

"그들은 내가 수난 끝에 죽임을 당할 것이라는 말 자체를 아예 듣고자 하지 않았다. 어떤 말을 듣지도 않으면서 어떻게 그 말을 알아들을 수 있겠느냐? 배달된 편지를 뜯어보지 않고서 그 내용을 알 수는 없는 일이다."

"그들이 왜 선생님 말씀을 들으려 하지 않았을까요?"

"너라면 기쁘게 받아들였겠느냐?"

"……"

"죽음에 대한 터무니없는 공포에서 해방되기까지는 누구라도 그랬을 것이다."

"그런 줄 아시면서 두 번 세 번 거듭 말씀하신 까닭은 무엇입니까?"

"말이란 상대방이 누구냐에 따라서, 해서는 안 될 말도 있지만 듣든 말든 해 줘야 하는 말도 있다고 했다. 그것을 미리 제자들에게 일러주는 일은 스승으로서 마땅히 해야 할 도리였다."

"어째서 그렇습니까?"

"스승과 제자는 같은 길을 함께 가는 사람들이다. 길을 알고 있는 스승이 모르는 제자에게 일러 주는 것은 당연한 처사 아니냐?"

"혹시, 말씀은 제자들에게 하셨지만 선생님 자신에게 다짐하는 뜻으로 거듭 말씀하신 건 아니었나요?"

"잘 보았다. 그런 뜻도 있었다."

"그렇다면, 선생님께도 가시는 길에 대하여 회의나 망설임이 있으셨다는 얘기 아닙니까? 그렇지 않고서야 두 번 세 번 다짐을 하실 이유가 없었을 테니까요."

"마지막 순간까지 나는 의심했고 망설였다."

"그럼 저희와 크게 다를 바가 없지 않습니까?"

"그러니까 스승과 제자 아니냐? 나에게 너와 함께 나눌 동질성이 없다면 나는 너의 스승이 될 수 없으며 나에게 너와 다른 이질성이 없다면 너는 나의 제자가 될 수 없다. 이제 내가 너와 어떻게 다른지를 말해야겠느냐?"

"아닙니다, 선생님. 그러실 필요 없습니다. 잘 알고 있으니까요."

^{33}그들은 가파르나움에 이르렀다. 예수께서는 집에 들어가시자 제자들에게 "길에서 무슨 일로 다투었느냐?" 하고 물으셨다.

^{34}제자들은 길에서 누가 제일 높은 사람이냐 하는 문제로 서로 다투었기 때문에 아무 대답도 하지 못하였다.

^{35}예수께서는 자리에 앉아 열두 제자를 곁으로 부르셨다. 그리고 "첫째가 되고자 하는 사람은 꼴찌가 되어 모든 사람을 섬기는 사람이 되어야 한다." 하고 말씀하신 다음

^{36}어린이 하나를 데려다가 그들 앞에 세우시고 그를 안으시며 제자들에게 이렇게 말씀하셨다.

^{37}"누구든지 내 이름으로 이런 어린이 하나를 받아들이면 곧 나

를 받아들이는 것이고, 또 나를 받아들이는 사람은 나만을 받아들이는 것이 아니라 곧 나를 보내신 이를 받아들이는 것이다."

"제자들이 누가 더 높으냐를 두고 다툰 것은 어쩌면 당연한 일이라는 생각이 듭니다. 다들 그렇게 서로 견주면서 살고 있으니까요."
"그렇다고 해서 바람직한 일이 되는 건 아니다."
"물론이지요. 서로 비교함으로써 터무니없는 우월감이나 열등감에 젖든지 아니면 괜한 경쟁심에 사로잡히게 되니까요."
"잘 보았다."
"그런데, 그런 줄 알면서 왜 사람들은 서로 비교를 하면서 살아가는 걸까요?"
"네가 지금 살고 있는 세상은 상대계(相對界)다. 상대가 있어서 돌아가는 게 상대계인데, 상대가 있다는 건 서로 견주어 볼 무엇이 있다는 말 아니냐? 보아라. 높은 산이 있으니 낮은 산이 있고 너른 들이 있으니 좁은 골이 있는 게 이 세상이다."
"그러면서도 무슨 일로 다투었느냐는 선생님 질문에 아무 대답 못한 걸 보면 그런 다툼 자체가 떳떳한 일이 못 된다는 것도 알고 있거든요. 왜 이렇게 떳떳하지 못한 줄 알면서 거기에 휘말려 드는 걸까요?"
"길에서 다투고 있을 때에는 나를 잊었고 집에 와서 내가 물었을 때에는 나를 의식했기 때문이다. 그러기에 늘 깨어 있으라고 한 것이다. 네가 나를 의식하면서 살면 깨어 있는 것이고 나를 잊은 채 살면 잠들어 있는 것이다. 잠들어 있는 사람은 늘 하던 버릇대로 산다. 그건 사람이 사는 게 아니라 습관이 사는 것이다. 백 년을 살아도 헛된 삶이 아닐 수 없다."

"누가 더 높으냐를 두고 다투는 것은 자기가 더 높은 데 오르고 싶다는 마음에서 나오는 것 아닙니까?"
"아담 이후로 사람들이 추구해 온 바가 그것이었다."
"그 마음의 산물이 바로 내가 출세하기 위하여 누군가를 딛고 서야 한다는 끝없는 경쟁사회지요."
"옳은 말이다."
"그런데 선생님께서는 그 마음을 뒤집어 놓으셨군요."
"거꾸로 된 것을 바로 세우려면 그것을 다시 거꾸로 놓는 수밖에 없지 않느냐? 나는 아담 이후로 계속되어 온 세계 질서를 뒤집어 거꾸로 세우고자 세상에 왔다. 살려고 했다가 죽고 마는 세상을 죽어서 사는 세상으로 바꾸는 것이 내가 온 목적들 가운데 하나였다."
"바울로가 선생님을 가리켜 '제2 아담'이라고 했는데 적절한 표현이었던 것 같습니다."
"내가 그의 입으로 그렇게 말한 것이다."
"아, 그랬군요!"
"생각해 보아라. 서로 남보다 높은 자리에 오르려고 애쓰던 사람들이 저마다 낮은 자리로 내려간다면 세상이 어떻게 되겠느냐?"
"아무리 그래도 누군가는 높은 자리에 서겠지요. 어차피 높은 산 낮은 산이 있는 세상이니까요."
"무게 있는 것이 아래로 내려감은 자연스런 일이다."
"그렇지요. 하지만 그건 내려가려는 의지 때문이 아니라 중력(重力) 때문이지요."

"잘 보았다. 그리고 그게 중요한 열쇠다. 억지로 내려가면 자연스럽지 못하고 자연스럽지 못한 것은 오래 못 간다. 부도조이(不道早已)라, 금방 끝난다고 하지 않았느냐?"

"그러니까, 아래로 내려가서 꼴찌가 되어 모든 사람을 섬기라는 선생님 말씀은 자연스럽게 살라는 그런 말씀인가요?"

"그렇다. 그리고 쉽게 살라는 말이다. 물이 아래로 흐르기가 쉬우냐? 위로 거슬러 오르기가 쉬우냐?"

"위로 거슬러 오르는 물은 없습니다. 쉽고 어렵고가 아니라 아예 있을 수 없는 일이지요."

"그건 하느님이 지으신 자연계 얘기고 너희가 만드는 세상에서는 위로 올라가는 물이 있지 않느냐?"

"예, 동력(動力)을 써서 분수를 만들기도 합니다."

"물이 아래로 내려가는 데는 따로 힘쓸 일이 없지만 물을 위로 끌어올리려면 동력이 필요하다. 어느 쪽이 더 쉬우냐?"

"그야 아래로 내려가는 쪽이지요."

"네가 남들 위로 올라가기가 쉬우냐? 남들 아래로 내려가기가 쉬우냐? 네가 남의 존경을 받기가 쉬우냐? 남을 존경하기가 쉬우냐?"

"……"

"사람마다 흐르는 물처럼만 산다면 거기가 곧 하느님 나라다."

"그 말씀은 사람마다 자연스럽게만 산다면 거기가 하느님 나라라는 뜻인가요?"

"그렇다."

"그런데요, 선생님 말씀을 높은 자리에 오르려면 낮은 자리로 내려가야 한다는 말씀으로 새길 경우 어떻게 되는 겁니까? 그렇게 되면, 물이 저절로 내려가는 게 아니라 어떤 속셈을 품고서 내려가는 격이 되지 않겠어요? 말하자면, 근사한 쇼(show)를 벌이는 거죠."

"그런 자는 결코 꼴찌가 되지 못한다. 꼴찌가 되는 척할 뿐이다. 따라서 그는 절대로 첫째가 될 수 없다. 참으로 꼴찌가 되는 사람만이 첫째가 되는 것이다."

"무슨 원리로 그렇습니까? 대개 보면 한번 꼴찌가 영원한 꼴찌던데요."

"그 '한번 꼴찌'를 몸과 마음으로 진실되게 하지 않았기 때문에 '영원한 꼴찌'로 남아 있는 것이다. 위선(僞善)은 경계해야 할 가장 위험한 함정이다."

"아무튼, 꼴찌가 첫째로 되는 데에도 무슨 법칙이 있을 것 아닙니까?"

"남에게서 바라는 대로 남에게 해주어라. 이것이 하느님 명(命)의 중심이다. 남의 존중을 받고 싶으면 먼저 그를 존중해 주어라. 그러면 그가 너를 존중할 것이다. 네가 모든 사람을 떠받들면 모든 사람이 너를 떠받든다. 천지가 사라져도 이 명은 사라지지 않는다."

"아하, 그래서 노자가 성인(聖人)은 후기신이신선(後其身而身先)이라, 자기 몸을 뒤로 하여 앞으로 나선다고 했군요?"

"성인이란 다른 사람이 아니다. 자연의 법을 좇아서 자연스럽게 처신할 줄 아는 사람이 성인이다."

"그런데, 어째서 어린이 하나를 받아들이는 것이 곧 선생님을 받아들이는 것입니까? 어린이를 받아들이는 것과 꼴찌 되어 첫째 되는 것이 무슨 상관이지요?"

"깨달은 사람에겐 '너'가 따로 없다. 그의 '나'가 따로 없기 때문이다. 이는 모두가 나라는 말과 같은 말이다. 그렇다. 그에게는 천상천하(天上天下)에 유아독존(唯我獨尊)일 뿐이다. 나는 그 어느 것과도 떨어져 있지 않다. 도(道)는 불명(不名)이라, 이름이 따로 없으니 그 까닭은 어느 것과도 분리되지 않기 때문이다. 봄에 피어나는 연두색 잎사귀 하나가 바로 천 년 묵은 고목이요 그 고목이 뿌리내리고 있는 대지요 그 대지를 품고 있는 우주이듯이, 어린아이 하나가 바로 나다. 네가 이 이치를 깨달을 때 남을 섬기는 것이 곧 너인 나를 섬기는 것이요 남을 해치는 것이 곧 나인 너를 해치는 것임을 알 것이다."

"사람들이 그렇게만 안다면 전쟁이 있을 수 없겠네요!"

"다시 이를 말이냐?"

[38] 요한이 예수께 "선생님, 어떤 사람이 선생님의 이름으로 마귀를 쫓아내는 것을 보았는데 그는 우리와 함께 다니는 사람이 아니었습니다. 그래서 그런 일을 못하게 막았습니다." 하고 말하였다.

[39] 예수께서는 "말리지 말아라. 내 이름으로 기적을 행한 사람이 그 자리에서 나를 욕하지는 못할 것이다.

[40] 우리를 반대하지 않는 사람은 우리를 지지하는 사람이다.

[41] 나는 분명히 말한다. 너희가 그리스도의 사람이라고 하여 너희에게 물 한 잔이라도 주는 사람은 반드시 자기의 상을 받을 것이다."

"요한이 왜 그랬는지 저로서는 충분히 납득이 됩니다. 저 같았어도 그러지 않았을까 싶습니다."

"너는 그 경계를 넘어섰다."

"예?"

"누가 내 이름으로 선한 일을 하는데 그가 교회에 적을 두지 않았다. 너는 그를 말리겠느냐?"

"아닙니다. 말리지 않을 것입니다."

"그러니 너는 요한의 경계를 넘어선 것이다."

"말씀하시는 '요한의 경계'란 무엇입니까?"

"나를, 내 이름을 소유할 수 있다고 생각하는 자들의 경계다."

"선생님을 '우리 선생님' 또는 '내 선생님'이라고 부르는 자들 말씀입니까?"

"그것은 호칭이니 상관없는 일이다. 다만 '우리' 또는 '나'가 따로 존재한다는 생각에 갇혀 있다면, 포도나무 가지가 포도나무를 소유한다는 착각을 고집하게 되고, 그 고집이 있지도 않은 '요한의 경계'를 낳는 것이다. 요한이 말하기를 '그는 우리와 함께 다니는 사람이 아니었다.'라고 하는데 그의 '우리'에 내가 들어 있지 않느냐?"

"물론이지요. 선생님이 그 '우리'의 중심 아니십니까?"

"나는 '사람의 아들'이다. 사람의 아들에게 경계가 있다고 보느냐?"

"적어도 사람들한테는 없지요. 모든 사람이 사람의 아들이니까요."

"그리고 나는 하느님의 아들이다. 하느님 아들에게 경계가 있다고 보느냐?"

"천상천하 어디에도 그런 건 없습니다. 하느님이 안 계시는 곳이 있어야지요."

"그렇게 도무지 경계가 없는 나를 중심에 둔 '우리'에 누구는 들어오고 누구는 못 들어온단 말이냐?"

"그럴 수는 없지요."

"요한의 착각이, 육안에 보이는 것으로만 사물을 인식하는 미망이, 그와 같은 거짓 경계를 만들었고 그래서 그런 짓을 했던 것이다."

"알아듣겠습니다. 깨달음이 깊어질수록 경계가 없어지겠군요?"

"있는 경계가 없어지는 것이 아니라 없는 경계가 드러나는 것이다."

"예, 그렇군요."

"천상천하에 넘어야 할 경계나 장벽이 없음을 이미 보았거늘 무슨 재주로 있지도 않은 경계를 넘고 장벽을 허문단 말이냐? 깨달음의 결과로 자유와 평화를 얻는 게 아니라 깨달음이 곧 자유요 평화다."

"요한을 말리신 뜻은 알겠는데요, 그 다음에 하신 '내 이름으로 기적을 행한 사람이 그 자리에서 나를 욕하지는 못할 것이다. 우리를 반대하지 않는 사람은 우리를 지지하는 사람이다.'라는 말씀은 좀 헷갈립니다. 선생님께서는 '내 편에 서지 않는 사람은 나를 반대하는 사람이며 나와 함께 모아들이지 않는 사람은 헤치는 사람이다.'(루가 11:23)라고도 말씀하시지 않았습니까? 제가 듣기에 이 두 말씀은 서로 반대되는 것 같은데요."

"그 말이 그 말이다."

"예?"

"같은 말이라는 얘기다. 참말은 양극(兩極)을 포함한다. 내가 어느 한쪽 말만 했다면 그로써 그 말의 진실성이 의심받겠지만 두 말이 모두 기록에 남았으니 다행스런 일이다."

"무슨 말씀이신지 잘 못 알아듣겠습니다."

"생각해 보아라. 두 마디 말 가운데 틀린 말이 있느냐? 너를 반대하지 않는 사람은 너를 지지하는 사람이다, 아니라고 하겠느냐?"

"제가 그렇게 생각하면 그렇지요."

"말 잘했다. 그럼 이번엔, 너와 함께 모아들이지 않는 사람은 헤치는 사람이다. 아니냐?"

"그것도 그렇습니다. 제가 그를 헤치는 자로 보면 그는 헤치는 자입니다. 그가 과연 어떤 사람이냐는 건 모두 제 생각이 빚는 결과니까요."

"역시 말 잘했다. 내가 그렇게 보았다. 그러니, 내 입에서 나온 두 말이 서로 방향은 반대처럼 보이지만 모두 맞는 말 아니냐?"

"그렇군요."

"한 입으로 두 말을 동시에 할 수 없는 게 사람이다. 그러나 동(東)을 말하는 자는 이미 서(西)를 말하고 있는 것이고, 마땅히 그래야 하는 것이다. 알아듣겠느냐?"

"조금 짐작이 됩니다."

"부디 말꼬리를 잡으려 하지 말고 말꼬리에 잡히지도 말아라. 어차피 말은 달을 가리키는 손가락이다."

"예, 선생님."

"그래서 참사람 말은 이랬다저랬다 하는 것처럼 들리는 법이다. 정언(正言)은 약반(若反)이라, 참말은 반대되는 말 같다고 하지 않았느냐?"

"하나만 더 여쭙겠습니다. 41절 말씀, '너희가 그리스도의 사람이라고 하여 너희에게 물 한 잔이라도 주는 사람은 반드시 자기의 상을 받을 것이다.' 이 말씀은 그날 그 자리에서 몸소 하신 말씀이 아닌 것 같은데요."

"잘 보았다. 그날도 그 다음날에도 나는 그런 말 한 적 없다."

"그 무렵에는 사람들한테서 따로 대접받을 '그리스도의 사람'이 아직 없지 않았습니까?"

"그랬지."

"'반드시 상을 받게 된다.'라는 말도 저로서는 마뜩치 않습니다."

"상 받는 걸 좋아하는 사람들이 많은 세상이다. 그들에게는 그들 눈높이에서 말해야 한다. 너무 까다롭게 굴지 않는 게 좋겠다."

"예, 선생님."

[42]"또 나를 믿는 이 보잘것없는 사람들 가운데 누구 하나라도 죄짓게 하는 사람은 그 목에 연자맷돌을 달고 바다에 던져지는 편이 오히려 나을 것이다.

[43]손이 죄를 짓게 하거든 그 손을 찍어 버려라. 두 손을 가지고 꺼지지 않는 지옥의 불 속에 들어가는 것보다는 불구의 몸이 되

더라도 영원한 생명에 들어가는 편이 나을 것이다.

⁴⁴발이 죄를 짓게 하거든 그 발을 찍어 버려라. 두 발을 가지고 지옥에 던져지는 것보다는 절름발이가 되더라도 영원한 생명에 들어가는 편이 나을 것이다.

⁴⁵또 눈이 죄를 짓게 하거든 그 눈을 빼어 버려라. 두 눈을 가지고 지옥에 들어가는 것보다는 애꾸눈이 되더라도 하느님 나라에 들어가는 편이 나을 것이다.

⁴⁶지옥에서는 그들을 파먹는 구더기도 죽지 않고 불도 꺼지지 않는다.

⁴⁷누구나 다 불소금에 절여질 것이다.

⁴⁸소금은 좋은 것이다. 그러나 소금이 짠 맛을 잃으면 무엇으로 다시 그 소금을 짜게 하겠느냐? 너희는 마음에 소금을 간직하고 서로 화목하게 지내라."

"너무나도 살벌하여 도무지 선생님께서 하신 말씀으로 들리지 않습니다."

"여전히 낡은 편견을 지니고 있구나."

"……?"

"내가 이런 말을 하면 안 된다고 생각하느냐? 내 입에서 이런 말이 나오면 안 될 무슨 이유라도 있다는 거냐?"

"그건 아닙니다만, 선생님 입에서 연자매를 목에 달고 바다에 던져진다느니 손발을 찍어 버리고 눈을 뽑아 버린다느니 몸을 파먹는 구더기니 꺼지지 않는 지옥불이니 불소금에 절여진다느니, 이런 무시무시한 말씀이 한꺼번에 쏟아져 나오니까 듣기에 당황스럽다는 말씀입니다."

"네가 아직 이순(耳順)이 되지 않은 까닭이다. 나이는 곧 환갑인데 귀는 언제 부드러워질 참이냐?"

"글쎄 말씀입니다. 제가 보기에도 참 딱합니다. 그런데, 정말 이순(耳順)이 되면 선생님 입에서 이런 무시무시한 말씀을 들어도 아무렇지 않을까요?"

"무시무시한데 어떻게 아무렇지 않을 수 있겠느냐?"

"그럼, 이런 말씀도 무시무시하지 않게 들리는 겁니까?"

"잘 살펴보아라. 무엇이 무서우냐?"

"불타는 지옥, 몸을 파먹는 구더기, 불소금에 절여지는 몸, 생각만 해도 끔찍하지 않습니까?"

"너도 공포영화를 본 적은 있겠지?"

"물론 있지요."

"생각나는 장면 있느냐?"

"「엑소시스트」라는 영화에서 악령 들린 소녀가 시퍼런 물을 토하며 녹두빛 눈으로 노려보던 장면이 생각납니다."

"무서웠느냐?"

"예."

"그렇게 무서운 영화를 돈 주고 봤겠지?"

"물론이지요."

"왜 그랬느냐?"

"……"

"너는 무서운 장면을 보면서 그것을 무서워한 게 아니라 즐겼다. 안 그러냐? 공포 영화가 무섭지 않으면 무슨 재미가 있겠느냐?"

"옳으신 말씀입니다."

"무서운 장면을 보면서 즐길 수 있는 까닭은 그것이 영화인 줄 알고 있기 때문이다."

"……"

"그림의 떡이 사람을 배부르게 못하듯이, 무서운 영화 장면은 사람을 겁주지 못한다."

"그러면, 여기 그려 보이신 지옥 정경이 모두 영화 장면과 같다는 말씀이신가요?"

"오직 사랑만이 실재한다. 다른 모든 것은 마음으로 빚는 그림이다. 일체유심조(一切唯心造)요 천지만물 모두 하느님 말씀으로 지어졌다는 말이 무슨 뜻이냐?"

"그럼 저 앞뜰 소나무도, 그 가지에 빛나는 햇살도 모두가 그림입니까?"

"그것을 바라보고 있는 너도 그림이다."

"선생님은요?"

"나도 마찬가지다."

"하느님께서 그리신 그림인가요?"

"그리신 그림이 아니라 그리시는 그림이다."

"왜 이런 그림을 그리시는 겁니까?"

"내가 대답할 질문이 아니구나."

"그러니까, 무시무시하게 보이는 장면도 평화스럽게 보이는 장면도 모두가 영화 장면이나 그림자 같은 것인 줄을 알기에, 그래서 이순(耳順)이라는 말씀인가요?"

"실물을 실물로, 그림자를 그림자로 볼 줄 알면, 눈에 들어오는 어떤 사물도 그를 해칠 수 없으며 귀에 들리는 어떤 소리도 그를 성가시게 할 수 없는 것이다."
 "역시, 깨달음이 문제로군요."

 "앞의 내 말이 지금도 무서우냐?"
 "지옥이든 천당이든 모두 제 마음이 빚어내는 그림이라면, 제가 그것을 겁낼 이유가 없지요. 문제는 아직 제 깨달음의 경지가 거기에 미치지 못했다는 사실입니다."
 "네가 없다면 지옥이 어떻게 있을 것이며, 설사 지옥이 있다 한들 거기에 던져질 네가 없는데 누가 무엇을 겁낸단 말이냐?"
 "제가 없다니요?"
 "내 너에게 일러 주지 않았느냐? 너는 '없음'이라고(You are nothing). 네가 있다는 착각이 모든 두려움과 고통의 씨앗이요 토양이다."
 "라마나 마하르쉬가 늘 하던 말이지요."
 "그의 입으로 내가 말했다."
 "예, 선생님."
 "그래도 그림에는 그림값이 있는 법이다. 내가 괜히 지옥 이야기를 했다고 생각하느냐? 네가 그림을 제대로 볼 줄 알았으면 한다."
 "……"
 "자, 그럼 이 무시무시한 한 폭의 그림에서 너는 무엇을 보았느냐?"
 "경중(輕重)과 본말(本末)을 잘 구분해서 버릴 것을 버리고 잡을 것을 잡는데 조금도 머뭇거리지 않는 명쾌한 몸짓이 보입니다."

"됐다. 봤으면 가서 너도 그렇게 하거라."
"없는 제가 그것을 어찌 합니까?"
"나하고 말장난하자는 거냐?"
"죄송합니다."
"너를 떠나지도 말고 너를 잡지도 말아라. 이것이 길 가는 자의 마땅한 자세다."

10장

¹예수께서 거기를 떠나 유다 지방과 요르단 강 건너편으로 가셨는데 사람들이 또 많이 모여들었으므로 늘 하시던 대로 그들을 가르치셨다.

²그 때에 바리사이파 사람들이 와서 예수의 속을 떠보려고 "남편이 아내를 버려도 좋습니까?" 하고 물었다.

³예수께서는 "모세는 어떻게 하라고 일렀느냐?" 하고 반문하셨다.

⁴"이혼장을 써 주고 아내를 버리는 것은 허락했습니다." 하고 그들이 대답하자

⁵예수께서는 이렇게 말씀하셨다. "모세는 너희의 마음이 굳을 대로 굳어져서 이 법을 제정해 준 것이다.

⁶그런데 천지창조 때부터 하느님께서는 사람을 남자와 여자로 만드셨다.

^{7}그러므로 사람은 그 부모를 떠나 자기 아내와 합하여
^{8}둘이 한 몸이 되는 것이다. 따라서 그들은 이제 둘이 아니라 한 몸이다.
^{9}그러므로 하느님께서 짝지어 주신 것을 사람이 갈라놓아서는 안 된다."
^{10}집에 돌아와서 제자들이 이 말씀에 대하여 물으니
^{11}예수께서는 "누구든지 자기 아내를 버리고 다른 여자와 결혼하면 그 여자와 간음하는 것이며
^{12}또 아내가 자기 남편을 버리고 다른 남자와 결혼해도 간음하는 것이다."라고 말씀하셨다.

"얼마 전, 부부생활을 너무나도 힘들게 하는 이들이 있기에, 그러고 사느니 차라리 헤어지는 게 어떻겠느냐고 말한 적이 있습니다. 혼인이라는 제도의 틀에 묶이거나 남의 이목 따위에 얽매여 지옥 같은 나날을 보내느니 헤어져서 각자 인생을 다시 시작해 보는 게 낫겠다 싶어 그렇게 말했습니다만, 결코 마음이 가볍지 않았습니다. 아마도 '하늘이 짝지어 주신 것을 사람이 갈라놓아서는 안 된다.' 라는 선생님 말씀이 떠올라서 그런 것 같습니다. 정말 한 번 결혼했으면 절대 이혼해서는 안 되는 겁니까?"

"그건 내 말이 아니다. 진정 하느님께서 짝지어 주신 것은 사람이 무슨 재주로도 결코 갈라놓지 못한다. 너희가 무슨 수로 지구와 달 사이를 갈라놓으며 바다와 육지 사이를 갈라놓겠느냐? 그런데 내가 무엇 때문에, 새삼스럽게, 아무리 해도 되지 않는 일을 하지 말라고 했겠느냐?"

"그게 선생님 말씀이 아니었나요?"

"하느님 우리 아버지 사전에는 '인간에게 허용되지 않는 일'이란 말이 없다."

"예?"

"너희는 무슨 일이든지 다 할 수 있다. 봐라, 자식이 아비를 죽이고 돈을 빼앗지 않나, 어미가 금방 낳은 자식을 길바닥에 내던져 죽이지 않나, 도대체 너희 인간들에게 무슨 못할 짓이 있는 거냐?"

"그러나 하느님께서는 아담에게 선악과를 먹지 말라고 하시잖았습니까?"

"그런데도 먹지 않았느냐?"

"……"

"너희는 할 수 있는 일이면 무슨 일이든 다 할 수 있다. 하느님은 너희가 하는 짓을 훼방하거나 가로막지 않으신다. 전쟁을 일으켜 원자탄 하나로 수천 수만 생명을 한꺼번에 죽여도 그냥 두시고, 여객기를 몰아 빌딩에 뛰어들어도 그냥 두신다. 하물며 이혼일까 보냐?"

"그럼 도대체 방금 읽은 성경 말씀은 어떻게 되는 겁니까?"

"'하느님께서 짝지어 주신 것을 사람이 갈라놓아서는 안 된다.'라는 말은 혼인 예식에서 주례하는 자가 신랑 신부에게 주는 권고의 말이었다."

"권고의 말 치고는 겁을 많이 주는군요."

"너는 아이들에게 무엇을 권하면서 겁주는 말 하지 않느냐?"

"많이 합니다."

"그러니 이상하게 여길 것 하나 없다."

"선생님께서, 그러니까, 주례사의 한 마디를 인용하신 건가요?"

"그런 셈이다."

"주례자가 '하느님께서 짝지어 주신 것을 사람이 갈라놓아서는 안 된다.' 라고 한 것은 사람이 갈라놓을 수 있으니까 갈라놓지 말라고 한 것 아닙니까?"

"이를 말이냐? 그 말에는, 너희가 갈라놓으려고 하면 갈라놓을 수 있는 것이 혼인이라는 뜻이 들어 있다."

"한 남자와 한 여자가 짝을 짓는 일이, 그것이 하느님께서 그렇게 하시는 것 아닌가요?"

"둘 가운데 어느 쪽이든 참으로 자기를 비우고 하느님 뜻에 복종하여 그 결과로 이루어진 혼인이라면 그렇다. 그렇게 지워진 짝은 절대 갈라지지 않는다. 하느님이 맺어 주신 짝이기 때문이다. 그러나 세상에는 그런 짝이 드물고, 많은 남자와 여자들이 하느님은 상관없이 제 맘대로 만나서 짝을 짓지 않느냐? 그런 경우에도 '하느님이 지어 주신 짝' 이라 생각하면서 살라고, 그러나 헤어지려면 헤어질 수 있으니 알아서 하라고, 주례자가 신랑 신부에게 한 마디 하는 것이다."

"그날, 바리사이파 사람들에게도 그런 뜻으로 말씀하신 겁니까?"

"그들은 내 대답을 듣고자 온 게 아니라 내 속을 떠보려고 왔다. 나는 그들 귀에 익은 말로 진리를 밝혔을 뿐이다."

"진리라고요?"

"하느님이 짝지어 주신 것을 사람이 갈라놓으려 하는 것은 되지 않는 일로 헛수고를 하는 것이다."

"그렇지만, 이혼할 수 있다고 하지 않으셨습니까?"

"이혼이 남자와 여자 사이를 갈라놓을 수 있다고 보느냐? 아무도 바다와 육지를 갈라놓을 수 없듯이, 아무도 남자와 여자를 갈라놓을 수 없다. 둘이 한 몸을 이루기 때문이다."

"그들이 과연 선생님 말씀을 알아들었을까요?"

"그건 네가 궁금히 여길 일이 아니다."

"10~12절은 혼인보다 간음에 대한 말씀처럼 보이는데요."

"같은 내용이다."

"아내가 남편을 버리거나 남편이 아내를 버리고 결혼을 했는데 그게 간음입니까?"

"아내가 남편을 버리면 버림받은 것은 아내 자신이요 남편이 아내를 버리면 버림받은 것은 남편 자신이다."

"어째서 그렇습니까?"

"버림을 받은 쪽은 아무 한 일이 없지 않느냐? 그러니 전과 달라질 바가 없다. 버린 쪽은 짝을 버림으로써 짝과 함께 자기 자신을 버린 것이다. 버려진 자가 하는 일은 모두가 그릇되었다. 그가 결혼을 정식으로 해도 그 결혼은 간음인 것이다."

"그래서 성인(聖人)은 무기인(無棄人)이라, 사람을 버리지 않는다 했군요?"

"버리지 않는 게 아니라 버릴 수 없는 것이다. 제가 저를 어떻게 버린단 말이냐?"

¹³사람들이 어린이들을 예수께 데리고 와서 손을 얹어 축복해 주시기를 청하자 제자들이 그들을 나무랐다.

^{14}그러나 예수께서는 화를 내시며 "어린이들이 나에게 오는 것을 막지 말고 그대로 두어라. 하느님의 나라는 이런 어린이와 같은 사람들의 것이다.

^{15}나는 분명히 말한다. 누구든지 어린이와 같이 순진한 마음으로 하느님 나라를 받아들이지 않으면 결코 거기 들어가지 못할 것이다." 하고 말씀하셨다.

^{16}그리고 어린이들을 안으시고 머리 위에 손을 얹어 축복해 주셨다.

"왜 화를 내셨습니까?"

"사람이 화가 날 때 화를 내지 않으면 그게 어디 살아 있는 사람이냐?"

"저는 선생님께서 화를 내신 이유를 여쭙는 것입니다."

"알고 있다."

"사람이 살아 있어서 화를 낸다는 거야 누가 모르겠습니까?"

"내가 화를 낸 까닭은 내 제자들이 어린아이를 업신여겼기 때문이다. 그것은 크게 잘못된 버릇이고 그것을 고쳐 주려면 비상수단이 필요했다."

"비상수단이라고요?"

"화는 아무 때나 내는 게 아니다. 살아 있는 사람이라고 해서 아무 때나 화를 내면 쓰겠느냐? 비상약은 비상시에 쓰는 법이다."

"어린아이를 업신여기는 게 그렇게도 나쁩니까?"

"어린아이를 업신여기는 것은 곧 아버지 하느님을 업신여기는 것이요 나를 업신여기는 것이다. 너는 네 제자들이 너를 우습게 알고 업신여기는데도 화를 내지 않겠느냐?"

"저에겐 제자들이 없습니다만 있다면 그러겠지요. 어린아이를 업신여기는 것이 어째서 하느님을 업신여기는 것입니까?"

"네가 공들여 만든 작품을 누가 경멸한다면, 그 작품에 대하여 네가 커다란 자부심과 기대를 걸고 있다면, 그는 곧 너를 경멸한 것이다."

"어린아이가 하느님께서 공들여 만드신 작품입니까?"

"잘 들여다보아라. 너도 깜짝 놀랄 것이다."

"어른은 아닌가요?"

"세월과 함께 여기저기 헐고 때 묻고 일그러진 동상(銅像)을 상상해 보아라."

"그렇다 해도 하느님의 작품인 것은 어린아이와 다를 바 없지 않습니까?"

"말 잘했다! 금방 그 말이 진심에서 나온 말이기를 바란다. 그리고 그 말이 마침내 너를 점령하기 바란다."

"아멘입니다."

"그렇게만 된다면, 만물이 하느님의 소중한 작품으로 보여서 버릴 물건이 없게 되고 만인이 성스럽게 보여서 성인이 따로 없을 것이다. 그러면 만나는 사람마다 지극정성으로 섬기고 대하는 사물마다 네 몸처럼 아끼는 일이 저절로 되지 않겠느냐?"

"그렇겠지요."

"결국, 저절로 그렇게 될 때까지는 일삼아 그렇게 하려고 거듭거듭 시도해 보는 수밖에 없다. 내 말은, 사물이나 사람을 대할 때, 일그러지고 때 묻은 겉모양에 눈길을 머물지 말고 눈에 보이지 않는 그(것)의 본질을 보려고 애쓰라는 말이다."

"알겠습니다."

"그런데 어린아이는, 어릴수록 별다르게 애쓰지 않아도 하느님의 손길을 느낄 수 있는, 말하자면 금방 작업실에서 나온 작품처럼 때 묻고 일그러지지 않은 인간의 모습을 보여주고 있다. 그런데 그런 아이를 업신여기고 그래서 아이들을 내게 데려오는 사람들을 꾸짖고 있으니, 내가 어찌 화를 내지 않을 수 있겠느냐?"

"예, 그랬던 거군요. 그런데, 하느님 나라는 어린아이와 같은 사람들의 것이라는 말씀은 무슨 뜻입니까?"

"하느님 나라에는 어린아이와 같은 사람들만 들어간다고 말하지 않았느냐?"

"어른들은 못 들어갑니까?"

"어린아이가 들어간다고는 하지 않았다. '어린아이 같은 사람'이 들어간다고 했다. 그러니 그 사람 나이가 얼마나 되는지는 상관없는 일이다."

"어린아이와 어린아이 같은 사람은 어떻게 다릅니까?"

"비유하자면, 어린아이는 자기에게 있는 것이 보물인 줄 모르면서 보물을 지니고 있는 사람이요 어린아이 같은 사람은 한번 그 보물을 잃었다가 찾은 사람이다. 아무리 값진 보물이라도 그것이 보물임을 모르는 자는, 비록 지금 그것을 몸에 지니고 있다 해도 보물을 지녔다고 할 수 없다. 보물의 가치를 제대로 아는 사람만이 참으로 그것을 지닌 사람인 것이다. 어른은 어린아이였을 때 지녔던 '순진한 몸과 마음'을 잃어버린 자들이다. 그가 고맙게도 다시 그 '순진한 몸과 마음'을 찾으면 그 때 비로소 '어린아이 같은 사람'으로 된다. 집을 떠났던 둘째 아들이 아버지 집에서 사는 삶이 얼마나 좋은 것인지를 알게 된 까닭은 아버지 집에서 사는 삶의 안락함을 잃어버려 보았기 때문이다. 그것을 깨닫고 집으로 돌아왔을 때 그는 비로소 아버지의 아들이 되었던 것이다."

"그것이 거듭남[重生]입니까?"

"그렇다. 거듭나지 않고서는, 그래서 어린아이의 순진한 마음과 몸으로 돌아가지 않고서는, 아무도 하느님 나라에 들어갈 수 없다."

"누가 못 들어가게 막나요?"

"아무도 막지 않는다. 없는 문을 어떻게 막느냐? 대도무문(大道無門)이라 하지 않았느냐? 하느님 나라에는 문이 없다."

"그런데 왜 못 들어갑니까?"

"어둠이 빛 속으로 들어갈 수 있겠느냐?"

"……"

"빛은 어둠을 뚫고 들어가지만 어둠은 빛을 뚫고 들어갈 수 없다. 빛은 실재(實在)요 어둠은 빛의 부재(不在)이기 때문이다."

"……"

"어린아이의 순진한 마음은 모든 것을 받아들인다. 그에게는 악과 선이 따로 없고 아름다움과 더러움이 따로 없으며 너와 내가 따로 없다. 그래서 악과 선이 따로 없고 아름다움과 더러움이 따로 없으며 너와 내가 따로 없는 하느님 나라를 받아들일 수 있는 것이다. 물이 물을 받아들이고 불이 불을 받아들인다."

"……"

"사람은 어른이 되면서 어렸을 때 지녔던 '순진한 마음'을 버리고 이것과 저것을 가려 좋은 것은 잡고 싫은 것은 버리는 '분별심'을 키우며 살아간다. 그러나 그것은 결국 고통과 절망을 가져다줄 뿐이다. 그래서 어떻게 하면 이 고통과 절망에서 벗어날 수 있을까 고뇌하다가 고맙게도 스승을 만나면 비로소 '순진한 마음'의 가치를 알게 되고, 그것을 그리워하게 되고, 마침내 다시 얻게 되는 것이다. 그때 그는 '어린아이'가 아니라 '어린아이 같은 사람'이 되어 하느님 나라에 들어간다."

"순진한 마음으로 하느님 나라를 받아들여야 거기 들어간다고 하셨는데요, 먼저 받아들여야 들어가게 되는 겁니까?"

"하느님 나라는 저기 어디에 따로 있는 나라가 아니라 바로 지금 여기에 있는 나라다. 그 나라를 받아들이는 것이 곧 그 나라에 들어가는 것이다. 커튼을 걷고 창문을 열면 빛이 방으로 들어오면서 동시에 방이 빛 속에 들어가 있지 않느냐?"

"그냥 어린아이로 살다가 죽으면 안 됩니까? 어른이 되어서 잃었던 순진한 마음을 되찾느라고 고생할 까닭이 무엇입니까?"

"집을 떠나지 않았던 큰아들을 보아라. 그렇게 아버지 집에 살면서 고마움을 모르고 또 삶을 맘껏 즐기지도 못하고 오히려 머슴처럼 일하면서 불만과 불평으로 나날을 보내고 싶으냐? 상실을 겪어 보지 못한 자는 제가 지니고 있는 것의 소중함을 모르고 그러면 고마운 줄도 모른다. 아파 보지 않은 자는 건강의 소중함을 모르고 굶어 보지 않은 자는 양식의 소중함을 모르는 법이다. 하느님 나라는 순진하지만 도무지 뭘 모르는 자들의 집합장소가 아니다. 그래서 어린아이들이 아니라 어린아이 같은 사람들의 나라인 것이다."

"선생님, 어린애 같은 사람 되기가 왜 이렇게 어려울까요?"

"어린애 같은 사람이 되려고 하는 노력이 그것을 더욱 어렵게 한다. 무위(無爲)를 행하려니 얼마나 어렵겠느냐? 너를 내게 맡기고, 머물면 머물고 흐르면 흘러라."

[17]예수께서 길을 떠나시는데 어떤 사람이 달려와서 그 앞에 무릎을 꿇고 "선하신 선생님, 제가 무엇을 해야 영원한 생명을 얻겠습니까?" 하고 물었다.

[18]예수께서는 이렇게 대답하셨다. "왜 나를 선하다고 하느냐? 선하신 분은 오직 하느님뿐이시다.

[19]'살인하지 말라', '간음하지 말라', '도둑질하지 말라', '거짓 증언하지 말라', '남을 속이지 말라', '부모를 공경하라'고 한 계명들을 너는 알고 있을 것이다."

[20]그 사람이 "선생님, 그 모든 것은 제가 어려서부터 다 지켜왔습니다." 하고 대답하였다.

[21]예수께서는 그를 유심히 바라보시고 대견해 하시며 이렇게 말씀하셨다. "너에게 한 가지 부족한 것이 있다. 가서 가진 것을 다 팔아 가난한 사람들에게 나누어 주어라. 그러면 하늘에서 보화를 얻게 될 것이다. 그러니 내가 시키는 대로 하고 나서 나를 따라오너라."

[22]그러나 그 사람은 재산이 많았기 때문에 이 말씀을 듣고 울상이 되어 근심하며 떠나갔다.

"이 대목을 읽자면 선생님께서 그 부자를 조롱하시는 듯한 기분이 느껴지곤 했습니다. 달려와 무릎 꿇고 여쭐 정도면 꽤 절박하고 진지한 태도를 보였다고 할 수 있겠는데 선생님께서는 '선하신 선생님'이라는 호칭을 가지고 시비를 따지셨고 결국에는 그가 도저히 받아들일 수 없는 조건을 제시하셔서 울상으로 근심하며 가게 하셨습니다. 게다가 또 그를 '대견해 하셨다'는 기록이 있는데 그것도 저를 헷갈리게 합니다. 혹시, 이 대목을 기록한 사람이 부자들에게 가지고 있는 좋지 못한 편견이 중간에 작용을 한 것은 아닐까요?"

"그럴 수도 있겠지만, 내가 그를 조롱한 듯하다는 말은 좀 지나치구나. 생각해 보아라. 내가 무슨 할 일이 없어서 사람을 조롱한단 말이냐?"

"죄송합니다. 그냥 그런 느낌이 들어서요."

"저마다 제 눈으로 사물을 보는 거니까 그럴 수도 있지만, 내가 누구를 조롱하러 세상에 온 것이 아님은 너도 알고 있지 않느냐? '선하신 선생님'이라는 호칭을 가지고 시비를 따졌다고 했는데 그렇지 않다. 나는 틈만 있으면 쏟아져 나오는 빛처럼, 기회만 있으면 하느님에 관한 진실을 말했을 뿐이다. 세상에 존재하는 모든 사물은 하느님 아버지께로부터 나왔지만 하느님 아버지는 아니다. 선하신 분은 오직 하느님뿐이라는 말은 '선하다'라는 형용사가 붙을 수 있는 대상은 하느님 한 분밖에 없다는 말이다."

"'선하신 분은 하느님뿐이다.' 이 말씀에는 '악하신 분도 하느님뿐이다.'라는 뜻이 들어 있는 것 아닙니까?"

"말 잘했다. 어떤 형용어든 그것을 참으로 붙일 수 있는 대상은 오직 하느님밖에 없다. 그분만이 옹근 전체이시기 때문이다."

"나머지는요?"

"'달콤한 사탕'은 그것을 맛보는 혀가 없는 한, 없는 것이다. 그런 뜻에서, 스스로 선한(악한) 존재는 세상에 없다. 하느님 말고는 모두가 부분이요 분자(分子)들이기 때문이다."

"예, 그런 뜻으로 하신 말씀이셨군요."

"포도나무와 포도나무 가지는 둘도 아니지만 하나도 아니다. 하느님과 천지만물의 관계도 마찬가지로 불이(不二)요 비일(非一)이다."

"알겠습니다. 선생님께서 그를 '유심히 보시고 대견해 하셨다'는 기록은 어떻게 된 것입니까?"

"그가 대견스럽다고 말한 적은 없었다. 그러나 사람들이 내 눈길에서 그런 느낌을 받았을 수도 있었을 게다. 그만한 형편에 있는 사람이 그만한 열심으로 영생을 추구한다는 것 자체가 대견스런 일 아니냐? 많은 부자들이 더 많은 재물을 추구하는 게 상식으로 돼 있는 이 세상에서 말이다."

"그러나 결국 그에게 선생님께서는 너무 심한 조건을 요구하신 것 아닌가요?"

"내가 너에게 요구한 조건이 무엇이었는지 기억하느냐?"

"'내가 너와 함께 있다. 나를 믿고 내게 너를 맡겨라. 그리고 나한테서 배우라.' 라는 것 아닌가요?"

"그것이 지나친 요구라고 생각하느냐?"

"아닙니다. 제 버릇이 깊고 질겨서 쉽게 되지는 않습니다만, 그러나 할 만하고 또 할 수도 있는 일이라고 생각합니다."

"내가 그에게 요구한 조건도 마찬가지였다. 그로서는, 물론 쉬운 일은 아니겠지만, 얼마든지 할 수 있는 일이었고 할 만도 한 일이었다. 생각해 보아라. 가진 것을 팔라고 했지, 가지고 있지 않은 것을 팔라고는 하지 않았다. 가지고 있지 않은 것을 팔라고 했다면 내가 말을 잘못한 것이지만, 가지고 있는 것을 팔라고 했으니 팔면 될 것 아니냐?"

"그게 어디 쉬운 일인가요?"

"어려울 건 또 뭐냐? 시장에 싼 값으로 내놓으면 내놓자마자 손가락 하나 움직이지 않아도 모두 팔려 나갈 것이다. 그런 다음, 가난한 자들에게 가져가라고 말만 해도 금방 가져가지 않겠느냐? 그 일을 위해서 따로 수고하고 애써야 할 아무 이유가 없다."

"말씀이야 그렇습니다만……"

"말이 그러면 그런 것이다. 예는 예요 아니오는 아니오다."

"그렇지만, 그러지 못하도록 가로막는 힘이 너무 세어서요."

"그 힘이 누구한테서 나오느냐?"

"우선 가족들이 있을 것 아닙니까?"

"그래서 가족이 원수라고 했다."

"가족은 어떻게 설득시키거나 무시한다고 해도, 역시 막강한 원수가 또 남아 있지요."

"그래서 남을 이기는 자는 힘이 센 자요 자기를 이기는 자가 과연 천하를 얻는다고 했다."

"……"

"……"

"너무 어렵습니다. 근심하며 떠나간 그 사람이 참으로 안 됐습니다. 그 뒤 머잖아서 가지고 있던 그 많은 재산을 모두 놓아 버려야 했을 텐데요."

"공수래공수거(空手來空手去)가 인간의 운명 아니냐? 나는 그에게 어차피 놓아야 할 것들 미리 놓아버리고 인간 본연의 자세로 살아가는 법을 배우라고 권했을 따름이다."

"그런데, 그것이 왜 이다지도 어려울까요?"

"가위에 눌려 본 적 있느냐?"

"예."

"쉽게 풀려나지더냐?"

"아니지요. 안간힘을 써도 잘 안 됩니다."

"그래도, 자기가 지금 가위에 눌려 있음을 알고 있는 자는 언제고 반드시 풀려나게 마련이다."

"그건 그렇지요."

"무겁고 질긴 '나'로부터 벗어나는 것 또한 마찬가지다. 내가 세상에 제시한 길은 쉽고 편한 길이다. 내 짐은 가볍고 내 멍에는 편하다. 너로 하여금 그 쉽고 편한 길을 가지 못하게 가로막고 있는 것은 다름 아닌 바로 너의 '에고'다. 에고는 어둠과 마찬가지로 본디 없는 것이다. 있지도 않은 가위가 너를 무겁게 짓누르듯이, 있지도 않은 '에고'가 너를 움켜잡고서 쉽고 편한 '자유·자연'의 길을 가지 못하도록 가로막고 있는 것이다. 그렇다는 걸 알고 있느냐? 네 원수가 바깥 어디에 있지 않고 네 속에 있음을 알고 있느냔 말이다."

"예. 머리로는 대강 알고 있습니다."

"그러면 이제 남은 것은 시간문제다. 기다려라. 머잖아 가위가 풀리면 세상에서 맛보았던 모든 고통과 번뇌가 아무것도 아니었음을 알게 될 것이다."

"그날이, 제 목숨 끊어지기 전에 왔으면 좋겠습니다."

"오늘이 그날이다!"

"예?"

"오늘이 그날이라고 했다. 내일로 미루지 마라. 내일은 없다."

"제가 오늘 당장 무엇을 해야 합니까?"

"아무것도 네 소유(所有)로 삼지 마라. 실제로 네 소유인 것은 없다. 그것이 만인에게 주어진 공평한 진실이다. 그러니 무슨 대단한 일을 하라는 게 아니라, 진실을 진실로 받아들이라는 말이다. 달리 말하면, 본디 무일푼인 너 자신을 그대로 받아들여 무일푼으로서 무일푼답게 살아가라는 얘기다. 그날 내가 부자 청년에게 들려준 말도 바로 이 말이었다."

²³예수께서는 제자들을 둘러보시며 "재물을 많이 가진 사람이 하느님 나라에 들어가는 것은 얼마나 어려운 일인지 모른다." 하고 말씀하셨다.

²⁴제자들은 이 말씀을 듣고 놀랐다. 그러나 예수께서 다시 이렇게 말씀하셨다. "하느님 나라에 들어가기는 참으로 어렵다.

²⁵부자가 하느님 나라에 들어가는 것보다는 낙타가 바늘귀로 빠져나가는 것이 더 쉬울 것이다."

²⁶제자들은 깜짝 놀라 "그러면 구원받을 사람이 어디 있겠는가?" 하며 서로 수군거렸다.

²⁷예수께서는 제자들을 똑바로 보시며 "그것은 사람의 힘으로는 할 수 없으나 하느님은 하실 수 있는 일이다. 하느님께서는 무슨 일이나 다 하실 수 있다." 하고 말씀하셨다.

"재물을 많이 가진 사람이 하느님 나라에 들어가기 어려운 이유가 무엇입니까? 재물이 많아서인가요?"

"재물이 많아서 못 들어가는 곳이 하느님 나라라면, 아브라함도 들어가지 못했겠구나?"

"……"

"재물 많은 사람이 하느님 나라에 들어가기 어려운 이유는, 그가 지닌 재물 때문이 아니다."

"그럼, 무엇 때문입니까?"

"방금 부자 청년이 보여주지 않았느냐? 그가 왜 '울상이 되어 근심하며' 나를 떠나갔겠느냐?"

"성경에는 그에게 재물이 많았기 때문이라고 했습니다만……"

"그가 근심한 이유는, 가진 재물을 놓아 버렸을 때 자기 생존의 바탕이 무너진다고 착각했기 때문이다. 그는 재물에 뿌리를 내리고 살아온 인생이었다."

"재물에 뿌리를 내린 인생은 하느님 나라에 들어갈 수 없습니까?"

"공중에 뿌리박은 나무가 살 수 있겠느냐? 하느님 나라에 산다는 말은 하느님 안에서 하느님 말씀을 먹고 산다는 말이다. 요한이 말하기를, 하느님은 사랑이라고 했다. 옳은 말이다. 하느님은 사랑이시다. 하느님은 재물이 아니다. 하느님 나라는 돈 놓고 돈 먹는 나라가 아니라 사랑으로 사랑을 낳는 나라다."

"자(資)를 본(本)으로 삼는 그런 나라는 아니군요?"

"사랑이 세상을 만들었다. 세상이 사랑을 만든 게 아니다."

"사람이 자(資)를 만들었지 자(資)가 사람을 만든 게 아니라는 말로 새겨도 될까요?"

"근사하나 위험한 말이다. 보이는 모양만 가지고 말하면, '사람'도 '자'(資)에 지나지 않는다. 인본주의(人本主義)란 말이 자본주의(資本主義) 못지않게 위험한 까닭이 거기에 있다."

"신본주의(神本主義)란 말은 어떻습니까?"

"위험하기는 마찬가지다. 신(神)이라는 말에 인간의 온갖 욕망이 감추어져 있을 수 있기 때문이다."

"'사랑주의'라고 하면 될까요?"

"그 말은 '뜨거운 얼음'이란 말과 같은 말이다. 사랑은 어떤 주의(ism)도 될 수 없다."

"사랑으로 사랑을 낳는다는 말이 제 귀에는 너무 관념적인 말로 들립니다. 어떻게 사는 것이 사랑으로 사랑을 낳는 것입니까?"

"내 말을 듣고 내 말을 좇아서 살아가는 것이다."

"어떻게 하면 선생님 말씀을 듣고 선생님 말씀을 좇아서 살 수 있습니까?"

"언제 어디서 무슨 일을 하든지, 내가 너와 함께 있음을 기억하고 네 생각이나 판단을 앞세우는 대신 내게 묻고 내 말을 듣고 들은 대로 하여라."

"저도 그렇게 해 보려고 합니다만, 하면 할수록 그게 어렵다는 것만 확인하게 됩니다."

"그래도 하여라. 모든 것을 놓아 버려라. 몸과 마음이 가벼워질 것이다. 그런 다음, 나한테 배워라."

"알겠습니다."

"하느님 나라에 들어가려고 애쓰지 마라."

"예?"

"안방에 앉아서 안방에 들어가려고 애쓴다면, 괜한 수고를 하는 것 아니냐? 하느님 나라는 여기 있다 저기 있다 하고 말할 수 있는 그런 나라가 아니다. 따라서 그 나라는 안으로 들어가거나 밖으로 나갈 수 있는 나라가 아니다. 경계가 있어야 드나들 것 아니냐?"

"말씀을 듣자니 한 선승(禪僧)의 시(詩)가 생각나는군요."

"읊어 보아라."

    오, 사이치야, 극락정토가 어디냐?
    내 극락정토는 바로 여기란다.
    이 세상과 극락정토의 경계선은 어디냐?
    내 눈이 바로 그 경계선이란다.

"근사하다. 기억해 두어라. 천상천하에 하느님 나라 아닌 곳이 없다는 사실을."

"예. 무슨 말씀인지 알아듣겠습니다. 그런데도 그게 좀처럼 실감되지 않습니다."

"괜찮다."

"낙타가 바늘귀를 빠져나가는 게 부자가 하느님 나라에 들어가는 것보다 쉽다고 하셨는데요, 그 말씀이 무슨 뜻입니까?"

"그만큼 어렵다는 말이다."

"어려운 일이라기보다 불가능한 일 아닙니까?"

"이쪽에서는 불가능한 일이지만 저쪽에서는 가능한 일이다."

"사람은 못하지만 하느님은 하신다는 말씀입니까?"

"그렇다."

"사람이 하는 일과 하느님께서 하시는 일이 어떻게 다릅니까?"

"사람은 안 되는 일을 억지로 하고 하느님은 되는 일을 저절로 되게 하신다."

"재물을 팔아서 가난한 자들에게 주는 일이야말로 '억지' 아닌가요?"

"아니다. 그것이야말로 자연스럽게 이루어지는 일이다. 부자가 죽으면 그가 남긴 재물이 세상에 흩어져 결국 가난한 자들에게로 돌아가지 않느냐?"

"그건 그가 죽었을 때 일이고, 살아 있는 동안에는 재물을 움켜잡는 게 오히려 자연스런 일 아닙니까?"

"하느님의 법을 어기고 사람이 만든 법으로 살아가는 자에게는 그럴 것이다. 부자가 하느님 나라에 들어가지 못하는 까닭이 바로 거기에 있다. 하느님의 법을 어기면서 어떻게 하느님 나라 백성으로 살겠느냐?"

"하느님의 법을 좇아서 살려면 어떻게 해야 합니까?"

"내 말을 잘 듣고 내가 시키는 대로만 하여라."

"어떻게 해야 선생님 말씀을 잘 들을 수 있습니까?"

"고요한 가운데 귀를 기울여라. 기회 있을 때마다 침묵 속에 홀로 있기를 연습하여라."

"예, 선생님."

[28]그때 베드로가 나서서 "보시다시피 저희는 모든 것을 버리고

주님을 따랐습니다." 하고 말하였다.

²⁹예수께서는 이렇게 말씀하셨다. "나는 분명히 말한다. 누구든지 나를 위하여 또 복음을 위하여 집이나 형제나 자매나 어머니나 아버지나 자녀나 토지를 버린 사람은

³⁰현세에서 박해는 받겠지만 집과 형제와 자매와 어머니와 자녀와 토지의 축복도 백배나 받을 것이며 내세에서는 영원한 생명을 얻을 것이다.

³¹그런데 첫째가 꼴찌가 되고 꼴찌가 첫째가 되는 사람이 많을 것이다."

"베드로의 말은 곧이들리는데 선생님 말씀은 어쩐지 선생님이 하신 말씀처럼 들리지 않습니다."

"까닭을 물어봐도 되겠느냐?"

"꼭 집어서 말씀 드리긴 어렵습니다만, 선생님을 위하여 집이나 형제나…… 토지를 버린 사람에게 그에 따른 보상을 약속하신 것이 왠지 선생님 말씀답지 않습니다."

"잘 읽어 보아라. 나는 그런 약속 한 적 없다. 다만, 그런 결과가 있게 되리라는 말을 했을 뿐이다."

"그러면, 이 말씀이 정말 선생님께서 하신 말씀입니까?"

"내 말이 정확하게 기록된 건 아니다."

"무슨 말씀이신지요?"

"내가 한 말에 다른 말들이 보태어졌다는 얘기다."

"선생님께서 하신 말씀이란, 무엇입니까?"

"버린 자가 얻는다고 했다. 나를 위해서 무엇을 버린 자는 그 버

린 것을 참으로 얻게 된다."

"어째서 그렇습니까?"

"설명으로 알 수 있는 게 아니다. 그렇게 해 본 사람만이 알 수 있다."

"선생님을 위해서 무엇을 버린다는 게, 어떻게 하는 것입니까?"

"말 그대로다. 내 뜻을 좇기 위해서 무엇을 포기하는 것이다."

"선생님 뜻을 따르기 위해서는 꼭 무엇을 포기해야 합니까?"

"내 뜻을 따르려면 내 뜻을 따르기로 선택해야 한다. 무엇을 선택하는 것은 무엇 아닌 다른 것들을 버리는 것이다. 그렇지 않느냐? 선택은 포기를 전제한다. 아니, 선택이 곧 포기다."

"제가 선생님을 위해서 아내를 버려야 합니까?"

"그러지 않고서는 나를 따를 수 없다."

"출가(出家)를 해야 한다는 말씀인가요?"

"해야 한다."

"그런데, 저는 아직 못하고 있습니다."

"알고 있다."

"죄송합니다만, 지금으로서는 할 마음도 없습니다."

"상관없다."

"상관없다고요? 방금 출가하지 않으면 선생님을 따를 수 없다고 하시지 않았습니까?"

"몸은 집을 떠났어도 마음이 집에서 벗어나지 못했으면, 가출(家出)은 될지언정 출가(出家)는 아직 아니다. 출가는 가출이 아니다. 집에서 집을 떠나는 것이 진정한 출가다."

"그럼, 저도 출가할 수 있겠군요?"

"할 수 있는 게 아니라 해야 한다!"

"어떻게 하는 것이 집에서 집을 떠나는 것입니까? 몸은 집에 있어도 마음은 집을 떠나는 것인가요?"

"그건 출가도 가출도 아니고 아무것도 아니다. 오히려 몸과 마음이 따로 노는 것만큼 고약한 경우가 없다."

"그럼, 어떻게 해야 합니까?"

"집에서 집을 떠난다는 말은, 네가 시방 하고 있는 일이나 처해 있는 상황으로부터 옹글게 자유로워진다는 말이다. 지금·여기를 철저하게 살면서 지금·여기로부터 자유로워지는 것이, 그것이 '나를 위하여 또 복음을 위하여 집이나 형제나 자매나 어머니나 아버지나 자녀나 토지를 버리는' 것이다."

"어떻게 하면 제가 그 모든 것에서 자유로워질 수 있을까요?"

"너는 벌써 자유롭다. 누구도 무엇도 너를 얽매지 못한다. 그 사실을 깨치면 된다."

"머리로는 웬만큼 알고 있습니다."

"그 앎이 머리에서 가슴으로 배로 손발로 내려가게 하여라."

"어떻게 하면 그럴 수 있습니까?"

"무엇이든지 잘 보아라. 잘 보면 네가 잡아 둘 수 있는 게 아무것도 없다는 사실이 보일 것이다. 집도 형제도 자매도 부모도 자녀도 토지도 네가 붙잡아 둘 수 있는 것이 아니다. 안 그러냐?"

"그렇습니다."

"사실을 사실로 받아들여라. 그러면 지금·여기에서 지금·여기로부터 자유로워질 것이다. 아니, 처음부터 자유로웠고 지금도 자유롭고 앞으로도 자유로울 너 자신을 보게 될 것이다. 그냥 대충 버릇대로 봐 넘기지 말고, 자세하게 들여다보아라. 오온개공(五蘊皆空)이라, 눈에 보이고 손에 만져지고 귀에 들리고 머리에 떠오르는 것들이 모두 공(空)이요 그것들을 보고 만지고 듣고 떠올리는 너 또한 공(空)임을, 머리가 아닌 온 몸으로 알 때, 그때에 비로소 너는 네 집과 형제자매 부모자녀와 땅을 제대로 소유할 것이다. 무엇을 버린다는 말은 그 '무엇'이 네가 버릴 수 없는 물건임을 안다는 뜻이요, 달리 말하면, 그것을 버릴 자격이 너에게 없음을 깨닫는다는 뜻이다."

"역시 '깨달음'으로 돌아가는군요?"

"눈을 뜨는 것이 종교의 모든 것이다. 보시(布施)의 공덕이 수미산만큼 커도 깨달음의 공덕에는 견줄 바가 못 된다. 그래서 양무제(梁武帝)가 많은 불사(佛事)를 짓고 나서 자신에게 공덕이 있느냐고 물었을 때 달마 대사가 '실무공덕'(實無功德)이라 대답했던 것이다."

"선생님 말씀에 덧보태진 말이 어떤 것인지를 여쭤도 되겠습니까?"

"'현세에서 박해도 받겠지만'이라는 구절과 '내세에서는 영원한 생명을 얻을 것이다'라는 구절이 덧보태졌고 '백배나 받는다'도 보태어진 말이다."

"……"

"깨달은 사람에게는 현재도 과거도 미래도 없다. 오직 영원한 지금과 무한한 여기가 있을 뿐이다."

"그러나 선생님께서도 하느님 나라를 두고 '장차 오실 나라'라고 하시지 않았습니까? 또 '그리로 들어갈 것이다, 들어가지 못할 것이다' 하고 미래형으로 말씀하셨고요."

"물론 그랬다. 말은 하는 사람 처지가 아니라 듣는 사람 처지에서 나누어야 하는 것이기 때문이다. 상대계(相對界)에서 절대계(絶對界)를 말하자니, 벌써 와 있다는 말과 아직 오지 않았다는 말을 한 입으로 하지 않을 수 없었다."

"맨 끝 절(31절)은 무엇입니까?"
"그것도 보태진 말이다."
"그 뜻이 무엇인지를 여쭙는 것입니다."
"말 그대로, 반드시 그렇지는 않겠으나, 앞선 자가 뒤지고 뒤진 자가 앞서는 일이 많을 것이라는 얘기다. 스스로 앞섰다고 생각하는 자에게는 자만하여 게으르지 말 것을, 스스로 뒤졌다고 생각하는 자에게는 낙심하여 주저앉지 말 것을 일러 주고자 했다."
"선생님을 모시고 가는 이 '길'에, 앞서거나 뒤지는 일이 있는 것입니까?"
"생각일 뿐이다."
"……"
"그러나 무시할 수도 없고 무시해도 안 되는 게 또한 '생각'이다."

^{32}예수의 일행이 예루살렘으로 올라가는 길이었다. 그때 예수께서 앞장서서 가셨고 그것을 본 제자들은 어리둥절하였다. 그리고 그 뒤를 따라가는 사람들은 불안에 싸여 있었다. 예수께서 다

시 열두 제자를 가까이 불러 장차 당하실 일들을 일러 주었다.
 ³³"우리는 지금 예루살렘으로 올라가는 길이다. 거기에서 사람의 아들은 대사제들과 율법학자들의 손에 넘어가 사형선고를 받고 다시 이방인의 손에 넘어갈 것이다.
 ³⁴그러면 그들은 사람의 아들을 조롱하고 침 뱉고 채찍질하고 마침내 죽일 것이다. 그러나 사람의 아들은 사흘 만에 다시 살아날 것이다."

"복음서 기록에 따르면 세 번째이자 마지막으로 선생님께서 어떻게 돌아가실 것인가를 미리 말씀하시는 대목입니다."
"죽음과 함께 부활도 말했다."
"그런데도 제자들 귀에는 '죽음'에 대한 말씀만 들리고 '부활'에 대한 말씀은 들리지 않았던 것 같습니다."
"태산이 앞을 가렸는데 그 너머가 보였겠느냐?"

"선생님, 왜 예루살렘을 마지막 장소로 택하셨습니까?"
"예루살렘은 인간의 문명이 꽃을 피운 장소요 세속의 권력이 집중된 장소로, 하느님의 법에서 가장 거리가 먼 곳이다. 꽃은 가지 끝에 피어난다. 그런데 바로 그 자리에 열매가 맺히지 않느냐? 열매는 거기서 충분히 익은 다음, 대지의 품으로 돌아가 '제2의 나무'로 다시 태어난다. 내가 낡은 세상의 마지막을 닫고 새 세상의 처음을 열 장소로 예루살렘 아닌 어디를 택할 수 있겠느냐? 예루살렘은, 마라톤 경주를 예로 든다면, 반환점에 해당되는 곳이다. 사람이 더 이상 하느님한테서 멀어질 수 없는 곳이요 그렇기 때문에 하느님께로 돌아가지 않을 수 없는 그런 곳이란 말이다."

"그러니까, 저주와 축복이 공존하는 곳이란 말씀인가요?"

"저주는 없다. 오직 축복이 있을 뿐이다!"

"선생님이 예루살렘에서 처형당하신 것도 축복이란 말씀입니까?"

"이를 말이냐? 죽기 위한 삶은 없고 살기 위한 죽음이 있을 뿐이다. 어찌 살아도 죽어도 복된 일이라 하지 않겠느냐?"

^{35}제베대오의 두 아들 야고보와 요한이 예수께 가까이 와서 "선생님, 소원이 있습니다. 꼭 들어 주십시오." 하고 말하였다.

^{36}예수께서 그들에게 "나에게 바라는 것이 무엇이냐?" 하고 물으시자

^{37}그들은 "선생님께서 영광의 자리에 앉으실 때 저희를 하나는 선생님의 오른편에 하나는 왼편에 앉게 해 주십시오." 하고 부탁하였다.

^{38}그래서 예수께서는 "너희가 청하는 것이 무엇인지나 알고 있느냐? 내가 마시게 될 잔을 마실 수 있으며 내가 받을 고난의 세례를 받을 수 있단 말이냐?" 하고 물으셨다.

^{39}그들이 "예, 할 수 있습니다." 하고 대답하자 예수께서 다시 이렇게 말씀하셨다. "너희도 내가 마실 잔을 마시고 내가 받을 고난의 세례를 받기는 할 것이다.

^{40}그러나 내 오른편이나 왼편 자리에 앉는 특권은 내가 주는 것이 아니다. 그 자리에 앉을 사람들은 하느님께서 미리 정해 놓으셨다."

"야고보와 요한의 소원이 지나쳤습니까? 그래서 잘못된 것이었습니까?"

"아니다. 그들은 소박한 마음으로 소원을 말했다."

"선생님 좌우를 차지하겠다는 게 욕심 아니었나요?"

"사람 말이란 어떻게 듣느냐에 따라서 달라지게 마련이다. 나는 그렇게 듣지 않았다."

"선생님께서는 그들의 소원을 어떻게 들으셨습니까?"

"장차 내가 있을 영광스런 자리에 동석(同席)토록 해 달라는 부탁이었다."

"그런데 왜 하필 하나는 오른편 하나는 왼편이었습니까?"

"사람이 둘인데 그럼 어떻게 말하겠느냐? 너는 네 속에 그런 소원을 품고 있지 않느냐?"

"저는 장차 어느 날 어느 곳에서 선생님 곁에 있기를 바라지 않습니다. 다만 지금 그리고 여기에서 선생님 곁에 있기를 바랄 따름입니다."

"야고보와 요한보다는 근사하지만, 네가 바라지 않아도 나는 늘 네 곁에 있다."

"알고 있습니다."

"알고 있다면서, 내 곁에 있기를 바란다는 말은 무슨 말이냐? 씹어 삼킨 감자를 먹고 싶다는 거냐? 네가 그런 '소원'을 품고 있으면, 바로 그 소원 때문에, 나는 네 곁에 있으나 너는 내 곁에 있지 않는 것이다."

"무슨 말씀인지 알겠습니다."

"내 곁에 있고 싶다는 생각을 비우고, 네 곁에 있는 나를 느껴 보아라. 스스로 깨어 있어 마음을 모으면 몸으로 느껴질 것이다."

"예, 선생님."

"야고보와 요한의 소원은 두 사람만 품고 있는 게 아니었다. 그 둘이 다른 제자들보다 조금 더 솔직했을 뿐이다."

"선생님께서 그들에게 주신 대답은, 고난을 받지 않고선 영광을 누릴 수 없다는 그런 말씀이었습니까?"

"누구나 자기가 심은 대로 거둔다. 죽음과 부활이 동전의 양면처럼 이것이 없으면 저것이 없듯이, 고난과 영광도 그러하다."

"사실은 고난이 곧 영광 아닌가요?"

"아니다. 고난은 고난이요 영광은 영광이다!"

"그렇지만 선생님께서는 십자가를 지러 가시면서 '내가 영광을 받게 되었다'(요한 13:31)고 하시지 않았습니까?"

"그렇다. 고난이 곧 영광이다."

"또, 말씀을 바꾸시는군요?"

"씨앗이 열매냐?"

"아니지요. 씨앗은 씨앗이고 열매는 열매입니다."

"씨앗이 열매 아니냐?"

"……"

"그만두자. 말장난을 즐기다가 말덫에 걸려들라."

"죄송합니다. 제가 괜히 아는 척을 했습니다."

"됐다."

"그런데요, 누가 선생님 좌우에 앉을 것인지를 하느님께서 미리 정해 놓으셨다는 말씀은 무슨 뜻인지요? 모든 것이 예정되어 있다는 그런 말씀인가요?"

"하느님께는 과거도 미래도 현재도 없다는 점을 늘 유념하여라. 그런 분의 일을, 삼계(三界)의 울안에 살고 있는 인간의 언어로 설명하자니 시제(時制)가 뒤섞이지 않을 수 없는 것이다. 그러기에 '하느님이 미리 정해 놓으셨다.'라는 말은 '하느님이 장차 정하실 것이다.'라는 말과 같은 말이다. 알아듣겠느냐?"

"어렴풋이 짐작은 됩니다."

"그 말씀은 또, '본인이 정한다.'라는 말씀과도 같다."

"예?"

"내 좌우에 누가 앉는다면 그것은 거기 앉은 자가 심은 대로 거둔 열매다."

"……"

"하느님은 아무 일도 하지 않으신다. 그래서 모든 일을 빈틈없이 이루신다. 이 말뜻을 알겠느냐?"

"어렵습니다."

"상관없다."

[41] 이 대화를 듣고 있던 다른 열 제자가 야고보와 요한을 보고 화를 냈다.

[42] 그래서 예수께서는 그들을 가까이 불러 놓고 "너희도 알다시피 이방인들의 통치자로 자처하는 사람들은 백성을 강제로 지배하고 또 높은 사람들은 백성을 권력으로 내리누른다.

[43] 그러나 너희는 그래서는 안 된다. 너희 사이에서 누구든지 높은 사람이 되고자 하는 사람은 남을 섬기는 사람이 되어야 하고

[44] 으뜸이 되고자 하는 사람은 모든 사람의 종이 되어야 한다.

^{45}사람의 아들도 섬김을 받으러 온 것이 아니라 섬기러 왔고, 또 많은 사람들을 위하여 목숨을 바쳐 몸값을 치르러 온 것이다." 하셨다.

"야고보와 요한의 말에 다른 제자들이 화를 낸 것은 그들이 두 사람 말을, 선생님처럼, 그냥 선생님과 함께 있도록 해 달라는 말로 듣지 않고 '높은 자리'에 앉혀 달라는 부탁으로 들었다는 증거 아닙니까?"
"그렇다."
"어째서 같은 말을 선생님과 제자들이 다르게 들었을까요?"
"마음이 깨끗한 사람과 깨끗하지 못한 사람의 차이다."
"깨끗한 마음이란 어떤 마음입니까?"
"마음만 있고 그 마음에 아무것도 섞이거나 붙어 있지 않은 마음이다."
"모든 '견해'를 여읜 마음이라고 해도 될까요?"
"근사한 말이다. 견해뿐 아니라 희망이나 기대 따위도 없어야 한다."
"……"
"저 두 사람이 왜 저런 말을 하고 있을까?—하고 궁리했더라면 나도 다른 제자들처럼, 높은 자리에 앉혀 달라는 말로 들었을 것이다. 그러나 나는 다만 보이는 대로 보고 들리는 대로 듣는다. 마음 깨끗한 사람이 있는 그대로 살아가는 삶의 모습이 그와 같다. 자연에는 꿍꿍이속이 없다. 꿍꿍이속을 품는 인간만이 자연의 법도를 어긴다. 그래서 맑은 마음이 보이는 대로 보고 들리는 대로 듣는 대신, 온갖 견해와 기대 따위로 얼룩진 마음이 보고 싶은 대로 보고 듣고 싶은 대로 듣기 때문에, 그가 보는 모든 모양이 일그러져 있고 그가 듣는 모든 소리가 뒤틀려 있는 것이다."

"그렇군요. 마음이 깨끗하면 저도 남의 말을 듣고 싶은 대로 듣지 않고 들리는 대로 들을 수 있을까요?"

"물론이다. 그러나 지금은 보이는 대로 보고 들리는 대로 듣고서 거기에 반응하는 것을 삼가야 한다. 너는 보이는 대로 보고 들리는 대로 듣는다고 생각할는지 모르나 사실인즉슨 너도 모르게 보고 싶은 대로 보고 듣고 싶은 대로 들었기 때문이다."

"그럼, 제 마음이 깨끗해질 때까지 저는 어떻게 해야 합니까?"

"네가 할 수 있는 만큼 견해나 기대 따위를 치우고, 그냥 보이는 대로 보고 들리는 대로 듣기를 꾸준히 연습하여라. 하되, 네가 본 것이나 들은 것을 고집하거나 남에게 강요하지 마라. 다만 겸손하게 '내 눈에는 그렇게 보입니다.' 하고 거기서 그쳐라. 너와 다르게 보고 다르게 듣는 자들을 인정하고 용납해라."

"그들에게 동의(同議)하라는 말씀인가요?"

"그런 말이 어디 있느냐? 네가 하늘이냐?"

"알겠습니다. 이제 본문으로 돌아가지요."

"세상 통치자들은 힘으로 백성을 다스리는데 왜 '그래서는 안 된다' 고 하십니까?"

"내가 너희를 불렀고 너희는 내 부름에 응했거니와 내가 너희를 부른 것이 너희를 세상 통치자로 되게 하기 위해서가 아니었기 때문이다. 내가 너희를 부른 것은 너희로 하여금 오직 하느님 아버지께만 무릎을 꿇는 사람, 달리 말하여, 어느 누구에게도 무릎 꿇지 않는 참 자유인으로 살게 하기 위해서였다."

"참 자유인이 어떻게 남을 섬깁니까? 남을 섬기려면 그에게 무릎을 꿇어야 하지 않습니까?"

"스스로 무릎 꿇는 것과 억지로 무릎 꿇리는 것은 다르다. 참 자유인은 남을 섬김으로써 자기를 제대로 섬기는 사람이다."

"남을 섬기는 게 자기를 섬기는 것입니까?"

"네 몸의 한 기관(器官)이 어떻게 다른 기관들을 섬겨서 결국 저 자신을 섬기고 있는지 잘 살펴보아라. 네 몸이야말로 하느님의 법도를 한 치도 어긋남 없이 지키는 완벽한 모델이다."

"그래서 으뜸이 되고자 하는 자는 모든 사람에게 종이 되어야 하는 거군요?"

"'으뜸' 자리에는 한 사람밖에 앉지 못한다. 그러기에, '모든' 사람을 섬기는 자만이 그 자리에 앉을 수 있다."

"세상 통치자들도 으뜸 자리에 앉지 않습니까?"

"아니다. 스스로 만든 가짜 으뜸 자리에 잠시 앉는 시늉을 해 볼 뿐이다. 그래서 그들을 가리켜 '통치자들'이 아니라 '통치자로 자처하는 자들'이라고 했다."

"누가 만일 높은 자리에 앉고자 하는 마음을 품고서 남을 섬긴다면, 그건 위선이나 속임수 아닙니까?"

"깨달음을 얻겠다는 마음 없이는, 그리고 그 마음을 비우지 않고서는 깨달음을 얻을 수 없듯이, 높은 자리에 앉고자 하는 마음 없이는, 그리고 그 마음을 비우지 않고서는 남을 섬길 수 없고 남을 섬기지 않고서는 높은 자리에 앉을 수 없다. 높은 자리에 앉고자 하는 마음을 그대로 지닌 채 남을 진실로 섬길 수는 없는 일이다. 누가 만일 높은 자리에 앉고 싶은 마음을 품고서 짐짓 남을 섬기는 척한다면 그것은 자신을 파멸로 이끄는 위선이요 속임수지만, 높은 자리에 앉고 싶은 마음을 품고서 진실로 남을 섬긴다면 이윽고 높은 자리에 앉고 싶은 마음이 사라질 것이요 따라서 그것은 위선도 속임수도 아니다."

"남을 섬긴다는 게 무엇입니까?"

"남보다 더 낮은 자리에 처하는 것이다. 그래서 강이 개울을 받아들이고 바다가 강을 받아들이듯이 그렇게 남을 받아들이는 것이다."

"선생님께서는 바리사이파를 배척하시지 않았습니까?"

"그들의 생각과 말과 행동에 동의하지 않았지만 그렇게 생각하고 말하고 행동하는 사람들을 배척하지는 않았다. 나를 만나서, 제 생각이나 행동이 억지로(본인의 뜻에 반하여) 굴절되거나 가로막힌 바리사이파가 하나라도 있었느냐?"

"……"

"하늘에 짓눌려 꺾이는 꽃이 있느냐?"

"……"

"하늘이 땅을 섬기듯이 그렇게 모든 사람을 섬겨라. 그러면 하늘이 땅 위에 높듯이 그렇게 모든 사람 위에 높아질 것이다."

"한 가지만 더 여쭙습니다. '사람의 아들이 섬김을 받으러 온 것이 아니라 섬기러 왔다'는 말씀은 선생님께서 하신 말씀인 것 같은데 '많은 사람을 위해 목숨을 바쳐 몸값을 치르러 왔다'는 말씀은 누가 뒤에 덧붙인 것 같습니다."

"그렇기도 하고 그렇지 않기도 하다."

"무슨 말씀이신지요?"

"누가 무슨 일을 했으면 그것은 그가 한 짓이면서 내가 한 짓이다."

"아, 또 그 말씀이십니까? 하나가 여럿이요 여럿이 하나라는 ……"

"저마다 주어진 제 길을 갈 따름이다."

[46]예수와 제자들이 예리고에 들렀다가 다시 길을 떠날 때에 많은 사람들이 따라가고 있었다. 그때 티매오의 아들 바르티매오라는 앞 못 보는 거지가 길가에 앉아 있다가

[47]나자렛 예수라는 소리를 듣고 "다윗의 자손이신 예수님, 저에게 자비를 베풀어 주십시오!" 하고 외쳤다.

[48]여러 사람이 조용히 하라고 꾸짖었으나 그는 더욱 큰 소리로 "다윗의 자손이시여, 저에게 자비를 베풀어 주십시오!" 하고 소리 질렀다.

[49]예수께서 걸음을 멈추시고 "그를 불러 오너라." 하셨다. 그들이 소경을 부르며 "용기를 내어 일어서라. 그분이 너를 부르신다." 하고 일러주자

[50]소경은 겉옷을 벗어 버리고 벌떡 일어나 예수께 다가왔다.

[51]예수께서 "나에게 바라는 것이 무엇이냐?" 하고 물으시자 그는 "선생님, 제 눈을 뜨게 해 주십시오." 하였다.

[52]"가라, 네 믿음이 너를 살렸다." 예수의 말씀이 떨어지자 곧 소경은 눈을 뜨고 예수를 따라나섰다.

"선생님께서는 길가에 앉아 있는 바르티매오를 보지 못하셨습니까?"

"못 보았다."

"그가 처음 선생님께 자비를 구걸했을 때에 듣지 못하셨나요?"

"들었다."

"그런데 왜 그에게 자비를 베풀지 않으셨습니까?"

"자비는 베푸는 것이 아니라 베풀어지는 것이다."

"왜 그로 하여금 더욱 큰 소리로 외치게 하셨느냐는 말씀입니다."

"아니다. 나는 그에게 더 큰 소리로 외치라고 요구하지 않았다."

"선생님께서 그냥 지나쳐 가시니까 결국 그가 더 크게 소리를 지른 것 아닙니까?"

"결과적으로 그리 되었다 해서, 내가 그렇게 의도했다고 말하는 것은 논리의 왜곡 아니냐?"

"……"

"하느님의 사람에게는 모든 것이 합하여 선을 이룬다는 바울로의 말이 옳다."

"누구는 하느님의 사람 아닌가요?"

"옳은 말이다. 그러기에 모든 사람한테 모든 것이 합력하여 선을 이루는 것이다. 다만, 그것이 그런 줄을 아는 자가 있고 모르는 자가 있을 뿐이다. 자기가 하느님의 사람임을 아는 자가 있고 모르는 자가 있듯이."

"그러니까 선생님 말씀은, 바르티매오가 첫 번째 구걸에서 응답을 받지 못하여 두 번 세 번 큰 소리로 외치게 된 것도 바르티매오

자신에게 좋은 일이었다는, 그런 말씀입니까?"

"그렇다. 사랑이신 아버지께서 지으시고 돌보시는 세상이다. 어찌 '안 좋은 일'이 생길 수 있겠느냐?"

"빌라도가 선생님을 폭도들에게 내어 준 것도 그와 폭도들에게 좋은 일이었습니까?"

"'폭도'라는 말에 동의할 수 없다만, 그렇다."

"예? 받아들이기 힘든 말씀입니다."

"네 속에 선악을 분별하는 마음 찌꺼기가 남아 있어서 그렇다. 받아들여지지 않거든 받아들이지 마라. 때가 되면 절로 수긍될 것이다."

"그렇게만 된다면, 거기가 바로 천국이겠지요. 도무지 안 좋은 일이 없으니까요."

"여기가 거기다."

"……"

"여기가 모든 곳이요 지금이 모든 때임을 모르느냐?"

"……"

"여기 아닌 곳이 없고 지금 아닌 때가 없다."

"머리로는 알아듣겠습니다만, 아직 그것을 안다고는 말씀드리지 못하겠습니다."

"기다려라. 알게 될 것이다."

"본문으로 돌아가겠습니다. 여러 사람이 그를 꾸짖었다고 했는데요, 그들은 왜 불쌍한 사람을 불쌍하게 여기지 않고 오히려 꾸짖었을까요?"

"심보가 고약해서가 아니라, 눈이 밝지 못해서였다."

"눈이 밝았으면 어떻게 했을까요?"

"그를 꾸짖는 대신, 저 사람이 자비를 구걸한다고 내게 말했을 것이다."

"만약에 바르티매오가 그들의 꾸중을 듣고 잠잠했다면 어떻게 됐을까요?"

"어떻게든 되었겠지만, 그런 생각을 왜 하고 있느냐? 시간이 남아도느냐? 아무리 시간이 남아돌아도 쓸데없는 생각으로 이리저리 기웃거리는 것은 어리석은 짓이다. 설령, 아무 사건도 일어나지 않고 그냥 그렇게 끝나 버렸다 한들 그것이 너와 무슨 상관이란 말이냐?"

"죄송합니다. 잠깐 궁금해서요."

"죄송할 것 없다. 정신 차려 두 번 다시 괜한 호기심으로 머뭇거리는 일이 없도록 조심하여라."

"예, 선생님. 그런데요, 선생님께서는 그에게로 가시는 대신 걸음을 멈추시고 그를 부르셨습니다. 눈 뜬 사람이 눈 먼 사람한테로 가는 것이 마땅한 일 아닙니까? 왜 눈 먼 사람에게 오라고 하셨습니까?"

"하늘과 땅이 서로 합하여 단 이슬을 내린다〔天地相合以降甘露〕고 하지 않았느냐? 그가 나를 불렀고 나도 그를 불렀다. 땅이 없으면 하늘에서 내리는 비도 없다. 일을 그렇게 해야 그 일을 '내가 했다'는 착각에 빠지지 않는다. 명심하여라. 아무 일도 이루지 못한 사람이, 무엇을 이루고 나서 그것을 이룬 게 자기라는 착각에 빠진 사람보다 훨씬 복된 사람이다. 앞사람은 차라리 겸손해질 가능성이라도 있지만 뒷사람은 하느님 아버지께 돌려드릴 물건을 훔친 것은 물론이요 더욱 교만해질 가능성만 남아 있기 때문이다."

"그래서 '네 믿음이 너를 살렸다'고 말씀하신 겁니까?"

"그렇다. 그러나 그건 내 쪽에서 할 말이다. 바르티매오가 스스로 '내 믿음이 나를 살렸다'고 말해서는 안 된다."

"물론입니다. 바르티매오는 마땅히 '주께서 저를 살리셨다'고 말해야겠지요."

"그런데 참 많은 사람들이 말을 뒤바꿔 하면서 살고 있구나."

"그것도 그들에게 일어나는 '좋은 일' 아니겠습니까?"

"네 말이 맞다. 떠나지 않고서야 어찌 돌아올 수 있겠느냐?"

"오늘은 여기서 마칠까요?"

"그러자."

11장

¹그들이 예루살렘 가까이 와서 올리브산 근처 벳파게와 베다니아에 이르렀을 때에 예수께서는 두 제자를 보내시며

²이렇게 이르셨다. "맞은 편 마을로 가 보아라. 거기 들어가면 아직 아무도 타 보지 않은 새끼 나귀 한 마리가 매여 있을 것이다. 그것을 풀어서 끌고 오너라.

³만일 누가 왜 그러느냐고 묻거든 주님이 쓰신다 하고 곧 돌려 보내실 것이라고 말하여라."

⁴그들이 가 보니 과연 어린 나귀가 길가로 난 문 앞에 매여 있었다. 그래서 그것을 푸는데

⁵거기 서 있던 사람들이 "왜 나귀를 풀어가오?" 하고 물었다.

⁶제자들이 예수께서 일러주신 대로 말하자 그들은 막지 않았다.

⁷제자들은 새끼 나귀를 끌고 예수께 와서 자기들의 겉옷을 그 위에 얹어 놓았다. 예수께서 거기에 올라앉으시자

⁸수많은 사람들이 겉옷을 벗어 길 위에 펴 놓았다. 또 어떤 사람들은 들에서 나뭇가지를 꺾어다가 길에 깔았다.

⁹그리고 앞서가는 사람들과 뒤따라오는 사람들이 모두 환성을 올렸다.

¹⁰"호산나!

주의 이름으로 오시는 이여, 찬미 받으소서!

우리 조상 다윗의 나라가 온다. 만세!

높은 하늘에서도 호산나!"

¹¹이윽고 예수께서 예루살렘에 이르러 성전에 들어가셨다. 거기서 이것저것 모두 둘러보시고 나니 날이 이미 저물었다. 그래서 열두 제자와 함께 베다니아로 가셨다.

"이 대목을 읽을 때마다 궁금했습니다. 사실을 그대로 기록한 것입니까? 아니면 뒷날 제자들이 만든 얘기입니까?"

"있었던 사실을 회고하여 기록한 것이다."

"있었던 사실이 그대로 정확하게 기록되었습니까?"

"사람의 기억이란, 기억하는 자의 생각이나 기대를 그 속에 끼워 넣도록 되어 있다."

"그러면, 이 대목에서 무엇이 끼워 넣어진 생각입니까?"

"우리는 마을에서 나귀를 잠시 빌렸을 뿐이다."

"돈을 주고 빌렸나요?"

"궁금한 것도 많구나? 궁금증을 푸는 방식으로는 진실에 가까이 갈 수 없다. 오히려 장애가 될 따름이다. 중심으로 곧장 들어가거라."

"알겠습니다. 왜 하필이면 나귀입니까? 그것도 어미 나귀가 아닌 새끼 나귀입니까?"

"새끼 나귀면 안 될 이유라도 있느냐?"

"그건 아닙니다만."

"그 질문도 중심을 향한 것이 아니다."

"……"

"무엇을 묻느냐가 무엇을 아느냐보다 중요하다. 제대로 된 질문을 해보아라."

"선생님께서는 그날 사람들의 환호가 착각에서 비롯된 것임을 아시지 않았습니까?"

"알았지."

"그런데 왜 그냥 두셨습니까?"

"착각도 필요할 때가 있다. 게다가, 사람이 착각에서 벗어나는 것은 스스로 그것이 착각인 줄 알게 될 때에만 가능한 일이다. 누가, 당신 지금 잘못 알고 있다고 말해주어도 본인이 착각에서 벗어날 만큼 내적 성숙을 이루지 못했을 때에는 그 말이 오히려 착각을 더욱 단단하게 해 줄 따름이다."

"사람들이 왜 그토록 환성을 올리며 선생님을 환영했을까요?"

"네가 말하지 않았느냐? 착각을 했던 것이라고."

"무엇을 어떻게 착각했습니까?"

"내가 다윗처럼 도성을 점령하고 로마의 통치로부터 독립된 왕국을 세울 것으로 기대하였다."

"그런데 선생님은 그들의 기대를 저버리셨습니다. 왜 그러셨지요?"

"나는 그들의 기대를 저버리기 위한 어떤 행동도 하지 않았다.

다만 내게 주어진 길을 갔을 뿐이다. 그것은 아버지께서 내게 주신 길이었다."

"그날 저녁, 베다니로 철수하신 것도 그래서였나요?"

"'철수'라는 말이 좀 거북하구나. 거듭 말하는데, 나는 아버지의 뜻을 좇았을 뿐이다."

"그날 성전에서 이것저것 둘러보셨다고 기록되어 있는데요, 무엇을 보셨습니까?"

"거룩한 아버지 집이 인간의 무지와 탐욕으로 더럽혀져 있는 것을 보았다."

"그것은 예루살렘 성전에서만 그랬던 것이 아니잖습니까?"

"거기는 사람들이 '하느님의 거룩하신 집'으로 알고 있는 곳이었다. 거기가 거룩한 곳인 줄 모르고서 더럽히는 것과 알고서 더럽히는 것은 다르다."

"그들은 자기네가 성전을 더럽힌다고 생각하지 않았을 것입니다."

"바로 그 무지를 일깨워 주려고 내가 세상에 왔다."

"그렇지만, 무지를 깨뜨리는 것도 본인이 무지를 깨우칠 만큼 내적 성숙이 이루어져야 하는 것 아닙니까?"

"그래서 내가 세상에 왔다고 하지 않았느냐? 나를 만나서 내적 성숙에 도움을 받지 못한 자는 아직 나를 만나지 못한 것이다. 빛이 어둠의 세상에 왔지만 그 빛을 알아본 자들은 매우 드물었다. 그것은 그때나 지금이나 마찬가지다."

"그렇다면 선생님을 만나지 못한 나머지 대중은 어찌 됩니까?"

"그들이 어찌 될 것인지는 네 문제가 아니다. 너는 그들을 어떻게 하겠느냐? 이것이 네 문제다."

"……"

"내가 내게 주어진 길을 갔듯이, 너는 너에게 주어진 길을 가거라."

"알겠습니다."

[12] 이튿날 그들이 베다니아에서 나올 때에 예수께서는 시장하시던 참에

[13] 멀리서 잎이 무성한 무화과나무를 보시고 혹시 그 나무에 열매가 있나 하여 가까이 가 보셨으나 잎사귀밖에는 아무것도 없었다. 무화과 철이 아니었기 때문이다.

[14] 예수께서는 그 나무를 향하여 "이제부터 너는 영원히 열매를 맺지 못하여 아무도 너에게서 열매를 따 먹지 못할 것이다." 하고 저주하셨다. 제자들도 이 말씀을 들었다.

"그때가 무화과 철이 아니라는 사실을 모르셨습니까?"
"알았다."
"그런데, 아무 잘못도 없는 무화과나무를 왜 저주하셨습니까?"
"너는 어저께 대나무를 자르던데 그 대나무가 무슨 잘못을 해서 그랬느냐?"
"아닙니다. 붓을 만들려고 그랬습니다."
"나도 그 나무를 내 가르침의 교재로 삼았던 것이다."
"그 가르침이 어떤 것인지는 나중에 여쭙겠습니다만, 무화과나무로서는 열매 맺을 철도 되지 않았는데 열매를 맺지 못했다는 이

유로 저주를 받았으니 억울하지 않겠습니까?"

"나는 열매 맺지 못했다는 이유로 그 나무를 저주하지 않았다. 그냥, 네가 다시는 열매를 맺지 못할 것이라고 했을 뿐이다."

"아무튼, 나무로서는 억울한 일이지요."

"과연 억울했겠느냐고, 그 나무에게 물어보았느냐?"

"물어보지 않았습니다."

"지금이라도 물어보아라."

"예."

"……"

"……"

"물어보았느냐?"

"예."

"뭐라더냐?"

"조금도 억울하지 않다는군요. 오히려 영광이랍니다."

"이유는?"

"선생님을 만나지 않았더라면 말 그대로 성도 없이 이름도 없이 초야에 묻혀 잠시 살아 있는 시늉이나 하다가 다시 흙으로 돌아가 있을 터인데, 선생님께서 저주를 하신 덕분으로 이렇게 거룩한 책 속에 살아 있으니 자기야말로 복된 무화과나무라는 겁니다."

"네 생각은 어떠냐?"

"동감이 됩니다. 어차피 태어난 목숨이라 때 되면 죽을 터인데, 선생님께 교재로 활용되어 죽었으니 영광이겠지요."

"그 때가 무화과 철이었으면 그 나무는 저주받지 않았을 것이다."

"······?"

"열매 맺을 철이 되었는데도 열매를 맺지 못했으면, 뭔가 그럴 수밖에 없는 이유가 있지 않겠느냐? 세상에 열매 맺고 싶지 않아서 열매를 맺지 않는 그런 나무는 없다. 따라서 나무에 열매가 맺히지 않은 탓을 나무한테로 돌릴 수는 없는 일이다. 다른 나무들은 열매를 맺는데 저만 열매가 맺히지 않았다면 그것만으로도 서럽고 괴로운 일일 터인즉, 그런 불쌍한 나무를 저주하다니? 내 어찌 그토록 잔인한 짓을 했겠느냐?"

"그렇군요."

"······"

"그러니까, 제가 대나무를 잘라 붓으로 만들었듯이, 선생님께서는 무화과나무를 교재로 삼아 사람들을 가르치셨다는 말씀이지요?"

"그렇다."

"이제, 그 가르침의 내용이 무엇인지를 여쭙겠습니다."

"참사람의 말은 그 속에 믿음이 담겨 있어서 말한 그대로 이루어진다는 교훈이다."

"참사람이라고 하시면 거짓사람도 있다는 말씀입니까?"

"그렇다."

"누가 참사람이고 누가 거짓사람입니까?"

"제 몸과 마음을 제 것으로 아는 사람이 거짓사람이오 제 몸과 마음을 하느님 것으로 아는 사람이 참사람이다."

"저도 제 몸과 마음이 하느님 것임을 알고 있습니다. 그런데 왜 제 말은 선생님 말씀처럼 그대로 이루어지지 않는 겁니까?"

"네 '앎'이 아직 알차지 않은 탓이다. 알차지 않은 씨앗은 발아

(發芽) 조건이 갖추어져도 싹을 틔우지 않는다. 네 '앎'의 알차지 않은 부분만큼 네 말 속에 불신(不信)이 남아 있고, 그래서 네 말이 그대로 이루어지지 않는 것이다."

"그러면, 저는 어떻게 해야 하지요?"

"기다리라고 몇 번이나 말했느냐? 모든 일에는 때가 있는 법이다. 그리고 처음부터 끝까지 농부이신 아버지와 포도나무인 내가 하는 일이거늘 한낱 잔가지에 불과한 네가 무슨 일을 하겠다는 거냐? 잊지 말아라, 네가 해야 할 일도 없거니와 네가 할 수 있는 일도 없다. You are nothing!"

[15] 그들이 예루살렘에 도착한 뒤, 예수께서는 성전 뜰 안으로 들어가 거기에서 사고 팔고 하는 사람들을 쫓아내시며 환전상들의 탁자와 비둘기 장수들의 의자를 둘러엎으셨다.

[16] 또 물건들을 나르느라고 성전 뜰을 질러 다니는 것도 금하셨다.

[17] 그리고 그들을 가르치시며 "성서에 '내 집은 만민이 기도하는 집이라 하리라'고 기록되어 있지 않느냐? 그런데 너희는 이 집을 '강도의 소굴'로 만들어 버렸구나!" 하고 나무라셨다.

[18] 이 말씀을 듣고 대사제들과 율법학자들은 어떻게 해서라도 예수를 없애 버리자고 모의하였다. 그들은 모든 군중이 예수의 가르치심에 감탄하는 것을 보고 예수를 두려워하였던 것이다.

[19] 저녁때가 되자 예수와 제자들은 성 밖으로 나갔다.

"제 눈에는 평소 익숙해진(?) 선생님과 많이 다른 모습이십니다.

좀 과격하셨다고 할까요? 아무튼 그렇습니다."

"어떻게 보든 네 맘이다."

"선생님, 그날 정말로 화가 나셨습니까?"

"났다."

"왜 화가 나셨습니까?"

"만민이 아버지를 만나 뵙는 거룩한 곳을 무뢰배들이 강도 소굴로 만들어 놓았다. 너라면 화가 나지 않겠느냐?"

"그렇지만 그들은 허가받은 상인들이었고 게다가 사제들과 성전 관리들이 뒤를 봐주고 있었습니다."

"그래서 더욱 화가 났다. 차라리 복면강도의 모습을 했더라면 그토록 화가 나지는 않았을 것이다. 게다가, 그들이 허락을 받았다고 했는데, 누구한테서 허락을 받았다는 것이냐? 우리 아버지가 그따위 협잡질을 허락했단 말이냐?"

"좋습니다. 속에서 화가 치밀어 오르는 것이야 어쩔 수 없다지만, 화를 겉으로 표출하는 것은 짐짓 자제해야 하지 않습니까?"

"왜? 어째서 그래야 하느냐?"

"분노를 표출하는 것이 별로 바람직한 일은 아니잖습니까?"

"기쁨을 표출하는 것은 괜찮고?"

"그렇지요."

"분노도 기쁨도 인간의 감정이다. 이것은 괜찮고 저것은 좋지 않다고 말하는 것은 낮은 좋고 밤은 나쁘다거나 맑은 날은 좋고 흐린 날은 나쁘다고 말하는 것과 똑같이 잘못된 생각에서 나온 말이다. 사람이라면 기쁠 때 기뻐하고 슬플 때 슬퍼하듯이 화가 날 때 화를 내어야 한다. 그게 살아 있는 사람 아니냐?"

"그렇긴 합니다만, 분노를 표출하다 보면 자제력을 잃고 그래서 하지 말아야 할 짓을 할 때도 있지 않습니까?"

"자기감정을 스스로 부릴 만한 실력이 없으면 그럴 수 있다. 그런 사람은 감정을 부리는 사람이 아니라 감정에 부림을 당하는 사람이다. 기계를 만들어놓고는 제가 만든 기계의 부속품으로 살아가는 현대인이 바로 그런 사람이다."

"자기네가 만든 이데올로기에 스스로 예속되어 살아가는 이념주의자들도 그런 사람들이겠지요?"

"자본주의를 만들고는 자본주의 논리에 따라서 허둥대는 자들도 있지."

"중생은 자기감정에 부림을 받기 때문에 그 하는 짓으로 저와 남에게 해를 끼치고 부처는 자기감정을 부리기 때문에 그 하는 짓으로 저와 남에게 두루 유익을 준다는 소태산(少太山)의 말씀이 생각나는군요."

"옳은 말씀이다."

"그렇다면, 그날 대사제들과 율법학자들이 선생님을 없애기로 모의한 것도 그들에게 유익한 일이었다는 얘기가 되는 겁니까?"

"그렇다. 그렇게 해서 그들은 그들의 길을 가고 나 또한 내 길을 가는데 피차 도움을 받지 않았느냐?"

"그렇게 본다면, 중생이 제 감정에 부림을 받아서 그 하는 짓으로 저와 남에게 해를 끼치는 것도, 결국 저마다 제 길을 가도록 돕는 것이니 피차에게 유익이라고 말할 수 있지 않습니까?"

"옳은 말이다."

"그러면 소태산의 말씀에, 미처 다하지 못한 부분이 있는 것 아닙니까?"

"그렇다."

"……?"

"소태산의 말씀뿐 아니라 내 말에도 모자라는 부분이 있다. 사람의 말이 본디 그런 것임을 몰랐더냐? 뗏목은 강 건너 기슭이 아니다."

"선생님, 왜 그들은 아버지의 거룩한 집을 강도 소굴로 만들었을까요? 무엇이 그들을 그렇게 하도록 만들었습니까?"

"내가 십자가에 달려서 말하지 않았더냐? 무지(無知)다. 자기가 누구며 지금 무슨 짓을 하고 있는지, 어디로 가는지, 그것을 몰라서 그랬던 것이다."

"어떻게 하면 그 무지에서 깨어날 수 있을까요?"

"지금 내가 하는 말을 알아는 듣겠느냐?"

"예."

"그러면 너는 무지에서 벗어난 몸이다."

"그러나 저는 뭐가 뭔지 아직 잘 모르겠습니다."

"네가 스스로 뭐가 뭔지 모르겠다고 말하는 바로 그것이, 네가 무지에서 벗어났음을 입증하고 있다."

"그래도 모르겠어요. 갑자기 머리가 멍해졌습니다."

"내버려 두어라. 오늘은 그만하자."

[20]이른 아침, 예수의 일행은 그 무화과나무 곁을 지나다가 그 나무가 뿌리째 말라 있는 것을 보았다.

[21]베드로가 문득 생각이 나서 "선생님, 저것 보십시오! 선생님

께서 저주하신 무화과나무가 말라 버렸습니다." 하고 말하였다.
  [22]예수께서는 제자들에게 "하느님을 믿어라.
  [23]나는 분명히 말한다. 누구든지 마음에 의심을 품지 않고 자기가 말한 대로 되리라고 믿기만 하면 이 산더러 '번쩍 들려서 저 바다에 빠져라' 하더라도 그대로 될 것이다.
  [24]그러므로 내 말을 잘 들어두어라. 너희가 기도하며 구하는 것이 무엇이든 그것을 이미 받았다고 믿기만 하면 그대로 다 될 것이다.
  [25]너희가 일어서서 기도할 때에 어떤 사람과 서로 등진 일이 생각나거든 그를 용서하여라. 그래야만 하늘에 계신 너희의 아버지께서도 너희의 잘못을 용서해 주실 것이다."

  "사람의 말 한 마디에 그런 힘이 있다는 사실을 믿기 어렵습니다."
  "그러니 네가 하는 말에 무슨 힘이 있겠느냐?"
  "그렇긴 하겠습니다만, 어떻게 말 한 마디로 나무가 죽고 산이 번쩍 들려서 바다에 빠진단 말입니까?"
  "새만금 공사장에 가 보았느냐?"
  "일삼아 가보지는 않았습니다만, 스쳐 지나가기는 했습니다."
  "거기 가서 잘 보아라. 여러 산들이 번쩍 들려 바다에 빠진 곳이다."
  "……?"
  "누군가, 저 산들을 번쩍 들어 바다에 빠뜨리면 되겠다고 생각했을 것이다. 그가 그런 생각을 하면서, 그 생각을 말로 표현하면서,

속에 의심을 품었겠느냐?"

"아니겠지요."

"간척 공사장 설계사나 인부들 가운데 그 누구도 저 산을 바다에 빠뜨리는 일이 과연 가능할까 의심하지 않았다. 그래서 산들이 번쩍 들려 바다에 빠진 것이다. 믿음이란, 믿겠다는 의지의 산물이 아니다. 저절로 믿어지는 그게 진짜 믿음이다. 도무지 믿어지지가 않는데 억지로 믿어보려고 애를 쓴들 그 믿음이 참된 믿음일 수 있겠느냐? 가짜 믿음으로는 네 손가락 하나 맘대로 움직이지 못한다. 알아듣겠느냐?"

"예."

"말 한 마디로 나무를 죽이거나 산을 바다에 빠뜨리는 일은 나중 일이요 우선 참된 믿음으로 네 가슴을 채울 일이다. 무엇이든지 믿어지거든 믿고 믿어지지 않으면 믿지 말아라. 그것이 믿음이다."

"믿고는 싶은데 믿어지지 않는 것은 어떻게 합니까?"

"믿고 싶은 마음을 속에 간직한 채, 믿어질 때까지 기다려라. 명심하여라. 저절로 믿어지지 않는 것은 믿음이 아니다. 의심스러우면 의심스럽다고 분명히 말해라. 옛적에 토마가 내게 그랬듯이."

"알겠습니다."

"그래도 내 말이 의심스러우냐?"

"아닙니다. 지당한 말씀으로 들립니다."

"지당하기보다는 평범한 말이다. 네가 지금 종이에 글을 쓰는 것도, 글을 쓰면 써진다는 네 믿음의 소산이다. 믿음 없이는 어떤 일도 이루어지지 않는다. 알아듣겠느냐?"

"예. 앞으로는 안 믿어지는 것을 믿으려고 애쓰는 대신 믿어지는 것을 믿으면서 살겠습니다."
"아무쪼록!"

"그런데요, 여기 마지막 25절은 앞의 내용과 직접 연결이 안 되는 것 같습니다."
"같은 '기도' 이야기니까 편집자가 한데 묶어 놓은 모양이다. 그런데, 연결이 되면 어떻고 안 되면 어떠냐?"
"뭐 어떻다는 게 아니고, 그저 그런 것 같다는 말씀입니다."
"그러면 그런가 보다 하고 그냥 넘어가거라. 그게 왜 그런지를 캐다보면 곁길로 빠지는 수가 있다."
"예, 선생님."
"……"
"어떤 사람이 다른 사람을 용서하지 않으면 아버지께서도 그를 용서하지 않는다고 하셨는데요, 왜 그렇습니까? 사람은 옹졸한 사람이니까 그럴 수 있겠습니다만 하느님 아버지는 무한히 자비로우신 분 아닙니까? 그분이 용서 못할 만큼 큰 인간의 범죄는 있을 수 없다고 저는 생각합니다."
"옳은 생각이다. 사람이 아무리 큰 죄를 지어도 그 범죄의 크기가 용서하시는 아버지의 사랑보다 클 수는 없는 일이다."
"그런데 왜 아버지께서 그를 용서하시지 않는 겁니까?"
"그를 용서하시지 않는 게 아니라 못하시는 것이다."
"예?"
"쏟아지는 햇볕을 손바닥 하나로 가릴 수 있지 않느냐?"
"있지요."

"그것은 햇살이 손바닥을 뚫거나 녹여 버릴 수 없기 때문이다. 아버지께서 그를 용서 못하시는 것도 같은 이치다. 명심하여라. 그분에게는 억지가 없다. 그래서 그를 용서하시지 않는 게 아니라 못하시는 것이라고 했다."

"……"

"네가 남에게 하는 것은 남에게 하는 것이 아니라 너 자신에게 하는 것이요 따라서 하느님께 하는 것이며 동시에 하느님이 너에게 하시는 것이다."

"……"

"어째서 일거수일투족에 겨울 냇물 건너듯 신중할 필요가 있는지, 알겠느냐?"

"예."

"오늘 하루도 삼가 조심하면서 살아가거라. 그런데……"

"……?"

"그런데, 네 생각은 어떠냐? 정말 쏟아지는 햇볕 없이도 사람이 손바닥을 들어올려 햇볕을 가릴 수 있겠느냐? 아버지께서 주시는 힘을 받아먹지 않고서 아버지를 등질 수 있겠느냔 말이다."

²⁷그들은 또다시 예루살렘으로 들어갔다. 예수께서 성전 뜰을 거닐고 계실 때에 대사제들과 율법학자들과 원로들이 와서

²⁸"당신은 무슨 권한으로 이런 일들을 합니까? 누가 권한을 주어서 이런 일들을 합니까?" 하고 물었다.

²⁹예수께서 "나도 한 가지 물어보겠다. 너희가 대답하면 내가 무슨 권한으로 이런 일들을 하는지 말하겠다.

^{30}요한이 세례를 베푼 것은 하늘에서 권한을 받아 한 것이냐? 사람에게서 받아 한 것이냐? 어디 대답해 보아라." 하고 반문하시자

^{31}그들은 자기들끼리 "하늘에서 받았다고 하면 어째서 요한을 믿지 않았느냐고 할 터이니

^{32}사람에게서 받았다고 할까?" 하고 의논했으나 군중이 모두 요한을 참 예언자로 알고 있었기 때문에 군중이 무서워서

^{33}"모르겠습니다." 하고 대답하였다. 예수께서는 "나도 무슨 권한으로 이런 일들을 하는지 말하지 않겠다." 하고 말씀하셨다.

"선생님, 그냥 '하늘이 내게 주신 권한으로 이 일을 한다'고 한마디로 대답하실 수 있지 않으셨습니까? 왜 이렇게 즉답을 피하시고 요한까지 끌어들이셨는지요?"

"말이란 말하는 자와 듣는 자의 합작품이다. 그날 내 대답은 내게 질문한 자들과 내가 함께 만든 것이다."

"예? 그들이 그런 대답을 요청이라도 했단 말씀입니까?"

"그렇다."

"무슨 말씀이신지요?"

"그들이 내게 올가미를 던졌고 나는 그것을 되돌려주었다. 그뿐이다. 거울에 뚱뚱한 사람 모습이 비친다면 그 비쳐진 모습을 거울이 만든 것이냐?"

"아닙니다."

"거울이 없는데 뚱뚱한 모습이 비쳐 보일 수 있느냐?"

"그것도 아니지요."

"그런 뜻에서, 그날 내 대답은 내게 질문한 자들과 내가 함께 만든 것이었다."

"그렇군요. 이제 조금 알아듣겠습니다. 그런데요, 거울 얘기가 나왔으니 드리는 말씀입니다만, 사람들 가운데는 거울에 비쳐진 자기 모습을 보고 화가 나서 거울을 깨뜨려 버리고 싶어 하는 그런 자들도 있거든요. 그런 자들 앞에서 거울로 처신하는 것은 위험한 일 아닙니까?"

"그런 자들에게 어떻게 하면 위험하지 않겠느냐?"

"그들이 보고 싶어 하는 모습을 보여 주면 안전하지 않겠습니까?"

"그렇게 해서 당시 사제들과 율법학자들의 비위를 거스르지 않고 그들에게 협조하며 살다가 그들이 늙어 죽을 때 함께 늙어 죽었다면, 그랬더라면 내가 내 삶을 제대로 살았다 하겠느냐?"

"……"

"삶을 안전하게 살아가는 길과 제대로 살아가는 길이 서로 일치하지 않을 경우(세상이 바르게 살기를 허용하지 않을 경우), 너는 어느 쪽을 택하겠느냐?"

"……"

"네 말대로 그들은 자신의 모습을 비쳐주는 거울을 깨뜨리려 했다. 그래서 결국 나를 십자가에 매달았다. 너는 어느 쪽을 선택하겠느냐? 뚱뚱한 자기 모습을 비쳐 주는 거울을 깨뜨리겠느냐? 아니면 적당한 운동과 적절한 섭생으로 비만을 없애어 본디 건강한 자기를 되찾고자 애쓰겠느냐?"

"그야 물론 후자지요."

"그런데, 얼마나 많은 사람이 전자의 길을 씩씩하게 걷고 있는 세상이냐?"

"예. 그런 것 같습니다."

"너 또한 짧지 않은 세월 그들과 한 무리 되어 걸어왔다. 알고 있느냐?"

"예. 그렇습니다, 선생님."

"아직도 그 버릇을 청산했다고는 말할 수 없지."

"예."

"그러니, 그럴수록 맑고 깨끗한 거울이 필요한 세상이다."

"그러나 사람들은 계속 거울을 깨뜨립니다."

"그래서 너는 내가 깨어졌다고 보느냐?"

"……"

"그날 골고타에서 그들은 내 육신을 깨뜨렸지만, 그렇게 해서 마침내 그 무엇도 그 누구도 깨뜨릴 수 없는 찬란한 거울로 나를 높이 걸어 놓았다. 알아듣겠느냐?"

"예, 선생님. 저도 그런 거울이 되고 싶습니다. 어떻게 하면 세상의 거울이 될 수 있습니까?"

"세상의 거울이 되고 싶다는 마음은 지워 버리고, 그날그날 주어진 삶에 다만 충실하도록 하여라. 남에게 거울 아니라 무엇이 되겠다는 마음은 그림자라도 품지 말아라. 거울은 거울이 만드는 게 아니다."

"세례자 요한이나 선생님 경우에는 하늘에게서 받은 권한으로 일하셨다고 하겠습니다만, 대사제들이나 율법학자들은 사람한테서 받은 권한으로 그들의 일을 한 것 아닙니까? 사람이 주는 권한과 하늘이 주는 권한을 어떻게 구분할 수 있습니까?"

"사람이 주는 권한은 시공(時空)의 제한을 받지만 하늘이 주는 권한은 아무런 제한도 없다."

"하지만, 대사제와 율법학자들도 하늘로부터 권한을 받았다고 생각하지 않았겠습니까?"

"물론. 그리고 그들의 생각은 옳았다."

"예?"

"하늘이 권한을 주지 않았다면 그들은 그런 짓을 하지 못했을 것이다."

"……?"

"사람이 주는 권한과 하늘이 주는 권한을 구분하여 말할 수는 있지만 둘을 별개로 나누어 놓을 수는 없다. 하늘에서 떨어져 나와 스스로 존재하는 사람은 없기 때문이다. 기억해 두어라. 빌라도의 권한도 하늘이 그에게 내린 것이었다."

12장

¹예수께서 비유를 들어 그들에게 말씀하셨다. "어떤 사람이 포도원을 하나 만들어 울타리를 둘러치고는 포도즙을 짜는 확을 파고 망대를 세웠다. 그리고 소작인들에게 그것을 도지로 주고 멀리 떠나갔다.

²포도철이 되자 그는 포도원의 도조를 받아 오라고 종 하나를 소작인들에게 보냈다.

³그런데 소작인들은 그 종을 붙잡아 때리고는 빈손으로 돌려보냈다.

⁴주인이 다른 종을 또 보냈더니 그들은 그 종도 머리를 쳐서 상처를 입히며 모욕을 주었다.

⁵주인이 또 다른 종을 보냈더니 이번에는 그 종을 죽여 버렸다. 그래서 더 많은 종을 보냈으나 그들은 이번에도 종들을 때리고 더러는 죽였다.

⁶주인이 보낼 사람이 아직 하나 더 있었는데 그것은 그의 사랑하는 아들이었다. 마지막으로 주인은 '내 아들이야 알아주겠지.' 하며 아들을 보냈다.

⁷그러나 소작인들은 '저게 상속자다. 자, 죽여 버리자. 그러면 이 포도원은 우리 차지가 될 것이다.' 하며 서로 짜고는

⁸그를 잡아 죽이고 포도원 밖으로 내어 던졌다.

⁹이렇게 되면 포도원 주인은 어떻게 하겠느냐? 그는 돌아와서 그 소작인들을 죽여 버리고 포도원을 다른 사람들에게 맡길 것이다.

¹⁰너희는 성서에서,

'집 짓는 사람들이 버린 돌이

모퉁이의 머릿돌이 되었다.

¹¹주께서 하시는 일이라

우리에게는 놀랍게만 보인다'

고 한 말을 읽어 본 일이 없느냐?"

¹²이 비유를 들은 사람들은 그것이 자기들을 두고 하신 말씀인 것을 알고 예수를 잡으려 하였으나 군중이 무서워서 예수를 그대로 두고 떠나갔다.

"선생님, 솔직히 말씀드려서 이 비유는 선생님이 몸소 들려주신 것 같지 않습니다."

"왜 그런 말을 하느냐?"

"이야기 내용이 너무 살벌하고 잔인합니다. 선생님께서 이런 피비린내 나는 이야기를 만드셨다고는 도저히 상상할 수가 없습니다."

"네 상상력이 부족하다고 생각되지는 않느냐?"

"그럴 수도 있긴 하겠습니다만……"

"나를 네 생각의 경계 안에 가두려고 하지 마라. 나를 위해서나 너를 위해서나 바람직하지 않은 일이요, 사실상 불가능한 일이다."

"무슨 말씀인지 알겠습니다만, 그러나 제가 생각할 수 없는 어떤 것을 알 수 있는 것도 아니잖습니까? 어쩔 수 없이 저는 선생님의 전체가 아닌 한정된 부분만을 알고 경험할 수밖에 없으니까요."

"네가 상상할 수 없는 무엇을 알고자 애쓸 것은 없다만, 네 상상의 경계 너머에 무한 세계가 펼쳐져 있음을 겸손히 인정할 필요가 있다는 얘기다."

"알겠습니다."

"그러니, 네 생각이 그렇다고 해서 이 비유를 내가 만든 게 아니라고 단정 지어 말하지는 말아라."

"물론입니다. 저는 다만 그렇게 생각된다는 말씀을 드렸을 뿐입니다."

"이 비유를 내가 만들었느냐 나 아닌 다른 누가 만들었느냐가 너에게 치명적으로 중요한 문제더냐?"

"그건 아닙니다."

"그렇다면, 더 이상 그 문제에 매달리지 마라. 생각되는 대로 그냥 편하게 생각하여라."

"저는 아무래도 이 비유를 선생님께서 만드신 게 아니라 뒷날 누군가가 만든 것이라고 생각됩니다."

"그럼 그렇게 생각하거라. 그러나 반드시 그렇다고 단정 지어 말하지는 말아라. 너처럼 생각하지 않는 사람들에게 괜한 상처를 입

힐 까닭이 없다."

"명심하겠습니다."

"진실을 찾아가는 도중에 오가는 말들은 언제나 겸손하고 부드러워야 한다. 단호하고 과격한 언사는 전쟁터에서나 쓸모 있는 것이다."

"예, 선생님."

"그래, 이 비유에 대한 소감은 어떠하냐?"

"별로 없습니다. 감명 받은 바도 없고요. 도대체 이런 이야기가 누구에게 무슨 유익이 된다는 건지 모르겠습니다. 왜 이런 이야기가 만들어졌는지 정말 모르겠어요. 오히려 이야기 밑바닥에 깔려 있는 인간들의 무지와 탐욕과, 주인의 복수심으로 위장된 호전성(好戰性)에 역겨움이 느껴집니다."

"……"

"게다가, 뒷부분에 인용된 구절은 그것이 왜 거기에 인용되어 있는지를 모르겠어요."

"사람들이 버린 돌로 머릿돌을 삼듯이, 소작인들이 죽인 아들로 새 역사를 만든다는 뜻 아니겠느냐?"

"그 새 역사라는 게 고작 소작인들을 죽이고 다른 사람들에게 농장을 맡기는 것입니까?"

"죽음이나 죽임은 나쁘고 삶이나 살림은 좋다는 네 생각에 문제가 있다고 보지 않느냐?"

"그럼 그게 그렇지 않습니까?"

"죽음이나 죽임 없이 어떻게 삶이나 살림이 있겠느냐?"

"……"

"짧은 소견으로 하느님이 하시는 일을 판단하지 마라. 너 자신을 위해서나 남을 위해서나 바람직하지 않거니와, 사실상 불가능한 일이다."

"그렇긴 합니다만, 아무튼 이 비유는 마음에 들지 않습니다."

"그만큼 네 마음이 좁다는 고백으로 새겨듣겠다."

"좋습니다, 사실이 그러니까요."

"언제고 이 비유가, 그것을 누가 왜 만들었든, 네 마음에 드는 날이 오기를 바란다."

"저도 그런 날이 왔으면 좋겠습니다."

"다음 이야기로 넘어가자."

"예."

[13] 그들은 예수의 말씀을 트집 잡아 올가미를 씌우려고 바리사이파와 헤로데 당원 몇 사람을 예수께 보냈다.

[14] 그 사람들은 예수께 와서 이렇게 물었다. "선생님, 선생님은 진실하시며 사람을 겉모양으로 판단하지 않으시기 때문에 아무도 꺼리시지 않고 하느님의 진리를 참되게 가르치시는 줄 압니다. 그런데 카이사르에게 세금을 바치는 것이 옳습니까? 옳지 않습니까? 바쳐야 합니까? 바치지 말아야 합니까?"

[15] 예수께서 그들의 교활한 속셈을 알아채시고 "왜 나의 속을 떠보는 거냐? 데나리온 한 닢을 가져다 보여 다오." 하셨다.

[16] 그들이 돈을 가져오자 "이 초상과 글자가 누구의 것이냐?" 하고 물으셨다. 그들이 "카이사르의 것입니다." 하고 대답하자

[17] "그러면 카이사르의 것은 카이사르에게 돌리고 하느님의 것

은 하느님께 돌려라." 하고 말씀하셨다. 그들은 예수의 말씀을 듣고 경탄해 마지않았다.

"선생님의 지혜로운 대답에는 저 또한 감탄하지 않을 수 없습니다만, 한 가지 의문이 있습니다. 동전에 카이사르의 초상이 새겨져 있으면 그게 카이사르의 것입니까?"

"그것이 카이사르의 것이라고 말한 것은 내가 아니라 바리사이파와 헤로데 당원들이었다."

"누가 말했든 간에, 카이사르의 것은 카이사르에게 돌리라고 선생님께서도 말씀하시지 않았습니까?"

"카이사르의 것은 카이사르에게 돌리라고 했지, 그 동전이 카이사르의 것이라고는 하지 않았다."

"……"

"네 생각은 어떠냐? 화폐에 퇴계 초상이 그려져 있으면 그 돈이 퇴계 것이냐?"

"아닙니다."

"그런데 그들은 카이사르의 초상이 새겨져 있는 동전을 카이사르의 것이라고 생각했다."

"잘못된 생각 아닌가요?"

"아니다. 그렇게 생각하면 그런 것이다. 세상에 '잘못된 생각'이라는 생각은 없다. 그 생각이 잘못되었다는 생각이 있을 뿐이다."

"그렇지만 선생님께서도 사람들의 잘못된 생각을 고쳐 주시지 않으셨습니까?"

"내가 언제 그랬더냐?"

"남자와 여자가 성관계를 가져야 간음이 성립된다고 생각하는 사람들에게 선생님께서는 음욕을 품기만 해도 간음이라고 가르치셨습니다."

"그랬지."

"그것이 선생님 생각으로 사람들 생각을 고쳐 주신 것 아닙니까?"

"그들 가운데 누군가 내 말을 듣고서 생각을 고쳤다면, 그가 자기 생각을 고친 것이지 내가 그의 생각을 고쳐 놓은 것은 아니다. 나는 사람들에게 그들의 생각이 잘못되었다는 내 생각을 말했을 뿐, 그들에게 내 생각을 강요하거나 주입을 시도한 적이 없다. 하늘이 내리는 말씀은 얇은 눈꺼풀 하나로 가릴 수 있는 햇빛과 같아서 어린 아이의 철없는 거절조차 무시하지 않는다."

"그러면, 선생님께서는 사람들 생각이 잘못된 줄 아시면서도 그 생각대로 행동하기를 권하신 셈 아닙니까?"

"그들이 내게 '이 돈이 카이사르의 것입니까?' 하고 물었다면 내 답도 달라졌을 것이다."

"……"

"카이사르의 것은 카이사르에게 돌리고 하느님 것은 하느님께 돌려드리라는 내 대답에 무슨 잘못된 점이 있느냐?"

"……"

"너는 지금, 그들과 다른 생각을 하고 있다. 동전에 카이사르의 초상이 새겨져 있다 해서 그것이 카이사르의 것이라고는 생각하지 않는 것이다."

"예. 저는 그렇게 생각하지 않습니다."

"좋다. 네 생각을 존중하겠다. 그런데 문제는, 그들의 '잘못된 생각'을 내가 그대로 인정한 것에 대하여 너는 지금 거부감을 느끼고 있는 것이다. 맞느냐?"

"예. 그런 것 같습니다."

"내가 네 생각을 존중하듯이 너도 남의 생각을 존중하여라. 그들의 생각이 잘못되었다고 생각될 때에는 그런 네 생각을 아침 햇살처럼 부드럽고 따뜻하게 전하여라. 다른 경우와 마찬가지로, 이 경우에도 철저한 비폭력이어야 한다. 알아듣겠느냐?"

"예, 선생님."

"그날 그들은 내게, 정말로 어떻게 해야 할는지를 몰라서 질문한 게 아니었다."

"알고 있습니다."

"그래서 나 또한 카이사르에게 세금을 바치는 게 옳으냐 그르냐에 대한 내 생각을 말해 주지 않았다. 그뿐이다."

"……"

"……"

"선생님, 어떻게 하면 저도 선생님처럼 순발력 있게 지혜로운 대답을 할 수 있을까요?"

"네 입으로 네가 대답하는 대신, 내가 네 입으로 대답하면 되지 않겠느냐?"

"……"

"나로 하여금 네 눈으로 보고 네 귀로 듣고 네 입으로 말하고 네 손으로 일하고 네 발로 걷게 해다오."

"저도 원하는 바입니다. 그런데 그것이 왜 이다지도 어렵습니까?"

"네가 네 힘으로 그렇게 하려고 하니까, 시도하고 노력할수록 더욱 어려워지는 것이다."

"……"

"나무 그늘이 나무를 움직일 수 있느냐? 밀물과 썰물이 달을 당기거나 밀어낼 수 있느냐?"

"……"

"지금 네 눈으로 네가 사물을 보고 네 손으로 네가 글을 쓴다고 생각하느냐? 잘못된 생각일 수 있다. 다시 생각해보아라."

"……"

"시방 네 눈으로 세상을 내다보고 있는 게 누구냐? 시방 네 뒷덜미로 뻐근한 통증을 느끼고 있는 게 과연 누구냐?"

[18] 부활이 없다고 주장하는 사두가이파 사람들이 예수께 와서 물었다.

[19] "선생님, 모세가 우리에게 정해준 법에는 '형이 자녀가 없이' 아내를 두고 '죽으면 그 동생이 자기 형수와 결혼하여 자식을 낳아 형의 대를 이어야 한다'고 하였습니다.

[20] 그런데 전에 칠 형제가 있었습니다. 첫째가 아내를 얻었다가 자식 없이 죽어서

[21] 둘째가 형수를 자기 아내로 맞았지만 그도 또한 자식 없이 죽고 셋째도 그리하였습니다.

[22] 이렇게 하여 일곱 형제가 다 자식 없이 죽고 마침내 그 여자도 죽었습니다.

[23] 칠 형제가 다 그 여자를 아내로 삼았으니 부활 때에 그들이

다시 살아나면 그 여자는 누구의 아내가 되겠습니까?"

^{24}예수께서는 이렇게 대답하셨다. "너희는 성서도 모르고 하느님의 권능을 모르니 그런 잘못된 생각을 하게 되는 것이다.

^{25}사람이 죽었다가 다시 살아난 다음에는 장가드는 일도 없고 시집가는 일도 없이 하늘에 있는 천사들처럼 된다.

^{26}너희는 모세의 책에 있는 가시덤불 대목에서 죽은 이들의 부활에 관한 글을 읽어 보지 못하였느냐? 거기서 하느님께서는 모세에게 '나는 아브라함의 하느님이요, 이삭의 하느님이요, 야곱의 하느님이다.'라고 하셨다.

^{27}이 말씀은 하느님께서 죽은 이들의 하느님이 아니라 살아 있는 이들의 하느님이라는 뜻이다. 그러니 너희의 생각은 아주 잘못된 것이다."

"이 대목도 어쩐지 선생님 말씀을 그대로 기록한 것 같지 않습니다."

" '어쩐지'가 무슨 말이냐? 무슨 이유가 있어도 있겠지. 왜 그런 생각이 들었느냐?"

"부활은 없다고 분명한 주장을 펴는 자들에게 무슨 설명인들 먹혀들겠습니까? 그런데 선생님의 설명은 너무나도 자세하고 논리적입니다. 유다인들이 꼼짝 못하도록 모세까지 인용하면서요. 저는 그게 수상쩍다는 말씀입니다."

"네 느낌과 생각을 존중한다. 그러나 그건 어디까지나 네 느낌이요 생각일 뿐이다. 사람은 때로 해 봤자 소용없는 줄 알면서도 그 일을 해야 할 경우가 있다."

"압니다. 그저 그렇다는 말씀입니다."

"그 느낌과 생각이 너를 본문에서 멀어지게 하는 데 작용하지 않기를 바란다."

"본문에서 멀어지게 하는 것이 무엇입니까?"

"언유종(言有宗)이요 사유군(事有君)이라 했다. 본문의 종지(宗旨)를 놓치고 엉뚱한 곳을 헤매게 하는 것이 본문에서 멀어지게 하는 것이다. 네 생각이 네 길에 방해가 되지 못하도록, 항상 네 생각을 살펴야 한다."

"알겠습니다. 그럼, 이 대목의 종지가 무엇입니까?"

"그것을 찾는 건 네 몫이다. 네가 보기에 무엇이 이 이야기의 알속이냐?"

"적어도, 부활이 어떤 것인지에 대한 설명은 아니라고 봅니다."

"그러면 무엇이냐?"

"……"

"무엇이 눈에 먼저 띄느냐?"

"제 눈에는 사두가이파 사람들의 무지(無知)가 크게 보입니다."

"그 무지가 어디서 왔다고 보느냐?"

"무지가 무지를 낳았습니다. 하느님에 대한 근본 무지가 부활에 대한 무지를 가져왔으니까요."

"하느님에 대한 근본 무지를 어떻게 하면 깨뜨릴 수 있겠느냐?"

"무엇보다도, 자기가 하느님을 모른다는 사실을 알아야 하지 않겠습니까?"

"어떻게 하면 그 사실을 알 수 있겠느냐?"

"밖으로만 향하던 눈길을 돌이켜 자신을 들여다보아야겠지요.

무지가 자기 안에 있는데 자기를 들여다보지 않고서 어찌 그것을 알겠습니까?"

"누가 가르쳐 주면 알 수 있지 않겠느냐?"

"누가 가르쳐 주어도 그 가르침을 받아들일 준비가 되어 있지 않으면, 오히려 자신의 무지를 더욱 공고하게 다지겠지요."

"바로 그것이, 나를 받아들인 자들과 나를 배척한 자들의 차이였다. 그것은 지금도 마찬가지다. 부드러운 자는 부드러워질 것이요 단단한 자는 더욱 단단해질 것이다."

"언제까지 그렇습니까?"

"때가 될 때까지다."

"그 '때'가 언제입니까?"

"저마다 다른 때를 언제라고 못 박아 말할 수 있겠느냐?"

"……"

"어디, 부활에 대한 네 생각을 들어보자."

"별 생각 없습니다."

"무슨 뜻이냐?"

"때가 되면 절로 알게 될 터인즉, 그것이 어떻게 이루어질까 하고 평소에 궁금히 여기지 않았으므로 별로 생각해 본 것이 없다는 말씀입니다."

"너 혹시 부활이 없다고 생각하느냐?"

"그렇게 주장하는 자들을 설득할 마음은 없습니다만, 부활은 있다고 봅니다."

"네 생각대로 될 것이다."

"어떤 방식으로 부활할 것인가는 미지(未知)의 영역에 남겨두겠습니다. 그런 것을 궁리하느라고 아까운 시간 낭비할 생각이 없습니다."

"그것도 좋은 생각이다."

"다만, 지금 저로서는 오늘 하루 어떻게 하면 선생님을 좀더 가까이 모시고 살면서 가르침을 받을 것인가, 그것이 문제입니다."

"역시 좋은 생각이다. 누가 네 안에서 그런 좋은 생각을 한다고 보느냐?"

"저는 아닙니다, 선생님."

"너 아니면 누구냐?"

"선생님 아니십니까?"

"진정 그러하다면, 너는 부활하지 못할 것이다."

"왜요?"

"살아 있는 자가 어찌 되살아날 수 있겠느냐? 부활은 죽은 자의 몫이다. 너는 내가 십자가에 달려 죽기 전에, 내가 부활이요 생명이라고 말한 것을 기억하느냐?"

"예."

"부활은 육신의 죽음과 아무 상관없는 것이다."

"……?"

"네 생각의 노예가 되지 말라고, 사두가이파 사람들이 저토록 친절하게 가르치고 있지 않으냐?"

"그렇군요, 선생님."

"그들의 무지에 대하여, 잘못된 생각에 대하여, 너는 다만 감사할 일이다. 명심하여라. 모든 것이 합력하여 선(善)을 이룬다."

^{28}율법학자 한 사람이 와서 그들이 토론하는 것을 듣고 있다가 예수께서 대답을 잘 하시는 것을 보고 "모든 계명 중에 어느 것이 첫째가는 계명입니까?" 하고 물었다.

^{29}예수께서는 이렇게 대답하셨다. "첫째가는 계명은 이것이다. '이스라엘아, 들어라. 우리 하느님은 유일한 주님이시다.

^{30}네 마음을 다하고 목숨을 다하고 생각을 다하고 힘을 다하여 주님이신 너의 하느님을 사랑하라.'

^{31}또 둘째가는 계명은 '네 이웃을 네 몸같이 사랑하라' 는 것이다. 이 두 계명보다 더 큰 계명은 없다."

^{32}이 말씀을 듣고 율법학자는 "그렇습니다, 선생님. '하느님은 한 분이시며 그 밖에 다른 이가 없다' 고 하신 말씀은 과연 옳습니다.

^{33}또 '마음을 다하고 지혜를 다하고 힘을 다하여 하느님을 사랑하는 것' 과 '이웃을 제 몸같이 사랑하는 것' 이 모든 번제물과 희생제물을 바치는 것보다 훨씬 더 낫습니다." 하고 대답하였다.

^{34}예수께서는 그가 슬기롭게 대답하는 것을 보시고 "너는 하느님 나라에 가까이 와 있다." 하고 말씀하셨다. 그런 일이 있은 뒤에는 감히 예수께 질문하는 사람이 없었다.

"선생님, 어떻게 하면 마음을 다하고 목숨을 다하고 생각을 다하고 힘을 다하여 하느님을 사랑하고 이웃을 제 몸처럼 사랑할 수 있습니까? 저도 그렇게 할 수 있기를 바랍니다만, 그게 그렇게 되지를 않습니다."

"하느님을 사랑하고 이웃을 사랑하는 무슨 특별한 행위가 따로 있다고 생각하지 마라. 네가 무슨 일을 하든 그 일을 왜 어떻게 하느냐에 따라서, 하느님과 이웃을 사랑하는 것으로 될 수도 있고 그렇지 않을 수도 있다."

"어떻게 하면 제가 하는 일이 하느님과 이웃을 사랑하는 것으로 될 수 있습니까?"

"아무리 사소한 일이라도 생각 없이, 멍한 상태에서, 건성으로, 아무렇게나, 버릇을 좇아서 하지 않도록 순간마다 깨어 있어라. 밥 먹을 때는 정성껏 먹되 그 밥이 어디서 왔다가 어디로 가는지, 지금 밥을 먹고 있는 게 누군지를 깊이 생각하면서 먹고 사람을 만날 때는 정성껏 만나되 그가 어디서 왔다가 어디로 가는지, 지금 그를 만나고 있는 게 누군지를 깊이 생각하면서 만나고 산책할 때는 정성껏 산책하되 한 걸음 한 걸음이 어디서 왔다가 어디로 가는지, 지금 산책하고 있는 게 누군지를 깊이 생각하면서 걷고…… 모든 일을 그렇게 하여라."

"글쎄 그게 잘 되지를 않습니다."

"그게 잘 되지 않는 줄 아는 것 자체가 소중한 결실이긴 하다만, 그 생각에 붙잡혀 있지는 말아라. 할 수 있는 만큼 하면 된다. 안 되는 일에 눈길을 주지 말고 되는 일에 더욱 마음을 모아라. 네가 자주 하는 '말' 대로, 네가 하는 일이 아니다. 그러니, 사실인즉 깨어 있으려고 애쓸 것도 없다. 보이는 만큼 보고 들리는 만큼 듣고 움직일 수 있는 만큼 움직여라."

"알겠습니다."

"한 가지 더 명심할 것이 있다. 네 성숙을 돕기 위하여 필요한 모든 것이 빈틈없이 제공되고 있다. 그러니 모든 상황, 모든 사건을 거절하지 말고 받아들여라. 네가 어머니 자궁에서 열 달 동안 어떻게 지냈는지를 상상해 보아라. 지금도 너는 자궁 안에 있는 존재다."

"예, 선생님. 제가 이렇게 글을 쓰고 있는 것도 하느님을 사랑하고 이웃을 사랑하는 일이 될 수 있는 건가요?"

"그것은, 아까 말했듯이, 네가 왜 어떻게 글을 쓰느냐에 달려 있다. 글을 쓰되 이 글이 어디서 왔으며 어디로 가는지, 지금 글을 쓰고 있는 게 누군지를 깊이 생각하면서 정성껏 쓰면 그것이 곧 하느님과 이웃을 사랑하는 것이다."

"하느님 사랑과 이웃 사랑이 다른 것입니까?"

"아니다. 같은 것이다. 다만, 사유종시(事有終始)라, 일에는 순서가 있는 법이다."

"하느님 사랑이 먼저요 이웃 사랑이 나중이라는 말씀인가요?"

"그렇다. 하느님은 네 안에 계시고 이웃은 네 바깥에 있다. 먼저 너 자신을 사랑하고 이어서 남을 사랑하라는 얘기다. 밖에서 안으로가 아니라 안에서 밖으로가 모든 생명의 방향이기 때문이다."

"사실은, 저의 안과 밖이 따로 있는 것 아니잖습니까?"

"아직 근처에도 가보지 못한 경지(境地)에 대하여, 남들이 하는 말만 듣고서 마치 거기에 가 있는 것처럼 떠들고 다니는 것은 너 자신을 위해서나 남들을 위해서나 결코 바람직한 일이 아니다."

"죄송합니다."

"그래서 너 같은 사람을 위해, 계명이 있다."

"선생님, 실은 아까부터 여쭙고 싶었습니다. 계명이란 무엇입니까? 그런 게 왜 있어야 합니까?"

"계명은 알의 껍질과 같은 것이다. 알은 생명이다. 생명을 지키기 위해서는 껍질의 보호가 필요하다. 그러나 때가 되면 껍질은 깨어져야 한다. 계명이 그와 같다."

"그 '때'라는 게 언제입니까?"

"껍질 안에서 생명이 익을 만큼 익었을 때다. 어미닭이 알을 품은 지 스무 날쯤 되면 그동안 성숙한 병아리가 더 이상 껍질 안에 갇혀 있을 수 없는 상태로 되지 않느냐?"

"사람에게는 그 때가 언제입니까?"

"'나'라는 존재가 따로 있다는 생각이 착각이었음을 스스로 깨닫는 때가 그 때다."

"그러니까, '나'라고 하는 실체가 따로 있는 게 아님을 알면, 그동안 지켜온 계명을 깨뜨릴 때가 되었다는 말씀인가요?"

"깨뜨린다기보다 스스로 깨어진다고 해야 옳은 표현이겠다. 그 때가 되면 계명을 지키려고 하지 않아도 절로 계명이 지켜진다."

"예를 들어, 공자의 종심소욕불유구(從心所慾不踰矩)나 원효의 파계(破戒)가 그런 것인가요?"

"그렇다만, 아직 너는 파계를 언급할 단계가 아니다. 그런 것은 때가 되면 절로 이루어지는 것이니 지금은 주어진 계명을 잘 지키는 데 마음을 모아야 한다."

"그렇지만, 사실 알 스스로 제 껍질을 지키거나 깨거나 할 수 없듯이 사람도 제 힘으로 계명을 지키거나 어기거나 할 수 없는 것 아닙니까?"

"그것이 그런 줄을 아직 모르고, '나'라는 존재가 따로 있으며 그 '나'가 제 힘으로 무엇인가를 할 수 있다고 생각하는 사람에게는, 병아리가 충분히 성숙할 때까지 껍질의 보호가 필요하듯이, 그가 지켜야 할 계명이 필요한 것이다."

"저는 어떻습니까?"

"너는 어떻게 생각하느냐?"

"저는 제가 독립된 개체가 아님을 알고는 있습니다만 그렇게 살고 있지는 못한 것 같습니다."

"그러기에 너 또한, 그날 내게 질문했던 율법학자처럼, '하느님 나라에 (아직 들지는 못하고) 가까이 와 있는' 상태다."

"희망입니까? 절망입니까?"

"그야, 네 생각 나름 아니겠느냐?"

^{35}예수께서는 성전에서 가르치면서 이렇게 말씀하셨다. "율법학자들은 그리스도를 다윗의 자손이라고 하는데 그것은 어떻게 된 일인가?

^{36}다윗이 성령의 감화를 받아 스스로,

'주 하느님께서 내 주님께 이르신 말씀,

내가 네 원수를 네 발 아래 굴복시킬 때까지

너는 내 오른편에 앉아 있어라.'

하지 않았더냐?

^{37}이렇게 다윗 자신이 그리스도를 주님이라고 불렀는데 그리스도가 어떻게 다윗의 자손이 되겠느냐?"

많은 사람들이 이 말씀을 듣고 모두 기뻐하였다.

"'나는 아브라함보다 먼저 있었다'고 하신 선생님 말씀이 생각납니다. 여기서는 '나는 다윗의 주인이었다'고 말씀하시는군요."

"'주인이었다' 보다는 '주인이다' 가 좀더 진실에 가까운 말이겠다."

"어째서 그렇습니까?"

"아브라함과 나, 다윗과 나의 관계는 시공(時空)을 넘은 것이기 때문이다. 시공 너머를 언급하면서 술어를 시제(時制)에 묶어 놓을 수는 없지 않느냐? 그래서 '먼저 있었다' 보다는 '먼저 있다' 요, '주인이었다' 보다는 '주인이다' 인 것이다. 알아듣겠느냐?"

"예."

"너와 사람의 관계는 어떠하냐? 그것이 네가 태어난 날에 시작되었다가 죽는 날에 끝장날, 그런 관계라고 보느냐?"

"그렇지 않겠습니까? 제가 죽어 없어지는데 어찌 저와 사람의 관계가 유지되겠습니까?"

"네가 죽어 없어진다고? 정말 그렇게 생각하느냐?"

"……"

"너는 내가 죽어서 없어졌다고 보느냐?"

"아닙니다. 선생님은 제 안에 살아 계십니다."

"그렇다고 해서 내가 네 안에 갇혀 있는 건 아니다."

"물론입니다."

"네가 죽으면 더 이상 눈에 보이지 않게 될 물건은 있지."

"제 몸뚱이 말씀입니까?"

"네 몸과 함께 생각하고 느끼던 네 마음의 작용은 더 이상 없을 것이다."

"……"

"그러나, 말해 보아라. 네 몸과 마음이 너냐? 그것들이 없어지면 너 또한 따라서 없어진다고 보느냐?"

"제 몸과 마음이 제가 아닌 줄은 어렴풋이나마 알겠습니다만, 그것들이 없어질 때 제가 어찌 될는지는 모르겠습니다."

"상관없다. 때가 되면 절로 알게 될 터이니 그 궁금증을 풀어보려고 아까운 시간 낭비할 것 없다."

"알겠습니다."

"아브라함은 이스라엘 민족의 아비요 나는 사람의 아들이다. 이 말은, 아브라함은 이스라엘 민족이요 나는 사람이라는 말이다. 이스라엘 민족과 사람, 둘 가운데 누가 더 먼저냐?"

"그야 사람이지요."

"다윗은 이스라엘의 왕이요 나는 사람의 아들이다. 이 말은, 다윗은 이스라엘 왕국의 한 부분이요 나는 사람이라는 말이다. 왕국과 사람, 누가 누구의 주인이냐?"

"그야 사람이 왕국의 주인이지요. 왕국이 있어서 사람이 있는 게 아니라 사람이 있어서 왕국이 있는 것이니까요."

"그러니까 내가 다윗의 주인이라는 말이다. 알아듣겠느냐?"

"조금 짐작은 됩니다. 그렇지만 선생님. 나자렛 예수가 아브라함의 후손이요 다윗의 혈통에서 난 것만은 부인할 수 없는 사실 아닙니까?"

"누가 그 사실을 부인했단 말이냐?"

"선생님께서……"

"내가 누구냐? 나자렛 예수가 나냐?"

"아닙니까?"

"네 고향과 네 이름이 너냐?"

"……"

"나는 아브라함보다 먼저였듯이 예수보다 먼저였고 다윗의 주인이었듯이 예수의 주인이었다. 나는 맨 처음 사람보다 먼저 있었고 맨 나중 사람보다 나중 있을 것이다. 그런 나를, 지상(地上)에 잠시 출현했던 나자렛 사람 예수 안에 가둬 놓을 생각이냐?"

"가둬 놓겠다는 게 아니라……"

"너는 내가 알파요 오메가라는 말을 듣지 못하였느냐?"

"들었습니다."

"그렇게 엄청난 말을 건성으로 들었더냐?"

"……"

"내가 네 안에 있다고, 네가 말했지?"

"예."

"그렇지만 내가 네 안에 갇혀 있는 건 아니라고 했을 때, 뭐라고 대답했느냐?"

"물론이라고 말씀드렸습니다."

"나와 아브라함, 나와 모세, 나와 예수의 관계가 모두 그와 같은 관계다. 나와 너의 관계, 그것과 같다는 말이다."

"……"

"두리번거리지 마라. 나는 네 안에 있다. 사람들이 나를 다윗의 후손으로만 본 것은 그들이 눈을 돌이켜 자기 안을 성찰하지 않고 바깥으로만 향하여 두리번거렸기 때문이다."

"그러나 바깥 경계를 무시해도 곤란하지 않습니까?"

"누가 그것을 무시하라고 했느냐? 그것들이 실체의 모든 것인 줄로 착각하지 말라는 얘기다. 그 착각이 네 눈을 가려 정작 보아야 할 것을 보지 못하게 하는 일이 없도록, 깨어 있으라는 얘기다."

"……"

"……"

"그런데요, 맨 끝 절에 '많은 사람들이 이 말씀을 듣고 모두 기뻐하였다'는 말은 동감되지 않습니다."

"왜냐?"

"과연 그랬을까요? 과연 사람들이 선생님 말씀에 모두들 기뻐했을까요?"

"저 옛날 강성하던 다윗 왕국이 재현되기를 갈망하던 자들이, 다윗보다 더 큰 존재가 출현했다는 말을 들었다면 기뻐하지 않았겠느냐?"

"하지만……"

"물론 그것은 그들의 착각이었지만, 착각으로도 기뻐할 수 있는 게 사람이다. 안 그러냐?"

"그건 그렇습니다만."

"동감되지 않거든 동감하지 마라. 마르코가 제 맘대로 생각하고 그렇게 기록했을 수도 있는 일 아니냐?"

"……?"

[38]예수께서는 가르치면서 이런 말씀도 하셨다. "율법학자들을 조심하여라. 그들은 기다란 예복을 걸치고 나다니며 장터에서 인사받기를 좋아하고 회당에서는 가장 높은 자리를 찾으며

[39]잔칫집에 가면 제일 윗자리에 앉으려 한다.

[40]또한 과부들의 가산을 등쳐 먹으면서 남에게 보이려고 기도는

오래 한다. 이런 사람이야말로 그만큼 더 엄한 벌을 받을 것이다."

"선생님, 이런 자들은 지금도 있습니다."
"그들의 모습이 네 눈에 보이느냐?"
"예. 이른바 성직자라는 자들 가운데 특히 많은 것 같습니다."
"종교계에만 있는 게 아니다."
"물론이지요."
"근사해 보이는 자들을 조심하여라. 누가 봐도 가짜인 게 분명한 물건은 장난감이지 가짜가 아니다. 누가 봐도 진짜로 보이는 것이 가짜다."
"누가 봐도 진짜로 보이는 진짜도 있지 않겠습니까?"
"이론으로는 그렇지만 현실에서는 그렇지 않다. 오히려 많은 사람에게 가짜로 보이는 것이 진짜의 운명이다. '밝은 길은 어두운 것처럼 보이고 질(質)의 참됨은 변덕스러워 보인다'(『노자』, 41장)고 하지 않았더냐? 내가 나를 사람의 아들이요 하느님의 아들이라고 했지만 나를 알아본 자들은 거의 없었고 많은 대중이 나를 거짓 예언자로, 미치광이로 알았다."
"그게 왜 그럴까요?"
"진짜와 가짜를 구분할 줄 아는 자들이 드물기 때문이다. 골동품의 진위를 가려내는 것도 전문 감정가가 아니면 아무나 할 수 있는 일이 아니잖느냐?"
"선생님, 진짜와 가짜를 구분하는 방법을 일러 주십시오."
"방법이 따로 있겠느냐? 지혜로운 자는 그냥 안다."
"그 지혜를 어떻게 얻습니까?"

"성경에, 무엇이 지혜의 근본이라고 했느냐?"

"하느님을 경외하는 것이라고 했습니다."

"'경외'라는 말을 무서워 떤다는 뜻으로 읽지 말고 삼가 조심스럽게 모신다는 뜻으로 읽으면 그 말이 맞는 말이다. 모든 일을 제 뜻대로 혼자서 하지 않고 하느님을 모시고 그분 뜻을 좇아서 하는, 그런 방식의 삶이 몸에 밴 사람이 곧 지혜로운 사람이다."

"그런데요, '율법학자들을 조심하라'는 말씀은 조금 잘못된 것 같습니다. 조심할 대상은 율법학자들이 아니라 위선자들 아닙니까? 율법학자들 가운데는 여기 말씀하신 자들처럼 처신하지 않고 나름대로 성실하게 살고자 애쓴 자들도 있지 않겠습니까?"

"그렇다. 그래서 내가 말한 율법학자들이 어떤 자들인지를 자세히 설명하지 않았느냐? 그렇긴 하다만, 네 말대로, '율법학자들을 조심하라'는 말을 따로 떼어 놓으면 잘못된 말이다. 그래서 사람 말에는 한계가 있고, 그러니까 앞뒤 맥락을 살펴가며 잘 새겨들어야 하는 것이다."

"한 가지 더 여쭙겠습니다. 그들이 왜 그러는 걸까요?"

"위선자들이 왜 위선을 하느냐는 질문이냐?"

"예."

"위선이 어떤 것이며 그 열매는 어떤 것인지를 배우는 중이다."

"그 따위를 배워서 뭐에 써먹습니까?"

"위선에 짝이 되는 반대를 뭐라고 생각하느냐?"

"글쎄요, 진실이라고 할까요?"

"진실을 배우는 것은 가치 있는 일이라고 하겠느냐?"

"그냥 가치 있는 일이 아니라, 인간에게 가치 있는 유일한 일이라고 봅니다."

"그들이 진실을 배우고 있었다고 말하면 동의하겠느냐?"

"……?"

"눈먼 상태로 태어난 사람이 '어둠'을 알 수 있겠느냐?"

"남한테 들어서 상상이야 하겠지만 몸으로 안다고는 할 수 없겠지요. 몸으로 밝음을 겪어 보지 못했으니까요."

"마찬가지 이치다. 몸으로 거짓을 겪어 보지 못한 자는 진실이 어떤 것인지를 모른다."

"그러면 저도 한때 위선자였다는 말씀입니까?"

"지금은 아니냐?"

"드릴 말씀이 없습니다. 죄송합니다."

"지금은 아니다."

"예?"

"네가 만일 그렇다고, 지금은 위선자가 아니라고 대답했다면 내가 너에게 '지금은 아니다'라고 말하지 않았을 것이다. 알아듣겠느냐?"

"알겠습니다. 그러니까 이 본문의 율법학자들도 훌륭한 학생들이군요?"

"훌륭한지 아닌지는 다른 문제요, 그들이 학생인 것은 사실이다."

"그런데 왜 그들을 조심하라고 하십니까?"

"그럼, 그들을 본받으라고 해야겠느냐?"

"사실은, 그런 자들을 비난하면서도 저 자신 그들과 다를 게 없음을 보곤 합니다."

"그러니까 그들을 조심하라는 거다."

"그들한테 당하지 않도록 조심하라는 게 아니라 그들과 한 통속이 되지 않도록 조심하라는 말씀인가요?"

"그게 그것 아니냐?"

"……"

"위선자들이 위선을 하는 것은 그 성품이 나빠서도 아니요 위선자로 태어났기 때문도 아니다. 자기가 지금 무슨 일을 하고 있는지 몰라서다. 거짓의 어둔 밤을 겪고 때가 되어 진실의 아침을 맞이하면 그들은 비로소 자기가 여태껏 무엇을 했는지 깨우친다. 바로 그 깨우침이 지금 자기가 무엇을 하고 있는지를 아는 참된 깨달음의 바탕으로 된다. 그러니 위선자들을 경멸하거나 미워하지 마라. 오히려 힘든 과정을 밟고 있는 그들을 측은히 여길 일이다. 그것이 그들을 조심하여 그들과 한 통속으로 되지 않는 비결이다."

"……"

"부디 정직하여라. 안 되는 건 안 된다 하고 믿어지지 않는 것은 믿지 못하겠다 하여라. 상관없다. 하늘 우러러 한 점 부끄러움 없도록, 속을 감추거나 겉을 꾸미는 짓만은 하지 말자고, 스스로 다짐하여라. 네가 세상에 온 것은 무슨 대단한 일을 성취하고자 함이 아니다."

[41]예수께서 헌금궤 맞은편에 앉아서 사람들이 헌금궤에 돈을 넣는 것을 바라보고 계셨다. 그때 부자들은 여럿이 와서 많은 돈을 넣었는데

[42]가난한 과부 한 사람은 와서 겨우 렙톤 두 개를 넣었다. 이것

은 동전 한 닢 값어치의 돈이었다.

⁴³그것을 보시고 예수께서는 제자들을 불러 이렇게 말씀하셨다. "나는 분명히 말한다. 저 가난한 과부가 어느 누구보다도 더 많은 돈을 헌금궤에 넣었다.

⁴⁴다른 사람들은 다 넉넉한 데서 얼마씩 넣었지만 저 과부는 구차하면서도 있는 것을 다 털어 넣었으니 생활비를 모두 바친 셈이다."

"아마도 그날 거기 있던 사람들 가운데 선생님처럼, 부자들보다 가난한 과부가 더 많은 돈을 헌금했다고 생각한 사람은 하나도 없었을 것입니다."

"지금은 그렇지 않느냐?"

"맞습니다, 선생님. 더구나 지금은 자본주의가 온 세상을 지배하는 유일 이데올로기로 되었습니다."

"그런즉 이제 더 이상 자본주의는 존속되지 못할 것이다."

"예?"

"항룡유회(亢龍有悔)라 했다. 하늘 꼭대기까지 올라간 용은 스스로 겸손하게 물러서서 몰락을 면하든지 제자리를 고집하다가 몰락을 당하든지 둘 가운데 하나를 택해야 한다. 어느 쪽을 택하든 자본주의는 바야흐로 세계를 지배하는 단일 이데올로기가 되었으므로 몰락의 길을 피할 수 없게 되었다. 그것이 자본주의와, 자본주의로 재미를 보던 자들의 공동 운명이다."

"그리 된다면 얼마나 좋겠습니까?"

"자본주의가 몰락하는 것이 그리도 좋으냐?"

"사람이 사람으로 태어나 살면서 어찌 자(資)를 본(本)으로 삼는단 말입니까? 선생님 말씀대로 하면, 자(資)가 사람을 위해 있는 것이지 사람이 자(資)를 위해 있는 것은 아니잖습니까? 세상에는 재능(재물)이 많은 사람도 있고 적은 사람도 있는데 그것이 많다고 해서 적은 사람을 차별하거나 업신여기는 것은 사람보다 재능(재물)을 더 중요시하는 그릇된 풍토요, 인간 세상의 온갖 비리와 고통이 거기서 생겨난다고 봅니다."

"얘기가 자못 거창하구나."

"아무튼 저는 이 대목을 읽을 때마다, 선생님께서 보여주신 '엉뚱한' 관점이 늘 통쾌하고 부러웠습니다. 어떻게 하면 저도 선생님처럼, 세속의 상식을 둘러엎는 신선한 관점으로 세상을 볼 수 있을까요?"

"나로 하여금 네 눈으로 보게 하여라."

"그러려면 제가 무엇을 어떻게 해야 합니까?"

"네가 보고 느끼고 판단한 바를 너 자신에게나 남에게나 고집하지 말아라. 그것들을 움켜잡은 만큼 네 눈 속 비늘이 두터워진다."

"알아듣겠습니다. 제 눈 속 비늘을 아예 없앨 수는 없을까요?"

"기다려라. 때가 되면 떨어져 나갈 것이다."

"그것은 말하자면, 아무 편견도 선입견도 없이 모든 것을 보게 된다는 그런 뜻인가요?"

"그렇다. 맑고 깨끗한 눈으로 세상을 본다는 말이다."

"맑고 깨끗한 눈이라고요?"

"맑고 깨끗한 눈이다!"

"그날이 속히 왔으면 좋겠습니다."

13장

¹예수께서 성전을 떠나 나오실 때에 제자 한 사람이 "선생님, 저것 보십시오. 저 돌이며 건물이며 얼마나 웅장하고 볼 만합니까?" 하고 말하였다.

²예수께서는 "지금은 저 웅장한 건물들이 보이겠지만 그러나 저 돌들이 어느 하나도 제자리에 그대로 얹혀 있지 못하고 다 무너지고 말 것이다." 하고 말씀하셨다.

"많은 사람이, 선생님께서 이 말씀을 하신 것은 그로부터 50여 년쯤 뒤 유대 전쟁에서 로마군에 의하여 예루살렘이 함락된 것을 미리 말씀하신 것이라고 합니다. 과연 그런 일이 있을 것을 내다보시고 말씀하신 겁니까?"

"내게 앞일을 내다보는 신통력이 과연 있었느냐고 묻는 거냐?"

"……"

"그렇다고 하면 그것이 너와 무슨 상관이며 그렇지 않다고 하면 또한 그것이 너와 무슨 상관이냐?"

"……"

"그 정도 신통력은 웬만한 점쟁이들한테도 있다."

"……"

"내가 무슨 신통력 따위로 사람들을 가르치거나 인도한다고 보느냐?"

"……"

"중심에서 벗어난 곁가지 생각들로 내 가르침의 본령(本領)을 어지럽히지 마라."

"죄송합니다."

"네 생각을 들어보자. 내가 그날 제자들에게 말하고자 한 것이 무엇이라고 보느냐?"

"눈에 보이는 사물의 덧없음을 말씀하신 것 아닌가요?"

"그뿐이냐?"

"사물의 겉모양에 속지 말라는……"

"그래서?"

"그것을 있게 한, 보이지 않는 무엇을 보라는 말씀이겠지요."

"지금은 네 몸이 제법 건강하게 움직이며 쓸 만해 보이겠지만, 뼈와 뼈가 서로 떨어지고 힘줄이 끊어지고 핏줄이 말라붙어 티끌로 돌아갈 날이 곧 올 것이다. 알고 있느냐?"

"예."

"그것을 머리로만, 그것도 가끔 어쩌다가 생각하지 말고 가슴으로 느끼면서 오늘을 살아가거라."

"……"

"그래야. 내가 영원히 무너지지 않는 성전을 사흘 만에 세웠듯이 너도 네 영원한 몸을 세우게 될 것이다. 왜냐하면, 눈으로 보고 손으로 만질 수 있는 것들에 몸과 마음이 갇혀 있으면서 나와 함께 내 길을 갈 수는 없기 때문이다."

"알겠습니다."

"무엇을 보든지, 그것이 있기 전과 그것이 없어진 뒤를 함께 보아라. 그렇게 사물을 통하여 사물의 근원(모든 것이 거기에서 왔다가 거기로 돌아가는)을 보도록 하여라."

"예, 선생님."

"그윽한 눈길, 사물과 사물의 앞뒤 위아래를 함께 보는, 그윽한 눈길이 수련의 열쇠다."

"고맙습니다."

³예수께서 성전 건너편 올리브산에 앉아 성전을 바라보고 계실 때에 베드로와 야고보와 요한과 안드레아가 따로 찾아와서

⁴"그런 일이 언제 일어나겠습니까? 그리고 그런 일이 다 이루어질 무렵에는 어떤 징조가 나타나겠습니까? 저희에게 말씀해 주십시오." 하고 말하였다.

⁵예수께서는 이렇게 말씀하셨다. "아무에게도 속지 않도록 조심하여라.

⁶장차 많은 사람이 내 이름을 내세우며 나타나서 '내가 그리스도다.' 하고 떠들어 대면서 많은 사람들을 속일 것이다.

⁷또 여러 번 난리도 겪고 전쟁 소문도 듣게 될 것이다. 그러나

당황하지 말아라. 그런 일은 반드시 일어날 터이지만 그것으로 끝나는 것은 아니다.

⁸한 민족이 일어나 딴 민족을 치고 한 나라가 일어나 딴 나라를 칠 것이며 또 곳곳에서 지진이 일어나고 흉년이 들 터인데 이런 일들은 다만 고통의 시작일 뿐이다.

⁹정신을 바짝 차려라. 너희는 법정에 끌려갈 것이며 회당에서 매를 맞고 또 나 때문에 총독들과 임금들 앞에 서서 나를 증언하게 될 것이다.

¹⁰우선 복음이 모든 민족에게 전파되어야 한다.

¹¹그리고 사람들이 너희를 붙잡아 법정에 끌고 갈 때에 무슨 말을 할까 하고 미리 걱정하지 말아라. 너희가 해야 할 말을 그 시간에 일러주실 것이니 그대로 말하여라. 말하는 이는 너희가 아니라 성령이시다.

¹²형제끼리 서로 잡아 넘겨 죽게 할 것이며 아비도 제 자식을 또한 그렇게 하고 자식들도 제 부모를 고발하여 죽게 할 것이다.

¹³그리고 너희는 나 때문에 모든 사람에게 미움을 받을 것이다. 그러나 끝까지 참는 사람은 구원을 받을 것이다."

"선생님께서 성전이 무너질 것이라고 하시자 제자들이 그 때가 언제며 그 때에 무슨 징조가 있겠느냐고 여쭈었는데, 당연한 질문이었다고 생각됩니다. 저라도 그게 궁금했을 테니까요."

"그게 궁금했을 것이라고 했느냐? 지금은 궁금하지 않고?"

"궁금하지 않습니다."

"어째서냐?"

"장차 무슨 일이 일어날 것인지를 미리 알아야 할 이유가 별로 생각나지 않습니다."

"그런데도 내 제자들이 그것을 궁금하게 여긴 것은 당연하다고 생각된다는 말이냐?"

"……"

"내가 성전이 무너질 것이라고 예고한 것이 그 말을 듣는 자들의 '오늘'을 위해서였다고 보느냐? 아니면 그들의 '내일'을 위해서였다고 보느냐?"

"'오늘'을 위해서였다고 봅니다."

"잘 보았다. 그런데 많은 사람이 그들의 '오늘'보다 '내일'에 더 많은 관심을 쏟으면서 살아가고 있다."

"내일을 생각하지 않고서 오늘을 제대로 살 수는 없잖습니까?"

"물론! 그래서 내가 성전이 무너질 때가 올 것이라고, '내일'에 있을 일을 '오늘' 말하고 있지 않느냐? 사람은 '내일'뿐 아니라 '어제'도 알아야 한다. '오늘'을 제대로 살아가는 데 필요한 지혜가 거기에서 오기 때문이다."

"그런데요, 이 대답이 선생님께서 주신 대답 맞습니까?"

"그렇다. 내가 준 것이다. 왜 묻느냐?"

"나중에 사람들이 '선생님의 대답'으로 만든 것 같다는 생각이 들어서요."

"나중이라면?"

"이 문서가 기록 정리된 주후 70~80년쯤이요."

"왜 그런 생각이 들었느냐?"

"그때쯤이면 여기 말씀하신 일들이 모두 실현되지 않았겠습니까? 여기저기 가짜 그리스도가 출현하고 난리가 터지고 민족과 민족, 나라와 나라 사이에 전쟁이 일어나고 곳곳에 지진이 발생하고 흉년이 들고 그리스도인들은 박해를 받고 교회 지도자들은 체포당해 총독 앞에 서야 했으니까요. 그러니까 이 문서를 정리 기록한 사람들이 '지금이 바로 그때'라는 메시지를 '선생님의 예고'라는 형식에 담아서 전하고 있는 게 아닌가, 그런 생각이 드는 겁니다."

"메시지 내용이 '지금이 그때'라는 것은 옳게 보았다. 그러나 그것을 나중 사람들이 내 '예고'라는 틀에 담은 것은 아니다."

"그러면 선생님께서 몸소 이런 예고를 하신 것입니까?"

"내가 그 정도 예고도 못할 사람처럼 보이느냐?"

"그건 아닙니다만."

"내가 점쟁이 같은 신통력으로 사람들을 가르치거나 인도하지 않았다는 말은 내게 그런 신통력이 없었다는 말이 아니다."

"예, 선생님."

"네 말대로, 주후 70~80년쯤 사람들이 이 문서를 읽을 때, 지금이 바로 그때라는 생각을 하지 않았겠느냐?"

"그랬겠지요. 그런데 그때가 아직까지 계속되고 있습니다!"

"아직까지라니?"

"2천 년이나 세월이 흘렀는데도 여전히 가짜 그리스도들이 출현하고 여기저기 난리가 나고 전쟁은 그칠 날이 없고 지진과 흉년이 이어지고 진실을 추구하는 자들은 줄지어 법정에 끌려가고 있지 않습니까? 지난 2천 년 동안, 지상에서는 하루도 '그때'가 아닌 날이 없었습니다. 그래서 제 말씀은, 그 때가 아직까지 계속되고 있다는 말씀입니다."

"2천 년 세월이 너에게는 제법 길게 느껴지겠지만, 인류 역사에 견주면 눈 깜짝할 사이라는 것을 모르느냐?"

"……"

"이 장면에 등장하는 베드로, 야고보, 요한, 안드레아 등과 네가 동시대인이라는 생각을 해 본 적 없느냐?"

"……"

"네가 어찌 생각하든 그것은 네 생각이니 상관없다. 아무튼 지금이 바로 그때, 인간들의 화려한 성취가 돌 위에 돌 하나 얹혀 있지 못하고 무너져 내릴 마지막 날을 코앞에 둔 때라는 사실만은 기억해두어라."

"알겠습니다."

"그런데, 메시지 내용이 '지금이 그때'라는 것에서 그친다고 보느냐? 또다른 메시지가 보이지 않느냐?"

"보입니다."

"무엇이냐?"

"정신을 바짝 차리고, 법정에 설 때 무슨 말을 할까 미리 걱정하지 말고, 끝까지 참으라는 것입니다."

"잘 보았다. 그대로 하여라."

"예, 선생님."

"지금이 바로 그 때다. 눈앞에 벌어지는 혼란한 '상황'에 넋을 빼앗기지 말고, 몸과 마음을 네 안에 있는 내게 집중하여라. 그리하여 나로 하여금 네 눈으로 보고 네 손으로 일하고 네 발로 걷고 네 입으로 말하게 하여라. 잘 되지 않겠지만 그래도 계속 노력해라. 하다 보면 차츰 쉬워지다가 이윽고 애쓰지 않아도 절로 그렇게 될 날이 올 것이다."

"명심하겠습니다."

"그 날이 네 생전에 오지 않는다 한들……"

"상관없습니다, 선생님!"

^{14}"황폐의 상징인 흉측한 우상이 있어서는 안 될 곳에 선 것을 보거든 (독자는 알아들으라.) 유다에 있는 사람들은 산으로 도망가라.

^{15}지붕에 있는 사람은 집 안에 세간을 꺼내러 내려오지 말며

^{16}밭에 있는 사람은 겉옷을 가지러 집으로 들어가지 말아라.

^{17}이런 때에 임신한 여자들과 젖먹이가 딸린 여자들은 불행하다.

^{18}이런 일이 겨울에 일어나지 않도록 기도하여라.

^{19}그때에는 무서운 재난이 닥쳐올 터인데, 이런 재난은 하느님께서 세상을 창조하신 때부터 지금까지 없었고 또 앞으로도 다시 없을 것이다.

^{20}주께서 그 고생의 기간을 줄여 주시지 않는다면 살아남을 사람은 하나도 없다. 그러나 주께서는 뽑으신 백성들을 위하여 그 기간을 줄여 주셨다."

^{21}"그때에 어떤 사람이 너희에게 '그리스도가 여기 있다!' 혹은 '저기 있다!' 해도 믿지 말아라.

^{22}거짓 그리스도와 거짓 예언자들이 나타나서 어떻게 해서라도 뽑힌 사람들을 속이려고 여러 가지 기적과 이상한 일들을 할 것이다.

[23]"이 모든 일에 대하여 내가 이렇게 미리 말해 둔다. 그러니 조심하여라."

"상황이 매우 급박합니다. 왜 이런 겁주는 말씀을 하셨습니까?"
"느긋할 때도 있고 급박할 때도 있는 게 상황 아니냐? 급박한 상황에서는 급박하게 움직이고 느긋한 상황에서는 느긋하게 움직여야 한다. 동선시(動善時)가 그런 것이다."
"그야 따로 말씀하시지 않아도 절로 그렇게 되지 않겠습니까? 난리가 터졌는데 느긋이 딴청 부리는 자가 어디 있겠어요?"
"급박한 상황에서 급박하게 처신하라는 말은 당장 해야 할 한 가지 일을 하라는 말이지 이 일 저 일로 허둥대라는 말이 아니다. 이렇게 일러 주어도 위급한 상황을 만났을 때 공연한 짓으로 갈팡질팡하는 사람들이 많다. 그렇지 않느냐?"
"예, 그런 것 같습니다."
"남들은 어떻게 하든, 너는 그러지 말라는 얘기다."
"알겠습니다. 그런데요, 지금이 바로 그때임을 어떻게 알 수 있습니까?"
"황폐의 상징인 흉측한 우상이 있어서는 안 될 곳에 선 것이 보이거든, 그때가 그때인 줄 알아라."
"무엇이 그 우상입니까?"
"네 눈에 무엇이 보이느냐?"
"황금만능 자본주의가 교회당을 점령했습니다. 기독교의 교회당뿐 아니라 불교의 법당도 회교의 사원도 마찬가집니다."
"학교는 아니냐?"

"거기도 물론입니다."

"국회의사당은?"

"말할 것 없지요. 하지만, 아직 뚜렷하게는 보이지 않습니다."

"급박한 상황이란, 그런 상황이 어디 따로 있는 것이 아니라 그 것을 알아보는 자에게 있는 것이다. 네 눈에 그것이 뚜렷하게 보이 거든, 내 말을 기억하고, 재물이나 겉옷 따위 건지러 집안으로 들 어가거나 온갖 기적과 거창한 사업으로 세상을 속이는 가짜 그리 스도에 현혹되는 일이 없도록 조심 또 조심하여라. 미리미리 마음 의 준비를 하고 평소에 조심하는 연습을 해두지 않으면, 막상 급박 한 상황에 처했을 때 그 상황에서 네가 해야 할 한 가지 일을 놓치 고 쓸데없이 우왕좌왕하게 된다."

"그 상황에서 제가 해야 할 한 가지 일이 무엇입니까?"

"내가 뭐라고 했느냐?"

"유다를 떠나 산으로 가라고 하셨습니다."

"그 말을 너는 어떻게 듣느냐?"

"도시 문명을 떠나 자연의 품에 안기라는 말씀 아닌가요?"

"네가 그렇게 들으면 그런 말이다. 도시는 사람들이 만든 것이요 자연은 하느님 아버지께서 지으신 것이다. 사람들이 만든 것에 갇 혀 있지 말고 (그것에 숨으려 하지 말고) 사람을 지으신 이에게로 돌 아가 그 품에 안기라는 말이다. 서울을 떠나 태백산으로 가라는 말 이 아니다."

"예, 선생님."

"태백에 카지노가 있고 서울에 창덕궁(덕[德]을 창성케 하는 임금 의 집)이 있잖느냐?"

"……"

"눈을 크게 뜨고 세상을 보아라. 황폐의 상징인 흉측한 우상이 뚜렷한 모습으로 네 눈앞에 우뚝 서거든, 그때가 그때인 줄 알고 정신 차려 네가 해야 할 한 가지 일에 전념하여라. '그때'는 세시(歲時)에 있지 않고 네 눈에 있다."

"알겠습니다."

[24]"그 재난이 다 지나면 해는 어두워지고 달은 빛을 잃고
[25]별들은 하늘에서 떨어지며 모든 천체가 흔들릴 것이다.
[26]그러면 사람들은 사람의 아들이 구름을 타고 권능을 떨치며 영광에 싸여 오는 것을 보게 될 것이다.
[27]그 때에 사람의 아들은 천사들을 보내어 땅 끝에서 하늘 끝까지 사방으로부터 뽑힌 사람들을 모을 것이다."

[28]"무화과나무를 보고 배워라. 가지가 연해지고 잎이 돋으면 여름이 가까워진 것을 알게 된다.
[29]이와 같이 너희도 이런 일들이 일어나는 것을 보거든 사람의 아들이 문 앞에 다가온 줄을 알아라.
[30]나는 분명히 말한다. 이 세대가 지나기 전에 이 모든 일들이 일어나고야 말 것이다.
[31]하늘과 땅은 사라질지라도 내 말은 결코 사라지지 않을 것이다."

"이것은 묵시(默示)입니까?"
"그렇다."

"무엇이 묵시입니까?"

"감춰서 드러내는 것이다."

"여기서는 무엇을 감춰서 드러내셨습니까?"

"그것은 내가 너에게 물을 질문이다. 감춰진 것이 무엇인지를 알아내려 하지 말고 네 눈에 무엇이 보이는지, 그것을 보아라. 이 이야기에서 무엇이 보이느냐?"

"지금까지 세상을 비추던 빛들이 어두워지면서 여태껏 겪어보지 못한 새로운 빛이 밝아오는 광경입니다."

"그 두 빛이 어떻게 구분되느냐?"

"먼저 빛은 해, 달, 천체에서 이리로 오는 빛이고 나중 빛은 사람의 아들한테서 우주로 뻗치는 빛입니다."

"두 빛의 성질이 어떻게 다르냐?"

"먼저 빛은 만들어진 빛이고 나중 빛은 만들어 내는 빛입니다."

"먼저 빛이 어두워지는 것과 나중 빛이 밝아지는 것 사이에 무슨 관계가 있다고 보느냐?"

"제가 저 자신이 아무것도 아님을 알게 될 때, 모든 것이 저한테서 나오는 것임을 알게 된다고 생각합니다."

"만들어진 빛과 만들어내는 빛이 서로 다른 빛이냐?"

"아닙니다. 어미와 어미 뱃속에 있는 자식의 관계처럼, 둘은 둘이면서 하나입니다."

"어느 빛이 어미고 어느 빛이 자식이냐?"

"만들어진 빛 곧 먼저 빛이 자식이고 만들어 내는 빛 곧 나중 빛이 어미입니다."

"이 이야기에 나오는 두 빛 가운에 어느 빛이 과연 먼저 빛이냐?"

"나중 빛이 먼저 빛이요 먼저 빛이 나중 빛입니다."

"네 눈에, 이런 징조들이 보이느냐?"

"그런 징조들은 저기 어디에서 벌어지고 있는 게 아니라 제 눈에 있는 것 아닙니까?"

"내 말을 흉내 내는 거냐?"

"아닙니다. 아직 분명하게 말씀드릴 수는 없습니다만, '사람의 아들이 영광에 싸여 오는 것을 보는 일'은 그 광경을 보는 자에게 발생하는 사건이지 그렇게 오는 사람의 아들한테 발생하는 사건은 아니라고 봅니다."

"과연, 해와 달이 빛을 잃고 어두워지는 그런 때가 오리라고 보느냐?"

"언제고 그런 때가 온다는 것이 천체 과학자들의 말이지요."

"너는 어찌 생각하느냐?"

"저도 그렇게 생각합니다. 저렇게 눈에 보이고 느껴지고 만져지는데 언제고 없어지지 않겠습니까?"

"그 '언제고'가 언제라고 보느냐?"

"그걸 제가 어찌 알겠습니까?"

"너는 알고 있다."

"예?"

"네가 마지막 숨을 내쉬고 더 이상 아무것도 보거나 느끼거나 만질 수 없는 그런 날이 오리라는 걸 모른단 말이냐?"

"그야 틀림없이 오겠지요."

"그날이 그날이다."

"……?"

"존재하는 모든 것이 네 마음의 산물이다. 일체유심조(一切唯心造)라 하지 않았느냐?"

"그래서 이 세대가 지나기 전에 이 모든 일들이 일어난다고 하신 겁니까?"

"'세대' 라는 것도 네 마음이 지어낸 것이다."

"알아들을 것 같은데 잘 모르겠습니다."

"지금은 안개 속에서 멀리 보듯이 희미하지만 때가 되면 얼굴을 마주 보듯 분명할 것이다."

"그 때가 언제입니까?"

"그동안 너를 비추어 주던 바깥 빛들이 어두워지고 네 안에서 새로운 빛이 뿜어져 나와 두루 사방으로 뻗치는 때가 그 때다."

"그 새로운 빛이 사실은 처음부터 있던 태고의 빛 아닙니까?"

"태고의 태고를 낳은 빛이다."

"그 빛이 제 안에 있다는 말씀입니까?"

"너에게 너를 가둘 울타리가 있느냐?"

"없습니다. 있다면 제 착각 속에나 있을 뿐이지요."

"울타리가 없는데 무엇이 네 안에 있단 말이냐?"

"……?"

"해와 달이 빛을 잃는다는 말을 어떻게 들었느냐?"

"여태껏 세상을 밝히던 빛이 어두워진다는 말로 들었습니다."

"그래, 다시 물어보자. 과연 그런 징조들이 보이느냐?"

"예, 보입니다. 이제 세계 어디에서도 정의와 양심의 밝은 지도자를 찾아볼 수가 없습니다. 나라는 나라대로, 민족은 민족대로, 집단은 집단대로, 개인은 개인대로, 저마다 제 잇속 챙기는 일에 분주할 따름이지요. 물론 말이야 다들 세계 평화와 공존 공생의 길을 걷고 있노라 하지만, 간디나 만델라로 마지막 횃불들이 사라지고 앞으로는 미국의 부시 같은 지도자들이 세계 모든 나라를 통치하면서 너 죽고 나 살자로 온 세상이 개판처럼 될 것 같습니다."

"실제 개판은 매우 정직하고 깨끗하다."

"그건 그렇습니다."

"그러나, 봐라. 간디의 거대한 횃불은 사라졌지만 고만고만하게 잔잔한 촛불들이 세계 곳곳의 밤거리를 밝히고 있지 않느냐?"

"그 촛불들의 의미하는 바가 무엇입니까?"

"아직 갈 길이 멀긴 하다만, 인류는 바야흐로 내가 남에게 한 짓이 바로 내게 한 짓이라는 진실에 다가가고 있는 중이다."

"……"

"남을 살리는 게 곧 자기를 살리는 일이며 남을 죽이는 게 곧 자기를 죽이는 일임을 머리로 인식하는 정도가 아니라 몸으로 아프게 겪어서 정말 그게 그렇구나—하고 제대로 깨닫고자 모두들 저토록 열심이구나. 고맙고 반가운 일이다. 짙은 밤의 어둠을 겪지 않고서 어찌 내가 남에게 하는 것이 그대로 내게 하는 것임을 깨닫는 인류 대각성(大覺醒)의 새벽이 밝아오겠느냐? 모든 과정이 정상으로 어김없이 진행되고 있다. 네 눈에 그런 징조가 보인다니, 이제 네 몸에서 영광스런 빛이 사방으로 뿜어져 나올 때가 가까워졌구나."

"예? 시방 제 몸이라고 하셨습니까?"

"너는 '사람의 아들' 아니냐?"

"……?"

"하느님을 아는 것은 너 자신을 아는 것이요 너 자신을 아는 것은 네가 만든 세상을 아는 것이다. 하늘과 땅은 사라져도 내 말은 사라지지 않는다. 만들어진 빛은 어두워져도 만들어 내는 빛은 어두워지지 않듯이……"

[32]"그러나 그날과 그 시간은 아무도 모른다. 하늘에 있는 천사들도 모르고 아들도 모르고 오직 아버지만이 아신다.
[33]그 때가 언제 올는지 모르니 조심해서 항상 깨어 있으라.
[34]그것은 마치 먼 길을 떠나는 사람이 종들에게 자기 권한을 주며 각각 일을 맡기고 특히 문지기에게는 깨어 있으라고 분부하는 것과 같다.
[35]집 주인이 돌아올 시간이 저녁일지, 한밤중일지, 닭이 울 때일지, 혹은 이른 아침일지 알 수 없다. 그러니까 깨어 있으라.
[36]주인이 갑자기 돌아와서 너희가 잠자고 있는 것을 보게 되면 큰일이다.
[37]늘 깨어 있으라. 너희에게 하는 이 말은 또한 모든 사람에게 하는 말이다."

"석가모니께서 이렇게 말씀하셨다지요? 세상에 가장 분명한 것과 가장 불분명한 것이 하나씩 있다. 분명한 것은 살아 있는 모든 것이 죽는다는 사실이요 불분명한 것은 그 죽는 날이 언제인지를 모른다는 사실이다. 여기 선생님께서도 모르시고 오직 아버지만 아신다는 '그날과 그 시간'을 '죽는 날'로 알아들어도 될까요?"

"네가 말하는 '죽는 날'이 무슨 뜻으로 하는 말이냐?"

"제 육신이 숨을 거두는 날입니다."

"그렇다면 내 대답은 '아니다' 이다. 네 몸이 죽어도 너는 죽지 않기 때문이다."

"제 몸이 죽어도 저는 죽지 않는다는 말씀이 무슨 말씀입니까?"

"낡은 옷을 새 옷으로 갈아입고 낡은 옷을 없애면 너도 따라서 없어지느냐? 사람의 몸은 그가 이 세상 사는 동안에 입는 옷이다. 누구나 때가 되면 낡은 옷을 새 옷으로 갈아입어야 하는데 그 새 옷은 제가 낡은 옷을 입고 한평생 살면서 만든 옷이다. 주인공은 네 옷이 아니라 너다. 네 몸이 죽은 것으로는 사람의 아들이 영광에 싸여 오는 것을 보지 못한다. 네가 죽어야 한다. 그런 뜻으로 네가 '죽는 날'이 '그날 그 시간'이냐고 묻는다면, 대답은 '그렇다.'이다."

"제 몸이 죽는 것하고 제가 죽는 것이 어떻게 다릅니까?"

"네 몸이 죽는다는 말은 삼사라〔輪廻〕를 아직 벗어나지 못한다는 말이요 네가 죽는다는 말은 마침내 니르바나〔涅槃〕에 든다는 말이다."

"그건 불가(佛家)에서 쓰는 말 같은데, 기독교 언어로 말씀해 주십시오."

"죽는 것이 사는 것이다. 백 번 뉘우치고 회개해도 물과 성령으로 거듭나지 않으면 아버지께로 갈 수 없다는 말이다."

"그런데, 그날을 아버지만 아시고 정작 거듭나야 할 본인은 모른다는 사실이, 그러니까 잠들지 말고 깨어 있으라는 말씀하고 무슨 상관입니까? 잘 이해되지 않습니다. 잠들었다가도 주인이 와서 깨우면 일어나지 않겠습니까?"

"주인이 집을 떠나면서 내가 올 때까지 잠자고 있으라고 했다면 아무 문제없겠지. 그런데 주인은 각자에게 권한과 함께 일을 맡겼다. 잠을 자면 그 일을 할 수 없지 않느냐? 그래서 잠들어 있는 사이에 그날이 닥치면 큰일이라고 한 것이다."

"그 '큰일'이라는 게 뭡니까? 주인한테 벌이라도 받는다는 뜻인가요?"

"그런 뜻은 아니다."

"그럼 무엇이, 왜, 큰일입니까?"

"자기에게 주어진 일을 못했는데 그것이 큰일 아니냐?"

"선생님께서는 '그날'이 제가 '죽는 날'이라고 하셨습니다."

"내가 아니라 네가 그랬다."

"제 생각에 동의하시지 않았습니까?"

"그랬지. 그래서?"

"제가 죽었는데, 죽은 놈한테 큰일이고 작은 일이고 그런 게 어디 있습니까?"

"옳은 말이다."

"거듭난 사람한테는 거듭나기 전에 무슨 짓을 했는지 또는 하지 않았는지, 그런 것은 아무 문제가 되지 않는 것 아닌가요?"

"계속해서 옳은 말만 하는구나! 그러니까, 결국 하고 싶은 말이 무엇이냐?"

"그러니까 제 말씀은, 잠들어 있든 깨어 있든 '그날'이 오면 다를 게 없지 않느냐? 그날이 와서 그동안에 한 일이나 하지 않은 일로 상이나 벌을 받는 게 아니라면, 다시 말해서 상벌 받을 본인이 없어지는 날이 '그날'이라면, 잠들지 말고 깨어 있으라는 말에 설득력이 없지 않으냐? 이런 말씀입니다."

"틱낫한이 말한 궁극적 차원(ultimate dimension)과 역사적 차원(historical dimension)을 기억하느냐?"

"예."

"그 두 차원을 한 언어로 동시에 담을 수 있느냐?"

"그건 안 될 일이지요. 더욱이 그 가운데 한 차원은 언어로 닿을 수 없는 영역이니까요."

"네가 지금 그 안 될 일을 시도하고 있구나. 딱한 일이다. 좋지도 못한 머리 그만 굴리고, 계속 잠을 잘 테냐? 아니면 깨어나서 너에게 주어진 일을 할 테냐? 둘 가운데 하나를 택하여라! 네가 너를 돕지 않으면 나도 너를 도울 수 없다."

"죄송합니다."

"네 말이 틀린 말은 아니라고 했다. '그날'이 오면 그동안 잠들어 있었든 깨어 있었든, 그 모든 게 아무것도 아닌 것으로 된다. 더구나 '그날'이 언제인지를 아버지만 아신다는 말은, 거듭남이 거듭나는 자의 의지와 노력으로 이루어지는 게 아니라는 뜻도 담고 있다. 참된 깨달음은 깨닫는 게 아니라 깨달아지는 것이다. 네 말대로, 접시꽃을 피우는 것은 접시꽃이 아니다. 그러나, 지금 이 말은 아직 거듭나지 못한 너, 아직 깨닫지 못한 너에게 주는 말이다. 궁극적 차원에서나 통할 수 있는 언어로 역사적 차원을 어지럽게 하는 가당찮은 짓은 집어치우고, 주인님이 너에게 맡기신 일을 제대로 정성껏 하여라."

"알겠습니다. 그런데요, 특히 문지기에게 깨어 있으라고 분부하는 것은 무엇을 말합니까?"

"네 몸에 문이 몇 개 있느냐?"

"눈, 귀, 코, 혀, 살갗, 이렇게 다섯이 있습니다."

"하나 더 있다."

"무엇입니까?"

"생각."

"아하, 그래서 육문(六門)이라고 하는군요?"

"거기에 문지기를 두어 드나드는 것들을 잘 감시하라는 얘기다. 귀에 들린다 해서 아무 소리나 듣지 말고, 눈에 보인다 해서 아무 것이나 보지 말고, 손에 잡힌다 해서 아무것이나 잡지 말고, 입에 먹힌다 해서 아무 것이나 먹지 말고, 특히 입의 경우에는 속에서 나온다 하여 아무 말이나 내놓지 말고……"

"무엇보다도 생각을 조심해야겠더군요."

"어련하랴? 아무렇게나 함부로 생각하지 말고 생각하면서 생각해라. 순간순간 내가 지금 무슨 생각을 어떻게 하고 있는지 알고 있어야 한다. 그게 깨어 있는 것이다."

"제가 늘 깨어 있을 수 있도록 도와주십시오."

"도울 만큼 돕고 있다."

"고맙습니다."

"나도 고맙다."

14장

¹과월절 이틀 전 곧 무교절 이틀 전이었다. 대사제들과 율법학자들은 어떻게 하면 몰래 예수를 잡아 죽일까 하고 궁리하였다.
²그러면서도 "백성들이 소동을 일으킬지 모르니 축제 기간만은 피하자"고 하였다.

"대사제들과 율법학자들이 왜 선생님을 잡아 죽이려 했을까요?"
"두려웠겠지."
"무엇이 두렵습니까?"
"나로 말미암아 자기네 실체가 드러나면 없어지게 되어 있는데 두렵지 않았겠느냐?"
"없어지는데 무엇이 두렵습니까? 뭐가 있어야 두렵든지 말든지 하지요."
"글쎄다. 두려워할 이유가 하나도 없는데 두려워했구나! 네 말을 듣고 보니, 그들이 나를 죽이려 한 까닭은 두려워서가 아닌 것 같다."

"……?"

"역시…… 몰라서였다. 그들은 지금 자기네가 누구며, 어디에서 왔다가 어디로 가는지, 지금 자기네가 하고 있는 일이 무슨 일인지, 그토록 중요한 문제에 대하여 아무것도 모르고 있었다."

"아예 그런 것들은 질문조차 하지 않은 것 아닙니까?"

"그렇다면 그게 더 큰 문제지."

"그래도 율법이나 제사법에는 박사들이었습니다."

"그러게 말이다. 몰라도 괜찮을 것들은 잘도 알면서 정작 알아야 할 것들은 하나도 몰랐구나! 딱한 일이다."

"그런 자들은 지금도 많이 있습니다."

"그나저나, 너는 어떠냐? 너는 두려운 게 없느냐?"

"글쎄요, 막상 죽음 앞에 섰을 때 담담하게 받아들일는지 아니면 안 죽으려고 발버둥을 칠는지 그건 잘 모르겠습니다만, 다른 것은 별로 두렵지 않습니다."

"너한테 지금 있는 것을 하루아침에 모두 잃는다면?"

"괴롭겠지요. 그러나 그게 미리 두렵지는 않습니다. 어차피 언제고 모든 것을 잃게 돼 있지 않습니까?"

"처음부터 너한테 뭐가 있기는 했고?"

"그렇군요! 드릴 말씀이 없습니다."

"내가 여기 따로 있고 그러므로 내 것이 따로 있다는 근본 착각이 모든 무지(無知)의 아비요 어미다. 그 무지가 두려움을 낳고 두려움은 폭력을 낳고 폭력은 또 다른 폭력을 낳아서, 저들로 하여금 아직 일어나지도 않은 백성의 소동을 지레 두려워하도록 만든 것이다."

"……"

"네 속에 있는 두려움과 싸워서 몰아내려 하지 말고, 진실을 깨닫고자 힘쓰도록 하여라. 네가 진실을 알면 진실이 너를 사랑으로 충만케 하여 온갖 무지와 두려움과 그 열매인 폭력으로부터 자유롭게 할 것이다. 인자무적(仁者無敵)이라 하지 않더냐? 저들이 나를 두려워한 까닭은 저들 가슴이 사랑으로 채워져 있지 않았기 때문이다."

"알겠습니다."

"빛은 저를 스스로 감추지 않는다. 사랑으로 일하는 사람에게 대외비(對外秘)는 있을 수 없는 것이다. 어떤 종교 단체나 수도 단체에 밖으로 알려지면 안 될 무슨 '비밀'이 있거든 그 단체에 몸담지 마라. 세상에는 건강한 사람을 병들게 하는 종교 단체와 수도 단체들이 없잖아 있다."

"그렇지만 선생님께서도 어떤 가르침은 대중에게 감추시고 몇몇 제자들에게만 베푸시지 않았습니까?"

"가르침은, 배우는 자의 눈높이에 그 수준과 내용을 맞추어야 한다. 내가 대중에게는 일러 주지 않고 제자들에게만 일러 준 말이 있었다면 그것이 대중에게 비밀인 때문이 아니라 그들이 아직 알아들을 수 없는 내용이기 때문이었으리라. 때가 되기 전에 미리 얻은 설익은 지식은 오히려 배움의 길을 그르치는 수가 있다. 그래서 짐짓 묻어둔 것이지 비밀이기 때문에 숨긴 것은 아니다."

³예수께서 베다니아에 있는 나병환자 시몬의 집에 계실 때의 일이다. 마침 예수께서 음식을 잡수시고 계셨는데 어떤 여자가 매우 값진 순 나르드 향유가 든 옥합을 가지고 와서 그것을 깨뜨리고 향유를 예수의 머리에 부었다.

⁴그러자 거기 같이 있던 몇 사람이 매우 분개하여 "왜 향유를 이렇게 낭비하는가?

⁵이것을 팔면 삼백 데나리온도 더 받을 것이고 그 돈을 가난한 사람들에게 나누어 줄 수 있을 터인데!" 하고 투덜거리면서 그 여자를 나무랐다.

⁶그러자 예수께서는 "참견하지 말아라. 이 여자는 나에게 갸륵한 일을 했는데 왜 괴롭히느냐?

⁷가난한 사람들은 언제나 너희 곁에 있으니 도우려고만 하면 언제든지 도울 수가 있다. 그러나 나는 언제까지나 너희와 함께 있지는 않을 것이다.

⁸이 여자는 내 장례를 위하여 미리 내 몸에 향유를 부은 것이니 자기가 할 수 있는 일을 다한 것이다.

⁹나는 분명히 말한다. 온 세상 어디든지 복음이 전해지는 곳마다 이 여자가 한 일도 알려져서 사람들이 기억하게 될 것이다." 하고 말씀하셨다.

"이 대목에서 늘 궁금했습니다. 여자가 정말로 선생님 장례를 위하여 옥합을 깨뜨리고 선생님 머리에 향유를 부었던 것입니까?"

"그게 왜 궁금했느냐?"

"그냥 궁금했어요."

"그냥 궁금한 것은 몰라도 된다. 그것을 모르고서는 오늘을 제대로 살아갈 수 없을 것 같은, 그런 것을 알고자 힘쓸 일이다. 여자가 정말로 내 장례를 위해서 그렇게 한 것인지 아니면 (여자의 동기와 목적은 다른 데 있었는데) 내가 그렇게 해석한 것인지, 그걸 꼭 알아야만 오늘 하루를 제대로 살 수 있겠느냐?"

"그건 아닙니다. 어차피 지난 일인데요. 그때 왜 그런 일이 있었는지를 묻는 질문에는 여러 대답들이 가능할 것이고 그 대답들을 일일이 검증해 볼 필요는 없다고 봅니다. 혹시 그런 것을 직업으로 삼은 사람이라면 모르겠습니다만, 아무튼 저는 아닙니다."

"그러면, 이 대목에서 네가 정말로 알고 싶은 것, 반드시 알아야만 하겠다는 것이 무엇이냐? 그것을 물어라."

"동일한 사건을 두고 어째서 거기 있던 몇 사람과 선생님의 반응이 이렇게 다른 것입니까? 그게 궁금합니다."

"관점의 차이에서 오는 자연스런 결과였다. 어디에서 보느냐에 따라 같은 사건이 정반대로 보일 수 있는 것이다. 1945년 8월 15일이 한국에서는 광복일(光復日)이지만 일본에서는 국치일(國恥日) 아니냐?"

"그렇다면, 선생님과 그들의 관점이 어떻게 달랐기에 그토록 상반된 평가를 내린 것입니까?"

"그날, 여자가 내게 향유를 부었을 때, 그들은 여자를 저쪽에 두었고 나는 여자를 이쪽에 두었다."

"무슨 말씀이신지요?"

"그들은 그들 자리에서 여자의 행위를 건너다보았고 나는 여자의 자리에서 여자의 행위를 들여다보았다."

"……?"

"그들은 여자가 내게 하는 짓을 자기네 눈으로 보았고, 나는 같은 짓을 여자와 함께 여자의 눈으로 보았다는 말이다."

"말씀을 듣자니, 어젯밤 읽은 수피 니파리(Niffari)의 글이 생각납니다. '하나님이 이르셨소. ˝제가 만든 눈으로 나와 저 자신을 보는 자는 내 사람이 아니요, 내가 만들어 준 눈으로 나와 저 자신을 보는 자만이 내 사람이다.˝'"

"근사한 말이다!"

"……"

"기름과 사랑, 어느 것이 뿌리〔本〕요 어느 것이 가지〔末〕냐?"

"그야 사랑이 뿌리요 기름은 가지지요. 사랑하느라고 기름을 바르는 것이지 기름을 바르느라고 사랑하는 것은 아니잖습니까?"

"나는 뿌리에서 뿌리를 보았고 그들은 가지에서 가지를 보았다. 말을 바꾸면, 나는 중심에서 중심을 보았고 그들은 거죽에서 거죽을 보았다. 그 차이다."

"아하, 그래서 그들한테는 낭비된 향유가 보였고 선생님께는 주체하지 못할 한 여인의 사랑이 보였던 것이군요?"

"……"

"선생님. 저도 선생님의 관점으로 세상을 보고 싶습니다."

"나도 네 눈으로 세상을 보고 싶다."

"그런데, 제가 자꾸만 그 일을 그르치는 것 같습니다. 사물이나 사건의 겉모양에 눈길이 막혀서 그 중심을 놓치고 맙니다."

"오랜 버릇이 아직 남아 있어서 그렇다."

"어쩌면 좋습니까?"

"그것들이 모두 지워지려면 시간과 노력이 필요하다. 기다려라. 기다릴 수 있겠느냐?"

"저로서는 그 수밖에, 다른 무슨 수가 없잖습니까?"

"그럴 수밖에 없다니 고맙고 다행스런 일이다. 사랑은 오래 참는다고 했다. 모든 것을 감내하면서, 내가 만들어 준 눈으로 나와 너 자신을 보게 되도록 간절히 염원하여라."

"알겠습니다. 선생님."

[10]그 때에 열두 제자의 하나인 가리옷 사람 유다가 대사제들을 찾아가서 예수를 넘겨주겠다고 하였다.

[11]그들은 유다의 말을 듣고 기뻐하며 그에게 돈을 주겠다고 약속하였다. 그래서 유다는 예수를 넘겨줄 기회만을 엿보고 있었다.

"제가 얘깃거리로 삼고 싶지 않은 사람들 가운데 하나가 바로 이 사람입니다."

"왜, 유다에 대하여 말하고 싶지 않은 거냐?"

"어쩌면 그에 관한 설왕설래가 너무 많아서인지 모르겠습니다."

"그게 어쨌다는 거냐? 견해는 견해일 뿐이다. 세상에 수천 가지 수만 가지 견해가 설왕설래한들 네가 지닌 견해 하나만 하겠느냐?"

"제 견해도 하나의 견해일 따름이지요."

"그래, 그런 줄 알면 다행이다."

"그러나 사람이 세상에 사는 동안 견해를 가지지 않을 순 없지 않습니까? 무슨 일이든 일을 하려면 결정을 내려야 하고 결정을 내리려면 판단을 해야 하고 판단을 하려면 견해가 있어야 하는 것 아닌가요?"

"그렇긴 하다만, 자기 견해든 남의 견해든 사람이 사람의 견해에 갇혀서 사느냐, 아니면 그것을 나름대로 활용하면서 사느냐는 별개 문제다."

"어떻게 하면 사람이 사람의 견해로부터 자유로울 수 있습니까?"

"그것이 사람의 견해일 따름이라는 사실을 알고 있으면 된다."

"'사람의 견해일 따름'이라는 말이 의미하는 바가 무엇입니까?"

"사람의 견해란 본질상 편견과 선입견을 배제할 수 없는 제한된 생각에 지나지 않는다는 뜻이다. 사람의 견해가 본디 그런 것이다."

"……"

"견해는 감정과 같다. 감정이 상황에 따라서 달라지듯이 견해도 견지(見地)에 따라서 달라진다. 자기감정에 부림을 당하는 사람이 있는가 하면 자기감정을 부리며 사는 사람이 있듯이, 자기 견해를 상전처럼 모시고 살아가는 사람이 있는가 하면 자기 견해를 머슴처럼 부리며 살아가는 사람이 있다. 너는 어떤 사람이 되고 싶으냐?"

"그야 물론 제 견해든 남의 견해든 그것을 머슴처럼 부리며 살아가는 사람이지요. 제가 제 생각에 끌려 다니고 싶지는 않습니다. 제 생각이라는 게 도무지 신뢰할 만한 것이 못 되는 줄을 누구보다 제가 잘 알고 있으니까요."

"부디 그럴 수 있기를 바란다. 그런데, 네 현실은 어떠하냐?"

"어림없습니다. 저하고 다르게 생각하는 사람이 보이면, 그러지 않으려 해도 벌써 속에서 화가 나고 기분이 언짢고 그에게 안 좋은 일이 생기기를 바라고 있으니까요. 제 속에서 그러고 있는 저에 대하여 저로서는 도무지 속수무책입니다."

"속수무책 아니다. 네 안에서 그러고 있는 너에게 아무 할 일이 없는 게 아니란 말이다."

"제가 그에게 무엇을 할 수 있겠습니까?"

"예부터 마법에 걸렸을 때는 주문(呪文)을 외었다. 그것을 진언(眞言)이라고도 하지."

"제가 저에게 무슨 주문을 외면 좋을까요?"

"이렇게 중얼거리면 어떻겠느냐? '속지마라속지마라생각에속지마라……'"

"그것 괜찮겠네요."

"그럼 앞으로 너와 다르게 생각하는 사람을 보고 화가 나거나 기분이 언짢아지거든 잊지 말고 이 주문을 외도록 해 보아라."

"알겠습니다."

"가리옷 사람 유다, 그 또한 자기 견해에 이끌려 스스로 노예처럼 살아간 수많은 대중들 가운데 하나였을 뿐이다. 그가 보여준 어떤 행위를 따로 떼어 내어 그것으로 그를 판단하는 것도, 그러고 있는 자의 제한된 견해일 뿐이다. 속지마라속지마라생각에속지마라속지마라속지마라생각에속지……"

"유다가 돈에 욕심이 나서 선생님을 팔아넘겼다고 말하는 자들도 있는데 그것 역시 그들의 견해에 불과한 겁니까?"

"그렇다. 그들의 생각이다."

"그래도, 제가 어떤 사람이나 상황에 대하여 '무슨' 견해를 지니느냐는 것은 중요한 문제 아닌가요?"

"물론 중요한 일이다. 그러나, 네가 그를 어떻게 생각하느냐보다 그를 어떻게 사랑하느냐가 훨씬 더 중요하다. 네 견해로 하여금 네 가슴을 점령하여 사랑의 샘구멍을 틀어막지 못하도록 경계해야 한다. 잊지 말아라. 이 땅에 하느님 나라를 이루는 힘은 인간의 견해(이데올로기)들이 아니라 그 가슴에서 샘솟는 사랑이다."

¹²무교절 첫날에는 과월절 양을 잡는 관습이 있었는데 그 날 제자들이 예수께 "선생님께서 드실 과월절 음식을 저희가 어디 가서 차렸으면 좋겠습니까?" 하고 물었다.
¹³예수께서는 제자 두 사람을 보내시며 "성 안에 들어가면 물동이에 물을 길러 가는 사람을 만날 터이니 그를 따라가거라.
¹⁴그리고 그 사람이 들어가는 집의 주인에게 '우리 선생님이 제자들과 함께 과월절 음식을 나눌 방이 어디 있느냐고 하십니다.' 하고 말하여라.
¹⁵그러면 그가 이미 자리가 마련된 큰 이층 방을 보여줄 터이니 거기에다 준비해 놓아라." 하고 말씀하셨다.
¹⁶제자들이 떠나 성 안으로 들어가 보니 과연 예수께서 말씀하신 대로였다. 그래서 거기에다 과월절 음식을 준비하였다.

"제가 보기에는 이 대목에도 이야기를 옮기거나 기록한 자의 가필(加筆)이 있는 것 같습니다."

"어떻게 무엇을 가필했다는 거냐?"

"사실인즉슨 선생님께서 두 제자를 성으로 보내시어 만찬 장소를 물색하도록 하신 것인데, 그래서 그들이 돈을 주고 방을 빌렸던 것인데 마치 선생님께서 앞을 내다보시고 모든 일을 준비된 대로 진행시키신 것처럼, 이야기를 꾸며 만든 것 아닙니까?"

"그렇게 보면 머리 속이 개운하겠느냐?"

"……"

"아예, 과월절 만찬 같은 건 처음부터 없었고 모두가 나중에 만들어진 이야기라면 어쩌겠느냐?"

"예?"

"예수라는 사람이 예루살렘 근교에서 십자가에 달려 죽었다는 이야기도 누가 만들어 낸 이야기라면 어떻게 하겠느냐?"

"그건 좀……"

"그가 십자가에 달려서 '엘로이 엘로이……' 울부짖으며 숨져가는 모습을 네 눈으로 보았느냐?"

"보지는 못했습니다만, 여기 성경에……"

"글쎄 그 성경의 기록이라는 게 사실 그대로를 적은 것인지 누가 만든 이야기를 적은 것인지, 네가 그것을 어찌 아느냔 말이다."

"그거야 제가 알 수 없지요."

"그런데도 그가 십자가에 죽은 것은 꾸며낸 이야기가 아니라 실제로 있었던 사실이라고, 그렇게 믿는단 말이지?"

"예, 그렇습니다."

"같은 책에서 어떤 기록은 사실로 받아들이고 어떤 기록은 뒤에 만들어 붙인 것이라 생각하고, 결국 네 마음대로 아니냐?"

"……"

"상관없다. 편한 대로 받아들여라. 모든 것이 네 마음에 달려 있으니까. 단, 그 마음을 속이거나 속이려 하지만 말아라."

"그러면 이 대목을 기록자의 각색(脚色)으로 읽어도 됩니까?"

"누가 말리느냐? 읽히는 대로 읽어라."

"그렇다면, 왜 기록자는 사실을 사실대로 적지 않고 이런 이야기를 만들었을까요?"

"기록자가 이야기를 각색했다는 것부터 네 추리인즉, 그것도 네가 추리해 볼 일 아니냐? 내가 대답할 질문은 아닌 것 같다."

"그러면 선생님. 한 마디로 여쭙겠습니다. 그날 정말로 무슨 일이 있었습니까?"

"그날 있었던 '사실'에 대하여 묻는 거냐?"

"예. 선생님께서 제자들을 시켜 장소를 물색하게 하신 것입니까? 아니면, 여기 적혀 있는 대로 일이 진행된 것입니까? 그것도 아니면, 아예 과월절 만찬 이야기 자체가 처음부터 끝까지 만들어진 것입니까?"

"네가 묻고 있는 그날의 '사실'은 어디에도 없다. 있다면 사람들이 '사실'로 알고 있는 것에 대한 기억을 바탕으로 해서 만들어진 기록이 있을 뿐이다. 어디에도 없는 것을 물으니 대답할 말이 없구나. 설사 그날 일이 이렇게 저렇게 진행되었던 것이라고 누군가 너에게 말해 준다 해도, 그것은 '사실'이 아니라 사실(이라고 생각하는 것)에 대한 그의 기억일 따름이다. '이것이 사실이다!' 라고 말하는 사람들이 많이 있지만 그들은 '사실'을 말하는 게 아니라 자신이 '사실'로 알고 있는 (또는 전해 들은) 바를 말하고 있는 것이다. 분명하게 고정되어 있는 객관적 사실이란, 사람의 머릿속에 있는 관념에 불과하다. 그런 것은 실제로 어디에도 없다."

"……?"

"그러니, 사실이 어떠했는지를 더 이상 묻지 마라. 누구한테서 무슨 답을 들어도 너는 결코 그 답을 통해서 '사실'에 접근할 수 없다. 네가 할 수 있는 유일한 일은, 지금 눈앞에 펼쳐져 있는 기록이 너에게 말하고자 하는 바를 네 나름으로 새겨서 알아듣는 것이다. 다른 사람의 해석에 의존하지 말고, 네 눈으로 보아라. 네 귀로 들어라."

"……"

"자, 이 대목을 읽으니 무슨 생각이 들더냐?"

"뭔가 잘 짜여진 각본대로 돌아간다는 느낌이 들었습니다."

"그래서?"

"그러니 내가 새삼스럽게 나서 가지고 무슨 일을 시도해 본다는 게 모두 부질없는 짓이라는 생각이 듭니다."

"그래서?"

"……"

"이야기를 잘 들여다보아라. 이 얘기가 어떻게 해서 여기 있게 되었는지를 묻지 말고 곧장 이야기 속으로 들어가 보란 말이다. 식사할 방은 이미 마련되어 있었다. 그러나, 내가 두 제자를 보내며 이리저리 하라고 했을 때 그들이 대답하기를, '방은 이미 마련되어 있는데 우리가 새삼스레 나서서 할 일이 무엇입니까?' 하고 가만히 있었다면, 과연 우리가 그 방에서 식사할 수 있었겠느냐?"

"……"

"네가 길을 걷다가 돌부리에 걸려 넘어지는 것까지 포함하여, 모든 일이 빈틈없이 예정되어 있다. 그런데 그 '예정'(predestination)

은, 네가 지금 어떻게 하느냐에 따라서 이렇게도 되고 저렇게도 되는 그런 예정이다."

"그런 말이 어디 있습니까? 이렇게 될 수도 있고 저렇게 될 수도 있는 게, 그게 무슨 예정입니까?"

"사람들이 컴퓨터로 고스톱 치는 것 보았느냐?"

"예, 가끔 보았습니다."

"내가 패를 어떻게 내느냐에 따라서 고스톱판이 달라지겠느냐? 달라지지 않겠느냐?"

"달라지겠지요."

"그 달라지는 고스톱판이 컴퓨터 게임 프로그램에 들어가 있느냐? 들어가 있지 않느냐?"

"들어가 있습니다."

"하느님 아버지의 빈틈없는 섭리(예정)와 인간의 자유로운 선택이 어떻게 상호작용하면서 우주 역사를 이루고 있는지, 조금 짐작되는 바 있느냐? 컴퓨터에서 배울 게 많이 있다."

[17]날이 저물자 예수께서 열두 제자를 데리고 그 집으로 가셨다. [18]그들이 자리에 앉아 음식을 나누고 있을 때에 예수께서 "나는 분명히 말한다. 너희 가운데 한 사람이 나를 배반할 터인데 그 사람도 지금 나와 함께 먹고 있다." 하고 말씀하셨다.

[19]이 말씀에 제자들은 근심하며 저마다 "저는 아니겠지요?" 하고 물었다.

[20]예수께서는 "그 사람은 너희 열둘 중의 하나인데 지금 나와 한 그릇에 빵을 적시는 사람이다.

[21]사람의 아들은 성서에 기록된 대로 죽을 터이지만 사람의 아들을 배반한 그 사람은 참으로 불행하구나. 그는 차라리 세상에 태어나지 않았더라면 더 좋을 뻔했다." 하고 말씀하셨다.

"유다에 얽힌 이야기는 언제나 저를 거북하게 합니다."
"그건 유다 때문이 아니라 네가 아직 자유롭지 못해서 그런 것이다."
"알고 있습니다. 유다가 무슨 잘못이 있겠습니까? 선생님께서 말씀하신 대로 했는데요."
"그가 내 말에 복종하기 위해서 나를 배신했다는, 시방 그런 말을 하고 있는 거냐?"
"그건 아닙니다만."
"……"
"그렇지만, 선생님께서 그에게 '네 길을 가라' 고 하셨다는 기록이 있잖습니까?"
"그랬지."
"결국 유다는, 말씀하신 대로, 제 길을 갔습니다. 그것은 그로서도 어쩔 수 없는 일 아닙니까? 그런데 어째서 그가 세상에 태어나지 않았더라면 더 좋았을 뻔했다는 겁니까? 저는 그 말씀을, 선생님께서 몸소 하신 말씀으로 받아들이기 어렵습니다."
"그가 세상에 태어나지 않았더라면 스승을 죽이려는 자들과 손잡는 불행한 일을 하지 않았을 것 아니냐?"
"그야 그렇겠습니다만……"
"그런데?"

"하지만 그는 세상에 태어났습니다."

"누가 아니라 했느냐?"

"그가 세상에 태어난 것도 그렇고 선생님을 등진 것도 그렇고, 본인으로서는 어쩔 수 없는 외길을 걸었던 것 아닙니까?"

"아니다. 인생에 외길은 없는 것이다. 그는 내가 '나와 함께 가자'고 불렀을 때 나를 따라오지 않을 수 있었고 '네 길을 가라'고 했을 때에도 그 길을 가지 않을 수 있었다. 그의 길은 그에게 주어진 길이면서 동시에 스스로 선택한 길이었다. 그에게만 그런 것이 아니다. 모든 사람의 길이 그와 같다. 그 길 말고는 다른 길이 없어서 그 길을 가는 것은 아니다. 그러므로 어느 누구도 자기 인생에 대하여 '나는 책임이 없다'고 말할 수 없는 것이다."

"그러면, 무엇이 유다를 그렇게 만든 것입니까? 그가 무엇을 어떻게 했기에 불행한 인생의 주인공이 된 걸까요?"

"그는 소신이 강했고 머리가 민첩했다."

"그게 잘못입니까?"

"아니다."

"그러면 무엇이 잘못되었습니까?"

"먼저 할 일과 나중에 할 일, 더 중요한 일과 덜 중요한 일을 가려내지 못한 것이 그의 잘못이었다."

"무엇이 먼저 일이고 더 중요한 일입니까?"

"사람의 일보다 하느님의 일이 더 먼저요 더 중요한 일이다."

"사람의 일과 하느님의 일이 어떻게 구분됩니까?"

"사람의 일은 눈에 보이고 손으로 만져지는 것을 바탕으로 삼지만 하느님의 일은 보이지 않고 만져지지 않는 것을 바탕으로 삼는다."

"유다의 경우, 어떻게 했더라면 먼저 할 일, 더 중요한 일을 선택할 수 있었을까요?"

"그가 만일 자기 소신에 따라서 행동하기 전에, 지금 자기 생각은 이러저러한데 어떻게 했으면 좋겠느냐고, 어떻게 하는 것이 선생님 뜻에 맞겠느냐고 내게 물어보았더라면, 그리하여 내가 하라는 대로 했더라면 바른 선택을 할 수 있었을 것이다."

"선생님께서 게쎄마니 동산에서 하셨듯이 말씀이지요?"

"그렇다. 만사에 먼저 아버지 뜻을 살피고 그 뜻에 복종하는 사람은 결단코 잘못된 선택을 할 수 없다."

"한 가지 더 여쭙겠습니다. 선생님께서 유다의 배신을 제자들에게 예고하신 것은 무슨 까닭에서였습니까?"

"사랑 때문이었다. 그것 또한 유다와 다른 제자들을 향한 내 사랑의 표현이었다."

"예? 이해가 안 됩니다. 유다를 정말 사랑하셨다면 그로 하여금 불행한 길을 못 가도록 막으셨어야 하는 것 아닙니까?"

"그렇지 않다. 그것은 참사랑의 길이 아니다."

"무엇이 참사랑의 길입니까?"

"사랑하는 대상 앞에서 내가 없어지는 것! 그것이 참사랑의 길이다."

"……?"

"하느님께서 아담의 범죄 행위를 그냥 두고 보신 것은, 다만 그를 사랑하시기 때문이었다. 무아(無我)야말로 참사랑의 완벽한 실현이다."

"그러니까, 유다를 사랑하셨기에 그의 배신을 막거나 말리지 않으셨다는 그런 말씀이십니까?"

"그렇다. 나는 그날의 유다뿐 아니라 오늘의 유다들도 똑같이 사랑한다. 너도 그들을 사랑하여 그들로 하여금 그들의 길을 가게 하여라."

"그리 되면 그러겠습니다."

"말 잘했다."

²²그들이 음식을 먹고 있을 때에 예수께서 빵을 들어 축복하시고 제자들에게 떼어 나눠 주시며 "받아먹어라. 이것은 내 몸이다." 하고 말씀하셨다.

²³그리고 잔을 들어 감사의 기도를 올리신 다음 제자들에게 건네시자 그들은 잔을 돌려가며 마셨다.

²⁴그때에 예수께서 이렇게 말씀하셨다. "이것은 나의 피다. 많은 사람을 위하여 내가 흘리는 계약의 피다.

²⁵잘 들어 두어라. 하느님 나라에서 새 포도주를 마실 그날까지 나는 결코 포도로 빚은 것을 마시지 않겠다."

²⁶그들은 찬미의 노래를 부르고 올리브산으로 올라갔다.

"하느님 나라에서 새 포도주를 마실 때까지 포도로 빚은 것을 마시지 않겠다는 말씀은 무슨 뜻입니까?"

"이것이 내가 지상(地上)에서 육신을 입고 마시는 마지막 포도주라는 뜻이었다."

"빵을 들어 축복하심으로써 그 빵이 선생님 몸으로 바뀐 것입니까?"

"그것은 내가 축복하기 전에도 내 몸이었다. 그런데 내가 축복함으로써 비로소 내 몸으로 되었다."

"무슨 말씀인지요?"

"오늘 아침 무엇을 먹었느냐?"

"사과 반쪽에 마죽 한 컵 먹었습니다."

"내가 무엇을 먹었느냐고 물었지, 무엇을 얼마나 먹었느냐고 물었느냐?"

"예. 사과하고 마죽을 먹었습니다."

"그것이 정녕 사과요 마죽이었냐?"

"……?"

"그 겉모양 안에 무엇이 들어 있었느냐?"

"하늘 기운과 땅 기운이 들어 있었습니다."

"잘 보았다. 다시 묻는다. 오늘 아침 무엇을 먹었느냐?"

"하늘 기운과 땅 기운을 먹었습니다."

"내가 너에게 사과와 마죽에 무엇이 들어 있느냐고 묻기 전에는 그것들 속에 하늘 기운 땅 기운이 들어 있지 않았느냐?"

"아니지요. 그때에도 그것들은 하늘 기운 땅 기운이었습니다."

"내가 빵을 축복하기 전에도 그것은 내 몸이었다는 말이 바로 그 말이다."

"그렇군요."

"그런데, 내가 너에게 사과와 마죽에 무엇이 들어 있느냐고 묻기 전에도 네가 하늘 기운 땅 기운을 먹었다고 생각했느냐?"

"아닙니다. 그냥 사과와 마죽을 먹었다고 생각했습니다."

"내가 빵을 축복함으로써 비로소 그것이 내 몸으로 되었다는 말이 바로 그 말이다."

"……"

"같은 물을 마셔도 그것을 달콤한 생수라고 생각한 사람에게는 달콤한 생수요, 싱거운 맹물이라고 생각한 사람에게는 싱거운 맹물인 것이다."

"빵을 떼어 주시며 이것은 내 몸이라고 말씀하신 것과 잔을 건네 주시며 이것은 내 피라고 말씀하신 것은 동일한 내용을 되풀이하여 말씀하신 겁니까?"

"그렇다."

"빵이나 포도주가 하늘 기운 땅 기운이라는 것까지는 알겠습니다만, 그것들이 어떻게 선생님의 몸이요 피인지는 잘 모르겠습니다. 선생님이 곧 하늘 기운 땅 기운이란 말씀인가요?"

"머리로 인식하려 하지 마라. 쉽게 인식되지도 않겠거니와 설사 인식되었다 하여도 그것을 말로 표현할 수는 없을 것이다."

"그러면 왜 이런 말씀을 하셨습니까?"

"내가 그들에게 나를 알아 달라고 부탁했느냐?"

"……"

"사람이 하루도 거르지 않는 것이 먹고 마시는 일이다. 그 일을 할 때마다 나를 기억하라는 권고였다. 마지막으로 헤어지는 자리에서 얼마든지 할 수 있는 일 아니냐?"

"그러니까 그게, 끼니때마다 나를 기억하라는 그런 말씀이었습니까?"

"그렇다."

"우리가 선생님을 기억한다는 것이 무엇을 어떻게 하는 것입니까? 제 생각에는 선생님에 관하여 성경에 기록된 내용을 암기하는 것 정도는 아닐 텐데요."

"기억은 오늘 여기를 떠나 과거 어디로 돌아가는 것이 아니라 과거에 있었던 일을 오늘 여기에 되살려 내는 것이다. 내가 2천 년쯤 전 갈릴래아에서 어부들에게 들려준 말을 오늘 네가 이곳 서울에서 들을 수 있도록 하는 것이 바로 기억이다."

"하지만 저는 그때 거기에 없었습니다. 듣지도 못한 말을 어떻게 기억한단 말씀입니까? 먹어 보지도 않은 사과 맛을 어떻게 기억하겠어요?"

"전해 들어서 아는 것도 아는 것이다. 그러기에, 만약 성경이 없었다면 오늘 너와 나 사이에 이런 대화 또한 없는 것이다. 성경이 성경인 까닭을 이제 좀 알겠느냐?"

"그렇지만 제가 선생님의 과거를 단순히 기억한다고 해서 그것이 곧장 오늘 선생님을 이 자리에 되살려 내는 것은 아니잖습니까?"

"그렇지 않다. 네가 밥을 먹을 때마다 내가 무엇을 했는지, 무슨 말을 했는지를 진정으로 기억한다면 그 순간 밥이, 네 기억을 통하여, 거룩한 내 몸으로 바뀔 것이다. 그럴 때 너는 밥을 먹는 것이 아니라 나를 네 속에 모시는 것이다. 나는 너에게 먹혀 나를 살리고 너는 나를 먹어 너를 살린다. 이렇게 우리는 서로를 살린다. 나무와 나뭇가지가 그러하듯이. 그러나 잊지 말아라. 어미가 자식을 먹는 게 아니라 자식이 어미를 먹는 법이다. 먹는 자식보다 먹히는 어미가 먼저이듯이, 너보다 내가 먼저라는 사실을 밥 먹을 때마다 기억하여라. 그것이 내가 그날 밤 제자들에게 한 부탁이었다. 밥상을 대할 때마다 나를 기억하여 나로 하여금 네 안에서 살게 해다오."

"선생님 말씀 들으면서 하늘로 하늘을 먹인다〔以天食天〕는 말이 떠올랐습니다."

"아주 근사한 말이다. 네가 먹고 마실 때뿐만 아니라 숨을 쉴 때에도 나를 기억하여, 먹는 너와 먹히는 내가 둘이 아니라 하나임을 알 때에, 그 앎이 네 삶으로 옹글게 실현될 때에, 나는 더 이상 너를 '너'라고 부르지 않을 것이다."

"아, 선생님!"

[27]예수께서 제자들에게 "내가 칼을 들어 목자를 치리니 양떼가 흩어지리라'고 기록되어 있는 대로 너희는 모두 나를 버릴 것이다. [28]그러나 나는 다시 살아나서 너희보다 먼저 갈릴래아로 갈 것이다." 하고 말씀하셨다.

[29]그러자 베드로가 나서서 "비록 모든 사람이 주님을 버릴지라도 저는 주님을 버리지 않겠습니다." 하고 말하였다.

[30]예수께서는 베드로에게 "내 말을 잘 들어라. 오늘 밤 닭이 두 번 울기 전에 너는 세 번이나 나를 모른다고 할 것이다." 하셨다.

[31]그러자 베드로는 더욱 힘주어 "주님과 함께 죽는 한이 있더라도 결코 주님을 모른다고는 하지 않겠습니다." 하고 장담하였다. 다른 제자들도 다 같은 말을 하였다.

"선생님께서는 돌아가셨다가 다시 살아나실 것을 예고하셨는데 제자들은 돌아가실 것이라는 말씀만 들은 것 같습니다."

"앞의 말이 귀를 막아서 나중 말은 듣지 못했다."

"앞의 말이 왜 그들의 귀를 막았을까요?"

"'너희는 모두 나를 버릴 것이다.' 이 말을 듣는 순간 그들의 자아(ego)가 '나는 아니야!' 하고 말했기 때문이다. 내가 내 말을 하는 동안에는 남의 말이 귀에 들어오지 않는 법이다."

"그들이 모두 선생님을 버리고 떠날 것임을 왜 미리 일러 주셨습니까?"

"장차 그런 일이 일어날 때에 자기 자신한테 절망하여 잘못된 길로 들어서는 일이 없도록 하려고 그랬다."

"자기한테 절망하는 일은 언제고 한번 겪어야 할 일이요, 그래서 오히려 바람직한 일 아닌가요? 제 생각은 그렇습니다."

"자기로부터 해방되기 위하여 자기-절망의 단계를 거쳐야 한다는 말은 옳다. 그런데, 자기-절망의 자리에서 새로운 희망을 발견하는 사람이 있고 그렇지 못한 사람이 있어서 누구는 구원을 받고 누구는 스스로 파멸의 길을 걷는다. 내가 제자들에게 그들의 배신을 미리 일러 준 것은 막상 그런 일이 일어나 자기한테 절망할 때 내 말을 기억하고 나를 바라볼 수 있도록 하기 위해서였다."

"아하, 바로 거기서 유다와 베드로의 길이 갈라졌군요?"

"자기-절망의 자리에서 베드로는 나를 보았고 유다는 자신의 범죄를 보았다. 그 차이가 하늘과 땅만큼 작으면서 크다."

"베드로가 '저는 주님을 버리지 않겠습니다.' 라고 했을 때, 그 말이 진심에서 우러나온 말이었다고 생각됩니다."

"그건 그랬지."

"그런 말을 하면 안 되는 것이었습니까?"

"진실하게 말했으니 안 될 것 없다."

"그런데 선생님은 그 말을 인정하지 않으셨습니다."

"나 또한 진실을 말했을 뿐이다."

"……."

"베드로에 대하여 베드로보다 내가 더 잘 알았듯이, 너에 대하여도 내가 너보다 더 잘 안다."

"알고 있습니다. 그렇다고 해서 네가 나를 세 번이나 모른다고 할 것이라는 말씀에, '그렇습니까? 제가 그토록 비열하고 나약한 존재로군요!' 하면서 그냥 앉아 있을 수만은 없잖습니까?"

"그것은 사람에 따라 달라질 수 있는 일이다. 내 말을 듣고 스스로 좌절하여 무너질 수도 있지 않겠느냐?"

"도대체 누가 베드로로 하여금 선생님을 세 번이나 모른다고 말하게 했을까요? 베드로 본인은 아니잖습니까? 그가 그렇게 하겠노라 마음먹고서 한 짓은 아니잖느냔 말씀입니다."

"두려움이다. 경험을 통해서 너도 알겠지만, 사람이 두려움의 포로가 되면 자기 의지와 상반되는 일도 서슴지 않는 법이다."

"그 두려움은 어디서 오는 것입니까? 베드로가 스스로 만든 것은 아니잖습니까?"

"아니다. 그가 만든 것이다."

"예?"

"너에게 있는 것은 모두 네가 만들거나 불러들인 것이다. 네 허락 없이는 그 무엇도 너를 사로잡거나 억압할 수 없다. 베드로의 두려움은 베드로가 스스로 만든 것이다."

"두려움이 뭐 좋은 것이라고 스스로 만듭니까?"

"진실을 모르면 누구라도 그렇게 한다. 무지가 두려움을 낳고 두려움이 폭력을 낳는다 하지 않았느냐?"

"무엇이 진실입니까?"

"……"

"선생님, 저는 어찌하면 좋습니까? 저도 베드로처럼, 위급한 상황에서 선생님을 모른다고 할까 봐 겁이 납니다."

"아직 네가 진실을 몰라서 그런 것이다."

"어떻게 하면 진실을 알 수 있습니까?"

"봄이 되었다 해서 모든 나무들이 한꺼번에 꽃을 피우지는 않는다. 그러나 봄이 되었으니 살아 있는 나무마다 꽃을 피우지 않을 수도 없게 되었구나!"

"예, 선생님. 그렇습니다!"

^{32}그들은 게쎄마니라는 곳에 이르렀다. 예수께서 제자들에게 "내가 기도하는 동안 여기 앉아 있어라." 하시고

^{33}베드로와 야고보와 요한만을 따로 데리고 가셨다. 그리고 공포와 번민에 싸여서

^{34}"내 마음이 괴로워 죽을 지경이니 너희는 여기 남아서 깨어 있어라." 하시고는

^{35}조금 앞으로 나아가 땅에 엎드려 기도하셨다. 할 수만 있다면 수난의 시간을 겪지 않게 해 달라고 하시며

^{36}"아버지, 나의 아버지! 아버지께서는 무엇이든지 다 하실 수 있으시니 이 잔을 나에게서 거두어 주소서. 그러나 제 뜻대로 마시고 아버지의 뜻대로 하소서." 하고 말씀하셨다.

^{37}이렇게 기도하시고 나서 제자들에게 돌아와 보시니 그들은 자고 있었다. 그래서 베드로에게 "시몬아, 자고 있느냐? 단 한 시간도 깨어 있을 수 없단 말이냐?

^{38}유혹에 빠지지 않도록 깨어 기도하라. 마음은 간절하나 몸이 말을 듣지 않는구나!" 하시고

^{39}다시 가셔서 같은 말씀으로 기도하셨다.

^{40}그리고 다시 돌아와 보시니 그들은 여전히 자고 있었다. 그들은 너무나 졸려 눈을 뜨고 있을 수가 없었던 것이다. 그들은 무슨 말을 해야 할지 몰랐다.

^{41}예수께서는 세 번째 다녀오셔서 "아직도 자고 있느냐? 아직도 쉬고 있느냐? 그만하면 넉넉하다. 자, 때가 왔다. 사람의 아들이 죄인들 손에 넘어가게 되었다.

^{42}일어나 가자. 나를 넘겨줄 자가 가까이 와 있다." 하고 말씀하셨다.

"선생님께서 '공포와 번민에 싸여' 제자들에게 '내 마음이 괴로워 죽을 지경'이라고 말씀하신 대목은 믿어지지가 않습니다. 선생님께서는 세 번이나 예고하셨던 바로 그 길을 지금 가고 계시지 않습니까? 새삼스레 공포와 번민에 휩싸여 죽을 정도로 마음이 괴로울 까닭이 무엇입니까?"

"멀리서 논리로 따져 보면 네 말이 맞다. 내가 새삼스레 공포와 번민에 싸여 괴로워할 까닭은 없었다. 그러나 인생이 곧 논리는 아니잖느냐?"

"혹시 이 구절이 훗날 기록한 자의 소견(所見)을 적은 것은 아닌

가요?"

"그렇지 않다. 그날 밤 나는 진실로 공포와 번민에 싸여 괴로워했다."

"왜 그러셨는지, 말씀해 주실 수 있으십니까?"

"광야에서 나를 유혹하던 자가 약속대로 다시 내게 왔던 것이다. 그가 이번에는 달콤한 미끼 대신 공포와 번민의 무서운 덫을 던졌다. 유혹에 빠지지 않을 수는 있지만 유혹을 피할 수는 없는 것이 사람의 운명이다."

"그러면, 사막에서 그러셨듯이, 슬기롭고 단호하게 유혹자를 물리치실 일이지 공포와 번민에 싸여 괴로워하실 이유가 무엇입니까? 선생님께서 공포와 번민에 싸여 괴로워하셨다는 말은 벌써 유혹자의 유혹에 넘어가셨다는 뜻 아닌가요?"

"유혹을 유혹으로 받아들이지 않고서 어찌 유혹에서 벗어난단 말이냐? 너는 병들지 않고서도 병에서 나을 수가 있느냐? 내가 만일 그날 밤 공포와 번민에 싸여 괴로워하지 않았더라면, 오늘 밤 죽음의 공포와 번민에 싸여 있는 사람들에게 거기서 벗어날 수 있는 길을 일러 줄 수도 없을 것이며 그럴 자격 또한 없을 것이다. 전에 광야에서도 나는 유혹자와 함께 성전 꼭대기로 올라갔다. 명심해라. 나는 사람의 아들로 세상에 왔다. 죽음의 공포와 번민에 휩싸이는 것이 사람의 길이요 거기서 해방되는 것 또한 사람의 길이다. 나는 바로 그 길을 보여 주고자 세상에 온 '사람의 아들'이다. 그런 내가 어찌 공포와 번민에 싸여 괴로워하지 않았겠느냐? 나는 마술사도 아니고 쇼맨도 아니다."

"그러니까, 선생님께서 '아버지, 나의 아버지. 이 잔을 내게서 거두어 주소서.'라고 기도하신 것은 지금 공포와 번민에 휩싸여 있음을 고백하는 것인가요?"

"공포에 휩싸인 자는 '내가 지금 공포에 휩싸였다.'라고 말하지 않는다. 나는 내게 주어진 길을 내가 걸을 수 있는 만큼 걸었을 뿐이다."

"……"

"이런 이야기는, 일정한 간격을 두고 남 얘기하듯이 그렇게 할 수 있는 종류의 이야기가 아니다. 너 또한 죽음의 공포를 느끼며 마음의 괴로움을 느낄 때가 올 터인즉, 그때에 이 이야기를 기억하고 내 말을 유념토록 하여라."

"예, 선생님. 그런데요, 그 절박한 고비를 선생님께서는 참으로 외롭게 넘기셨군요? 세 제자를 따로 데려가시어 함께 깨어 있자고 부탁하셨건만 그들은 졸음에 취하여 선생님 청을 들어드리지 못했습니다."

"그건 그랬지만, 나는 외롭지 않았다."

"……?"

"외로움을 느끼기에는 너무나도 긴박한 상황이었어. 그리고 참으로 외로운 자는 외로움을 느끼지도 못한다."

"세 제자를 따로 데리고 가셨는데 그들한테서 조금 떨어져 앉으신 이유가 무엇입니까? 루가의 기록을 보면, 돌을 던져서 닿을 만한 거리에 앉으셨다고 했던데요. 그들과 무릎을 맞대고 한자리에 앉으셨더라면 서로 힘이 되어줄 수도 있지 않았을까요?"

"인력(人力)으로 할 수 있는 일이면 많은 사람이 손을 잡을수록 유리하겠지만, 하늘 아버지의 뜻을 받들기로 결단하는 일은 홀로서는 자만이 감당할 수 있다. 내가 만일 임박한 죽음을 두고 하느님을 독대(獨對)하는 대신 제자들과 의논했다면, 그래서 그들의 조언에 따르기로 했다면 나는 결코 십자가를 지지 않았을 것이다. 여럿이 손을 잡아서 얻을 수 있는 힘이 있고 천상천하에 홀로 서야만 얻을 수 있는 힘이 있다."

"한번은 어느 모임에 갔다가, 왜 예수님이 십자가에 달리셨느냐는 질문을 받고서, 마지막 날 밤 기도를 잘못하셔서 그렇게 되신 것 같다고, '이 잔을 거두어 주소서.' 라고 기도한 다음 '아멘, 믿습니다!' 하고 일어나셨더라면 십자가에 달리지 않으셨을는지 모르겠는데 '그러나 제 뜻대로 마시고 아버지의 뜻대로 하소서.'를 덧붙이신 까닭에 그리 되신 것 같다고, 대답한 적이 있습니다."

"바로 말했다. 그런데, 정말로 내가 마지막 기도를 잘못했다고 보는 건 아니겠지?"

"물론입니다."

"죽고 싶지 않은 것도 내 마음이었고, 그 마음을 따르는 대신 나를 아버지 뜻에 내어맡기겠다는 것 또한 내 마음이었다. 언제 어디서나 네가 원하는 바를 말씀드리는 일에 망설이지 마라. 그 내용이 어떤 것이든, 네가 진심으로 바라는 것이면 말씀드리기를 망설일 까닭이 없다. 그러나 그 기도 뒤에 '그러나 제 뜻대로 마시고 아버지 뜻대로 하소서.'를 반드시 덧붙여야 한다. 그 한 마디에 모든 것이 달려 있다. 그것이 곧 길이요 진리요 생명이다."

"아예 내 뜻이라고 할 만한 것이 없으면 어떻겠습니까?"

"그것은 네가 세상에 있는 동안 바라볼 만한 경지는 되겠지만 딛고 설 수 있는 경지는 아니다. 함부로 입에 담을 말이 아니다."

⁴³예수의 말씀이 채 끝나기도 전에 열두 제자의 하나인 유다가 나타났다. 그와 함께 대사제들과 율법학자들과 원로들이 보낸 무리가 칼과 몽둥이를 들고 떼 지어 왔다.

⁴⁴그런데 배반자는 그들과 미리 암호를 짜고 "내가 입 맞추는 사람이 바로 그 사람이니 붙잡아서 놓치지 말고 끌고 가라"고 일러두었던 것이다.

⁴⁵그가 예수께 다가와서 "선생님!" 하고 인사하면서 입을 맞추자

⁴⁶무리가 달려들어 예수를 붙잡았다.

⁴⁷그 때 예수와 함께 서 있던 사람 하나가 칼을 빼어 대사제의 종의 귀를 쳐서 잘라 버렸다.

⁴⁸그것을 보시고 예수께서는 무리들에게 이렇게 말씀하셨다. "칼과 몽둥이를 들고 잡으러 왔으니 내가 강도란 말이냐?

⁴⁹너희는 내가 전에 날마다 성전에서 같이 있으면서 가르칠 때에는 나를 잡지 않았다. 그러나 오늘 이렇게 된 것은 성서의 말씀이 이루어지기 위한 것이다."

⁵⁰그때에 제자들은 예수를 버리고 모두 달아났다.

"선생님, 저는 이른바 '카르마〔業〕의 원리'를 믿습니다. 무엇을 심든지 심은 대로 거둔다는 바울로의 말은 물론이요, 남에게서 바라는 것을 먼저 남에게 해 주라는 선생님의 가르침도 그 바탕에 이 원리가 깔려 있다고 생각합니다. 제 생각이 옳습니까?"

"옳다."

"선생님이 체포당해 매를 맞고 십자가에 처형당하신 것을 두고

한 중이 '예수 그 사람 전생에 악업을 많이 쌓았던가 보다'고 말하는 것을, 어느 글에서 읽었습니다. 카르마의 원리가 옳다면 그의 말에도 일리(一理)가 있다고 봐야 하지 않겠습니까?"

"지금 내가 당하는 일은 모두 내가 남에게 한 일이다. 지금 내가 남에게 한 일을 그대로 모두 내가 당할 것이다. 이것이 카르마의 원리다. 그 중의 말은 일리 있을 정도가 아니라 아주 옳은 말이다."

"예? 그렇다면 선생님이 전생에 죄 없는 사람을 체포하여 매질하고 처형시키신 일이 있었다는 말씀인가요?"

"그렇다."

"……?"

"나는 아브라함보다 먼저 있었다. 그러기에 나는 유다인의 아들도 아니요 목수의 아들도 아니요 사람의 아들이다. 사람들이 무슨 짓을 했으면 그것은 곧 내가 한 짓이다."

"죄송합니다. 무슨 말씀인지 잘 못 알아듣겠습니다."

"예수라는 이름으로 행세한 나를 인류로부터 독립된 개체로 보는 네 착각 때문이다. 내가 인류의 죄를 내 몸에 졌다는 말은 내가 내 죄를 내 몸에 졌다는 말과 같다. 인류와 내가 불이(不二)인 까닭이다. 그래도 못 알아듣겠느냐?"

"……"

"네가 저지른 잘못으로 내가 벌을 받는 이유는 너는 내 부분이요 나는 네 전체로서, 시공을 초월하여 너와 내가 한 몸이기 때문이다."

"그러면, 선생님께서 벌을 받으심으로써 저의 악업(惡業)이 모두 소멸되었다는 말씀인가요?"

"다시 이를 말이냐? 내가 해방됨으로써 너 또한 해방되었고 너뿐 아니라 온 인류가 해방되었다."

"해방된 인류가 뭐 저 모양입니까? 지금도 세계 각처에서 무고한 자들이 날마다 체포당해서 억울하게 처형되고 있습니다."

"대낮이 아무리 밝아도 눈먼 자들에게는 밝은 날이 아니다. 카르마의 원리가 옳기는 하지만, 너와 내가 따로 존재한다는 착각의 그늘에 묻혀 살아가는 자들에게만 통하는 원리다. 깨달음을 얻어 나와 남이 따로 없는 자에게는 카르마도 없고 카르마의 원리도 없는 것이다."

"……"

"그날 밤 내가 체포되어 매를 맞고 처형된 것은, 그 어느 중이 말했다는 대로, 모두가 내 업보(業報)였다. 그로써 내가 그동안 나와 남을 별개로 보는 착각 때문에 저지른 모든 악업이 소멸되었다. 이 말은 그동안 인류가 나와 남을 별개로 보는 착각 때문에 저지른 모든 악업이 소멸되었다는 말이다."

"……"

"그러므로 누구든지 내 안에 들어온 자는, 체포가 체포를 부르고 매질이 매질을 부르고 처형이 처형을 낳는 카르마의 사슬에 더 이상 얽매이지 않는다."

"선생님 안으로 들어간다는 게 무슨 뜻입니까?"

"나를 만나 내 가르침대로 살다가 이윽고 나와 한 몸이 되는 것이다. 그러나 네가 네 발로 걸어서 내 안에 들어올 수는 없다. 내가 너를 삼킨 것이다. 밥이 제 발로 걸어서 네 입에 들어오는 수도 있더냐?"

"선생님께서 삼키지 않으신 인간도 있나요?"

"내가 곧 사람이다. 사람 바깥에 있는 사람도 있느냐?"

"그런데요, 저도 그렇고, 왜들 저 모양으로 선생님의 가르침하고 거리가 멀게들 살아가는 겁니까?"

"네 눈에 그렇게 보이는 것일 뿐이다. 그렇게 보인다 해서 '그렇다'고 단정 짓지 말아라."

"……"

"그날 밤 모든 사건이 성서에 기록된 대로 이루어졌듯이, 하느님의 인류 구원 섭리는 정해진 대로 빈틈없이 진행되어 마침내 때가 차면 완성될 것이다. 두리번거리지 말고 네 길이나 착실하게 걷도록 하여라."

^{51}몸에 고운 삼베만을 두른 젊은이가 예수를 따라가다가 사람들에게 붙들리게 되었다.

^{52}그러자 그는 삼베를 버리고 알몸으로 달아났다.

"선생님, 이 젊은이가 누굽니까? 복음서를 기록한 마르코라고 보는 견해가 유력하던데요, 과연 그렇습니까? 마르코가 자신의 부끄러운 과거를 여기 기록으로 남겨 놓은 것인가요?"

"그가 누구였는지를 아는 것이, 네 인생 제대로 살아가는 일과 무슨 상관이 있느냐?"

"……"

"그의 이름은 아무개였고 태생은 아무데였고 성격은 아무러했고 경력은 어떠어떠했고 남긴 업적은 무엇무엇이었고…… 그런 따위를 자세히 아는 것이, 네가 오늘 하루 착실하게 살아가는 일하고 무슨 상관이 있느냐 말이다."

"……"

"그의 이름이 마르코면 어떻고 요한이면 어떻고 야베스면 어떠냐?"

"……"

"진실에 가까이 가는 길은 대답에 있지 않고 질문에 있다. 네 인생을 결정짓는 열쇠는 네가 무엇을 아느냐에 있지 않고 무엇을 묻느냐에 있다고 하지 않았느냐?"

"죄송합니다. 알아봤자 별무소용인 것을 제가 여쭈었습니다."

"마음에 새겨 두어라. 네가 찾는 답은 네가 던지는 물음 속에 있다."

"명심하겠습니다."

"고민을 하려면, 무엇을 알아낼 것인가를 고민하기 전에 먼저 무엇을 알아볼 것인가를 고민하여라. 그것이 순서다."

"예, 선생님."

"자, 그럼 본문으로 돌아가자. 이 짧은 기록에서 무엇이 보이느냐?"

"명색이 제자인 자들이 모두 도망쳐 버린 상황에서, 체포당해 끌려가는 선생님을 속옷 차림의 한 젊은이가 따라가고 있습니다. 그러다가 사람들한테 붙들리게 되자 옷을 벗어 버리고 알몸으로 달아납니다. 어쩐지 그 모습이 친근하게 느껴집니다. 제 속에 그 젊은이가 있기 때문인지 모르겠습니다."

"무슨 말이냐?"

"저도 좋은 뜻으로 무엇을 시도했다가 그 일로 말미암아 저에게 위해(危害)가 닥치면 하던 일 모두 던져 두고 달아날 것이라는 생각이 듭니다. 싫지만 어쩔 수 없습니다."

"생각은 그렇다 해도, 막상 일을 당했을 때 네가 어떻게 대처하는지는 모르는 일 아니냐? 그러니, 미리 상심할 것 없다."

"그건 그렇습니다만, 아무튼 이 젊은이를 나무라거나 비웃을 마음은 조금도 없습니다. 그래서는 안 되고 그럴 수도 없다는 생각입니다."

"비록 중간에 달아나기는 했으나 그래도 나는 그가 고마웠다. 가다가 중지하면 아니 감만 못하다고 하더라만, 한 걸음 가다가 중단하는 일이 있다 해도 그럴 줄 알고서 아예 출발하지 않는 것보다는 낫다. 알몸으로 달아나는 젊은이보다 속옷 차림으로 따라오는 젊은이가 내 기억에 남아 있기 때문이다."

"그렇습니까? 저라면 알몸으로 달아나는 나중 모습이 속옷 차림으로 따라오던 먼저 모습을 지워 버렸을 것 같은데요. 그게 저와 선생님의 차이일까요?"

"나와 함께 있는 너와, 나한테서 떨어져 있다고 착각하는 너의 차이라고 말하는 게 옳겠다."

"……"

"그 젊은이가 왜 달아났다고 생각하느냐?"

"겁이 났겠지요."

"무엇이 겁났겠느냐?"

"선생님과 같은 편으로 몰려 선생님이 당하실 고통을 함께 당할까봐, 그것이 겁나지 않았을까요?"

"넌 어떠냐?"

"모르겠습니다만, 아까 말씀드린 대로, 어쩐지 저도 그 젊은이처럼 행동할 것 같다는 생각입니다."

"어디까지나 네 생각이다. 네 생각에 끌려 다니지 말아라. 지금 이 순간처럼 나와 함께 한다면 너에게 그런 일은 일어나지 않을 것이다."

"……"

"젊은이 속에는 사랑과 두려움이 함께 있었다. 처음에는 사랑이 그를 이끌었으나 나중에는 두려움이 그를 이끌었다. 네 속에도 사랑과 두려움이 함께 있다. 네가 나와 함께 있는 동안에는 사랑이 두려움을 삼킬 것이요 네가 나한테서 떨어져 있는 동안에는 두려움이 사랑을 삼킬 것이다. 늘 깨어 기도하라는 내 말뜻을 알아듣겠느냐?"

"예, 선생님! 늘 깨어 기도할 수 있도록 저를 이끌어 주십시오."

"그 젊은이는, 다시 길을 돌이켜 마침내 내게로 왔다. 이번에는 스스로 옷을 벗어 알몸이 되어 있었다."

[53]그들이 예수를 대사제에게 끌고 갔는데 다른 대사제들과 원로들과 율법학자들도 모두 모여들었다.

[54]베드로는 멀찍이 떨어져서 예수를 뒤따라 대사제의 관저 안뜰까지 들어가서 경비원들 틈에 끼어 앉아 불을 쬐고 있었다.

"선생님께서 극단으로 대조되는 두 인간형(人間形) 사이에 서 계신 느낌입니다."

"……"

"한쪽에는 틀림없이 정장을 차려입었을 '지체 높은 양반'들이 무리 지어 서 있고 반대쪽에는 간이 오그라졌을 어부 출신 뜨내기가 경비원들 틈에 끼어 앉아 불을 쬐고 있습니다. 그는 지금 몸도 춥지만 그보다 마음이 더 춥습니다. 자기 생명을 바쳐 뭔가 큰일을 이룰 수 있을 것 같았는데 그 모든 희망의 기둥인 스승이 지금 무기력한 모습으로 밧줄에 묶여 사람들한테 끌려왔기 때문입니다."

"……"

"선생님은 그런 느낌이 들지 않으셨습니까?"

"네가 말하는 그 자리는 내가 늘 서 있던 자리였다. 지금도 나는 그 자리에 서 있다."

"위엄을 부리는 지배 계층과 초라한 민중 사이를 말씀하시는 겁니까?"

"그것은 겉으로 드러난 모습이고, 사실인즉 둘 다 같은 두려움에 사로잡힌 나약한 인간들이다."

"……?"

"사람이 두려움에 사로잡히면 두 가지 형태로 자기를 나타낸다. 하나는 폭력을 휘두르는 거친 모습이고 다른 하나는 겁에 질려 움츠린 비열한 모습이다. 그날 대사제 관저에서는 베드로가 후자였고 대사제들이 전자였다. 겉모습은 대조적으로 다르게 보이지만 두려움에 사로잡혀 있다는 점에서는 모두 같은 유형의 인간들이다."

"그런데, 유독 선생님만 두려움에서 벗어나 계셨군요?"

"살고 싶다는 마음 한 자락을 움켜잡고 있을 때에는 나도 '공포와 번민에 싸여' 죽을 지경으로 괴로웠다. 그러나 아버지께 나를 온통 내어드린 뒤로는, 살고자 하는 마음과 함께 두려움도 사라졌다. 그런 상태로, 아직 두려움에 사로잡혀 터무니없는 폭력을 휘두르거나 몸과 마음의 추위를 녹이려고 모닥불 곁에 숨죽여 앉아 있는 자들 한복판에 나는 서 있었다."

"……"

"그런데, 내 이야기는 그 두 가지 유형의 인간들 가운데서 마침내 두려움의 사슬을 끊어 버리고 온전한 자유와 해방을 누린 인간의 이야기로 흘러갔다. 알고 있느냐?"

"예. 선생님의 뒷이야기는 대사제들이 아니라 베드로에게로 승계되었지요."

"너는 어느 쪽에 서고 싶으냐?"

"그야 물론, 베드로 쪽입니다."

"그렇다면 우선 네 몸에 붙어 있는 유형무형의 치장과 허세부터 말끔히 털어 버려라. 그런 다음, 초라한 패배자 되기를 피하지 말아라. 네가 할 수 없는 일을 넘보지 말고, 누구를 향해서든 분노와 증오의 주먹을 휘두르지 말아라. 폭력이야말로 눈에 보이는 폭력이든 보이지 않는 폭력이든 네가 반드시 피해야 할 대상이려니와, 그것은 두려움의 꽃이니, 폭력에서 자유롭고자 한다면 네 안에 있는 두려움이 소멸되어야 한다."

"제가 어떻게 해야 그럴 수 있습니까?"

"베드로처럼, 멀찍이 떨어져서도 좋으니 나를 포기하지 말고 네 눈길을 내게서 돌리지만 말아라. 그 다음은 모두 내가 할 일이다. 네가 무슨 수를 따로 궁리할 것 없다."

"아멘!"

⁵⁵대사제들과 온 의회는 예수를 사형에 처할 만한 증거를 찾고 있었으나 하나도 얻지 못하였다.

⁵⁶많은 사람이 거짓 증언을 하였지만 그들의 증언은 서로 일치하지 않았던 것이다.

⁵⁷그러자 몇 사람이 일어서서 이렇게 거짓 증언을 했다.

⁵⁸"우리는 이 사람이 '나는 사람의 손으로 지은 이 성전을 헐어 버리고 사람의 손으로 짓지 않은 새 성전을 사흘 안에 세우겠다.' 하고 큰소리하는 것을 들은 일이 있습니다."

⁵⁹그러나 이 증언을 하는 데도 그들의 말은 서로 일치하지 않았다.

⁶⁰그 때에 대사제가 한가운데 나서서 예수께 "이 사람들이 그대에게 이토록 불리한 증언을 하는데 그대는 할 말이 없는가?" 하고 물었다.

⁶¹그러나 예수께서는 입을 다문 채 한 마디도 대답하지 않으셨다. 대사제는 다시 "그대가 과연 찬양을 받으실 하느님의 아들 그리스도인가?" 하고 물었다.

⁶²예수께서는 "그렇다. 너희는 사람의 아들이 전능하신 분의 오른편에 앉아 있는 것과 하늘의 구름을 타고 오는 것을 볼 것이다." 하고 대답하셨다.

⁶³이 말을 듣고 대사제는 자기 옷을 찢으며 "이 이상 무슨 증거가 더 필요하겠소?

⁶⁴여러분은 방금 이 모독하는 말을 듣지 않았습니까? 자, 어떻게 했으면 좋겠소?" 하고 묻자 사람들은 일제히 예수는 사형감이라고 단정하였다.

"선생님께서 대사제 앞에서 침묵하시는 모습이 눈에 보이는 듯합니다. 저라도 그랬을 것 같습니다. 말이란 본디 상대적인 것 아닙니까? 그 앞에 서면 아무 말도 하고 싶지 않거나 하고 싶은 말이 있어도 입 밖으로 나오지 않는 그런 사람이 있지요."

"……"

"그런데요, 제가 의아스럽게 여기는 점은 그렇게 침묵하시던 선생님이 '네가 하느님의 아들 그리스도냐?' 라는 대사제의 질문에 곧바로, 그렇다고, 너희는 내가 하느님 오른편에 앉아 있는 것과 구름을 타고 오는 것을 보리라고 대답하셨는데 왜 그러셨는지, 아니, 사실은 그 대답이 선생님께서 몸소 하신 대답이었는지, 그것부터가 궁금합니다. 침묵으로 일관하시던 모습으로 보아 대답 자체가 다소 장황스럽게 느껴져서요."

"그 대답은 침묵할 때의 이유와 같은 이유에서 한 대답이었다."

"예? 그 이유가 무엇이었습니까?"

"모든 것이 결정된 마당이었다. 그들은 나를 죽이기로 했고 나는 그들의 도움을 받아 죽기로 되어 있었다. 그래서 나도 그들을 도왔던 것이다."

"그들의 도움을 받다니요?"

"그들이 나를 체포하여 십자가에 처형하지 않았더라면 내가 무슨 수로 십자가에 달려서 죽었겠느냐? 내가 그렇게 죽지 않았다면 세상 죄를 지고 가는 어린양의 길을 어떻게 갔을 것이며 그러기로 정하신 아버지의 뜻은 어떻게 이루어졌겠느냐? 캄캄한 어둠이 별빛을 이끌어 땅으로 내려오게 하듯이, 저들 어둠의 자식들이 없었다면 빛의 아들이 세상에 와서 세상의 빛으로 될 수도 없었을 것이다. 내 말을 알아듣겠느냐?"

"……"

"한 사람이 일어나 뜻을 세우면 천하가 그를 돕는다 했거니와, 그 도움에는 밝은 도움도 있고 어두운 도움도 있다. 밤의 어둠이 없으면 낟알이 여물지 않는다는 사실을 너도 알지 않느냐? 낟알을 여물게 돕는 것은 한낮의 밝은 햇빛만이 아니다."

"그러니까, 처음엔 침묵으로 그들을 도우셨고 나중엔 대답으로 그들을 도우셨다는 말씀인가요?"

"그렇다. 도움의 방법을 정하는 것은 돕는 자의 형편이 아니라 도움 받는 자의 형편이다. 사람들이 이 말 저 말로 내게 죄를 만들어 씌울 때에는 차라리 침묵하는 것이 그들에게 도움이 되었고 대사제가 질문했을 때에는 그가 바라는 대답을 신속하게 들려주는 것이 그에게 도움이 되었다."

"사실인즉슨, 그들을 도왔다기보다 하느님 아버지를 도와드린 것 아닌가요?"

"옳은 말이다. 네가 누구를 돕는다면 그것은 아버지를 도와드리는 것이요, 누구를 해친다면 또한 아버지를 해치는 것이다."

"말씀은 알아듣겠습니다만, 그래도 저들이 선생님을 돕겠다는 마음으로 그렇게 한 것은 아니잖습니까?"

"물론! 그래서, 저들은 자기네가 무슨 짓을 하고 있는지 모른다고 했다."

"모르고 했다지만, 저들이 심은 대로 거둘 일을 생각하면 마음이 아픕니다."

"진실로 아프냐?"

"……"

"진실로 아프다면, 바로 그 아픈 마음이 아버지 마음이다. 부디 한세상 사는 동안 그 마음 잃지 마라."

"예, 선생님."

"나는 내 몸을 아버지께 내어 드렸지만, 내 몸을 가져간 것은 이 세상 어둠의 세력이었다!"

"……"

"빛은 언제나 빛이요 어둠 또한 언제나 어둠이지만, 유념하여라. 이 세상 끝날 때까지 그 둘은 언제나 함께 있으리라는 사실을."

[65]어떤 자들은 예수께 침을 뱉으며 그의 얼굴을 가리고 주먹으로 치면서 "자, 누가 때렸는지 알아맞히어 보아라." 하며 조롱하였다. 경비원들도 예수께 손찌검을 하였다.

"무슨 이유로 선생님께서는 이렇게 조롱까지 받으셔야 했습니까?"

"내가 조롱을 받은 것이 아니라 사람들이 나를 조롱한 것이다."

"……?"

"내게는 조롱받을 아무 이유가 없었지만 그들에게는 나를 조롱할 충분한 이유가 있었다는 말이다."

"그것이 무엇입니까? 무엇이 그들로 하여금 선생님을 조롱하게 한 것입니까?"

"말하지 않았느냐? 무지(無知)였다."

"그들이 무엇을 몰랐습니까?"

"자기네가 지금 누구에게 무슨 짓을 하고 있는지, 그것을 몰랐다."

"저희 나름대로는 알고 있었을 것입니다."

"무지란, 무엇을 모르는 게 아니라 잘못 아는 것이다. 아무것도 모르는 사람은 남을 조롱하거나 업신여기지 않는다."

"어떻게 하면 무지에서 벗어날 수 있습니까?"

"우선 자기가 무지하다는 것을 알아야 한다."

"그건 소크라테스의 고백 아닙니까?"

"거기서 그의 참된 지식을 향한 철학이 출발한 것이다."

"사실은 거기가 그의 철학이 닿은 종점 아니었나요?"

"그쯤 되면 철학이라기보다 종교라고 해야겠지."

"어째서입니까?"

"'내가 아는 것이 없다'에서 출발하여 '무엇을 아는 내가 없다'로 귀결하는 것이 종교인 까닭이다."

"……"

"너는 누구를 조롱한 적 없느냐?"

"있습니다. 그것도 아주 많이 있습니다."

"지금도 누구를 조롱하고 있느냐?"

"사실은 그러고 싶지 않은데, 저도 모르게 사람을 업신여기거나 비웃을 때가 있습니다."

"대개 어떤 사람을 비웃거나 업신여기게 되더냐?"

"제 마음에 안 드는 말을 하거나 행동을 한 사람이지요."

"네가 누구를 조롱했다면, 그날 내게 침을 뱉으며 나를 조롱하던 자들과 조금도 다를 바 없는 짓을 한 것이다."

"⋯⋯?"

"너는 어떤 사람이 비웃음을 받거나 업신여김을 받을 만한 짓을 했다고 생각해서 그를 비웃거나 업신여겼다. 그들도 내가 조롱받을 만한 짓을 했다고 생각해서 나를 조롱하였다. 무엇이 다르냐?"

"⋯⋯."

"너는 조롱받아본 적이 있느냐?"

"있습니다."

"그때 기분이 어떠했느냐?"

"선생님은 조롱받으셨을 때 기분이 어떠하셨습니까?"

"내가 먼저 물었다."

"저는 속이 불편하고 화도 나고 그래서 앙갚음할 궁리까지 했습니다."

"그래서 앙갚음을 했느냐?"

"했지요."

"하니까 속이 편해지고 화도 가라앉더냐?"

"아닙니다. 오히려 더욱 불편해졌습니다."

"앞으로도 그런 어리석음을 되풀이할 참이냐?"

"아닙니다. 그러고 싶지 않습니다."

"이제 내 대답을 하겠다. 나는 아무렇지도 않았다. 그저 그들이 불쌍했을 따름인데 그 불쌍하게 여기는 마음 때문에 속이 불편해지지도 않았다."

"저도 그럴 수 있다면 얼마나 좋겠습니까?"

"너도 그럴 수 있다. 누가 너를 조롱하거나 업신여기거든, 이때가 바로 그때다 생각하고, 네 마음의 움직임을 찬찬히 살펴보아라.

도움이 될 것이다."

"제 마음을 살펴보기만 하면 됩니까?"

"마음을 살펴보면서, 그것에 대하여 나와 이야기를 나누자. 그로써 충분하다."

"제 속에 누구를 비웃거나 업신여기려는 마음이 일어날 때에도 그래야겠지요?"

"물론!"

⁶⁶그동안 베드로는 뜰 아래쪽에 있었는데 대사제의 여종 하나가 오더니

⁶⁷베드로가 불을 쬐고 있는 것을 보고 그의 얼굴을 유심히 들여다보며 "당신도 저 나자렛 사람 예수와 함께 다니던 사람이군요?" 하고 말하였다.

⁶⁸그러나 베드로는 "도대체 무슨 소리를 하는 거요? 나는 도무지 알 수가 없소." 하고 부인하였다. 그리고 베드로가 대문께로 나가자

⁶⁹그 여종이 그를 보고 곁에 있던 사람들에게 다시 "저 사람은 나자렛 예수와 한 패입니다." 하고 말하였다.

⁷⁰그러나 베드로는 이 말을 또다시 부인하였다. 얼마 뒤에 옆에 서 있던 사람들이 베드로에게 다시 "당신은 갈릴래아 사람이니 틀림없이 예수와 한 패일 거요." 하고 말하였다.

⁷¹이 말을 듣고 베드로는 거짓말이라면 천벌이라도 받겠다고 맹세하면서 "나는 당신들이 말하는 그 사람은 알지도 못하오." 하고 잡아떼었다.

[72]바로 그 때에 닭이 두 번째 울었다. 베드로는 예수께서 "닭이 두 번 울기 전에 네가 세 번이나 나를 모른다고 할 것이다." 하신 말씀이 머리에 떠올랐다. 그는 땅에 쓰러져 슬피 울었다.

"베드로는 무엇이 그토록 두려웠던 걸까요? 불과 몇 시간 전에 죽으면 죽었지 선생님을 등지지는 않겠다고 장담하던 사람이 이렇게 무너지다니, 참으로 안타깝습니다."
"남 얘기가 아니다."
"압니다. 그래서 더욱 제 마음이 무겁나 봅니다."
"자기가 지금 두려워하고 있음을 아는 사람은 그 두려움에서 벗어날 수 있다. 그러나 참으로 행복한 사람이 자기가 행복하다는 사실을 모르듯이, 두려워하는 사람도 자기가 두려워하고 있음을 모른다. 하물며 자기가 지금 무슨 말을 하고 있는지를 어찌 알겠느냐? 베드로가 그랬다."
"그러다가 닭 울음소리에 정신이 돌아왔던 겁니까?"
"그렇다. 닭 울음소리가 그에게 나를 일깨워 주었다."
"베드로는 아마도 기가 막혔을 것입니다. 그래서 슬피 울었겠지요."
"바로 그 슬픈 울음이 본인을 살렸다. 자기 자신에 대한 속절없는 절망에다가 아무것도 할 수 없는 자신을 어찌해야 하는지 몰랐기에, 한없이 나약한 사람으로 되어 아이처럼 울 수밖에 없었다. 자기가 저지른 잘못에 대한 벌을 자신에게 내림으로써 목숨을 끊어 버린 유다와 다른 점이 바로 거기에 있었다. 유다는 내게 두 번째 기회를 주지 않았고 베드로는 그것을 내게 허용했던 것이다."

"그렇다면, 베드로의 배신 이야기는 저에게 새로운 희망이군요."
"다행이다."
"저에게도 닭 울음소리 같은 신호를 주십시오."
"왜? 나를 세 번 거푸 배신할 참이냐?"
"그건 모를 일이지요."
"필요하면 줄 것이다."
"선생님. 저로 하여금 어떻게든지 선생님을 떠나지 않게만 해 주십시오."
"그것은 네가 바라는 일이요 나 또한 바라는 일인데 누가 무엇이 우리 사이를 갈라놓을 수 있겠느냐? 안심하여라."

15장

¹날이 밝자 곧 대사제들은 원로들과 율법학자들을 비롯하여 온 의회를 소집하고 의논한 끝에 예수를 결박하여 빌라도에게 끌고 가 넘기었다.

²빌라도는 예수께 "네가 유다인의 왕인가?" 하고 물었다. 예수께서는 "그것은 네 말이다." 하고 대답하셨다.

³대사제들이 여러 가지로 예수를 고발하자

⁴빌라도는 예수께 "보라, 사람들이 저렇게 여러 가지 죄목을 들어 고발하고 있는데 너는 할 말이 하나도 없느냐?" 하고 다시 물었다.

⁵그러나 예수께서는 빌라도가 이상하게 여길 정도로 아무런 대답도 하지 않으셨다.

"드디어 마지막으로 넘어야 할 고비 앞에 서셨군요?"

"그렇지 않다."

"예? 빌라도가 선생님의 마지막 고비 아니었던가요?"

"게쎄마니 동산의 하룻밤이 내가 세상에서 넘은 마지막 고비였다. 그 뒤로는 내게 아무 일도 일어나지 않았다!"

"무슨 말씀이신지요?"

"내게 무슨 일이 일어나지 않았다기보다는 무슨 일을 겪어야 할 내가 없었다고 하는 게 옳은 표현이겠구나."

"······?"

"내 뜻대로 마시고 아버지 뜻대로 하시라고 말씀드렸을 때, 나는 '나'를 그분께 내어드렸다. 그 뒤로 '나'는 내 것이 아니라 아버지의 것이 되었다. 있지도 않은 나의 내가 무엇을 겪는단 말이냐?"

"······."

"알아 두어라. 진실로 자기를 아버지께 바친 아들은 더 이상 내가 무엇을 한다, 또는 하지 않는다고 말하지 않는다. 그렇게 말할 '나'가 그에게 없기 때문이다."

"그렇지만 선생님께서는 게쎄마니에서 마지막 고비를 넘기신 뒤에도 이런저런 일을 하시지 않았습니까? 빌라도에게 말대꾸도 하시고 십자가에 달려서 사람들에게 말씀도 남기셨잖아요?"

"그 모든 것이 아버지께서 당신 뜻을 내게서 이루신 것이다. 육안으로는 쉽게 분별되지 않는다."

"······."

"위무위(爲無爲)란 말을 알고 있지?"

"예. 노자가 자주 말한 것으로 압니다. 하면서 하지 않는다, 또는 안 하는 것을 한다는 뜻 아닌가요?"

"게쎄마니 이후로 내 모든 언행이 위무위(爲無爲)였다."

"조금, 말씀의 뜻을 짐작하겠습니다."

"네가 그 경지를 몸소 밟기 전에는 결코 '안다'고 할 수 없을 것이다."

"……"

"……"

"한 가지 여쭙겠습니다. 빌라도가 선생님께 네가 유다인의 왕이냐고 물었을 때 '그것은 네 말이다.'라고 대답하신 것으로 기록되어 있습니다. 그렇게 대답하신 이유와 그 말의 뜻을 모르겠습니다."

"그렇게 대답한 이유는, 내가 내 입으로 '나는 유다인의 왕이다.'라고 말한 적이 없었기 때문이다. 그것은 그의 말이었다."

"그러면 '아니다.'라고 대답하셨어야 옳지 않습니까?"

"그렇지 않다. 내 입으로 '나는 유다인의 왕이 아니다.'라고도 말한 적이 없었다."

"……"

"'그것은 네 말이다.'라는 대답에는 그의 질문에 담겨진 내용을 시인(是認)도 부인(否認)도 하지 않겠다는 내 뜻이 담겨져 있었다. 모르겠느냐?"

"……"

"사람들이 너를 두고 너는 누구, 또는 무엇이라고 말할 때 그 말에 휘둘리지 마라. 그것은 그들의 소견일 따름이다. 너는 '누구' 또는 '무엇'이라는, 실재하지도 않는 '개념'에 갇혀 있을 그런 물건이 아니다. 알아듣느냐?"

"예. 어렴풋하지만 알아들을 것 같습니다."

"알아도 아직은 머리로만 알 것이다."

"예. 그렇습니다."

"그 앎이 네 실존을 남김 없이 삼켜야 한다. 그것이 참된 앎이다."

"그렇게만 된다면 얼마나 좋겠습니까!"

"……"

"그나저나, 밧줄에 결박된 한 사내와 화려한 정장 차림의 지체 높은 어른들이 참으로 묘한 대조를 이루며 마주 보고 섰군요?"

"그것이야말로 세상에서 흔히 보게 되는 너무나도 낯익은 장면 아니냐?"

"선생님, 저는 앞으로 이른바 종교인의 정장을 결코 몸에 걸치지 않겠습니다."

"아서라. 마음은 알겠다만, 그렇게 말하는 것이 아니다."

"……"

"일부러 누더기 넝마를 걸치는 것이나 수놓은 예복을 입는 것이나, 그게 그거다. 옷을 어떻게 입을 것인가에 마음 쓰지 말고, 그럴 여력이 있거든 아버지께서 나를 통해 당신 뜻을 이루시도록 내가 도와드릴 만한 일이 무엇인지를 찾아서 그 일을 먼저 하여라."

"알겠습니다."

[6]명절 때마다 총독은 사람들이 요구하는 죄수 하나를 놓아주는 관례가 있었다.

[7]마침 그 때에 반란을 일으키다가 사람을 죽이고 감옥에 갇혀 있던 폭도들 가운데 바라빠라는 사람이 있었다.

⁸군중은 빌라도에게 몰려가서 전례대로 죄수 하나를 놓아 달라고 요구하였다.

⁹빌라도가 그들에게 "유다인의 왕을 놓아달라는 것이냐?" 하고 물었다.

¹⁰빌라도는 대사제들이 예수를 시기한 나머지 자기에게까지 끌고 왔다는 것을 알고 있었던 것이다.

¹¹빌라도의 말을 들은 대사제들은 군중을 선동하여 차라리 바라빠를 놓아 달라고 청하게 하였다.

¹²빌라도는 다시 군중에게 "그러면 너희가 유다인의 왕이라고 부르는 이 사람은 어떻게 하면 좋겠느냐?" 하고 물었다.

¹³그러자 군중은 "십자가에 못 박으시오!" 하고 소리 질렀다.

¹⁴빌라도가 "도대체 이 사람의 잘못이 무엇이냐?" 하고 물었으나 사람들은 더 악을 써가며 "십자가에 못 박으시오!" 하고 외쳤다.

¹⁵그래서 빌라도는 군중을 만족시키려고 바라빠를 놓아주고 예수를 채찍질하게 한 다음 십자가형에 처하라고 내어주었다.

"선생님, 군중이란 무엇입니까?"

"몽둥이다."

"군중은 선악을 가리지 못합니까?"

"몽둥이가 선악을 가릴 수 있겠느냐?"

"그럼, 군중에 대하여 저는 어떻게 해야 합니까?"

"그 속에 휩쓸리지 않도록 조심하여라."

"그럴 수 있습니까?"

"있다. 내가 군중에 휩쓸려 돌아다니는 것을 보았느냐?"
"수천 명이 선생님을 에워싼 적은 있지요."
"그 때에도 나는 홀로 아버지와 함께 있었다!"
"군중과 민중이 어떻게 다릅니까?"
"이름이 다를 뿐이다."
"실체는 다를 게 없다는 뜻인가요?"
"군중도 민중도 실체는 없다."
"군중에 실체가 없다니요? 여기 이렇게 있어서 선생님을 죽음으로 내몰고 있지 않습니까?"
"그러나 금세 언제 그랬더냐 싶게 사라지지 않았느냐?"
"……"
"그것이 군중이다."
"군중은 몽둥이라고 하셨는데요, 몽둥이에 실체가 없습니까?"
"없다."
"예?"
"몽둥이가 스스로 돌아다니면서 누구를 치거나 부수거나 하지는 않는다는 말이다."
"……"
"방금, 군중이 나를 죽음으로 내몰았다고 했지?"
"예."
"그 말이 잘못되었음을 알겠느냐? 나를 죽음으로 내몬 것은 군중이 아니었다. 목동이 지팡이로 양을 몰았는데, 지팡이가 양을 몰았다고 말할 수 있느냐?"
"……"

"'민중신학' 도, 민중이 아니라 민중으로 세상을 사랑하시는 하느님께 눈길을 모아야 한다. 같은 나무 막대기가 목동한테 잡히면 지팡이로 되고 강도한테 잡히면 몽둥이로 되는 법. 같은 군중이 히틀러를 만나서는 나치즘의 광기 어린 폭도로 되었고 간디를 만나서는 비폭력 소금 행진의 주인공으로 되었다. 너는 히틀러의 독일 군중이 간디의 인도 군중보다 천성적으로 더욱 사악하거나 뒤틀린 자들이었다고 보느냐? 그렇지 않다! 내 안에 간디와 히틀러가 함께 있다고 말한 테레사가 옳다. 문제는 어떻게 생긴 몽둥이냐에 있지 않고 누가 그것을 쓰느냐에 있다. 군중이 나를 죽음으로 내몰았다는 말을 더 이상 하지 말아라."

"그러면, 그들에게는 아무 잘못이 없는 건가요?"

"없다. 따라서 책임을 물어 처벌할 수도 없다. 강도의 무기로 사용되었다 해서 몽둥이를 형무소에 가둘 수는 없는 일 아니냐?"

"······?"

"다만, 책임을 진다면, 자기가 누구 손에 잡혀 무슨 짓을 하고 있는지도 모른 채 군중에 휩쓸려 든 사람들 저마다가 그렇게 한 데 대한 값을 치러야 할 것이다."

"군중을 선동한 자들은 어떻게 됩니까?"

"그들은 그들의 길을 가야 한다."

"그들이 왜 그랬을까요?"

"몇 번 말해야 알아듣겠느냐? 무지가 두려움을 낳고 두려움이…"

"폭력을 낳는 법이지요. 선생님, 빌라도는 어떻게 봐야 할까요?"

"빌라도가 어디 있느냐?"

"……?"

"밖에서 찾지 마라. 그는 네 안에 있다."

"……"

"대사제들과 마찬가지로 그도 또한 두려움에 사로잡혀 있었다. 그래서 군중을 만족시키려 했던 것이다."

"군중을 만족시킨다는 건 사실상 어느 누구도 할 수 없는 일이거니와, 설사 그렇게 했다 하여도 별것 아니잖습니까? 군중한테는 한때의 만족이 다음 순간 불만으로 바뀌는 게 말 그대로 다반사니까요."

"그런 일을 하려고 했으니 얼마나 어리석은 사람이냐?"

"가끔, 그러고 있는 저를 봅니다."

"그래서 네 안에 빌라도가 있다고 했다."

"제 안에는 선생님도 계시지 않습니까?"

"그러니 어떻게 하겠느냐? 빌라도 편을 들겠느냐? 내 편을 들겠느냐? 선택은 네 몫이다."

[16] 병사들은 예수를 총독관저 뜰 안으로 끌고 들어가서 전 부대원을 불러들였다.

[17] 그리고 예수께 자주색 옷을 입히고 가시관을 엮어 머리에 씌운 다음

[18] "유다인의 왕 만세!" 하고 외치면서 경례하였다.

[19] 또 갈대로 예수의 머리를 치고 침을 뱉으며 무릎을 꿇고 경배하였다.

[20] 이렇게 희롱한 뒤에 그 자주색 옷을 벗기고 예수의 옷을 도로

입혀서 십자가에 못 박으러 끌고 나갔다.

"이럴 수 있는 겁니까? 아무런 사감(私感)도 있을 리 없는 자들이 어떻게 이런 짓을 할 수 있지요?"

"눈을 씻고 살펴보아라. 비슷한 일들이 지금도 네 주변에서 일어나고 있지 않느냐? 얼마 전, 어느 배우가 정신대를 소재로 삼아 누드 사진을 찍었을 때 말 그대로 벌 떼처럼 일어나 그를 매도한 사람들 가운데, 평소 그에게 사감(私感)을 품었던 자들이 얼마나 있었겠느냐? 사감은커녕 오히려 호감(好感)을 가졌던 사람들이 상당 수 섞여 있었을 것이다. 군중이란 그런 것이다. 그날 나를 희롱한 병사들도 군인(軍人)이 아니라 군대(軍隊)였다. 그것도 총동원된 전 부대원이었다."

"병사들이 처형당할 죄수를 희롱하는 것은 당시 관습이었다는 말을 들었습니다."

"그렇게 해서 혹시라도 있을지 모르는 '양심의 반란'을 미리 단속하자는 것이겠지."

"어떻게 이토록 일방으로 당하면서 아무 말씀도 아무 항거도 없으셨습니까?"

"이미 아버지께 나를 내어드렸다. 아버지께서 나를 저들에게 넘기셨으니, 일방으로 당하는 것 말고 내게 무슨 수가 있었겠느냐? 철저한 굴복(surrender)이 해방에 이르는 길의 마지막 굽이임을 기억해 두어라. 그 굴복은 능동태가 아니라 수동태이다. 내가 스스로 굴복하는 것이 아니라 굴복되는 것이다. 그날, 병사들이 나를 어찌 다루든 그들의 행위에 대하여 나로서는 아무 할 일이 없었고 할 뜻도 없었고 하고 싶지도 않았고 사실은, 할 수도 없었다."

"바로 그 '아무 한 일 없는' 것이 그날 선생님께서 '하신' 일 아닌가요? 제가 보기에는, 그것이야말로 아무나 흉내 낼 수 없는 일 같습니다."

"그래서 노자가 위무위(爲無爲)를 두고, 가장 쉬운 길인데 가장 어려운 길이라고 한 것이다."

"혹시, 병사들이 선생님을 희롱할 때에 저들이 지금 나를 돕고 있다는 생각을 하시지는 않으셨나요?"

"그런 생각 없었다. 만일 그들이 누구를 돕거나 해친다고 생각했다면 그 '누구'는 마땅히 내가 아니라 '아버지'였을 것이다."

"이미 철저한 무아(無我)의 경지에 드셨던 것입니까?"

"말에 어폐가 있구나. 내가 내 발로 걸어서 무아의 경지로 들어간 게 아니다."

"알아듣겠습니다. 제 말씀은, 십자가에서 숨을 거두시기 전에 이미 선생님은 돌아가신 상태와 다름없으셨다는 뜻이었습니다."

"그래서 '죽기 전에 죽어 지금 부활하라'고 하지 않았느냐?"

"예. 엊그제 수피즘(Sufism)에 관한 책을 읽다가 그 문장을 만났습니다."

"죽은 뒤에 죽지 말고 죽기 전에 죽어라. 이것이 내가 땅에서 너희에게 주는 마지막 교훈이다."

[21]그 때 마침 알렉산더와 루포의 아버지 시몬이라는 키레네 사람이 시골에서 올라오다가 그곳을 지나가게 되었는데 병사들은 그를 붙들어 억지로 예수의 십자가를 지고 가게 하였다.

²²그들은 예수를 끌고 골고타라는 곳으로 갔다. 골고타는 해골산이라는 뜻이다.

²³그들은 포도주에 몰약을 타서 예수께 주었으나 예수께서는 드시지 않았다.

²⁴마침내 그들은 예수를 십자가에 못 박았다. 그리고 주사위를 던져 각자의 몫을 정하여 예수의 옷을 나누어 가졌다.

²⁵예수를 십자가에 못 박은 때는 아침 아홉 시였다.

²⁶예수의 죄목을 적은 명패에는 "유다인의 왕"이라고 씌어 있었다.

"도무지 이해가 안 됩니다. 물 위를 걷고 보리떡 다섯 개로 수천 명을 배불리 먹이고 성난 파도를 잠재우고 38년이나 앓던 병자를 말 한 마디로 일으키고 나흘 된 시체를 살려 내신 분이 어쩌면 이렇게도 무기력하실 수가 있습니까? 병사들이 시몬을 붙잡아 억지로 십자가를 지게 했다는 건 십자가 하나 질 만큼의 기력도 선생님께 남아 있지 않았다는 얘기 아닙니까?"

"그렇다."

"그럴 수 있는 겁니까?"

"그럴 수 있는 게 아니라 그래야 한다."

"예?"

"……"

"……?"

"철저하게 무아(無我)로 된 자만이 무아이신 아버지께로 돌아갈 수 있다."

"……?"

"지상에서 자기가 무엇을 이루었다고 생각하는 사람은 아직 갈 길이 멀다. 하물며, 자기가 이루지도 않은 일을 자기 공(功)으로 착각하여 움켜잡은 몸으로 어찌 '십자가의 길'을 간다 하겠느냐?"

"……"

"아버지께서 내게로부터 모든 것을 거두어 가셨다. 이제 나는 아무것도 아니었다. 아무것도 아닌 것도 아니었다. 그렇게 남김 없이 무시당했다. 그것이 바로 '십자가'였다."

"……"

"……"

"그러면, 어떤 자들이 말했듯이, 선생님께서는 철저한 무아(無我)로 되셨으니 육체의 고통도 느끼지 않으셨던 겁니까?"

"아직 목숨이 붙어 있는데, 무슨 마취제를 쓰지도 않았는데, 어찌 고통을 느끼지 않는단 말이냐?"

"무아인데 누가 아픕니까?"

"무아도 아(我)다! 말에 속지 마라. 이 대목에서 말장난을 하겠다는 거냐?"

"아닙니다. 그만 입을 다물겠습니다."

"……"

"……"

²⁷예수와 함께 강도 두 사람도 십자가형을 받았는데 하나는 그의 오른편에 다른 하나는 왼편에 달렸다.

²⁹지나가던 사람들이 머리를 흔들며 "하하, 너는 성전을 헐고

사흘 안에 다시 짓는다더니
[30]십자가에서 내려와 네 목숨이나 건져보아라." 하며 모욕하였다.
[31]같은 모양으로 대사제들과 율법학자들도 조롱하며 "남을 살리면서 자기는 살리지 못하는구나!
[32]어디 이스라엘의 왕 그리스도가 지금 십자가에서 내려오나 보자. 그렇게만 한다면 우린들 안 믿을 수 있겠느냐?" 하고 서로 지껄였다. 예수와 함께 십자가에 달린 자들까지도 예수를 모욕하였다.

"카잔차키스의 소설이 생각납니다. 그는 '십자가에서 내려와 보라'는 사람들의 조롱이 사탄의 마지막 유혹이었다고 했지요. 과연 그러했나요? 그것이 선생님께 '최후의 유혹'이었습니까?"

"카잔차키스의 상상력은 존중한다만, 그렇지 않았다."

"아니었다고요?"

"할 수 있는 것을 하라고 꾀는 것이 유혹이다. 누가 너에게 미국 대통령에 출마해 보라고 한다면 그것을 유혹이라고 할 수 있겠느냐? 사람들이 내게 십자가에서 내려와 보라고 했을 때 나는 그러고 싶었다 해도 그럴 수 없는 몸이었다. 네 말대로 십자가 형틀 하나 메고 갈 수 없을 만큼 기력이 바닥났는데, 게다가 두 손 두 발에 굵은 쇠못이 박혔는데, 어떻게 거기서 내려온단 말이냐? 십자가에서 내려와 보라는 그들의 말은 내게 유혹이 아니었다. 그저 그런 식으로 해 본 조롱이었을 뿐이다."

"그러나 선생님은 우리 같은 보통 사람이 아니잖습니까? 누구도 따라할 수 없는 놀라운 기적을 일으키지 않으셨습니까?"

"그런 '나'를 아버지께서 모두 거두어 가셨다고 하지 않았느냐?"

"……"

"아버지의 일은 지극히 평범하게 이루어진다. 아침에 해 뜨고 저녁에 별 뜨는 것을 이상하다고 생각하는 사람이 있더냐? 봄이면 노고지리 공중에 높이 뜨고 가을이면 기러기 북에서 날아온다. 사람의 일 또한 그와 같은 평범함에서 벗어날 수 없는 것이다."

"……"

"십자가 사건을 특이한 사건으로 보지 마라. 강도들 틈에서 한 사람이 처형당한 것이다. 훗날 사람들은 그가 죄 없이 억울하게 죽었다고 말하지만, 그것도 그렇지 않다."

"예? 무슨 말씀이십니까?"

"내가 세상 죄를 졌으니, 그로써 처형당해 마땅한 죄인 아니냐? 아버지께서는, 유념해 두어라, 아버지께서는 어느 누구도 억울한 일을 당하게 하시지 않는다."

"그렇지만 어떻게 선생님을 살인강도들과 함께 처형한단 말입니까? 해도 너무한 것 아닙니까?"

"사람을 죽이는데 언덕에서 죽이든 골짜기에서 죽이든 그게 무슨 상관이냐? 그리고, 사실은 그런 일이 다반사로 벌어지는 게 인간 세상 아니냐? 해도 해도 너무하다고, 그렇게 말하는 사람이 하나 둘이냐?"

"……"

"'십자가 사건'은 오늘도 지구별 곳곳에서 일어나고 있다. 보아라, 영문 모를 박격포탄에 온몸이 찢어진 아프가니스탄 아이들, 이라크 어머니들이 못도 박히지 않은 채 저렇게들 십자가에 걸려 있지 않느냐?"

"그들도 억울한 죽음을 당한 게 아니란 말씀입니까?"

"그날 내 곁에서 숨져간 두 사람처럼, 억울하게 죽는다고 생각하는 사람에게는 억울한 죽음이겠지. 그러나 그렇게 생각하지 않는 사람에게는 억울한 죽음이 아닌 것이다."

"선생님께서 그러셨듯이 말입니까?"

"……"

"이렇게, 사방에서 십자가 사건이 벌어지는 세상을 저는 어떻게 살아야 하는 걸까요?"

"남에게 십자가를 지우는 사람으로 살지 말고, 자기 십자가를 지는 사람으로 살아라."

"그러려면 어떻게 해야 합니까?"

"내 멍에를 메고 나한테 배워라. '남은 살리면서 자기는 살리지 못하는' 사람이 바로 나였다."

"선생님, 그게 참으로 어렵습니다."

"날마다 순간마다 어떻게 하면 이 상황에서 내가 살 수 있을까를 궁리하지 말고 어떻게 하면 죽을 수 있을까를 궁리하면서 살아 보아라. 때가 되면 아버지께서 너의 '나'를 모두 거두어 가시고 그 빈자리를 당신의 '나'로 채워 주실 것이다. 그것이 십자가요 그것이 부활이다."

[33]낮 열두 시가 되자 온 땅이 어둠에 덮여 오후 세 시까지 계속

되었다.

³⁴세 시에 예수께서 큰 소리로 "엘로이, 엘로이, 레마 사박타니?" 하고 부르짖으셨다. 이 말씀은 "나의 하느님, 나의 하느님, 어찌하여 나를 버리셨나이까?"라는 뜻이다.

³⁵거기에 서 있던 사람들 몇이 이 말을 듣고 "저것 봐! 이 사람이 엘리야를 부르는구나." 하였다.

³⁶어떤 사람은 달려오더니 해면을 신 포도주에 적시어 갈대 끝에 꽂아 예수의 입에 대면서 "어디 엘리야가 와서 그를 내려 주나 봅시다." 하고 말하였다.

³⁷예수께서는 큰 소리를 지르시고 숨을 거두셨다.

³⁸그 때 성전 휘장이 위에서 아래까지 두 폭으로 찢어졌다.

³⁹예수를 지켜보고 서 있던 백인대장이 예수께서 그렇게 소리를 지르고 숨을 거두시는 광경을 보고 "이 사람이야말로 정말 하느님의 아들이었구나!" 하고 말하였다.

⁴⁰또 여자들도 먼 데서 이 광경을 지켜보고 있었는데 그들 가운데는 막달라 여자 마리아, 작은 야고보와 요셉의 어머니 마리아, 그리고 살로메가 있었다.

⁴¹그들은 예수께서 갈릴래아에 계실 때에 따라다니며 예수께 시중들던 여자들이다. 그 밖에도 예수를 따라 예루살렘에 올라온 여자들이 거기에 많이 있었다.

"선생님, 결국 마지막 숨을 거두시는군요?"

"내가 숨을 거둔 게 아니라 하느님 아버지께서 당신 숨을 거두어 가신 것이다."

"……"

"삶도 죽음도 너에게 일어나는 사건이지만, 네가 그 사건의 주인은 아니다. 마음에 새겨 두어라. 네가 순간마다 마시고 토하는 숨이 사실은 네가 마시고 토하는 게 아니라 아버지께서 순간마다 당신 숨을 너에게 주시고 거두시는 것이다."

"명심하겠습니다."

"……"

"그러면, 제 숨이 하느님 아버지 것이니 그 숨으로 말미암아 생겨나는 모든 것이 또한 하느님 아버지 것 아닌가요?"

"그것이 그런 줄을 진실로 아는 자에게는 그렇다."

"선생님, 그렇다면 기록에 선생님께서 '엘로이, 엘로이……' 하고 부르짖으셨다고 했는데요, 실은 하느님이 하느님을 그렇게 부르신 것이라고 할 수 있지 않습니까?"

"모든 신비가들의 마지막 고백 내용을 네가 말하는구나? 어디서 들었느냐?"

"바로 엊그제, 이븐 아라비(Ibn Arabi)라는 수피의 다음과 같은 고백을 읽었습니다. '나의 하느님, 내가 그리도 많이 당신을 불렀사오나, 그러나 당신을 부른 것은 당신입니다!'"

"전에 누군가 한 소식 듣고서, '내 그동안 소 등에 앉아 소를 찾았구나.' 하고 노래했다지? 그러나 이런 얘기는 아무한테나 함부로 해서는 안 된다."

"선생님, 정말로 하느님 아버지께서 선생님을 버리셨던 겁니까?"

"그렇지 않다. 우리 아버지는 누구도 버리실 수가 없는 분이시다. 사랑이란 본디 그런 것이다."

"그런데 왜 '엘로이, 엘로이……' 하고 부르짖으셨습니까?"

"너는 그 부르짖음 속에서, 아버지 품에 몸을 던져 깊숙이 안기려는 아들의 간절함이 느껴지지 않느냐? 눈을 감고 잘 들어 보아라."

"……"

"아, 느껴집니다. 선생님께서 이렇게 말씀하시는 것 같습니다. '아버지, 아버지께로 갑니다! 받아주십시오!'"

"그렇게 들리느냐?"

"예."

"누가 무슨 말을 할 때에는 그 말에 담긴 속뜻을 들어야 한다. 그것이 '말귀'를 알아듣는 것이다."

"그런데 사람들은 말귀는 그만두고 선생님의 말씀 자체도 알아듣지 못해서 '엘리야를 부른다'고 하는군요?"

"그들만 그런 게 아니다. 너도 날마다 그러고 있지 않느냐?"

"옳으신 말씀입니다. 그런데, 왜들 그러는 걸까요?"

"귀가 맑지 못해서다."

"맑은 귀란 어떤 귀입니까?"

"모든 선입견과 편견이 없어진 귀가 맑은 귀다. 무엇을 비쳐 준다는 마음 없이 만물을 비쳐 주는 거울처럼, 그렇게 듣고 보고 말하고 행동하는 사람이 곧 깨끗한 마음의 사람이요, 그는 하느님을 뵙는다."

"선생님께서 큰 소리를 지르고 숨을 거두셨다고 했습니다. 무슨 소리를 지르셨느냐고 여쭈어 봐도 될까요?"

"소리는 소리다."

"무슨 말씀이신지요?"

"말은 소리에서 나오고 소리는 침묵에서 나온다. 내가 그동안 많은 말을 했지만 이제 영원한 침묵으로 돌아가야 하는데, 말과 침묵 사이를 이어주는 문(門)이 바로 소리다. 소리에 의미가 담기면 그것은 말이지 소리가 아니다. 소리는 소리일 뿐이다. 무슨 소리를 질렀느냐는 질문은 있을 수 있지만, 이런 소리(또는 저런 소리)를 질렀다는 대답은 있을 수 없는 것이다."

"선생님께서 숨을 거두실 때, 성전 휘장이 위에서 아래까지 두 폭으로 찢어졌다고 기록되어 있습니다. 정말 그런 일이 있었나요?"

"정말로 그런 일이 있었어도 그것을 너에게 입증할 방법이 없고 그런 일이 없었어도 역시 그것을 너에게 입증할 방법이 없다. 그러니, 있었다 한들 네가 믿지 않으면 그만이고 없었다 해도 네가 믿지 않으면 또한 그만이다. 언제까지 그런 질문을 되풀이할 참이냐?"

"……"

"성전 휘장이 실제로 찢어졌으면 어떻고 그런 일이 없었다면 무슨 상관이냐? 문제는 네 속에 드리워져 있는 휘장이다!"

"말씀을 듣자니 바로 어젯밤에 읽은 카비르(Kabir)의 시 한 구절이 생각납니다."

> 지금까지 우리가 어떤 하느님에 대해서
> 말해왔는지, 나는 모른다.

부르는 자가 황혼에 서서 큰 소리로
거룩하신 분을 부르는구나.
거룩하신 분은 정녕 귀머거리가 아닌데
왜 큰 소리로 부르는가?
그분은 기어가는 벌레의 발목에서 울리는
미세한 소리도 들으신다.
염주알을 굴리고 또 굴리고
앞이마에 괴상한 무늬를 그려 넣고
길고 텁수룩한 머리카락으로
등을 덮어 보아라.
그래도 네 중심 깊은 곳에
총알 먹인 총이 숨어 있다면
어찌 네가 하느님을 모실 수 있으랴?

"예루살렘 성전 휘장이 백 조각으로 찢어진들, 네 가슴 속 커튼이 그냥 남아 있다면 그게 무슨 소용이냐? 내 죽음으로, 너와 너 아닌 것들을 갈라 놓던 두터운 휘장이 찢어져 더 이상 너에게 남이 없고 더 이상 너에게 성스러운 것이 없게 되기를 바란다."

"그것은 저도 간절히 바라는 일입니다. 어떻게 하면 그렇게 될 수 있을까요?"

"나처럼 죽어라. 그 길밖에, 다른 길이 없다!"

"선생님! 선생님의 최후를 보고서 '이 사람이야말로 하느님의 아들이었구나.' 하고 말했다는 백인대장과 선생님의 최후를 지켜본 여자들에 대해서도 여쭙고 싶은 게 있었습니다만, 오늘은 더 못하겠습니다."

"저들은 저들의 길을 가게 두고, 너는 네 길이나 착실히 걷도록 하여라."

"예, 선생님."

⁴²날이 이미 저물었다. 그날은 준비일, 곧 안식일 전날이었기 때문에

⁴³아리마태아 사람 요셉이 용기를 내어 빌라도에게 가서 예수의 시체를 내어 달라고 청하였다. 그는 명망 있는 의회 의원이었고 하느님 나라를 열심히 대망하고 있는 사람이었다.

⁴⁴이 말을 듣고 빌라도는 예수가 벌써 죽었을까 하고 백인대장을 불러 그가 죽은 지 오래 되었는가 물어보았다.

⁴⁵그리고 백인대장에게서 예수가 분명히 죽었다는 사실을 전해 듣고는 시체를 요셉에게 내어주었다.

⁴⁶요셉은 시체를 내려다가 미리 사 가지고 온 고운 베로 싸서 바위를 파서 만든 무덤에 모신 다음 큰 돌을 굴려 무덤 입구를 막아 놓았다.

⁴⁷막달라 여자 마리아와 요셉의 어머니 마리아가 예수를 모신 곳을 지켜보고 있었다.

"화면으로만 보았습니다만, 간디 장례식이나 마더 테레사 장례식에 견주어 선생님 장례는 너무나도 초라한 느낌입니다."

"터무니없는 느낌이다."

"예?"

"서로 비교될 수 없는 것을 비교하고 있으니 그 비교에서 나온 느낌에 무슨 터무니가 있겠느냐?"

"그건 그렇습니다만……"

"없으면 없는 것이다. 무슨 단서가 또 따라붙는단 말이냐?"

"예, 선생님."

"……"

"그나저나 요셉은 참으로 용감한 사람이었던 것 같습니다. 의회 의원으로서 의회 결정으로 처형된 사람 시신을 수습한다는 게 쉬운 일은 아니었을 테니까요."

"그로서는 할 만한 일이었고, 할 수도 있는 일이었다."

"……?"

"무슨 일이든, 그 일을 할 수 있는 사람을 통해서 일어나는 것이다. 요셉에게는 그런 용기가 있었고 그래서 그렇게 했을 뿐이다. 그에게 만일 다른 용기가 있었다면 다른 일을 했을 것이다."

"무슨 일을 말씀하시는 겁니까?"

"의회가 소집되었을 때 나를 죽이지 말자고 반대 의견을 냈을 수도 있지 않았겠느냐?"

"……"

"그가 그러지 않았다고 탓하는 말이 아님은 알겠지?"

"물론입니다."

"누가 무슨 일을 했다 하여 그를 추켜세우거나 깎아내리는 일은 사실상 터무니없는 짓이다."

"……"

"요셉은 요셉답게 자기 일을 했고, 아버지께는 그로써 충분하다."

"히틀러가 히틀러답게 자기 일을 한 것처럼 말입니까?"
"그렇다!
"……"
"……"
"너도 언젠가, 내가 죽거든 장례는 이러저러하게 치르라고 미리 유언을 남긴 적 있지?"
"예. 그랬습니다."
"지금도 같은 생각이냐?"
"생각이야 달라지지 않았습니다만, 부질없는 짓을 했습니다."
"어째서 부질없는 짓이냐?"
"제 송장 치우는 일은 제가 간섭할 문제가 아니라고 봅니다. 어리석어서, 저의 에고가 장난질하는 것을 알아차리지 못했습니다. 할 수 있으면 그 '유언'을 없던 것으로 하고 싶습니다만, 모두들 잊었을 텐데 다시 언급하는 것 자체가 또다른 장난질 하는 것 같아서 가만있기로 했습니다."
"내가 내 시신을 수습한 요셉에 대하여 아무 말도 하지 않는 까닭을 짐작하겠느냐?"
"……"
"네가 아는 사람들의 번잡한 장례를 '예수의 초라한 장례'에 견주어 비난, 경멸하는 짓을 앞으로도 계속할 생각이냐?"
"아닙니다. 다시는 그러지 않겠습니다."
"번잡한 장례나 초라한 장례는 장례식장에 있지 않고 그것을 그렇게 보는 사람 마음에 있는 것이다. 처형당해 죽은 자의 시체를 골짜기에 그대로 던져 버리던 당시 관습에 견주어 보면, 고운 베로 싸서 바위 무덤에 안장한 것은 결코 '초라한 장례'가 아니었다."

"……"

"모두가 시작도 마침도 없이 이어지는 성스런 과정의 일면(一面)에 지나지 않는다. 거기에 머물 이유도 없고 그래서도 안 된다. 죽은 자는 죽은 자들에게 맡기고, 너는 내 뒤를 따라라."

"예, 선생님."

16장

¹안식일이 지나자 막달라 여자 마리아와 야고보의 어머니 마리아와 살로메는 무덤에 가서 예수의 몸에 발라 드리려고 향료를 샀다.

²그리고 안식일 다음 날 이른 아침 해가 뜨자 그들은 무덤으로 가면서

³"그 무덤 입구를 막은 돌을 굴려 내 줄 사람이 있을까요?" 하고 말을 주고받았다.

⁴가서 보니 그렇게도 커다란 돌이 이미 굴러져 있었다.

⁵그들이 무덤 안으로 들어갔더니 웬 젊은이가 흰 옷을 입고 오른편에 앉아 있었다. 그들이 보고 질겁을 하자

⁶젊은이는 그들에게 "겁내지 말라. 너희는 십자가에 달리셨던 나자렛 사람 예수를 찾고 있지만 예수는 다시 살아나셨고 여기에는 계시지 않다. 보라, 여기가 예수의 시체를 모셨던 곳이다.

^{7}자, 가서 제자들과 베드로에게 예수께서는 전에 말씀하신 대로 그들보다 먼저 갈릴래아로 가실 것이니 거기서 그분을 만나게 될 것이라고 전하라." 하였다.

^{8}여자들은 겁에 질려 덜덜 떨면서 무덤 밖으로 나와 도망쳐 버렸다. 그리고 너무나도 무서워서 아무에게도 말을 못하였다.

"선생님이 다시 살아나셨다는 말을 듣고 왜 그토록 겁에 질려 도망쳐야 했는지, 이해가 되지 않습니다."

"본인들도 나중에 생각하면 자기네가 그때 왜 그랬는지 이해되지 않을 일인데, 하물며 네가 그것을 이해할 수 있겠느냐?"

"선생님께서 여러 차례 다시 살아나실 것을 예고하셨지만 그게 모두 소용없었던 모양입니다."

"그러면 내가 괜한 말을 그것도 몇 번씩이나 했다는 얘기 아니냐? 그건 그렇지 않다."

"그런데 지금 이 여자들은 막상 선생님이 부활하셨다는 말을 듣자 기뻐하기는커녕 오히려 겁에 질려 떨고 있지 않습니까?"

"사람은 행동하면서 무엇인가를 기대한다. 그런데 그 기대가 엉뚱하게 어긋나거나 전혀 기대하지 않았던 일이 벌어지면 당황하게 마련이다. 그날 아침, 여인들 가운데 누구라도 내가 부활했을지 모른다는 생각을 하거나 아니면 다시 살아나리라고 예고한 내 말을 기억하면서 무덤을 찾았더라면 그렇게 겁이 나서 도망치지는 않았을 것이다."

"그러니까 무엇을 기대하면서 행동하느냐가 참으로 중요한 일이군요?"

"간혹, 그 기대가 무너져야 만날 수 있는 것이 '진실'이다."
"……"
"……"
"빈 무덤 안에 있던 젊은이가 누구였는지를 궁금하게 여기는 사람들도 있더군요."
"너는 어떠냐?"
"저는 별로 궁금하지 않습니다."
"그가 누구였다고 생각하느냐?"
"천사였지요."
"천사의 역할이 무엇이냐?"
"사람들에게 하늘의 메시지를 전하는 존재라고 봅니다."
"……"
"그러고 보니, 무덤에서 여인들은 천사를 만났지만 그를 천사로 알아보지 못했던 것입니다!"
"그랬지."
"혹시, 그래서 겁에 질렸던 것 아닙니까?"
"진실을 알면 자유롭게 된다. 진실이 너를 온갖 두려움과 불안과 거기서 파생되는 폭력으로부터 자유롭게 해 줄 것이다."
"선생님. 제 생각에 그날 아침 여인들이 겁에 질렸던 진짜 이유는 부활하신 선생님을 만나 뵙는 대신, 비어 있는 무덤과 낯선 젊은이가 전하는 너무나도 뜻밖의 소식만을 접했기 때문인 것 같습니다."
"잘 보았다."
"아하, 그랬던 것이군요."

"내가 다시 살아났다는 말을 전해 듣는 것만으로는 네 속에 숨어 있는 두려움을 이길 수 없다. 마침 어제가 올해의 부활절이었는데, 부활절 예배에 참석하여 예수의 부활 기사를 읽고 예수 부활을 찬미하고 예수 부활을 기념하는 여러 가지 행사에 참여하는 것만으로는 두려움과 폭력에서 벗어나지 못한다."

"선생님, 어떻게 하면 예수 부활에 대한 소식을 듣는 자리에 머물러 있지 않고 직접 부활하신 예수를 만나 뵐 수 있을까요?"

"나를 만나고자 하는 간절한 진심이 있는 곳으로 나는 반드시 간다."

"엊그제 우리말로 옮긴 카비르(Kabir)의 노래가 기억납니다."

> 네가 나를 갈망하느냐?
> 나는 네 곁에 있다.
> 내 어깨가 네 어깨에 닿아 있다.
> 너는 나를 탑에서 찾지 못할 것이다.
> 인도 사원의 골방에서도,
> 회당이나 대성당에서도,
> 군중이나 외톨이 안에서도,
> 네 목을 감싸는 네 다리에서도,
> 철저한 채식(菜食)에서도,
> 너는 나를 찾지 못할 것이다.
> 네가 진심으로 나를 찾을 때
> 그 즉시 너는 나를 보게 될 것이다.
> 시간의 가장 작은 방(房)에서

"간혹, 그 기대가 무너져야 만날 수 있는 것이 '진실'이다."
"……"
"……"
"빈 무덤 안에 있던 젊은이가 누구였는지를 궁금하게 여기는 사람들도 있더군요."
"너는 어떠냐?"
"저는 별로 궁금하지 않습니다."
"그가 누구였다고 생각하느냐?"
"천사였지요."
"천사의 역할이 무엇이냐?"
"사람들에게 하늘의 메시지를 전하는 존재라고 봅니다."
"……"
"그러고 보니, 무덤에서 여인들은 천사를 만났지만 그를 천사로 알아보지 못했던 것입니다!"
"그랬지."
"혹시, 그래서 겁에 질렸던 것 아닙니까?"
"진실을 알면 자유롭게 된다. 진실이 너를 온갖 두려움과 불안과 거기서 파생되는 폭력으로부터 자유롭게 해 줄 것이다."
"선생님. 제 생각에 그날 아침 여인들이 겁에 질렸던 진짜 이유는 부활하신 선생님을 만나 뵙는 대신, 비어 있는 무덤과 낯선 젊은이가 전하는 너무나도 뜻밖의 소식만을 접했기 때문인 것 같습니다."
"잘 보았다."
"아하, 그랬던 것이군요."

"내가 다시 살아났다는 말을 전해 듣는 것만으로는 네 속에 숨어 있는 두려움을 이길 수 없다. 마침 어제가 올해의 부활절이었는데, 부활절 예배에 참석하여 예수의 부활 기사를 읽고 예수 부활을 찬미하고 예수 부활을 기념하는 여러 가지 행사에 참여하는 것만으로는 두려움과 폭력에서 벗어나지 못한다."

"선생님, 어떻게 하면 예수 부활에 대한 소식을 듣는 자리에 머물러 있지 않고 직접 부활하신 예수를 만나 뵐 수 있을까요?"

"나를 만나고자 하는 간절한 진심이 있는 곳으로 나는 반드시 간다."

"엊그제 우리말로 옮긴 카비르(Kabir)의 노래가 기억납니다."

네가 나를 갈망하느냐?
나는 네 곁에 있다.
내 어깨가 네 어깨에 닿아 있다.
너는 나를 탑에서 찾지 못할 것이다.
인도 사원의 골방에서도,
회당이나 대성당에서도,
군중이나 외톨이 안에서도,
네 목을 감싸는 네 다리에서도,
철저한 채식(菜食)에서도,
너는 나를 찾지 못할 것이다.
네가 진심으로 나를 찾을 때
그 즉시 너는 나를 보게 될 것이다.
시간의 가장 작은 방(房)에서

나를 발견할 것이다.

"……"

"해마다 이맘때면 온 세계가 부활절 행사로 분주한데요. 그 모든 행사가 사람들에게 '부활하신 예수'를 직접 만나고 싶다는 간절한 마음을 심어 주는 대신 '예수의 부활'을 기억하고 설교하고 찬미하는 일에 머물도록 함으로써 오히려 '부활하신 예수'에게로 가까이 가는 데 방해가 되지 않는지, 안타까운 생각이 듭니다."

"안타까운 일은 언제나 있어 왔다. 그래도 그런 과정을 거치지 않고서는 나를 만날 수 없으니, 그것들을 무시하거나 경멸해서는 안 된다. 로마로 가는 길이 곧 로마는 아니지만 그 길이 없으면 로마는 없는 것이다."

"예. 물론이지요."

⁹일요일 이른 아침, 예수께서는 부활하신 뒤 막달라 여자 마리아에게 처음으로 나타나셨는데 그는 예수께서 일찍이 일곱 마귀를 쫓아내어 주셨던 여자였다.

¹⁰마리아는 예수를 따르던 사람들이 슬퍼하며 울고 있는 곳으로 찾아가 이 소식을 전해 주었다.

¹¹그러나 그들은 예수께서 살아 계시다는 것과 그 여자에게 나타나셨다는 말을 듣고도 믿으려 하지 않았다.

"마르코는 기록하기를, 선생님께서 부활하신 뒤 막달라 여자 마리아에게 처음으로 나타나셨다고 했습니다. 이 기록이 사실에 부합되는지 아닌지는 여쭙지 않겠습니다. 다만, 왜 하필이면 막달라 여자 마리아였습니까?"

"그 여자면 안 될 무슨 이유라도 있느냐?"

"그런 건 아니겠습니다만, 하필이면 왜 일곱 마귀가 들렸던 여자를 부활 후 첫 만남의 상대로 택하셨는지, 그게 궁금합니다."

"말하지 않았느냐? 물이 낮은 곳으로 흐르듯이, 나를 만나고자 하는 간절한 마음이 있는 곳으로 나는 간다."

"그러니까, 나란히 있는 여러 후보들 가운데서 하나를 선택하신 게 아니라 마리아의 간절한 마음에 이끌려서 그를 만나셨다는, 그런 말씀인가요?"

"내가 없었다면, 나를 만나고자 하는 간절함이 마리아에게 있었겠느냐?"

"……"

"내가 누구를 만났는지, 그 누구의 이름이 무엇이며 경력이 어떠했는지가 너에게 무슨 상관이냐? 내가 처음 만난 사람이 여자인 마리아가 아니라 남자인 시몬이었다면, 그래서 네 인생에 무슨 달라질 것이 있느냐?"

"선생님께서 베드로를 포함하여 널리 알려진 남성 제자들이 아닌 여자, 그것도 부끄러운 과거를 지닌 여자를 부활 후 처음 만나주셨다는 사실에 특별한 의미를 부여하는 '여성 신학자들'이 있습니다."

"그것은 그들의 해석이다."

"……"

"사람의 생각은 그가 살고 있는 시대에 뿌리를 내려야 한다. 그렇지 않은 생각은 한낱 공상이 되어 이내 사라지고 만다. 바야흐로 여성이 깨어나 역사의 주인공으로 일할 때가 되었고 그래서 그런 해석도 나타나는 것이다."

"그렇지만 시대적 해석이란 결국 그 시대가 저물면서 사라질 운명 아닙니까? 그런 것 말고, 언제 어디서나 통할 수 있는 영원한 메시지를 이 본문에서 읽으려면 어떻게 해야 합니까?"

"마리아를 '여자'로 보는 대신 '사람'으로 보면, 지상에 사람이 살아가는 한 이 이야기에서 한결같은 메시지를 얻을 것이다."

"……"

"……"

"부활하신 선생님을 누가 처음 만났느냐를 묻는 것은 그가 여자냐 남자냐를 묻는 것만큼이나 의미 없는 질문이라고 생각됩니다."

"네 생각이다. 남에게까지 주장할 건 없다."

"예."

"마리아도 내 빈 무덤에서 다른 사람들처럼 겁에 질렸고 낙심천만이었다. 그러나 그런 가운데서도 어떻게든지 나를 자기 눈으로 보고 싶어 했다. 그래서 그곳을 떠나지 못했다. 그 간절한 마음이 나로 하여금 그 앞에 모습을 드러내게 한 것이다. 땅의 음전(陰電)이 하늘 양전(陽電)을 불러 벼락을 일으키듯이."

"……"

"바람은 바람을 부르고 마음은 마음을 부른다. 누구든지 진심으로 나를 갈망하면, 그는 나를 만나지 않을 수 없을 것이다."

"그렇게 해서, 마리아는 선생님을 뵈었고 그 소식을 사람들에게 전했지만 그들은 여전히 믿지 않는군요?"

"전하는 자는 다만 전할 것을 전할 따름이다. 그것을 믿고 안 믿고는 듣는 자들 몫이다."

"……"

"너에게 있는 것을 사람들에게 나누어 주되 그들이 받느냐 안 받느냐에 얽매이지 말아라. 네가 하는 일에서 스스로 자유롭지 못하다면 차라리 그 일을 그만두어라. 그것이 너를 위해서나 세상을 위해서나 바람직한 일이다."

¹²그 뒤 제자들 가운데 두 사람이 시골로 가고 있을 때에 예수께서 다른 모습으로 그들에게 나타나셨다.

¹³그 두 사람도 돌아와서 다른 제자들에게 이 소식을 전했으나 그들은 그 말도 믿지 않았다.

"루가의 기록을 보면, 두 제자는 지금 선생님이 부활하셨다는 소문을 듣고서도 낙심하여 시골로 가는 길입니다. 그들에게는, 마리아와 달리, 선생님 시신이라도 봐야겠다는 간절한 마음이 없었던 것 같은데 왜 그들에게 나타나셨습니까?"

"네 말대로 그들은 절망 상태에 있었다. 그래서 그들에게 나타났던 것이다."

"무슨 말씀이신지요?"

"절망은 희망의 다른 얼굴임을 모르느냐? 나로 말미암아 절망하는 자를 내가 어찌 외면할 수 있겠느냐?"

"그들은 선생님이 다시 살아나셨다는 소문을 들었는데도 낙심했습니다."

"그들에게는 내가 다시 살아났다는 소문을 받아들일 만한 믿음이 없었다. 믿음이 없으면 기쁜 소식이 그만큼 슬픈 소식으로 들리는 법이다."

"그러니까, 선생님의 부활 소식이 그들에게는 오히려 절망을 부채질했던 것이군요?"

"……"

"말이 나온 김에 하나만 더 여쭙겠습니다. 제가 선생님이라면, 부활한 몸을 선택된 제자들만이 아니라 모든 사람, 특히 빌라도를 위시하여 대사제들이나 율법학자들에게도 보이겠습니다. 그러면 온 세상이 선생님께 굴복하지 않았겠어요?"

"너는 하느님 아버지의 도(道)를 무시하면서 하느님 아버지의 뜻을 이룰 수 있다고 생각하느냐? 대한민국 헌법을 어기면서 대한민국을 세울 수 있느냐?"

"……"

"네 말대로, 모든 사람이 나를 만나게 될 것이다. 그러나 그 만남의 때와 방식은 사람마다 다르다. 나를 만날 준비가 아직 되어 있지 않은 자를 내가 억지로 미리 만난다면 그것은 그에게 폭력을 쓰는 것이다. 하느님 나라에는 폭력이 없다. 내 어찌 그런 무도(無道)를 저지른단 말이냐?"

"……"

"모든 일에 때가 있다고 했다. 아버지의 그물은 성기어서 틈새가 많아 보이지만 머리카락 하나 빠뜨리지 않는다. 그것이 천도(天道)다."

^{14}그 뒤 열한 제자가 음식을 먹고 있을 때에 예수께서 나타나셔서 마음이 완고하여 도무지 믿으려 하지 않는 그들을 꾸짖으셨다. 그들은 예수께서 살아나신 것을 분명히 본 사람들의 말도 믿지 않았던 것이다.
^{15}예수께서는 그들에게 이렇게 말씀하셨다. "너희는 온 세상을 두루 다니며 모든 사람에게 이 복음을 선포하여라.
^{16}믿고 세례를 받는 사람은 구원을 받겠지만 믿지 않는 사람은 단죄를 받을 것이다.
^{17}믿는 사람에게는 기적이 따르게 될 터인데 내 이름으로 마귀도 쫓아내고 여러 가지 기이한 언어로 말도 하고
^{18}뱀을 쥐거나 독을 마셔도 아무런 해도 입지 않을 것이며 또 병자에게 손을 얹으면 병이 나을 것이다."

"선생님 부활을 믿지 않는 것은 똑같은데 왜 막달라 여자 마리아나 시골로 가던 두 제자는 꾸짖지 않으시고 열한 제자들은 꾸짖으셨나요?"

"나는 그들을 차별대우하지 않았다."

"선생님께서 사람을 차별대우하셨다는 말이 아니라, 왜 똑같은 짓을 했는데 누구는 꾸짖고 누구는 꾸짖지 않으셨느냐 말씀입니다."

"나는 그들을 똑같이 사랑했다. 너는 사랑의 표현이 상황에 따라서, 상대방에 따라서 달라질 수 있고 달라져야 한다는 기본 상식도 모르느냐? 초등학생 아우와 고등학생 언니가 똑같은 잘못을 저질렀을 때 그들을 똑같은 말로 나무라야 하느냐?"

"……"

"열한 제자는 내가 지명하여 뽑은 자들이었다. 세상은 그들을 내 제자로 보았고 본인들도 그렇게 생각했다. 그것만으로도 특별히 꾸중 들을 만한 자들 아니냐?"

"……"

"게다가, 더욱 중요한 이유는 그들이 내 부활 소식을 듣고서 그것을 믿으려 하지 않았다는 데 있다. 믿지 않는 것과 믿으려 하지 않는 것은 다르다. 믿고 싶은데 믿어지지 않는 것을 꾸짖을 수는 없는 일이다. 그것은 꾸중 들어서 해결될 문제가 아니기 때문이다. 그들은 마음이 굳어져서, 내가 다시 살아났다는 소식을 듣고도 그 사실을 받아들일 수가 없었다. 그것은 꾸중 들을 만한 일이요 꾸중 들어서 고쳐질 수도 있는 문제다. 그들이 내 부활을 믿지 않았다(못했다) 해서 꾸중한 게 아니었다."

"알겠습니다. 그러나 사실은 굳어진 마음도 본인이 어떻게 할 수 있는 문제가 아니잖습니까?"

"본인의 힘만으로 해결될 수 있는 문제는 아니지만, 본인이 먼저 나서지 않고서는 다른 누구도 도와줄 수 없는 문제이기도 하다. 그러기에 마음이 완고한 자라 해서 모두가 꾸중의 대상으로 되는 것은 아니다. 위로와 마찬가지로 꾸중도 받을 만한 자가 받는 것이다."

"선생님, 무엇이 그들의 마음을 그토록 굳어지게 했을까요?"

"그들은 죽은 사람이 다시 살아나는 일은 있을 수 없다는 생각에 스스로 갇혀 있었다. 남의 생각이든 자기 생각이든, 생각을 다스리지 못하고 거꾸로 생각에 다스림을 받으면 누구나 그렇게 될 수밖에 없다."

"그들은 죽은 라자로가 살아나는 것을 목격하지 않았습니까?"

"그 라자로를 살려 낸 예수가 죽었다. 이제 누가 '예수'로 되어 그를 살려 낼 것이냐?"

"……"

"자기 생각에 스스로 갇혀 있는 자를 바깥에서 풀어 줄 길은 없다. 문과 열쇠가 본인에게 있기 때문이다. 출구(exit)는 밖에 있지 않고 안에 있다."

"그렇습니다. 저도 늘 생각을 하면서 삽니다만, 제 생각에서 자유로워진다는 게 얼마나 어려운 일인지를 순간순간 절감하게 됩니다."

"진정 그러하냐?"

"아닙니다. 사실은 그것을 느끼지 못한 채 그냥 지나치는 경우가 대부분이지요."

"네가 네 생각에 갇혀 있음을 스스로 깨치면 깨치는 그만큼 고맙고 반가운 일이다."

"……"

"……"

"선생님께서 마지막으로 제자들에게 주신 말씀에는 오해의 소지가 있다고 봅니다."

"오해의 소지는 어디에나 언제나 있는 법이다. 겁낼 것 못 된다."

"어떤 사람이 자기 믿음을 증명해 보이려고 독사한테 물렸다가 죽었다는 얘기를 들었습니다."

"그 사람은 나를 믿은 게 아니라 제 믿음을 믿었다. 모래 위에 누각(樓閣)을 쌓았으니 그것이 무너질 때 깔려 죽을 수밖에 더 있느냐?"

"아아, 복음을 믿고 세례를 받는다는 게 무엇입니까?"

"몇 마디 설명으로 그것을 알고자 하느냐?"

"……"

"그것이 무엇인지를 알고자 떠난 길이다. 두리번거리지 말고 곧장 나를 따르라."

"예, 선생님."

"아직 갈 길이 멀다!"

[19]주님이신 예수께서 제자들에게 말씀을 다 하시고 승천하셔서 하느님 오른편에 앉으셨다.

[20]제자들은 사방으로 나가 이 복음을 전하였다. 그리고 주께서는 그들과 함께 일하셨으며 여러 가지 기적을 행하게 하심으로써 그들이 전한 말씀이 참되다는 것을 증명해 주셨다.

"사람이 우화등선(羽化登仙)한다는 말을 어려서부터 들었는데요. 선생님의 승천(昇天)에 대하여 우화등선이라는 말을 써도 될까요?"

"말은 위험한 도구다. 부득이하지 않으면 안 쓰는 게 좋다. 마르코의 기록만으로도 충분한데 굳이 다른 말을 쓸 이유가 무엇이냐?"

"……"

"내가 하늘로 올라가 하느님 오른편에 앉았다는 말을 너는 어떻게 이해하느냐?"

"선생님께서 사람의 몸으로 오셨다가 본원(本源)으로 돌아가시어 시간과 공간에 매이지 않는 분으로, 그러니까 언제나 어디에나 계시는 분으로 되셨다는 뜻으로 읽습니다."

"하느님 오른편이란 말은 무슨 뜻이냐?"

"하느님께 어찌 좌(左)가 있고 우(右)가 있겠습니까? 그런 자리가 따로 있어서 거기에 앉아 계신다는 뜻은 아니라고 봅니다."

"그러면?"

"선생님께서 하늘에 오르셨으니 하늘이 되신 것인데 그것을 하느님 오른편에 앉으셨다고 말한 것 아닐까요? 그러니까, 같은 말을 두 번 되풀이한 셈이지요."

"같은 뜻을 두 번 되풀이했다면 그래야 했던 이유가 있을 텐데, 그것이 무엇이라고 보느냐?"

"선생님께서 하느님 오른팔이 되시어 하느님의 일을 몸소 하신다는 뜻을 강조하려던 것 아닐까요?"

"내게 묻지 말고 네 생각을 말해 보아라."

"예. 그렇다고 봅니다. 선생님께서 부활 승천하신 것이 저 높은 하늘 어디에 앉아 계시면서 장차 있을 일을 대비하기 위해서가 아니라 때와 곳을 초월하여 이루어지는 하느님의 일을 몸소 하시기 위해서임을 밝힌 것이지요."

"때와 곳을 초월한다는 게 무슨 말이냐?"

"말 그대로 때와 곳에 매이지 않는 겁니다. 언제나 어디에나 사람들과 함께 있는 거지요."

"그 '언제나 어디에나' 를 다른 말로 바꿀 수 있겠느냐?"

"'언제나 어디에나 있다' 는 말은 '지금·여기에 있다' 는 말과 같다고 봅니다. 있는 것은 지금·여기밖에 없으니까요. 저는 (저뿐 아니라 모든 사람이) 어제도 내일도 아닌 오늘(지금), 저기도 거기도 아닌 여기에 있습니다. 지금이 아닌 다른 때, 여기가 아닌 다른 곳에는 있을 수가 없지요. 그러니까 선생님께서 하늘에 오르셨다는 말은 언제나 어디에나 계신 분으로 되셨다는 말이고, 언제나 어디에나 계신다는 말은 그들의 '지금·여기'로 들어오셨다는 말이 되는 겁니다. 바로 그것을, 선생님께서 하늘에 오르시어 하느님 오른편에 앉으셨다는 말로 표현한 것이라고 저는 봅니다."

"……"

"그래서 마르코는 선생님이 승천하셨다는 언급에 이어 곧바로, 사방에 나가 복음을 전하는 제자들과 '함께 일하셨으며 여러 가지 기적을 행하게 하심으로써 그들이 전한 말씀이 참되다는 것을 증명해 주셨다'라고 기록한 것 아니겠습니까?"

"잘 보았다. 그러나 어디까지나 네 생각일 뿐이다."

"예. 알고 있습니다."

"정말 그것이 네 생각이라고 보느냐? 네가 스스로 그런 생각을 했느냐?"

"아닙니다. 선생님! 저는 아닙니다. 선생님이 아니셨으면 제가 어찌 그런 생각을 했겠습니까?"

"내가 아니었으면 '그런 생각' 아닌 다른 생각은 할 수 있었겠느냐?"

"그것도 아닙니다. 선생님이 아니시라면 제가 어떤 생각인들 할 수 있겠습니까?"

"그게 내가 승천한 뒤로부터 그리 된 것이냐?"

"아닙니다. 선생님께서는 땅에 계실 때에도 '나는 포도나무요 너희는 가지다.…… 나를 떠나서는 너희가 아무것도 할 수 없다'고 하셨으니까요."

"바로 그것이 때와 곳을 초월한 나의 진실이다. 네가 그 진실을 참으로 깨치면 더 이상 너는 내게 '너'가 아니다."

 "……"

 "지금은 내가 너의 '지금·여기'에서 너와 함께 있지만, 때가 되면 네가 나의 '지금·여기'에서 나와 함께 있을 것이다."

 "아멘!"

 [21]그 여자들은 베드로와 그의 동료들에게 가서 그들이 들은 모든 것을 간추려 이야기해 주었다.
 [22]그 뒤 예수께서는 친히 제자들을 해가 뜨는 곳에서 해가 지는 곳까지 보내시어 영원한 구원을 선포하는 불멸의 말씀을 전하게 하셨다. 아멘.

 "21절은 20절보다 8절에 이어서 읽는 게 자연스러울 것 같습니다."

 "그러면 그렇게 읽어라."

 "그렇게 읽으면, 여자들이 처음에는 겁에 질려 아무에게도 말하지 못하다가 나중에 용기를 내어 베드로와 다른 제자들에게 가서 보고 들은 것을 얘기해 준 것으로 됩니다."

 "그렇구나."

 "무엇이, 누가 여자들의 처음과 나중을 이토록 다르게 만들었을까요?"

 "그 답은 22절에 있다. 읽어 보아라."

 "'그 뒤 예수께서는 친히 제자들을 해가 뜨는 곳에서 해가 지는 곳까지 보내시어 영원한 구원을 선포하는 거룩한 불멸의 말씀을 전하게 하셨다.'"

"누구냐? 누가 그들을 보내어 말씀을 전하게 했느냐?"

"선생님이셨습니다."

"누구냐? 누가 너로 하여금 책상에 앉아 시방 이 글을 쓰게 하고 있느냐?"

"선생님이십니다."

"아멘."

"아멘!"